21世纪经济管理新形态教材·国际经济与贸易系列

数字贸易概论

王威　蔡志强 ◎ 主编

U0368745

清華大學出版社
北 京

内 容 简 介

本书吸收、借鉴数字贸易研究中的新观点、新议题和现代方法,不仅重视新的理论进展,更注重近年的案例、实践研究,介绍全球经济中的数字贸易、数字贸易理论、数字贸易政策、数字贸易壁垒、数字贸易规则与惯例、数字贸易市场格局、数字贸易典型应用场景、数字贸易服务平台、数字贸易供应链和数字贸易运营等。本书以习近平新时代中国特色社会主义思想为指引,将价值塑造、知识传授和能力培养融为一体。

本书可作为普通高校数字经济、国际经济与贸易、国际商务、电子商务、跨境电子商务、商务经济学、贸易经济等经济管理类相关专业的教材,也可作为从业人员培训教材及自学用书,还可供相关专业人士作为研究参考。

图书在版编目(CIP)数据

数字贸易概论 / 王威,蔡志强主编. -- 北京 :清华大学出版社,2024.7. -- (21世纪经济管理新形态教材). -- ISBN 978-7-302-66754-4

Ⅰ. F724.6

中国国家版本馆 CIP 数据核字第 2024SR5599 号

责任编辑:张　伟
封面设计:汉风唐韵
责任校对:王荣静
责任印制:刘　菲

出版发行:清华大学出版社
　　　网　　　址:https://www.tup.com.cn,https://www.wqxuetang.com
　　　地　　　址:北京清华大学学研大厦 A 座　　　邮　　编:100084
　　　社　总　机:010-83470000　　　邮　　购:010-62786544
　　　投稿与读者服务:010-62776969,c-service@tup.tsinghua.edu.cn
　　　质量反馈:010-62772015,zhiliang@tup.tsinghua.edu.cn
　　　课件下载:https://www.tup.com.cn,010-83470332
印　装　者:涿州汇美亿浓印刷有限公司
经　　　销:全国新华书店
开　　　本:185mm×260mm　　　印　张:18　　　字　　数:416千字
版　　　次:2024 年 7 月第 1 版　　　印　　次:2024 年 7 月第 1 次印刷
定　　　价:55.00 元

产品编号:101190-01

前言

党的二十大报告明确提出："推动货物贸易优化升级，创新服务贸易发展机制，发展数字贸易，加快建设贸易强国。"

数字贸易是理论与实践操作并重的科学。从理论上看，它的综合性强，汇集多领域的基础知识和成果。从实践操作看，它是注重解决实际问题的应用科学。

每一章配备专栏、关键术语、本章小结、思考与讨论习题、即测即练案例和音频。提供给任课教师的辅助材料有教学大纲、课程思政元素表、课件、习题参考答案、案例分析、模拟试卷等教学资料。本书在内容选择、体例安排上，重点突出了四个方面。

第一，以"课程思政"理念为指导。坚持把立德树人作为中心环节，将"课程思政"与专业理论知识相融合，充分发挥教材的思想政治育人潜力。

第二，内容上求新。吸收近年来数字贸易领域研究新成果，介绍实践中成功的新理论和新方法。

第三，强调开放性。在充分吸收我国市场经济理论研究及实践中取得的新成果、新经验的同时，借鉴国外有价值的数字贸易成果。

第四，选编典型案例。更多采用中国本土案例，增强创新精神，努力提高解决问题的实践能力。

本书由王威、蔡志强担任主编。全书分为10章。其中，第1、7、8、9、10章由王威编写，第2、3、4、5、6章由蔡志强编写。编写团队的每位成员都对本书作出了大量的贡献：关芷薇编写了"SHEIN的数智化选品与国际市场数据分析""跨境电商企业结汇分析与避险策略"；冯倩编写了"虾皮（Shopee）跨境电商平台运营实践操作""电子商务公司的数字供应链能力建设行动"；丁宁编写了"TiKToK实践操作与营销""注册美国Amazon""丝路电商拓展行动的实践"；王楠编写了"航运公司数字供应链能力建设"；阿丽亚·艾尔肯编写了"数据分析服务"；田益升编写了"日本的跨境数字贸易治理"。感谢团队成员的付出！

本书在编写过程中，得到了很多专家学者的指导，编者参阅了许多国内外学者的文献，谨于此深表谢意！

由于编者水平有限，书中偏颇、疏漏在所难免，敬请广大读者提出宝贵意见，以便进一步修订完善。

编　者
2024年1月

目 录

第 1 章

全球经济中的数字贸易

◇◇ **学习目标**
　◎ 熟悉数字技术影响贸易的经济学
　◎ 掌握数字贸易的定义和分类
　◎ 熟悉数字贸易统计指标体系、基本范围和口径
◇◇ **学习重点、难点**
　学习重点
　◎ 数字贸易的定义
　◎ 数字贸易统计口径
　学习难点
　◎ 数字贸易的概念

1.1　数字贸易的发展

1.1.1　数字科技引领全球贸易的升级迭代

1. 技术创新推动全球贸易变革

19世纪初,蒸汽动力的轮船、火车和电报的发明推动了第一次产业革命;20世纪50年代,集装箱运输的广泛运用推动了供应链的全球化;20世纪90年代以来,互联网的兴起创造了虚拟经济的经济形态。

近年来,新一轮科技进步和产业变革深化发展,催生了以数字订购与交付为主要特征、数字服务为核心、数据为关键生产要素的数字贸易,这也是全球贸易的一个新动态。

数字贸易是数字科技时代贸易竞争力的重要体现,是构建现代贸易体系的重要引擎。全球主要经济体均高度重视发展数字贸易,不断颁布战略规划,实施各种政策提高竞争力,重塑数字科技时代的竞争新格局。

数据对提升贸易竞争优势的作用不断显现,成为最具典型意义的生产要素。数据的增长、集聚形成了巨大动力,为智能化发展创造了有利的条件。协同推进科技和业态创新,充分发挥数据要素的作用,将为数字化贸易带来新机遇。

数字贸易通过数据流动强化各产业间信息和技术要素共享,促使制造业、服务业深度融合,带动传统产业数字化转型,重塑贸易方式和贸易格局,成为国际贸易新的增长引擎,为经济全球化注入新动力,同时也成为全球经济合作的一个新的重要纽带。

作为数字技术和国际贸易深度融合的产物,数字贸易凭借线上订购、网络交付的优势,带动全球产业链、供应链和价值链加速整合优化,有力推动了数字技术创新、产业数字化转型以及国际贸易和世界经济发展,在全球要素资源重组、国际生产网络重塑等方面的作用日益凸显。

专栏 1-1　数字贸易正成为全球数字经济开放与合作的重要纽带

2022 年,商务部发布《中国数字贸易发展报告 2021》(以下简称《报告》)。《报告》显示,根据联合国贸易与发展会议(UNCTAD)的数据,2021 年全球可数字化交付服务出口额 3.81 万亿美元,同比增长 14.2%,在全球服务出口占比达到 62.8%,较 2019 年上升 10.5 个百分点。其中,发达经济体占主导优势,2021 年可数字化交付服务出口 3 万亿美元,同比增长 13.4%,占全球市场份额的 77.9%。发展中经济体可数字化交付服务出口 8 425.8 亿美元,同比增长 17.1%,占全球市场份额的 22.1%。

2021 年,我国可数字化交付的服务进出口额为 3 596.9 亿美元,同比增长 22.3%;其中,可数字化交付的服务出口额为 1 948.5 亿美元,占全球市场的 5.1%。2011—2021 年,我国可数字化交付的服务进出口额从 1 648 亿美元增至 3 596.9 亿美元,年均增长 8.1%。2021 年,我国跨境电子商务(以下简称"跨境电商")货物进出口 1.92 万亿元(人民币,下同),同比增长 18.6%,占进出口总额的 4.9%;其中出口 1.39 万亿元,增长 28.3%。近 5 年中国跨境电商进出口规模增长近 10 倍。《报告》显示,我国贸易正加快沿着"货物贸易——服务贸易——数字贸易"路径演进。

资料来源:商务部. 中国数字贸易发展报告 2021[EB/OL]. [2023-08-23]. http://images. mofcom.gov.cn/fms/202301/20230117111616854.pdf.

---

2. 数字化服务的广泛应用进一步推动传统贸易转型

中国拥有最大规模的互联网用户数量,数据资源相对丰富,同时还创造了充分的贸易数字化应用场景,这都为促进数字贸易创新发展奠定了坚实基础。

传统企业在开展数字化转型的过程中,应用轻量化产品、订阅式服务等降低转型成本,开展研发设计、生产制造、仓储物流等业务环节转型,实施产品全生命周期管理,发展基于数字化产品的增值服务;积极对接产业链和供应链中的核心企业、行业龙头企业、园区及产业集群等生态资源,基于工业互联网平台深化协作配套,利用共性技术平台开展协同创新。

在新的发展阶段,数字科技不仅孕育并诞生数字贸易等新业态、新模式,更重要的是通过贸易全链条数字化赋能和贸易主体数字化转型,延伸到数字金融、数字资产交易、物联网、智能制造、供应链管理、区块链技术和产业等多个领域,重构和升级了传统贸易的产业链、价值链和供应链,为传统贸易注入新的动能。

数字化催生出更多的新型产品和服务形式。在贸易撮合环节,互联网平台企业、工业互联网平台企业、数字化转型服务商等利用云展会平台、搜索引擎营销、社交媒体营销、直播营销、大数据精准营销等数字化营销工具,大幅度提高拓展国际市场的效率,帮助中国企业"走出去",积极融入全球数字经济大循环中,以更低成本、更好效果进入国际市场,满足境外需求,打造全球化的价值链。

专栏 1-2　跨境直播拿订单

2023 年 6 月 27 日阿里巴巴国际站公布数据显示,2023 年 5 月,平台上商家的日均有效开播场次实现年同比增长 66％,境外在线观看人数的年同比增长幅度达 186％。

在阿里巴巴国际站,"时间罗盘"功能可以帮助外贸企业确定合理的开播时间段,而方便境外买家咨询的"点击问询"功能使直播互动更便捷,境外买家可以边观看直播边咨询感兴趣的商品,与此同时,主播会实时讲解、互动,提升成交效率。此外,阿里巴巴国际站筹备上线的"语音转字幕及翻译"功能,会在直播间将主播语音实时转成字幕,便于买家理解,同时支持多语种翻译。

除了工厂生产线直播间,阿里巴巴国际站还推出"工位直播",业务员在工位上只需打开手机,就可以边办公边跨境直播,且不需要精心布置直播间,也不需要准备内容脚本。目前不少线下展会的摊位在同步设立数字化的直播间。外贸商业模式呈现出线上线下融合、互为补充、共同促进生意发展的态势。

资料来源:李子晨.外贸直播间谈生意拿订单热度攀升[N].国际商报,2023-07-04(2).

---

3. 数字科技赋能成为贸易高质量发展的新动力

要素升级、制度变革、结构优化是贸易增长新动能的三大要素。要素升级是指技术进步、信息化、数字化、知识增长与人力资本提升等;制度变革指的是改革创新;结构优化指的是资本密集型、知识密集型商品和服务占比扩大。从动力支撑的角度来看,科技创新是贸易发展的主要动力,发展主体则应从模仿型转换为创新型,以实现高质量贸易发展。同时,数字化作为新的生产力经过发展已经具有全覆盖、数据资源的无限复制和小规模、分散化与异质性的特征,并产生了与其相适应的生产关系,形成了数字贸易方式。

数据交易流通、开放共享、跨境流动对贸易高质量发展具有关键作用,与此同时,对数据要素开放流通平台带来的变化进行科学管理也是同样重要的。对技术进步所产生的影响进行深度和广度的评估,有利于利益相关方合理取得相应的收益,也有利于积极应对面临的挑战。

4. 贸易数字化发展成为区域贸易转型及乡村振兴的新动力

以数字化驱动贸易主体转型和贸易方式变革,引领区域贸易创新发展及乡村振兴,实现新旧动能转换,将是未来一个时期中国优化贸易结构、提升贸易效益、增强贸易竞争力的重要方向。

各地区已实施数字贸易发展政策,推进数字服务出口基地建设,建设数字贸易聚集区。2020 年,北京发布《北京市关于打造数字贸易试验区实施方案》,提出打造"数字贸易港",重点发展数字医疗、跨境电商、智能制造、云服务、智慧物流等。《上海市数字贸易发展行动方案(2019—2021 年)》主要聚焦云服务、数字内容、数字服务的航运应用等,建设"数字贸易国际枢纽港"。深圳在"前海深港合作区成立 10 周年"新闻发布会发布《中国(广东)自由贸易试验区深圳前海蛇口片区关于促进数字贸易快速发展的若干意见》,提出"数字贸易双循环"建设理念。2020 年 11 月,浙江印发《浙江省数字贸易先行示范区建设方案》,提出"改革引领与创新驱动"的数字贸易发展路径。

2019 年 5 月国家颁布《数字乡村发展战略纲要》,指出要利用数字经济的发展优势来带动乡村振兴,发展乡村数字贸易。通过将互联网以及大数据等元素融入农村商贸流通体系,推进农业农村大数据中心建设和大数据赋能农村实体店,深化电子商务进农村综合示范,创新农村流通服务体系,推动乡村数字贸易产业发展。[①]

专栏 1-3　乡村数字贸易

作为一种新型贸易形态,数字贸易基础生态服务圈和产业集群在激发乡村内生发展动力,网络销售促进农民增收,提升农业农村现代化水平方面发挥着关键作用。数字贸易的快速发展有利于促进乡村产业转型升级,农村地区应加大县域电商企业示范带动基地建设的力度,夯实发展基础。

乡村数字贸易平台建设

作为新兴业态,数字贸易在提升农副土特产品销售效率的同时,可以推动农村居民致富,应不断完善县域乡村数字贸易公共服务体系,打造数字贸易供应链、招商服务供应链、直播孵化中心,为从业人员提供线上线下多元化支持服务。同时,还应聚焦乡村产业境外营销的发展与应用场景,加强电商(网商)培训、技术指导、平台、直播品牌推广和特色产业营销推广,消除发展中面临的障碍。

现代乡村新业态

当前,我国农村信息基础设施不断完善,农村数字贸易可持续发展机制逐步形成,越来越多的地区开始实现网络/电视直播平台等新业态的活跃发展。应充分发挥数字应用技术的作用,建设集发布、确权、查询、交易、结算、追溯、维权为一体的农村产权交易综合服务平台,促进商业信息在农村和偏远地区传播,纵向延伸农产品供应链,促进农产品加工贸易的数字化、智能化及绿色化。

资料来源:

1. 刘强,徐生霞.以乡村数字经济扎实推进乡村全面振兴[N].光明日报理论版,2022-12-06.

2. 中华人民共和国商务部.中国电子商务报告 2021[EB/OL].(2022-11-16).http://dzswgf.mofcom.gov.cn/news/5/2022/11/1668767479114.html.

1.1.2　迈向数字贸易新时期

1. 工业互联网

工业互联网是新一代信息通信技术(ICT)与工业经济深度融合的全新工业生态、关键基础设施和新型应用模式,包括智能传感控制软硬件、新型工业网络、工业互联网平台等,是充分发挥工业装备、工艺和材料潜能,提高生产效率、优化资源配置效率、创造差异化产品和实现服务增值的关键。它以网络为基础、平台为中枢、数据为要素、安全为保障,通过对人、机、物全面连接,变革传统制造模式、生产组织方式和产业形态,构建起联网工业企业、平台企业、标识解析企业全面连接的新型工业生产制造和服务体系,形成智能化发展的新兴业态,对催生智能化生产、服务化延伸、网络化协同的产业体系,提升产业链现

---

① 中共中央办公厅 国务院办公厅印发《数字乡村发展战略纲要》[EB/OL].(2019-05-16)[2023-08-23].https://www.gov.cn/zhengce/2019-05/16/content_5392269.htm.

代化水平,推动数字贸易高质量发展和构建新发展格局,都具有十分重要的意义。①

工业互联网是涉及设施建设、融合应用、技术创新、产业生态和安全保障的融合性、系统性工程,应用场景由点及面,由销售、物流等外部环节向研发、生产控制、检测等内部环节延伸,形成智能化制造、数字化管理、服务化延伸、网络化协同、个性化定制等典型融合应用方式。通过发展工业互联网,能够推动工业化与信息化在更广范围和更高水平上实现融合发展,促进数字贸易进一步壮大。一方面,发挥新一代信息技术优势,在工业设计、生产制造、物流配送、运维服务、安全管理等方面形成典型应用场景,激发数据要素作用,促进制造业数字化、网络化、智能化升级。另一方面,为制造业生产方式、组织形式、创新模式、商业范式的深刻变革开辟更广阔空间,并带动自动化、软件、网络等产业实现高端化突破,不断培育壮大数字化贸易。②

2. 智慧物联网

智慧物联网(智能物流)是粗放物流、系统化物流、电子化物流发展的新阶段,呈现出精准化、智能化、协同化的特点。物联网是基于传统电信网、互联网等延伸、扩展的网络,具有普通对象设备化、终端互联化和服务智能化三个特征,能够推动数字化贸易实现更广泛的互联互通、更透彻的感知、更深入的智能。

物联网能够收集和整理用户的数据,还能够对这些数据进行分析,从而为制造商提供更为准确的用户信息。物联网通过激光扫描器、全球定位系统、射频识别技术、红外感应器、信息传感器等各种技术及装置,采集需要监控的信息、物体或过程,实现对物品和过程的连接、智能化管理。

物联网已成为商贸流通产业发展的重要推动力。探究物联网赋能贸易高质量发展具有重要价值和现实意义。物联网为贸易中的物流提供了协同平台,促进实现供应链上下游企业之间的无缝衔接,有利于真正实现物流、资金流、信息流的三流合一。物联网设备所收集到的信息数据可以为制造商系统地提供用户的习惯以及喜好。消费者越来越多地使用智能设备,并且在使用过程中对物联网的了解加深,为商品和服务企业提供了更多的数据监控及分析消费者行为的机会。甚至一些产品或者服务项目,会根据相关的数据进行调整,从而真正为客户创造个性化的数字产品和服务体验。

3. 人工智能

人工智能(artificial intelligence)是研究、开发用于模拟、延伸和扩展人的智能的理论、方法、技术及应用系统的技术科学。人工智能的创新应用包括机器人、语言识别、图像识别、自然语言处理和专家系统等。

人工智能通过智能识别、智能分析等方式可以降低贸易流通中的交易费用,从而提高货物流转效率。例如,在运输方面,可以通过智能识别和分析降低错误率,降低物流成本;在结算方面,可以通过大数据分析实现对货物流转的实时监控,降低交易风险;在海关智能监管方面,可以通过货物识别技术自动检测货物类型和重量等信息,提高监管的精准性。

---

① 《工业互联网创新发展行动计划(2021—2023年)》解读[EB/OL].(2021-02-18)[2023-08-23]. https://www.gov.cn/zhengce/2021-02/18/content_5587565.htm.

② 关于印发《工业互联网创新发展行动计划(2021—2023年)》的通知[EB/OL].(2020-12-22).[2023-08-23]. https://www.gov.cn/zhengce/zhengceku/2021-01/13/content_5579519.htm.

人工智能在贸易领域的应用将从根本上改变传统的贸易方式和流程。运用智能供应链系统提高供应链运营效率和水平，有利于实现产品设计、采购、生产、销售等环节的畅通；基于机器学习和数据挖掘技术的贸易数据分析平台，可以快速、准确地识别市场演变趋势，为企业的预测决策提供支持。[①]

专栏 1-4　人工智能正在改变世界贸易方式

贸易智能化

借助智能技术的发展，人工智能开始介入"贸易数字化"的进程，其价值释放具有场景性强、跨领域等特点。

人工智能的价值及其特征与使用目的高度相关，它涵盖了：跨境智能撮合平台，数字会展，产品数字式管理，智能化库存管理，数据驱动实现销售/库存数字化，贸易运作环节虚拟化，虚拟数字人，数字化服务解决方案，贸易参与方数字化，数字化设计；利用数字技术和平台生成的产品和服务，通过数字方式向客户和用户提供；数据资产化，数据资产确认、计量、核算和交易，一站式智能数据资产管理服务等。

贸易"数智化"应用场景

人工智能技术可以使机器独立或通过人机协作方式执行任务，并对生产过程进行全生命周期实时监控与预测性维护，可以嵌入研究与开发、设计、中间品生产、加工装配业务、商品流通与市场营销等全球价值链、供应链的各个环节，最终实现全流程自动化运营和管理，全面赋能各个产业链节点，最终产生更有效率的新业态。

在知识密集型服务贸易领域，智能客服机器人代替人工进行用户咨询、查询和投诉处理等工作，自动化客户服务在节约成本的同时也提升了质量和效益。在货物贸易领域，以人工智能为核心技术的智慧客户服务、智能化产能预测、营销和售后服务体系，可以精准对接供给与需求信息并开展决策优化。

重塑价值链、供应链

人工智能技术的应用会促进企业突破既有生产边界，向价值链、供应链上游延伸或向下游拓展，推动终端设备、产品及服务的智能化。此外，在结合"数智"运营体系、数字化营销平台和智慧服务平台等全场景解决方案不断催生新业态的同时，也不断引发新旧业态更替，从而重塑业态格局。

智能化系统的应用能够整合端到端数据，基于数据洞察、模拟推演和业务优化提升供应链的决策能力，促使互补型的企业更充分地关联起来，提升整体附加值和韧性，有效提高抵御外部风险的能力。

资料来源：

1. 张为志. 人工智能正在改变世界贸易方式[N/OL]. 第一财经日报，2020-07-13（A11）[2023-08-23]. https://www.yicai.com/news/100697098.html.

2. 王林辉 董直庆：以人工智能为引擎推动产业智能化发展[EB/OL].（2022-11-29）[2023-08-23]. http://www.nopss.gov.cn/n1/2022/1129/c219544-32576713.html.

---

① 蒋开越. 人工智能时代下国际贸易的机遇与风险[N/OL]. 国际商报，2023-05-11[2023-08-23]. https://www.comnews.cn/content/2023-05/11/content_26076.html.

4. 3D 打印技术

3D 打印属于快速成型技术的一种,是以数字模型文件为基础,运用粉末状金属或塑料等可黏合材料,通过逐层打印的方式来构造物体的技术。3D 打印通常是采用数字技术材料打印机来实现的,常在模具制造、工业设计等领域被用于制造模型,后逐渐用于一些产品的直接制造,已经有使用这种技术打印而成的零配件。该技术在珠宝、鞋类、工业设计、建筑、工程和施工(AEC)、汽车、航空航天、牙科和医疗产业、教育、土木工程以及其他领域都有所应用。

传统观点认为,3D 打印技术让经济体能够在本地生产产品,使得跨境贸易减少。凯瑟琳·弗洛因德(Caroline Freund)和米歇尔·鲁塔(Michele Ruta)等应用双重差分法和合成控制法,以助听器为例,对产品贸易流通进行了分析,结果反驳了 3D 打印技术会缩短供应链、减少国际贸易额的观点。研究发现,3D 打印技术的应用促进了助听器出口。研究认为,使用 3D 打印技术生产助听器,需要生产商大力升级技术和设备;新的生产技术被应用到国际贸易中,意味着世界各地听障消费者能够获得物美价廉的产品。对于贸易来说,技术升级实际上更有可能重塑供应链,促进国际贸易。此外,关于飞机零件、跑鞋等其他 35 种应用 3D 打印技术产品的分析表明,3D 打印技术对国际贸易具有积极影响。[①]

5. 区块链

区块链是一种基于加密技术构建的去中心化公共账簿技术。利用区块链技术可以建立一个分布式信息存储网络,该技术可以保证网络中信息的真实性和安全性。网络的安全性和准确性由每个参与的节点共同维护,理论上每个节点都可以保存加密交易数据的完整副本。网络节点持续地监控和接收分布式账簿的状态,从而确保一致性、避免记录被篡改。由于全网每个节点都掌握了全部交易数据,网络所有节点信息随时都完全公开透明,节点之间是可以相互信任的。利用区块链技术无须任何中间人或第三方,就可记录和证明交易一致性和准确性,这提供了一种不同于既往的信用创造机制。

区块链技术在理论上能让交易双方在无须借助第三方信用中介的条件下开展商业活动,从而实现全球范围内低成本、高效率的价值交换和转移。区块链技术不仅是一种用于加密货币的技术,它还可以作为技术逻辑层无缝地嵌入经济系统中,为商业系统运行提供支付、数字资产交易、发布和执行智能合约等功能。

从区块链在贸易结算中的应用看,利用区块链技术可以实现相关贸易信息的加密电子传递,从而实现更高的安全性;同时节约了大量的审单、制单等人力和物力,在提高效率的同时降低了成本。与信用证操作相比,区块链技术平台上的贸易结算不需要烦琐的认证过程,可以使贸易结算更加快捷、易追踪、更安全,未来在跨境贸易结算中有广阔的发展前景。[②]

---

① 陈同同.3D 打印技术可促进国际贸易发展[N/OL].中国社会科学报,2022-08-22(3)[2023-08-23].http://sscp.cssn.cn/xkpd/xszx/gj/202208/t20220822_5474549.html.

② 李长银,李虹含,高寒,等.区块链技术的发展趋势及其对金融业的影响[J].海南金融,2017(2):31-37.

1.1.3 数字科技应用影响贸易的经济学

1. 新技术有利于降低贸易成本

新技术能够减小地理距离、语言差异和规制障碍的负面影响，同时，也能够帮助消费者鉴别商品的品质和信誉度，降低搜寻目标商品的成本，选择符合消费偏好的商品和服务。

1）仓储和物流配送

数字化的仓储管理系统适用于加工贸易类、智能制造类企业，具有出库管理、入库管理、库存盘点等模块，内嵌智能波次、自动分拣等功能，对货物进行动态管理、业务精细化管理，提升仓储作业效率。数字化的仓储管理系统采用"人工智能＋机器人技术"来完成仓储管理，从入库、存储到包装、分拣实现全流程智能化和无人化，提高仓库使用率和周转效率，改变了传统制造业仓储模式，为企业提供自动化仓储控制管理，达到降本增效的目的。数字化仓储物流的发展通过提高效率、降低运行成本，能够有效提高贸易企业竞争力。

通过优化物流配送路线规划、自动驾驶，提供实时货物跟踪信息及船舶靠离泊及停靠港时间等信息，人工智能能够降低物流成本；通过订单管理系统、仓储管理系统、仓储控制系统及运输管理系统，提供一体化供应链的解决方案促进全链条的时效提升、成本降低，人工智能有利于实现真正的"智能仓配一体化"。

2）通关

从海关业务场景上创新应用区块链技术的角度看，传统贸易涉及的海关查验手续繁杂，整个链条的各个参与者需要大量的纸质文件交互，沟通成本高。区块链可以优化该系统。利用区块链创建一个平台，可以将班轮、仓库、货运代理、港口、海关、出口商、进口商和贸易金融银行等业务整合到贸易生态系统，在运行于区块链的数据交换平台上相互操作。从上链企业进出口货物查验率参照高级认证企业标准执行、建立上链企业海关联络员制度、实施采信便利化措施、减少对上链企业稽查和核查频次等，助推区块链技术在跨境贸易中的应用创新，这将有助于降低与海关通关程序相关的贸易成本，营造信任、便利、高效、可追溯的贸易环境。

3）信息和交易成本

信息成本和实物资产、人力资本、技术、财务资源及知识一样，是决定比较优势的生产要素。在多数情况下，信息并不构成商品，这与人力不构成货物实体的道理是一样的。信息商品的种类也复杂多变。从实质上说，任何可以被数字化的事物都是信息。信息对不同的贸易商有不同的价值，不管信息的具体来源是什么，生产者和消费者都愿意为获得信息付出代价。

企业、消费者、贸易商等市场主体之间因为分工和高效率的要求，产生了委托与代理的关系，信息委托方为节省时间、提高工作效率和减少决策的风险，一般会委托信息代理方搜索、获取和分析信息。在这个获得信息的过程中，不仅要付出交易成本还要付出相应的信息获得成本。

在线平台重新定义了传统的流通模式,减少了中间环节,使生产者和消费者之间低成本的直接交易成为可能,从而在一定程度上改变了贸易运行的方式。在线平台一方面破除了时空的壁垒;另一方面又提供了低成本的信息资源,为各种零售业交易的有效匹配提供了更多的可能,这将影响到零售业的业态结构和生态圈。

专栏 1-5　即时零售助力零售业供给渠道优化

商务部发布的《2022 年中国网络零售市场发展报告》指出,即时零售渗透的行业和品类将持续扩大,覆盖更多应用场景。

商务部发布的《中国电子商务报告(2022)》称,即时零售新业态的兴起,不仅开拓了电子商务新的增长点,使时效性和本地化属性强的消费需求在线上得到满足,更为线下实体商家带来新的发展机遇。

即时零售平台数据显示,2023 年"618"期间,三线及以下城市比一线城市的消费增长表现得更亮眼,这得益于即时零售等新业态的不断发展。

即时零售以"线上下单、门店发货、小时级乃至分钟级送达"的模式,有效连接起商家和消费者。

从商家角度看,它为线下实体店提供了参与大型购物节的机会。

从消费者角度看,即时零售一方面能够提供更多选择来满足消费者的多元化需求;另一方面,越来越多的用户习惯"即想即买即得",即时零售恰恰能够不断满足、优化用户购物体验。

资料来源:陆耀. 拓展零售新业态"用武之地"[N]. 经济日报,2023-06-21(5).

---

4)可数字化的产品成本

在数字经济时代,信息、计算机软件、视听娱乐产品等可数字化表示并可用计算机网络传输的商品或服务,不必再通过实物载体形式提供,可以在线通过互联网传送给消费者。数字化产品对贸易成本的节约主要表现在以下方面:既没有实物形态的产品,也无须有形的仓储设备,更不存在库存数量的问题;生产的每个步骤,都是具体明确的,但是虚拟化的;除个别产品,如在线音乐、影视等可采取直接收款的方式外,大都采取先提供产品的使用,由顾客自由决定是否付款以获取进一步的使用权的自由收益模式,或为了扩大市场份额,根本不用付款,而是采取其他手段实现收益的间接收益模式;不需要发生物流作业,也不需协力厂商,更适合中小企业的经营。

5)"共享经济"商业模式

"共享经济"商业模式的本质在于整合线下的闲散商品或服务者,让他们以较低的价格提供产品或服务,其存在的主要原因有以下方面:降低交易成本;节税;减少不确定性。对于供给方来说,通过在特定时间内让渡商品的使用权或提供服务来获得一定的收入回报;对需求方而言,不直接拥有商品的所有权,而是通过租赁等共享的方式使用商品。较低价格是共享模式能够获取市场份额的核心优势,主要体现在两方面:一方面,商品和服务需求方付出的价格低于市场上其他渠道所需要支付的成交价格;另一方面,供给方得到的成交价高于资源闲置或为自身服务时所能产生的价值。"共享经济"商业模式从两个方面产生价值并带来贸易成本的下降：一方面，商品或服务拥有方利用闲置资源获得收益；另一方面，商品或服务使用方以较低成本获得资源，满足自己的需求。

2．贸易数字化将改变比较优势的传统来源

1）贸易数字化与比较优势的新来源

比较优势是指一个生产者以低于另一个生产者的机会成本生产一种物品的行为。如果一个国家在本国生产一种产品的机会成本（用其他产品来衡量）低于在其他国家生产该产品的机会成本的话，则这个国家在生产该种产品上就拥有比较优势。也可以说，当某一个生产者以比另一个生产者更低的机会成本来生产产品时，这个生产者在这种产品和服务上具有比较优势。

比较优势，主体由自然资源、要素禀赋或学习创新形成较高附加值的相对优势，包括相对竞争优势与相对合作优势。数字贸易相对于传统贸易的比较优势是同信息技术尤其是互联网技术的广泛应用分不开的，也是同传统贸易的逐步数字化、网络化、智能化发展分不开的。从实践看，以智能化、综合性为核心特征的数字基础设施作为新型基础设施，能够推动数字技术和实体经济的深度融合，帮助企业不断提升数字化能力，从而建立起一国在数字时代跨境贸易的新比较优势。

市场主体的比较优势可以带来市场占有率的提高、合作机会的增加、成本的降低与利润率的提高。随着社会的发展、经济增长方式的"数智化"转变，由跨境电商平台、跨境电商卖家和行业上下游的服务商组成的比较完善的跨境电商生态的形成，基于要素禀赋形成的比较优势将逐步弱化，其作用和地位将逐步递减；学习创新形成较高附加值的比较优势将逐步强化，其作用和地位将逐步递增。在数字贸易时代，基于学习创新形成较高附加值的比较优势将成为占主导地位的比较优势。

数字基础设施是以数据创新为驱动、通信网络为基础、数据算力设施为核心的基础设施体系。数字基础设施主要涉及5G（第五代移动通信技术）、数据中心、云计算、人工智能、物联网、区块链等新一代信息通信技术，以及基于此类技术形成的各类数字平台，服务数字产业化、产业数字化的方方面面；3D打印、智能机器人、AR（增强现实）眼镜、自动驾驶等新型数字科技，则广泛拓展了数字基础设施建设的应用范围。当前，传统贸易正加速向数字化转型，数字基础设施已经像水、电、公路一样，成为参与全球价值链分工的必备要素，为产业链、供应链建立新的比较优势提供了坚实保障。

2）贸易数字化与国际生产分割

国际生产分割，通常指产品生产过程包含的不同工序和区段，被拆散分布到不同经济体进行，形成以工序、区段、环节为对象的分工体系。

从某种意义上说，国际生产分割的实质是生产布局的区位选择，既可以在跨国公司内部实现，也可以通过市场在不同国家和地区的非关联企业完成。如果说传统国际分工的边界是产业，那么国际生产分割的边界则是价值链。依据要素密集度的差异，价值链的各个环节区分为资本密集型、劳动密集型、技术密集型，各国及企业会基于自身在不同工序的比较优势，占据价值链上具有比较优势的工序。

值得注意的是，决定国际生产分割的要素涉及以下两方面：最终产品和零部件单位价值物流成本高低，跨境生产活动的交易费用。在数字贸易时代，物联网等数字技术使跨境物流成本进一步降低,尤其是航空物流成本大幅度降低,由此使对运输时间敏感并且单位重量低、价值高的商品能够大规模利用航空物流方式;区块链等使信息交流成本不断下降;数字化在企业管理、生产制造、市场营销、国际物流、金融服务等方面助力商品和服务贸易高质量发展。这些因素从技术进步和制度变迁两方面降低了跨境生产和贸易活动的成本,推进了国际生产分割的深化。

同时,贸易数字化改变了传统生产组织的形式。就生产组织来说,由于数字贸易平台能够提供供给和需求信息,因此将推动传统的以企业为中心的生产方式转型为以商品为中心。对于跨境供应链,生产的数字化和智能制造能够使商品生产突破企业边界。此外,数字贸易平台还可以将全球各地的生产者聚集起来,通过汇聚选择机会,提高商品定价的透明度。

3. 数据要素成为驱动数字贸易发展的强大动力

1）数据的生产要素价值

在促进数字化贸易方面,数据要素的充分利用可以有效刺激商贸流通业以及进出口贸易创新活力、催生新业态。数据要素具有可复制、非稀缺、不排他等特征,与传统生产要素融合能够提高生产率,增加新动能。一方面,数据要素与信息通信技术深度融合,基于客户形成的大数据,可以支持产业流程创新和组织模式变革,推动组织模式加速向"数字平台＋海量数据＋海量服务商＋海量用户"模式演变,提高企业研究与开发的导向性和针对性,提升企业响应市场的功能,从而促使企业以数字化手段提升生产的柔性。另一方面,借助工艺优化和流程再造,以及数据的合理应用,能够极大地提升数字贸易产业全要素生产率,同时,通过与其他生产要素相结合,有利于促进物流和商贸流通领域的数字化转型,助力企业进一步利用国际、国内两个市场、两种资源。[①]

2）数据服务产业

数据服务产业涵盖数据采集、分析、标注、聚合等环节,是将数据要素转换为生产要素的关键。通过发展数据服务产业,有利于扩大服务供给,为数据服务资源的开发利用提供比较充分的服务选择。一方面,通过倡导数据服务产业围绕数据可视化等需要向平台化、工程化演变,能够加速数据产业集群的成长,有利于巩固数据要素市场的基础,加速数字贸易动力变革。另一方面,数据服务产业通过对智能服务、开发运营一体化等新型服务方式的探索,可以激发潜能,为数据服务产业链的构建、流通提供动力。[②]

专栏 1-6　数据分析服务

数据分析服务

数据分析服务核心是为企业业务提供持续的、可度量的价值。数据分析服务系统以数据的分权分区域管理为核心,具备完善的分布式用户权限体系。同时,系统所提供的业务元数据、技术元数据与管理元数据也能够满足不同场景的业务需求。

---

①　国家发展和改革委员会.数字经济干部读本[M].北京:党建读物出版社,2022:89-101.
②　国家发展和改革委员会."十四五"数字经济发展规划[M].北京:人民出版社,2022:81-93.

应用场景

1. 技术与商务融合

1）业务背景

对于企业来说，大多技术人员、商务人员各安其位、各尽其责，而企业商务创新经常需要业务和技术共同完成，二者之间的分歧严重影响了业务的发展。

2）云建议

将企业技术元数据与业务元数据关联并统一存储和集中管理，让商务人员能够通过带有业务语义的业务元数据直接获取数据，让技术人员在开发数据应用时能随时了解数据的商务含义，开发出与商务定义契合度高的数据应用，将能打通商务与技术之间的壁垒，促进技术与商务之间的合作。

2. 勾勒资产视图

1）商务背景

大数据时代，企业数据量成倍增长，但企业数据环境中究竟有哪些数据，数据与商务之间的关系是什么，数据都在哪里，全都是需要解开的谜。

2）云建议

元数据是对数据的描述，采集企业环境中的各类元数据并统一存储，通过分析元数据，根据商务维度、系统维度等不同维度对数据分类，并梳理出数据和数据之间的关系，将能从多种视角全方位展示出企业的数据资产视图，让企业不同的员工都能方便地看到自己关心的数据情况，使大数据资产管理成为企业核心竞争力。

资料来源：华为云. 华为云数据分析［EB/OL］. https://www. huaweicloud. com/theme/1033148-1-H-undefined；上海数据交易所. 提供一站式产业数据创新产品与服务［EB/OL］. https://chinadep. qixin. com/？ from＝baidusem-sj-pc-kw61&bd_vid＝15319451427196362592.

专栏 1-7　产业数据中心服务和数据中心产业链

产业数据中心服务

产业数据中心，以产业大数据资源为核心，依托数据治理平台，实现互联网公有、私有数据资源的归集、治理，形成产业要素明细数据、标签数据和指标数据的产业数据资产，为产业分析研究及各项业务应用提供数据支撑，能够满足应用系统接入、产业分析研究、数据资产运营等多场景的产业数据使用需求。

数据中心是数据存储、运算和传输的重要支撑和保障，是数字经济发展的重要基础设施。

数据中心产业链

数据中心产业链主要由上游基础设备提供商、中游数据中心专业服务及相关解决方案提供商、下游数字经济领域应用最终用户构成。

数据中心产业链上游包括运算能力设备供应商和基础设施服务商。广义上，运算能力是计算机设备或计算/数据中心处理信息的能力，还有数据存储与访问能力、与外界的数据交换能力、数据显示能力，是计算机硬件和软件配合执行某种计算需求的能力。

运算能力设备主要包括服务器、路由器、交换机、光模块等计算机和通信设备；基础设施包括电源设备、空调设备、监控设备、宽带接入以及土地、厂房等。

数据中心产业链中游包括：基础电信运营商、第三方数据中心产业服务商；系统集成商和第三方信息技术外包服务商。

数据中心产业链下游是最终用户，即所有需要将业务运行在数据中心的市场主体，主要包括互联网公司、生产制造企业、贸易流通企业等。

资料来源：全面分析数据中心产业链（含 11 领域）[EB/OL].（2022-03-01）[2023-08-23]. https://www.tonguebusy.com/index.php?m=home&c=View&a=index&aid=511.

4. 数字贸易推动国家间经贸关系发生新变革

1）新旧业态转换

在数字科技创新发展、数字贸易高质量发展成为大趋势的背景下，商品交易市场传统扩张方式遭遇瓶颈，市场数量呈现逐年下降态势。从表 1-1 可以发现，2012—2021 年中国亿元以上市场数量呈现降低态势，2021 年亿元以上商品交易市场数量 3 753 个，比2012 年减少 1 441 个，下降 27.7%；同期内摊位数减少 699 775 个，下降 20%。从商品交易市场数量调整趋势看，批发、零售市场数量和摊位数减少，零售企业关闭和退出现象在短期内并没有出现逆转的动力。当企业利用互联网技术和平台，将线上商品和服务跨越国境，通过线下的物流和服务送达消费者手中，新旧业态之间的转换变得更为复杂。2019 年，二十国集团（G20）领导人大阪峰会发布《大阪数字经济宣言》[①]，提出允许数据跨境自由流动。但是，值得注意的是，印度、印度尼西亚、南非拒绝签署。印度提出，数据属于财富新形式，数据跨境流动与分隔将"实质性损害发展中国家的数据贸易利益"，应加强数据本地化存储。尤其是，印度的经济体系中存在大量中小批发零售企业，跨境电商依托全球化的物流和供应链体系，使境外企业拓展了东道国的市场和客户群体，造成东道国传统商品交易市场出现萧条。[②]

表 1-1　2013—2021 年中国亿元以上商品交易市场基本情况　　　　　　　　个

项　　目	2012 年	2013 年	2014 年	2015 年	2016 年	2017 年	2018 年	2019 年	2020 年	2021 年
市场数量	5 194	5 089	5 023	4 592	4 861	4 617	4 296	4 037	3 891	3 753
摊位数	3 494 122	3 488 170	3 534 757	3 468 638	3 457 899	3 347 936	3 178 423	3 045 931	2 877 393	2 794 347

资料来源：中国统计年鉴 2013—2022[EB/OL]. http://www.stats.gov.cn/sj/ndsj/.

2）数字贸易推动全球价值链重构

随着新一代信息通信技术的发展，全球价值链中的研发、设计、分销、广告、售后服务等环节越来越多地被数字化，从而以数字商品和服务的形式嵌入最终产品中，这个过程实际上就是数字贸易的过程，因此数字贸易的发展创造出了更多的、独立的"技术域"或产业链[③]；另外，数字科技的赋能作用促使更多的数字化生产性服务嵌入全球价值链中，且由

① 张琳.G20 大阪峰会 助力全球电子商务新规则的制定[J].中国远洋海运,2019(7)：24-26,10.

② 石中金,刘高峰.数字贸易与新发展格局[M].北京：人民出版社,2022：238-241.

③ 余南平.全球数字经济价值链"轴心时代"的塑造与变革[J].华东师范大学学报（哲学社会科学版）,2021(4)：124-135.

此改变了传统全球价值链的形态和价值创造范式。[①] 数字科技推动全球价值链不断衍生新节点,数字产品和服务的嵌入使全球价值链表现出传统全球价值链不具备的新特征,也使其在参与主体、发展动力、价值创造方式等方面发生了显著变革。[②] 把握数字贸易时代全球价值链的变动轨迹,抓住数字贸易大发展机遇,迈向全球价值链中高端成为获取国际竞争新优势的关键。在全球价值链的数字化变革背景下,世界各国都提出了发展数字全球价值链的相关战略。例如,中国提出"数字中国"建设,美国出台"数据科学战略计划",英国发布"数字宪章"等。[③] 工业互联网平台的利用和数据资源的挖掘为全球价值链的重构赋予了新动能,与其相关的研究也引起了较普遍的关注。随着数字科技助力更多微观经济主体融入全球价值链,数字贸易推动全球价值链重构将被赋予更丰富的理论价值和现实意义。

1.2　数字贸易的定义和统计

1.2.1　数字贸易的定义和分类

当前数字贸易的概念和内涵仍处在不断扩展外延中,为实现不同的研究目的,对数字贸易出现了不同的表述。

1.《中共中央 国务院关于推进贸易高质量发展的指导意见》对数字贸易的定义

我国将数字贸易归类于服务贸易。2019 年 11 月 19 日在中共中央、国务院出台的《中共中央 国务院关于推进贸易高质量发展的指导意见》中第一次写入"数字贸易"这一概念。商务部服贸司将其定义为"以数据资源作为关键生产要素、以现代信息网络作为重要载体、以信息通信技术的有效使用促进效率提升和结构优化的一系列对外贸易活动",并初步划分为数字技术贸易、数字产品贸易、数字服务贸易、数据贸易四大类。[④]

2. 数字贸易测度手册对数字贸易的定义

为应对数字贸易和可比数据日益增长的需求,2020 年 3 月,经济合作与发展组织(OECD)、世界贸易组织(WTO)和国际货币基金组织(IMF)共同发布《数字贸易测度手册》(*Handbook on Measuring Digital Trade*),将数字贸易定义为"所有通过数字订购和数字交付的国际交易"。[⑤]

按照交易性质,OECD-WTO 框架将数字贸易分割成三个部分。

(1) 数字订购贸易,强调"通过专门用于接收或下达订单的方法在计算机网络上进行

---

① 戴翔,张雨,占丽. 数字技术与全球价值链攀升理论新发展[J]. 天津社会科学,2022,3(3):77-83.

② 吕延方,方若楠,王冬.中国服务贸易融入数字全球价值链的测度构建及特征研究[J].数量经济技术经济研究,2020,37(12):25-44.

③ 何志伟,孙新波,张明超,等. 数字全球价值链:概念、理论框架与未来展望[J].研究与发展管理,2023(3):1-14.

④ 商务部服贸司. 中国数字贸易发展报告 2021[EB/OL]. [2023-08-23]. http://images. mofcom. gov. cn/fms/202301/20230117111616854. pdf.

⑤ OECD. Measuring digital trade: towards a conceptual framework[EB/OL]. [2023-08-23]. http://www. oecd. org/officialdocuments/publicdisplaydocumentpdf/? cote=STD/CSSP/WPTGS(2017)3&docLanguage=En.

的买卖"。"数字订购贸易"所指向的是传统货物贸易方式的数字化。①

（2）数字交付贸易，强调"通过 ICT 网络以电子可下载格式远程交付的所有跨境交易"，指向的是传统服务贸易的数字化。

（3）数字中介平台赋能贸易，主要指为买卖双方提供交易平台和中介服务的行为，指向的是以跨境电商为代表的新型贸易方式，即利用数字平台为商贸、金融、旅游及生活服务业等各个行业的买卖双方提供的交易、中介平台服务，主要包括第三方支付、跨境电商平台服务、旅游和出行服务等。②

OECD-WTO 框架的定义的本质就是全部采用数字化技术支持或利用数字化技术本身所产生的贸易都属于数字贸易范畴。③

3.《数字贸易的主要障碍》(2017)对数字贸易的定义

美国签署的国际贸易协定中，并不将数字贸易归入货物贸易或服务贸易。美国贸易代表办公室（USTR）在 2017 年发布《数字贸易的主要障碍》中，认为数字贸易不仅包括个人消费品在互联网上的销售以及在线服务的提供，还包括实现全球价值链的数据流、实现智能制造的服务以及无数其他平台和应用，并将数字贸易分为数字内容、社会媒介、搜索引擎和其他四大类。④ 从这一分类可以看出数字贸易的核心是服务贸易属性。

以数字内容为核心，以互联网和移动互联网为传播渠道，以平台为模式的数字内容服务，主要包括：数字传媒、数字娱乐、数字学习、数字出版等，如音乐、游戏、影像、书籍等。社交媒体，如社交网络网站、用户评价网站等。搜索引擎，如通用搜索引擎、专业搜索引擎等。其他数字服务，如软件服务、在云端交付的数据服务、通过互联网实现的通信服务、在云端交付的计算平台服务。

4.《数字贸易的定义》对数字贸易的定义

2019 年《数字贸易的定义》⑤研究报告中，对数字贸易的定义：是指以数字形式或以数字技术作为基础工具所实现的有形的产品、货物和无形的服务的跨境交付，包括数字化的贸易、数字技术服务支持的贸易和数字驱动的贸易三个核心范畴。

数字化的贸易，以数字技术为基础实现的完全或主要通过数字形式交付的服务或物理产品数字对应品的跨境贸易形态，这也是狭义上数字贸易的定义，对应 OECD-WTO 框架中的"数字交付贸易"。

数字技术服务支持的贸易，以数字技术为核心驱动力的服务，主要包括大数据服务、

---

① OECD. Measuring the digital transformation：a roadmap for the future［EB/OL］.［2023-08-23］. https://www. oecd-ilibrary. org/sites/60f8d183-en/index. html? itemId＝/content/component/60f8d183-en.

② 方元欣. 对我国数字贸易发展情况的探索性分析——基于 OECD－WTO 概念框架与指标体系［J］. 海关与经贸研究,2020(4)：95-109.

③ OECD、WTO 和 IMF 联合发布《衡量数字贸易手册》第二版［EB/OL］.（2023-08-01）［2024-01-22］. https://www. suibe. edu. cn/gjys/2023/0801/c12020a161406/page. htm.

④ Key barriers to digital trade［EB/OL］.［2023-08-23］. https://ustr. gov/about-us/policy-offices/press-office/fact-sheets/2017/march/key-barriers-digital-trade.

⑤ 鼎韬观点：数字贸易产业全景研究（上）——定义与分类［EB/OL］.（2021-03-29）［2023-08-23］. http://www. chnsourcing. com. cn/outsourcing-news/article/111021. html.

云计算服务、物联网服务、区块链服务和人工智能服务；即通过数字技术,特别是互联网技术实现的产品和在线服务的跨境贸易以及电子支付(electronic payment)。这也是传统意义上电子商务所提供的服务范畴,对应 OECD-WTO 框架中的"数字中介平台赋能贸易"。

数字驱动的贸易,通过数据流实现的全球价值链、通过数字技术实现的智能制造等所有商业模式的可数字化操作的部分,以及所有行业中能利用数字技术去实现国际化的部分所形成的跨境贸易交付,对应 OECD-WTO 框架中的"数字订购贸易"。

5.《数字贸易发展白皮书》对数字贸易的定义

中国信息通信研究院在 2019 年和 2020 年连续发布《数字贸易发展白皮书》。报告对数字贸易的定义和研究范畴呈现出不断的演进特征。2019 年的白皮书将数字贸易定义为"信息通信技术发挥重要作用的贸易形式",其突出特征包括"贸易方式的数字化"和"贸易对象的数字化"。2020 年的白皮书则认为数字贸易是指"数字技术发挥重要作用的贸易形式",其与传统贸易最大的区别在于贸易方式数字化和贸易对象数字化。其中,贸易方式数字化是指数字技术与国际贸易开展过程深度融合,带来贸易中的数字对接、数字订购、数字交付、数字结算等变化;贸易对象数字化是指以数据形式存在的要素、产品和服务成为重要的贸易标的,导致国际分工从物理领域延伸到数字领域。该研究认为,从具体业态看,数字贸易主要包括以货物贸易为主的跨境电商、供应链数字化和以服务贸易为主的数字服务贸易。其中,数字服务贸易是白皮书聚焦的重点,对跨境电商和供应链数字化的讨论仅限定于相关可跨境数字服务,如跨境电商中的平台服务、跨境结算服务、贸易征信服务和跨境供应链管理解决方案服务等。

6.《数字贸易发展与合作报告》(2021)对数字贸易的定义

国务院发展研究中心对外经济研究部与中国信息通信研究院联合发布《数字贸易发展与合作报告》(2021),其对数字贸易的定义为"信息通信技术赋能、以数据流动为牵引、以现代信息网络为重要载体,以数字平台为有力支撑的国际贸易新形态,是贸易模式的一种革命性变化,其内涵不断发展丰富",该定义总体沿用了《数字贸易发展白皮书》对数字贸易的定义,并做了进一步细化,突出数据流动对数字贸易的牵引和驱动作用,数字平台对数字贸易的重要枢纽作用。其与白皮书一致,也将数字贸易分为贸易方式数字化和贸易对象数字化两方面。

7.《中国数字贸易发展报告 2021》和《中国数字贸易发展报告 2022》对数字贸易的定义

商务部服贸司发布的《中国数字贸易发展报告 2021》指出:"本报告数字贸易概念框架在 OECD-WTO-IMF 概念框架基础上,按照交易标的将数字交付贸易细分为数字技术贸易、数字服务贸易、数字产品贸易、数据贸易;数字订购贸易分为跨境电商交易的货物和服务。"[①]

商务部服贸司发布的《中国数字贸易发展报告 2022》指出:"数字贸易是指,以数据资源为关键生产要素、数字服务为核心、数字订购与交付为主要特征的对外贸易。其中,数字交付贸易包含数字技术贸易、数字服务贸易、数字产品贸易和数据贸易;数字订购贸易

---

① 中国数字贸易发展报告 2021[EB/OL]. http://images. mofcom. gov. cn/fms/202301/20230117111616854.pdf.

是指通过跨境电子商务平台达成的货物和服务贸易。"[①]

8.《全球数字贸易白皮书》(2021)对数字贸易的定义

艾瑞咨询在《全球数字贸易白皮书》(2021)[②]中,将数字贸易(digital trade)定义为"贸易方式的数字化",即通过数字技术与贸易开展过程的深度融合,打通产业链的生产端、交易端以及供应链端的信息交互与响应通道,构建产业链的新型供需关系和协同关系,进而提升整个产业链的运转效率。该定义对数字贸易的研究范畴聚焦基于产品与服务的交易形成的数字贸易业态。从标准化需求和标准化对象的角度出发,沿用《数字贸易发展与合作报告》(2021)和《数字贸易发展白皮书》中对数字贸易的定义,同时将"数字贸易"的研究范畴界定为:贸易方式数字化,包括数字营销、数字订购、数字支付、数字结算等;贸易对象数字化,包括数据要素、数字技术、数字产品和数字服务。

综上所述,数字贸易作为信息通信技术发挥重要作用的贸易形式,不仅包括基于信息通信技术开展的线上宣传、交易、结算等促成的实物商品贸易,还包括通过信息通信网络(语音和数据网络等)传输的数字服务贸易,如数据、数字产品、数字化服务等贸易。[③] 同时,数字贸易作为以数字技术为手段、数据为核心生产要素、数字化平台为载体、数字服务为主体、数字化交付为主要特征的贸易新业态,通过数据链促进产业链、供应链、创新链加速优化整合,提升价值链增值水平。[④]

简言之,服务属性是数字贸易的基本属性,例如,数字产品贸易,这一概念指数字化的内容服务产品,而非货物商品;数字服务贸易是数字贸易的核心圈层,体现其核心价值。因此,数字贸易主要涵盖信息通信技术、金融保险、知识产权、文化娱乐、其他商业服务等可数字化交付的知识密集型服务贸易领域,是产业创新、结构升级、畅通内外循环的重要支撑。数字贸易将加速全球资金、技术、人才、知识、数据等要素流动,不断拓展服务可贸易边界并扩大规模经济和范围经济效应,通过各类数字化的研发、生产、贸易和服务平台促进全球产业链、供应链和创新链稳定发展,推动创新效率提升、技术扩散与开放合作,促进科技、医疗、文化、体育、教育等优质服务资源全球共享。因此,数字贸易不仅为贸易高质量发展提供创新动力,也是中国与世界各国科技人文交流的重要载体,将为构建新发展格局提供重要战略支撑。

专栏 1-8　数字贸易发展简史

数字贸易是传统贸易发展的一个新阶段。随着数字科技在传统贸易中应用的不断扩展,数字贸易的特征不断演变。

1998—2012 年的电子商务阶段。世界贸易组织成员普遍以"电子商务"描述数字贸易。1998 年,WTO 创制"电子商务工作计划"。1998—2003 年,电子商务主要表现为

---

①　中国数字贸易发展报告(2022)[EB/OL]. http://images. mofcom. gov. cn/fms/202312/20231205112658867. pdf.
②　上海艾瑞市场咨询有限公司. 全球数字贸易白皮书[R]. 2021.
③　中国信息通信研究院. 数字贸易发展与影响白皮书(2019 年)[EB/OL]. http://www. caict. ac. cn/kxyj/qwfb/bps/201912/P020191226585408287738. pdf;鼎韬咨询. 如何定义数字贸易[J]. 服务外包,2019(7):74-77.
④　王晓红,夏友仁. 中国数字贸易发展:现状、挑战及思路[J]. 全球化,2022(2):32-45.

线下交易和线上展示的贸易信息服务；2004—2012 年,电子商务逐步向支付、物流及线下交易等环节拓展,搭建在线交易平台。

2013 年的数字产品与服务贸易阶段。2013 年,美国国际贸易委员会《美国和全球经济中的数字贸易》报告中首次提出"数字贸易"的概念,认为数字贸易是一种在线交付服务及产品的贸易方式。

2014 年以后的数字产品和服务及实体商品的阶段。2014 年,美国国际贸易委员会《美国和全球经济中的数字贸易Ⅱ》报告中将数字贸易分为四类,分别是搜索引擎、社会媒介、数字化交付内容以及其他数字产品或服务。欧盟在 2015 年通过《数字单一市场战略》,提出加强数字贸易增长潜力,创造数字网络和繁荣的有利条件,为消费者和企业提供更优质的在线产品和服务。2018 年,美国贸易代表办公室则将数字贸易定义为用电子手段进行的贸易,并将电子商务划归为数字贸易,因而可以将数字贸易划分为两类：传统的电子商务和跨境的通过电子手段进行的贸易。日本《通商白皮书 2018》提出,利用服务与信息交换场所在线提供商品的"平台商务"活动属于数字贸易。

资料来源：石中金,刘高峰.数字贸易与新发展格局[M].北京：人民出版社,2022：40-42.

专栏 1-9　外贸新业态

2021 年 7 月 9 日,国务院办公厅印发《关于加快发展外贸新业态新模式的意见》,旨在促进跨境电子商务、海外仓、市场采购贸易、外贸综合服务平台、离岸贸易、保税维修六种业态健康、持续、创新发展。

跨境电子商务,指跨越关境的交易主体在电子商务平台完成交易,通过电子结算支付,商品以电商物流及异地仓储方式送达消费者。其发展模式逐渐从 B2B(business to business,企业对企业)、O2O(online to offline,线上线下一体化)衍生出 B2B2C(B 是 business 的简称,C 是 consumer 的简称,第一个 B 指的是商品或服务的供应商,第二个 B 指的是从事电子商务的企业,C 则是表示消费者)、B2C(企业对消费者)、C2C(个人与个人之间的电子商务)、F2B(前端"研发和制造"的专业化服务)、F2C(factory to customer,厂商到消费者)、C2F(customer to factory,消费者对工厂)等经营形态。

海外仓,又称海外仓储,指在境外事先建设或租赁仓库,以空运、海运、陆运或国际多式联运的方式先把货品运送至当地仓库,然后通过互联网接到客户订单后直接发货的物流控制和管理服务。

市场采购贸易,指由符合条件的经营者在经国家(地区)商务主管等部门认定的市场集聚区内采购的、单票报关单项下商品货值在 15 万美元(含)以下,并在采购地办理出口商品通关手续的贸易方式。若以市场采购贸易经营者为主导,流程为境外买家→境内生产商→市场采购贸易经营者→物流公司；以进出口代理公司为主导,流程为境外买家→进出口代理公司→物流公司→市场采购贸易经营者；以供应链管理公司为主导,它通过分别与境内供货商、境外采购商签订合同,直接参与交易,为境内供货企业提供融资便利,并负责发货、出口报关及信息登记。

外贸综合服务平台,指通过大数据技术构建数字化底层履约保障系统,聚集具备服务能力、专家能力、物流能力、金融能力、营销能力和整合能力的外贸生态供应链。数据服务是其核心服务。它改变了传统的交付模式,通过平台大数据背书,解决了中小型外贸企业"交付成本"和"信用认证"两大难题。它通过对海量市场数据的分析和智能整合,提供便捷的一站式服务,进一步将流程标准化、业务集成化、环节简约化。

离岸贸易,指境内企业开展的上下游交易对手均在境外的货物及服务交易。从贸易方式来看,涉及的商品实际并未在本地进出口,而是经由境外出口地直接运送至境外进口地,包括但不限于离岸转手买卖、离岸加工贸易、委托境外加工、第三国(地区)采购货物等。从贸易标的来看,一种属于货物贸易范畴,即境内企业对其所拥有的实际货物的所有权进行交易;另一种则属于服务贸易范畴,即境内企业对交易所涉及的实际货物并不具有所有权,仅为促成该笔货物贸易提供相关服务。离岸贸易最突出的特点是资金结算和部分单据文件处理发生在境内,但货物运送却发生在境外。

保税维修,指企业以保税方式将存在部件损坏、功能失效、质量缺陷等问题的货物从境内区外或境外运入综合保税区进行维修,再根据其来源复运至境内区外或境外。采取保税维修进口的程序简单、易操作并且采取保税形式,不用征税,不用交担保;采取一般贸易进口,进境时须缴纳进口关税和进口环节海关代征税;采取进境修理物品,其进口关税和进口环节海关代征税免予缴纳,但要向海关提供担保。

资料来源:

1. 国务院办公厅关于加快发展外贸新业态新模式的意见(国办发〔2021〕24 号)[EB/OL].[2023-08-23]. http://www. gov. cn/zhengce/content/2021-07/09/content_5623826. htm.

2. 江华鹏.我国跨境电商发展特点探析[J].对外经贸,2022(12):126-129.

3. 曹颖燕.采购贸易新业态融资支持措施分析[J].对外经贸,2022(6):19-22.

4. 刘贤亮,周志丹.一站式外贸综合服务平台服务模式、问题及对策研究[J].经营与管理,2021(2):11-14.

5. 梁明,夏融冰.自贸试验区离岸贸易创新发展研究[J].国际贸易,2022(5):23-30.

6. 刘晓庆,宋慧玉.综合保税区保税维修政策简析[J].中国海关,2021(12):54-55.

1.2.2　数字贸易统计指标体系和基本范围

1. 数字贸易统计指标体系

数字贸易指标体系包括货物—跨境电子商务统计指标和数字服务贸易统计指标。统计表的主词都是出口额和进口额。

货物—跨境电子商务对应于《数字贸易测度手册》的数字订购贸易,强调利用线上的方式订购货物,采用线下方式进行交付,设有 B2B、B2C 和 C2C。

数字服务贸易属于数字交付贸易,按扩展的国际收支体系(EBOPS)的服务分类设有12 类,其中,第 6～11 品类被称为潜在数字技术赋能服务,每一品类之下设有数字交付贸易额,这是统计表的核心内容;其余 6 个品类被称为非潜在数字技术赋能服务。

我国海关总署已经为货物—跨境电子商务测度建立起系统的统计监测体系,使用专门为电子商务设立的报关和统计代码,可以识别并统计 B2C、C2C 和 B2B 等跨境电子商务业务类别的进出口总额。

从统计范围看,纳入跨境电子商务进出口额统计的商品应当符合以下条件。

(1) 跨境交易。中华人民共和国关境内与境外的企业或个人之间的交易。

(2) 在线订单。订单为通过互联网平台(即跨境电商平台,包括自建网站、第三方平台、综合平台等)达成并完成交易。

(3) 跨境物流。货物通过海关跨境电商进出口统一版系统、H2018 通关管理系统、快件通关管理系统申报放行,或通过邮递渠道进出境,实际跨境运输。[①]

2. 数字贸易的统计范围

1) 不同角度的数字贸易统计范围

(1) 能够数字交付的服务贸易。2017 年,美国国际贸易委员会发布报告提出数字贸易是通过互联网交付的服务。

(2) 数字技术发挥作用的服务贸易。《美墨加协定》(USMCA)提出采用电子手段生产、分销、营销或交付的服务都属于数字贸易统计范畴,即包括数字交付的服务和数字营销、订购的服务。

(3) 数字货物、服务贸易及数据信息流的跨境传输。经济合作与发展组织等发布的《数字贸易测度手册》指出的统计范畴包括数字订购贸易、数字交付贸易和数字中介平台赋能贸易。

2)《数字经济及其核心产业统计分类(2021)》的数字贸易统计范围

2021 年 6 月,国家统计局发布《数字经济及其核心产业统计分类(2021)》,将数字经济核心产业统计确定为数字产品制造业、数字产品服务业、数字技术应用业、数字要素驱动业和数字化效率提升业等 5 个大类,以及 32 个中类和 156 个小类(表 1-2)。统计范围涵盖为产业数字化发展提供数字技术、产品、服务、基础设施和解决方案,以及完全依赖于数字技术、数据要素的各类经济活动。[②]

表 1-2 我国数字经济核心产业分类

分类	行 业 名 称				
大类	01 数字产品制造业	02 数字产品服务业	03 数字技术应用业	04 数字要素驱动业	05 数字化效率提升业
中类	• 计算机制造 • 通讯及雷达设备制造 • 数字媒体设备制造 • 智能设备制造 • 电子元器件及设备制造 • 其他	• 数字产品批发 • 数字产品零售 • 数字产品租赁 • 数字产品维修 • 其他	• 软件开发 • 电信、广播电视和卫星传输服务 • 互联网相关服务 • 信息技术服务 • 其他	• 互联网平台 • 互联网批发零售 • 互联网金融 • 数字内容与媒体 • 信息基础设施建设 • 数据资源与产权交易 • 其他	• 智慧农业 • 智能制造 • 智能交通 • 智慧物流 • 数字金融 • 数字商贸 • 数字社会 • 数字政府 • 其他

资料来源:《数字经济及其核心产业统计分类(2021)》(国家统计局令第 33 号)[EB/OL]. (2021-05-27). https://www.stats.gov.cn/sj/tjbz/gjtjbz/202302/t20230213_1902784.html.

---

① 海关总署统计分析司关于开展 2021 年度跨境电商统计试点调查的通知[EB/OL]. [2023-08-23]. http://gongbei.customs.gov.cn/customs/302249/zfxxgk/zfxxgkml34/3756878/index.html.

② 《数字经济及其核心产业统计分类(2021)》(国家统计局令第 33 号)[EB/OL]. [2023-08-23]. https://www.stats.gov.cn/sj/tjbz/gjtjbz/202302/t20230213_1902784.html.

《数字经济及其核心产业统计分类(2021)》中的 01 大类"数字产品制造业"属于生产活动。由于有形商品的生产和流通是分离的,因此这一大类不属于数字贸易。

02 大类"数字产品服务业"属于数字硬件商品流通的服务活动,由于无形商品的生产和提供通常不可分离,因此这一大类属于国际贸易范畴。第一中类"数字产品批发"、第二中类"数字产品零售"和第三中类"数字产品租赁",属于货物贸易,其中采用数字订购形式的,属于数字货物贸易范畴。第四中类"数字产品维修"和第五中类"其他",属于服务贸易范畴,其中采用数字交付的,属于数字服务贸易范畴。

03 大类"数字技术应用业"属于数字可交付服务。

04 大类"数字要素驱动业",除了第二中类"互联网批发零售"和第五中类"信息基础设施建设"以外,其余的都属于数字可交付服务。

05 大类"数字化效率提升业",包括九个中类。[①]

1.2.3　数字贸易的统计口径[②]

1. "数字化作用系数"统计口径

从贸易出发的"数字化作用系数"统计口径,以既有贸易统计框架和统计数字为基础,借助评价数字技术贡献程度的系数测算数字贸易份额。

以"数字化作用系数"为基础的统计测度,进行统计分类时需要结合数字技术的作用特点,目的是解决基础数据获取和关键系数确定两个问题。例如,《扩大的国际收支服务分类》(EBOPS2010)的 12 类服务贸易可以根据数字技术作用的对象、方式、程度差异进行如下分类。

第一类是信息与通信技术服务,即电信计算机和信息服务。为了表明信息与通信技术在推进贸易数字化和数字贸易化过程中的基础地位,其服务贸易额可以全额纳入统计范畴。

第二类是信息与通信技术支持的服务,即线上远程交付的服务。

第三类是信息与通信技术赋能的服务,即虽然是保持以线下交付为主的服务,但可以运用数字技术进行赋能,从而带动质量和效率的提升。

"数字化作用系数"方法涉及信息与通信技术支持的服务中能够线上交付部分的"数字交付比"的测算,以及信息与通信技术赋能的服务中数字技术贡献比例的"数字化率"的测算。

某类贸易通过线上交付的规模在贸易总额中的比例,被称为数字交付比。

数字技术在贸易实现过程中的贡献比例,被称为数字化率。它由"不同环节的数字化水平"和"不同环节数字技术应用对贸易产生的作用"形成。

2. "数字贸易分类体系"统计口径

从数字出发的"数字贸易分类体系"统计口径,不局限于现有的贸易统计框架,从数字

①　贾怀勤. 数字经济分类与数字贸易的对应[J]. 中国统计,2021(8):30-32.

②　石中金,吕富生,张敏. 数字贸易统计测度的"两种路径"[J]. 中国统计,2022(9):33-36.

技术在贸易中的表现和特征出发,构建数字贸易统计专门分类体系。

这种统计途径既可以观测贸易新业态,又能够利用统计体系的模块化,完成国际和国内的对比。

数字贸易分类体系可以划分为下列五大类。

(1)数字产品贸易,指以数字形式通过信息通信网络传播和收发的数字产品贸易,包括数字游戏、数字动漫、数字内容出版、数字广告、数字音乐、数字影视等。

(2)数字技术贸易,指通过信息通信网络交付应用于智能生产的信息技术服务,包括人工智能、工业物联网服务、计算机软件服务、通信技术服务、大数据服务、云计算、区块链技术服务等。

(3)数字服务贸易,指以全部或部分通过数字形式交付的跨境服务贸易,包括:互联网平台服务、数字金融与保险、远程教育、远程医疗,知识产权,管理与咨询等传统服务(如共享中心、客服中心、人力资源服务等)的数字交付部分。

(4)数据贸易,指以数据为直接交易标的,或以数据为作用对象的加工、除了服务的贸易活动。目前跨境数据流动相关业务内嵌在数字产品贸易、数字服务贸易、数字技术贸易中。随着数据产权、数据确权、数据治理等相关法律法规的发展和完善,未来数据贸易或将分离,成为独立的贸易形态。

(5)数字化效率提升贸易,指除了交付以外的其他环节,利用数字技术开展的货物和服务贸易行为。

总体看,以上两种统计口径都以数字技术对贸易促成的贡献作为评价维度,以满足数字贸易统计监测为目的。立足统计实际,聚焦数字贸易统计核算需求,最大限度反映与数字技术紧密相关的各种基本活动。[①]

关键术语

贸易数字化　　贸易成本　　数字订购　　数字交付

本章小结

数字贸易是继货物贸易、服务贸易之后的主要贸易形态,是以数据资源为关键要素,以数字化、信息化合作平台为主要载体,以信息通信技术融合应用、全球数字化供应链、全要素数字化转型、全球产业链分工、智能制造、云端服务为重要推动力,促进效率与公平更加统一的知识密集型贸易新形态。

在介绍数字技术推动传统贸易转型的基础上,阐述了数字技术对贸易的经济影响;阐明了数字贸易的不同概念和分类标准,以及数字贸易统计的指标体系、基本范围及口径。

---

①　贾怀勤,高晓雨,许晓娟,等.数字贸易测度的概念架构、指标体系和测度方法初探[J].统计研究,2021(12):30-41.

思考与讨论

1. 什么是数字订购贸易？
2. 什么是数字交付贸易？
3. 什么是数字中介平台赋能贸易？
4. 什么是贸易方式数字化？
5. 什么是贸易对象数字化？
6. 什么是数字服务贸易？
7. 什么是数字技术贸易？

即测即练

案例 1-1　SHEIN 的数智化选品与国际市场数据分析

音频 1-1　ChatGPT 对出口的影响

音频 1-2　出口工作人员如何使用 ChatGPT

第 2 章

数字贸易理论

◇◇ **学习目标**
　◎ 了解要素禀赋、平台经济、规模经济、交易费用、虚拟集聚等概念
　◎ 熟悉要素禀赋论、生命周期理论、竞争优势理论、共享经济的主要内容
　◎ 掌握用国际贸易理论、平台经济理论、共享经济理论、虚拟集聚理论阐释数字
　　贸易发展规律

◇◇ **学习重点、难点**
学习重点
　◎ 要素禀赋论、生命周期理论、竞争优势理论、交易费用理论
　◎ 理解平台经济与数字贸易平台化的核心含义
学习难点
　◎ 交易费用的概念
　◎ 虚拟集聚的概念

得益于 20 世纪中后叶信息技术和互联网的发展,21 世纪初以人工智能(AI)、大数据、云计算、区块链、5G 传输等为基础的数字信息技术全面渗透社会经济生活的方方面面,使以经济数字化和数字化经济为主要发展方向的数字经济成为当今最耀目的经济主角。作为一种新型经济形态,数字经济在推进我国经济高质量发展和转换经济发展方式中扮演着愈加重要的角色。同时,原有国际分工与贸易逐步转变为互联网数字经济下数字贸易。

“山的巍峨,千变万化;水的浩瀚,绰约多姿”,21 世纪中华大地和数字经济与贸易交相辉映。从已有理论和数字经济与贸易实践中汲取营养,总结经验并升华为理论知识,且以此指导实践显得尤为必要。因此,本章以要素禀赋论、生命周期理论、竞争优势理论等为基础探讨数字贸易发展规律,进而结合平台经济理论、共享经济理论、交易费用理论、规模经济理论、虚拟集聚理论等探讨数字贸易平台化发展的规律。

2.1　数字经济与贸易理论

国际贸易理论来自对人类社会经济与贸易长期发展实践经验的总结与升华,同样,数字贸易理论也植根于 21 世纪数字经济与贸易的蓬勃发展实践经验。根据数字经济与贸易发展特征,选择适宜的国际贸易理论,探讨数字贸易发展规律。

2.1.1　国际贸易要素禀赋论阐释数字贸易

古典贸易理论始于亚当·斯密(Adam Smith)的绝对优势理论,到大卫·李嘉图(David Ricardo)的比较优势理论发展到高潮;新古典贸易理论从阿尔弗雷德·马歇尔(Alfred Marshall)相互需求理论开始,核心是以 H-O 模型为基础的生产要素禀赋论,古典贸易理论和新古典贸易理论统称为传统贸易理论,到第二次世界大战以后发展为现代国际贸易理论,包括产业内贸易理论、产品生命周期理论、需求偏好相似贸易理论、竞争优势理论等,如图 2-1 所示。异彩纷呈、不断演进的国际贸易理论适用于阐释工业革命以来的国际分工与贸易,同样适用于阐释 21 世纪数字经济与贸易发展规律。

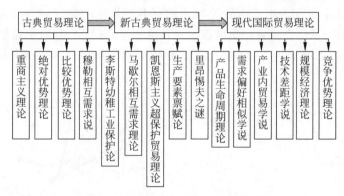

图 2-1　异彩纷呈的国际贸易理论图谱

从图 2-1 可以看出,以 H-O 模型为基础的要素禀赋论,在传统贸易理论中具有核心地位,探讨数字贸易规律应该首先熟悉要素禀赋论。

在《国际贸易对收入分配的影响》(1919 年)一书中,伊莱·赫克歇尔(Eli Heckscher)对生产要素禀赋论的核心思想进行初步阐释,而后其学生贝蒂尔·俄林(Bertil Ohlin)在《区际贸易与国际贸易》(1933 年)一书中更加详细地阐述生产要素禀赋论,最终形成 H-O 模型。[①]

1. 要素禀赋论的两个基本概念

首先,介绍两个与要素禀赋论紧密相关的基本概念:要素禀赋(factor endowment)和生产要素密集度(productive factor intensity)。

1)要素禀赋

要素禀赋指一个国家拥有生产要素的相对比例关系,但与其生产要素的绝对拥有量没有直接关系。

若 A 国拥有资本数量为 $\bar{K}_A$、劳动数量为 $\bar{L}_A$,则 A 国的要素禀赋表示为: $\rho_A = \dfrac{\bar{K}_A}{\bar{L}_A}$。

同样,若 B 国拥有资本数量为 $\bar{K}_B$、劳动数量为 $\bar{L}_B$,则 B 国的要素禀赋表示为: $\rho_B = \dfrac{\bar{K}_B}{\bar{L}_B}$。

① 王永昆.西方国际贸易理论讲座[M].北京:中国对外经济贸易出版社,1990.

如果 A 国和 B 国相比较,其要素禀赋有 $\rho_A > \rho_B$,则说明 A 国资本相对丰裕,而 B 国劳动力资源相对丰富,如图 2-2 所示。

图 2-2 中,E_A、E_B 分别表示 A、B 两国生产要素总量组合,$\rho_A > \rho_B$,说明 A 国是资本丰裕型而 B 国是劳动丰裕型。

2) 生产要素密集度

生产要素密集度指生产商品投入的各种生产要素之间的比例关系。与要素禀赋一样,生产要素密集度也是一个相对数,也与生产要素的绝对使用量没有直接关系。

$$\frac{K_X}{L_X} > \frac{K_Y}{L_Y}$$

其中,K_X、L_X 分别为生产商品 X 投入的资本和劳动;K_Y、L_Y 分别为生产商品 Y 投入的资本和劳动。从生产要素密集度的相对角度来说,商品 X 相对于商品 Y 为资本密集型(capital-intensive),而商品 Y 相对于商品 X 为劳动密集型(labor-intensive)时,如图 2-3 所示。

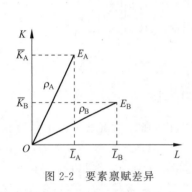

图 2-2 要素禀赋差异

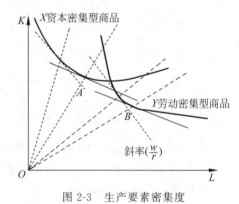

图 2-3 生产要素密集度

2. 要素禀赋论 H-O 模型(2×2×2 模型)

1) 假设条件

(1) 两个国家 A 国和 B 国的生产函数相同,其商品市场和生产要素市场均为完全竞争市场,生产要素在一个国家内部自由流动,但不存在国际的生产要素流动;两种商品生产具有不同的要素密集度:X 商品为资本密集型,Y 商品为劳动密集型。

(2) 两个国家之间的最大区别在于生产要素禀赋的差异:A 国资本存量丰富,B 国劳动资源存量丰富;自由贸易条件,且不考虑运输费用、交易费用、规模经济、关税及贸易壁垒等因素。

2) 从生产要素到商品价格传递的逻辑链条

国际贸易发生的原因是各国商品供给价格的差异,而商品供给价格差异源于各国商品生产的成本差异,各国商品生产成本的差异又源于各国生产要素密集度的差异,生产要素密集度的差异受生产要素的成本差异影响,而生产要素成本差异由生产要素丰裕度决定,其逻辑链条如图 2-4 所示。

A、B 两国生产要素禀赋差异和生产供给差异如图 2-5、图 2-6 所示。

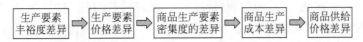

图 2-4 封闭条件下各国商品供给价格差异的逻辑链条

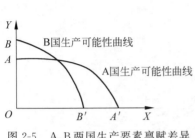

图 2-5 A、B 两国生产要素禀赋差异

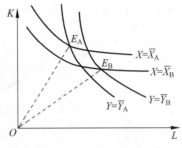

图 2-6 A 国、B 国生产供给差异

在图 2-5 中，A 国是资本丰裕度较高国家，B 国是劳动丰裕度较高国家。

在图 2-6 中，E_A、E_B 分别为 A 国和 B 国要素丰裕度点。X 商品是资本密集型的，Y 商品是劳动密集型的。因此，A 国资本丰裕度高，能提供更多 X 商品，而 B 国劳动丰裕度高，能提供更多 Y 商品。

资本丰裕度较高的国家在资本密集型商品生产上具有比较优势，因而其在资本密集度的商品上具有相对较强供给能力；劳动丰裕度较高的国家在劳动密集型商品生产上具有比较优势，因而其在劳动密集度的商品上具有相对较强供给能力。

在两国封闭和具有相同需求条件下，出于自身经济利益，资源禀赋差异造成 A 国和 B 国生产使用其具有较高生产要素丰裕度（资源禀赋）的商品，进而造成 A 国和 B 国供给商品的相对价格差异，如图 2-7 所示。

在图 2-7 中，P_A、P_B 分别为 A 国和 B 国的平均价格。在两国生产技术相同的条件下，两国根据要素丰裕度差异各自生产具有较高生产要素密集度的商品，在两国消费者偏好和社会无差异曲线相同（需求条件相同）的条件下，结果有：$P_A < P_B$（以切线的斜率表示的价格）。

开放经济条件下，由于 $P_A < P_B$，产生国际贸易，A 国出口 X 商品而进口 Y 商品，B 国出口 Y 商品而进口 X 商品；国际均衡价格由 A、B 两国的相互需求条件共同决定，如图 2-8 所示。

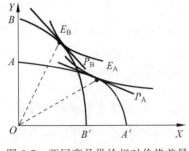

图 2-7 两国商品供给相对价格差异

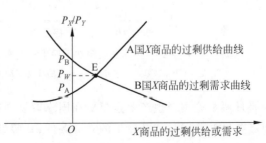

图 2-8 X 商品国际均衡价格

在图 2-8 中，A 国 X 商品的过剩供给曲线（出口供给曲线）和 B 国 X 商品的过剩需求曲线（进口需求曲线）相交于 E 点，同时也决定了 X 商品的国际均衡价格 P_W。P_W 处于两国封闭条件下相对价格之间。

开放条件下，国际贸易对国家之间的生产和消费产生影响，使两国商品的相对价格发生变化，如图 2-9 所示。

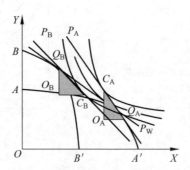

图 2-9 国际贸易导致两国商品相对价格的变化

从图 2-9 可以看出，A 国 X 商品的相对价格上升为 P_W，生产量移到 Q_A，消费量移动到 C_A，贸易三角形为 $\triangle Q_A O_A C_A$；B 国 X 商品的相对价格下降为 P_W，生产量移到 Q_B，消费量移动到 C_B，贸易三角形为 $\triangle Q_B O_B C_B$。

因此，H-O 模型说明，一个国家生产其生产要素禀赋丰裕度高的商品用于部分出口，而进口密集使用其稀缺生产要素生产的商品，从而增进各自福利。例如，传统贸易中，美国生产出口其技术密集、资本密集的飞机，而进口其稀缺的劳动密集的服装产品，而中国正相反。在数字贸易中，美国生产和供给技术密集型的芯片设计与开发基础性软件产品，而中国等发展中国家生产和供给劳动密集型的数字产品加工和开发应用性软件产品，各自发挥要素禀赋优势，参与国际分工与贸易，提升总体就业与收入水平，如图 2-10 所示。

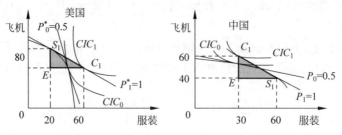

图 2-10 中国和美国在不同生产要素禀赋下的生产、贸易和福利
注：CIC_0、CIC_1 分别指 C_0、C_1 处的社会福利无差异曲线（同无差异曲线性质）。

要素禀赋论阐释生产要素禀赋在国际贸易中的作用，但其仍忽视需求因素分析，且资源禀赋差异并非国际贸易发生的充分条件，其假设前提与实际情况仍存在一定差距。

2.1.2　现代贸易理论及新贸易理论与数字贸易

现代贸易理论和新新贸易理论正是在放松古典与新古典贸易理论的完全竞争市场结构、规模报酬不变、需求偏好不变等这些不符合当今社会经济生活的假设条件的基础上建立起来的,新贸易理论对数字贸易的阐释更接近实际情况。

1. 生命周期理论

20 世纪 60 年代末国际能源危机爆发,为应对能源危机、环境危机,英、美等国家深入研究从能源到资源的利用问题,促进了生命周期理论的发展。

生命周期概念有狭义和广义之分,狭义含义是有关生命科学的术语,其本义是生物体从出生、成长、成熟、衰退到死亡的全部过程;而广义含义是狭义的延伸和扩展,泛指自然界和人类社会各种客观事物的阶段性变化及其规律。雷蒙德·弗农(Raymond Vernon)从产品生产的技术创新与扩散出发,分析产品生命周期及对国际分工与贸易格局的影响,认为工业制成品同生物一样会先后经历创新期、成长期、成熟期、标准化期和衰亡期五个不同阶段的生命周期。产品/行业生命周期是一种非常实用的方法,能够帮助企业根据行业是否处于初创、成长、成熟、衰退或其他状态来制定适当的战略。

生命周期理论是由美国经济学家弗农于 1966 年在《产品生命周期中的国际投资与国际贸易》中提出的。弗农的产品生命周期指产品区际转移是由于世界各国的技术发展水平不同造成的,技术领先的国家可能率先开发出某种新产品并出口;经过一段时间后,技术较先进的国家掌握了这种技术,成为新的出口国;技术较落后的国家随后才能掌握这种技术,在最后成为该产品的出口国。可见,产品生命周期概念从国内市场扩展到国际市场,这种理论经常被用作解释国际产业不断转移及扩散现象。

处于不同技术水平的国家,由于技术创新、扩散,交替成为新产品的生产国家,国际分工与贸易在不同国家发生,这一由技术动态因素引发的国际贸易突破了古典和新古典贸易理论技术不变的假设条件的限制,带动国际贸易理论走向现代贸易理论。像移动终端设备——手机等产品,同数字经济与贸易的发展一样,遵循生命周期理论。数字经济的新业态、新模式不断创新,同时不断淘汰传统业态和模式,其实就是遵循生命周期理论。

2. 竞争优势理论

20 世纪 80 年代,国际竞争力的研究趋热,尤其表现为代表人物迈克尔·波特(Michael Porter)的影响力最大。波特认为,不管是比较优势理论还是规模经济理论都难以对产业竞争力的来源作出合理的解释,原因在于:在生产过程中,生产要素产生的价值增值能力趋于快速下降而最后不再发挥决定作用,对某些产业来说规模经济理论具有一定的重要性,但规模经济理论并没有对"哪个国家的企业能发展规模经济及规模经济能适用于哪个行业"等问题作出确切回答。

因此,20 世纪 90 年代,波特提出国家竞争优势理论,并构建"五力模型"和"钻石模型"(Diamond Model),为各国(地区)产业竞争力提供有效分析方法。如果说价值链是分析企业内部活动的微观分析工具,五力模型则是分析企业所属产业环境的中观分析工具,而钻石模型就是分析国家和地区"竞争力"的宏观分析工具。波特在《国家竞争优势》中构建的"钻石模型"如图 2-11 所示。

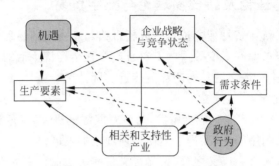

图 2-11　波特的竞争优势钻石模型

波特认为,产业竞争力的来源可以归纳为六个因素,其中主要包括生产要素、需求条件、相关和支持性产业、企业战略与竞争状态四个决定性因素和政府行为及机遇两个辅助性因素,这六个因素之间存在互相促进的关系。[①]

波特据此总结出产业竞争力发展依次递进的"四阶段理论",即要素驱动阶段、投资驱动阶段、创新驱动阶段和财富驱动阶段。数字经济与贸易发展处于创新驱动阶段,是各国竞争焦点。抓住机遇提高数字产业竞争力,从企业到产业再到国家,其现实选择是从以上六个要素中寻找重要抓手。

20 世纪 80 年代以来,保罗·克鲁格曼(Paul Krugman)等经济学家在继承过去国际贸易理论合理部分的基础上,提出了更符合现实状况的"新贸易理论"。新贸易理论是从动态性的角度对贸易竞争进行分析,该理论认为,对国际贸易领域新现象原因的解释不能只是局限于劳动生产率和要素禀赋,而是要从技术创新、规模经济、劳动力资源等多方面着手。21 世纪开始,以马克·梅里兹(Melitz)为代表的新新贸易理论将分析对象进一步细化,该理论主要是从企业层面出发,关注企业异质性与出口、外国直接投资(FDI)等企业决策问题。

21 世纪数字经济与贸易发展中频频出现的"独角兽"企业,是生命周期理论中的初创企业、竞争优势中抓住机遇的幸运者,也是新贸易理论中更好地利用技术创新、商业模式创新、业态创新和规模经济的实践者。

综上所述,可以发现传统贸易理论强调在国际贸易过程中劳动力、自然资源、技术、资本、地理区位等要素禀赋对生产成本产生根本影响,而新国际贸易理论强调规模经济、竞争优势带来的外部经济性诱发国际贸易。随着 21 世纪互联网(数字信息)时代的技术发展和数字化趋势显现,在数字贸易中各国传统生产要素的影响削弱,研发水平、创新能力、数字基础设施等要素影响力提升。因此,采用传统贸易理论及新贸易理论均可以但不能全方位探究数字贸易发展及竞争力提高。数字经济与贸易本身呈现多维特性,除了从贸易理论角度出发的理论阐释外,还需要依据更多经济理论阐释其发展演进规律。

---

①　波特.国家竞争优势[M].李明轩,邱如美,译.北京:中信出版社,2012.

2.2　数字贸易平台与规模经济及交易费用理论

21 世纪,由信息社会步入互联网时代,依托大数据、云计算、区块链、人工智能等数字新技术驱动,以及物联网、工业互联网、电子商务、元宇宙等新业态、新组织的经济形式,传统经济模式不断升级为数字经济模式,竞争赛道层出不穷,数字经济与贸易相互作用,数字贸易平台化发展呈必然趋势。数字贸易平台化发展的经济理论依据更多指向规模经济和交易费用节约,因此,本节主要讨论数字贸易平台与规模经济及交易费用的关系。

2.2.1　平台经济与数字贸易平台

平台经济和数字经济与贸易交织在一起,推动数字贸易平台化发展。数字贸易平台,一方面,组织双方或多方线上交易,促进贸易便利化的同时极大节约交易成本;另一方面,具有规模经济的"一家独大"垄断定价效应,使得经济学"马歇尔冲突"(Marshall's Dilemma)问题凸显,单边、双边垄断导致政府出于公共利益对数字贸易平台进行必要规制。[①]

1. 平台经济与平台经济学

平台是一个工程学概念,指为了便于生产施工而设置的工作台,而将平台概念引入经济学领域产生了平台经济和平台经济学。平台经济学,一类是研究平台经济的市场结构与市场势力、定价策略、平台经济组织的进入退出壁垒、平台之间的并购行为、平台行业结构演进与规制等内容,归属产业经济学研究范畴;另一类研究平台的规模经济和交易费用节约等内容,仍归属一般经济学的研究范畴。[②]

21 世纪互联网时代,平台经济已经演变为一种基于数字技术,由数据驱动、平台支撑、网络协同的经济活动单元所构成的新经济系统,是基于数字平台的各种经济关系的总称,包括数字贸易平台。平台经济是数字经济时代背景下的新经济模式,既是对传统经济组织的升级,又是对传统经济形态的革命。平台经济中的平台,既可以存在于现实世界,也可以存在于虚拟空间。

平台经济作为互联网信息时代最具吸引力和最具影响力的新型经济形态,引领数字经济发展模式和应用场景创新,成为数字经济发展的新动能、新引擎。在互联网数字信息时代,平台经济在社会经济发展全局中的地位和作用日益显现,在国际贸易上极大地促进了数字贸易平台化发展趋势,数字贸易平台是平台经济的一种贸易形式。

2. 平台经济的社会经济功能

在 21 世纪互联网时代,平台经济和数字贸易平台的发展超越所有经济模式,成为数字经济与贸易最突出的亮点,其主要社会经济功能表现在以下几个方面。

1) 扩大社会资源配置范围、提高配置效率并构筑新的全球价值链

自 20 世纪 90 年代以来,经济全球化加速发展。在互联网和现代信息技术支持下,国

---

① ARMSTRONG M. Competition in two-sided markets[J]. The RAND journal of economics,2006(3): 668-691.

② 徐晋,张祥建.平台经济学初探[J].中国工业经济,2006(5): 40-47.

际贸易、国际投资、国际金融呈现出平台化、数字化发展新特征。得益于跨国公司的全球布局,以互联网和数字技术支持的数字贸易平台构筑新的全球价值链,数字贸易与全球价值链高度嵌合并在国际分工的深化发展中得以升级,追求规模经济性、扩大资源配置范围和配置效率将国际分工与贸易推向高级化发展的数字贸易平台新形态,成为互联网推动经济全球化进程的突出表现。因此,平台经济和数字贸易平台成为各国抢占经济竞争的制高点。

2) 推动技术变革、产业变革、效率变革和社会经济与贸易向信息化、数字化、智能化加速演进

平台经济的发展需要数字技术支撑,互联网、大数据、云计算、区块链、人工智能等数字技术直接服务于平台经济发展。平台产业发展变革的根本驱动力,既有数字技术的强大供给推动力,也有数字经济与贸易发展衍生的需求拉力。互联网迅猛发展表现出数据以 TB 级数日新月异地增长,而对大数据经济价值的整理挖掘,直接成为平台经济和数字贸易平台创新发展模式的"素材公社"。国际分工、专业化生产与国际贸易同步数字化,驱动经济与贸易的信息化、智能化发展,将社会经济与贸易置于"云端",无处不数字、无处不计算,未来面临的不再是商业贸易的传统创新,而是数字经济、平台经济与贸易下的算法革命。"数字改变生活"将不再只是一句口号,世界上每一个人均处于被算法"算计"的"快乐与尴尬"之中,而其带来的是财富创造的经济效率提高和人们幸福指数的升级。

3) 提升国家治理、产业规制和企业管理向数字化、智能化、全域化、个性化、精细化迈进

平台经济和数字贸易平台化发展本身需要国家规划管理,而传统规制方式难以适应现代治理,平台经济上升为数字化管理,为国家数字化、智能化经济管理水平提高奠定基础。数字经济无处不在,而平台经济也渗透社会经济的方方面面,从大数据"杀熟"到个性化管理,企业经营管理数字化服务水平越发成熟。在数字贸易平台推动下,全域制、个性化、智能化和精细化、数字化模式不断渗透和提升国家治理、社会经济管理、产业规制和企业管理。

3. 数字贸易平台的主要特征及表现形式

数字贸易平台本身不生产产品,而是提供一种虚拟与真实融合的交易场所,可以促成供需双方或多方之间的交易,具有虚拟性、网络外部性、共享性等主要特征,表现形式如下。

1) 虚拟性放大了数字贸易平台的利弊

在平台经济中,数字贸易平台一侧面向广大消费者,另一侧联结众多厂(商)家,属于典型的双边或多边贸易市场。数字贸易平台的众多参与者明确分工,其中,数字贸易平台经济主体运营商负责聚集社会资源和合作伙伴,具有突出的规模经济性。在互联网支持下,通过网络数据资源来聚集交易资源,遵循"梅特卡夫法则",迅速扩大市场参与者的用户规模,形成大数据资源,充分利用大数据的挖掘处理、云计算和存贮、区块链认证等相关数字技术,融合平台规模经济性与数字贸易平台的虚拟性,在虚拟与现实之间架起桥梁,使平台参与者互利贸易、多方受益,实现平台价值、客户价值和服务价值最大化,也促进数字贸易平台的价值增值。但是,数字贸易平台企业不可避免地利用其双边或多边市场的优势地位,实行垄断定价、捆绑销售等行为以提高获利能力,其结果表现为一定程度上通过大数据精准画像提高信息匹配度、锁定消费者达到扩大平台利益的目的,同时可能会损

害广大消费者利益。另外,互联网平台的虚拟特性导致信用风险、网络欺诈和信用识别等问题凸显,也增加了数字贸易平台经济形式的弊端。数字贸易平台形成的不完全竞争市场的垄断定价能力和虚拟性的网络欺诈行为,成为政府反不正当竞争、反欺诈而对数字贸易平台类产业及企业进行规制的主要动因。

2) 网络外部性使数字贸易平台呈现较强先动优势,平台企业一家独大垄断

数字贸易平台以数字技术为支撑,将数字经济和平台经济交织在一起,以互联网为平台架起供需桥梁,搭建起供给者之间、消费者之间、供给者和消费者之间、公众和政府之间的共享、贸易、交流、互评等多功能性平台。在数字贸易平台发展中,网络的经济外部性必然带来外部规模经济。平台企业具有先动优势,由于互联网外部效应和客户锚定效应存在,出现企业越做越大、强者恒强局面(马太效应)。互联网、大数据支撑的数字贸易平台通过运行积累数据,进一步运用大数据挖掘技术、云计算技术、区块链技术对平台客户信息深度挖掘并锚定客户,有利于提高市场集中度,进而降低商户和消费者交易成本,数字贸易平台企业又呈现较强的内部规模经济性。

3) 数字贸易平台同步显现其经济效益与社会效应

数字贸易平台发展,既涉及工业互联网、物联网的生产领域,又更多涉及事关人们衣食住行的民生消费领域(例如,天猫、拼多多、京东、盒马鲜生等平台密切联系着人们的日常生活消费,越发占据重要地位);在很多情况下虽然只是搭建起农产品、工业品供给者与众多消费者之间的贸易平台,但其公共服务提供者的属性特征突出,众多平台在提供消费者购买商品的贸易属性上具有非排他性、非竞争性的准公共品特性,呈现出一定的公共基础设施属性,对公众来说其社会效应比之经济属性更突出。虽然数字贸易平台企业大多由私人资本建设运营,但因其具有较为显著的公共品属性,无论是出于维护自身商誉目的,还是出于攫取垄断利益的目的,在平台企业对上、下游商户或企业进行准入管制、设置准入权进行自律监管时,其准公共物品设施、瓶颈作用投入品和"赢家通吃"的关键设施属性,必然涉及政府出于公共利益而进行行政规制的问题。[①]

4) 数字贸易平台的生命力在于虚拟集聚数据要素资源的增值效应

数字贸易平台根植于互联网,是在高速发展的新一代数字信息技术基础上,以数据作为核心生产要素或对数据核心资产进行资源配置的一种新型经济模式。数字贸易平台的运行天然会虚拟集聚并产生大量数据,平台企业之间的竞争越来越多表现为数据资源与算力、算法的竞争。因此,各平台企业极为注重数据要素的积累与挖掘数据的经济价值,以提升平台价值和赢得竞争优势。数字贸易平台是通过数字经济虚拟交易功能和平台规模经济拓展而显现优势,互联网和数字经济又以数据为增值元素而助力数字贸易平台焕发生命力。

4. 数字贸易平台的发展趋势

1) 数字贸易平台拓展新领域、新行业、新业态,呈现融合发展趋势

促进信息沟通、开展贸易合作是数字贸易平台企业运行的基本功能,互联网和各种捕捉、存储、传输、处理、终端设备等是数字贸易平台迅速发展的物质设施基础,数字技术是

---

① 谢富胜,吴越,王生升.平台经济全球化的政治经济学分析[J].中国社会科学,2019(12):62-81,200.

数字贸易平台发展的信息技术基础,数字经济与贸易是数字贸易平台发展的内容形式。数字贸易、平台经济在互联网架构下融合交织,不断进行组织模式创新、应用技术创新、体制机制创新,开发新的数字技术,在新领域、新行业、新业态呈现融合发展趋势。

2) 数字经济发展最先拓展商务服务领域,从商务领域渗透工业领域、农业领域,中间商品贸易越发活跃

数字经济对于各行业的渗透率具有明显的差异性,根据艾瑞咨询发布的资讯资料,2020 年我国服务业、工业和农业的数字经济渗透率分别为 40.7%、21.0%、8.9%,同比分别增长 2.9%、1.5%、0.7%。[①] 我国第一产业、第二产业、第三产业数字经济占行业增加值的比重不断增长。2022 年,第三、二、一产业数字经济渗透率分别为 44.7%、24.0% 和10.5%,同比分别提升 1.6、1.2 和 0.4 个百分点,第二产业渗透率增幅与第三产业渗透率增幅差距进一步缩小,形成服务业和工业数字化共同驱动发展格局。[②] 数字贸易平台重塑产业链,助力实现传统产业链的重构,通过大数据、云计算、区块链等强大的数字技术支持和工业互联网、物联网等网络支持,强化产业主体协同、供需匹配,最终实现数字贸易平台的经济全覆盖和全球资源优化配置。

3) 平台经济伴随互联网产生,一些巨型互联网贸易平台企业应运而生

2016 年 10 月以来,我国掀起建设工业云平台热潮。大型科技研发与制造业企业,如华为有"华为云",海尔集团有"海尔云";机械制造企业徐工和三一重工分别有"徐工工业云"和"根云"大数据平台;地方政府如长沙市则专为中小企业打造"长沙工业云"等,这些工业云平台虚拟集聚,既有大型先进的制造业企业,也有信息化水平薄弱的中小企业,普遍适合中国制造业的需求。譬如三一重工孵化的互联网平台"树根互联",覆盖了纺织机械、发电机组、数据机床、3D 打印、建材装备、医疗器械、物流运输、铸造生产、智慧工地、金融租赁等 30 个细分行业。[③] 这些工业云平台作为整个经济体上游产业的经济数字化发展,为经济体下游的数字贸易平台发展增添助力,在互联网和数字信息技术支持下充分融合,在最大限度节约交易费用和发挥规模经济效应上展现出璀璨魅力。

2.2.2　数字贸易平台的规模经济理论和交易费用理论

数字贸易平台化发展,一方面为取得数字贸易平台的内部规模经济和范围经济,另一方面通过平台的信息沟通、贸易磋商机制,提高供需匹配度和降低交易费用,取得外部规模经济。因此,数字贸易平台取得内部和外部两方面的规模经济,提高社会经济效益,但都体现为生产成本的降低和交易费用的节约。

1. 数字贸易平台与规模经济理论

克鲁格曼提出规模经济理论,其核心观点是:即使不存在比较优势,规模经济本身也

① 艾瑞咨询. 2021 年全球数字贸易白皮书[EB/OL]. (2021-11-29). https://www. thepaper. cn/newsDetail_forward_15581921.

② 2023 年中国数字经济行业市场规模及渗透率预测分析[EB/OL]. (2023-05-16). https://www. 163. com/dy/article/I4RRR6SO051481OF. html.

③ 【今朝湘企更好看】树根互联:工业互联网"大玩家"[EB/OL]. (2018-01-08). http://www. hunan. gov. cn/hnyw/zwdt/201801/t20180108_4921189. html.

是国际贸易发生的重要原因。规模经济是国际贸易产生的原因,而国际贸易又推动规模经济效应发挥,二者相辅相成。规模经济可以划分为内部规模经济和外部规模经济两大类,在数字经济时代,得益于互联网天然实时在线顺畅沟通、信息匹配功能实现网络经济的外部规模经济性和数字贸易平台的虚拟集聚实现内部规模经济性的最大限度发挥,数字贸易平台展现出前所未有的风姿。但是,源于成本降低和正外部性溢出效应的规模经济性,归根结底又归因于成本节约和交易费用节约。

2. 数字贸易平台与交易费用理论

交易费用理论是新制度经济学派的核心观点。1937 年,在《企业的性质》一文中,新制度经济学代表人物罗纳德·科斯(Ronald Coase)提出"交易费用"思想,他认为,企业和市场是两种资源配置方式或两种组织分工形式,其相互替代在于各自节约交易费用的方式不同。[①]

科斯命名交易费用(或称交易成本),认为交易费用包含寻找供需匹配之间交易对象、贸易洽谈、订立合同、监督执行交易等方面发生的费用支出,主要由搜索成本、谈判成本、签约成本与监督成本等部分构成。新制度经济学派代表人物之一奥利弗·威廉姆森(Oliver Williamson)认为,为防止不确定因素引发机会主义行为,市场主体应该签订与执行契约,而契约是具有各种以资产专用性、不确定性和交易频率为交易标志的合约。从交易契约的不确定性因素出发,威廉姆森将商品贸易发生的交易费用分为事前交易费用和事后交易费用。事前交易费用是指由于商品贸易情况不确定,事先规定交易各方的权利、责任和义务所花费的成本和代价,而明确这些权利、责任、义务所花费成本和代价又与交易各方产权结构的明晰度直接关联;事后交易费用是指交易发生以后的执行和维护成本。商品贸易与服务贸易联系越来越紧密,交易前后的服务成为交易能否达成的关键,必然造成事前、事后交易费用不断攀升。

数字贸易平台发展,一是使企业扩大经营规模的同时通过提高管理效率降低管理成本;二是实现虚拟集聚下多交易频次下交易费用的节约。数字贸易平台取得交易规模扩大与交易费用降低的双重有益效应,使得科斯和威廉姆森"企业与市场的替代原则"对数字贸易平台化发展的阐释不再完全有效。

3. 数字贸易平台化发展促进了规模经济扩大和交易费用降低的双重效应

互联网时代,数字经济和平台经济融合发展将数字贸易平台化发展推向极致,其实质是通过数字贸易平台以降低单位生产成本和交易费用,既取得规模经济又降低交易费用,主要表现在以下几方面。

(1)通过多用户属性和用户规模化贸易提高供需匹配度和专用性资产利用率,扩大规模经济且降低交易费用。例如,依靠平台本身产生的大数据精准画像功能提升交易各方信息匹配度和平台金融大数据的信用评级功能,在降低不确定性带来的风险的同时提高贸易成功率。

(2)依靠数字虚拟在线平台信息沟通的便利性,提高在线信息沟通能力、信息匹配度和交易频率,降低经济主体之间空间接触的流动成本,从而降低单位交易费用,取得规模

---

① 威廉姆森,温特. 企业的性质[M].北京:商务印书馆,2010.

经济。例如,通过抖音、拼多多等大型互联网平台的在线直播销售,互联网虚拟平台,一头连接众多商家,一头连接众多消费者,以虚拟门店替代传统实体门店销售模式,以在线信息沟通替代传统的直接对话,既减少交易费用又提高交易成功率,规模经济效应显著。

(3) 通过平台本身规模化运营的外部经济效应,即本身具有的信誉优势、规范审核贸易用户资格的衍生优势、产品数字标准化管理优势等,发挥外部规模经济优势和协同作用,降低交易费用。例如,在实体产业供应链方面,作为产业经营主体的各类中小企业普遍面临仓储成本高、物流配送协同水平低以及供应链金融服务发展滞后、难以缓解买卖双方的资金压力等痛点,数字贸易平台致力于加快产品标准化建设以降低仓储成本,强化物流配送全过程信息监控能力以提高物流主体的协同能力,以及深化大数据风险控制应用能力以提供有效的供应链金融产品,多项措施相互配合,有利于充分挖掘整个产业供应链的数字化升级价值,并为中国这样的发展中国家的经济高水平转型升级提供数字贸易平台化下的"供应链数字力量"。

专栏 2-1　阿里巴巴国际站运营实践

阿里巴巴国际站是全球领先的数字化出境平台,其理念是帮助每一个中小企业成为跨国公司。下面介绍阿里巴巴国际站的主要运营模式和实践绩效。

1. 阿里巴巴国际站平台简介

作为阿里巴巴集团的第一个境外业务板块,阿里巴巴国际站成立于 1999 年。2010年阿里巴巴收购"一达通"之后,通过互联网一站式模式为中小企业和个人提供金融、通关、物流、退税、外汇等所有外贸交易所需的进出口环节服务,将平台打造升级为集"撮合十履约"为一体的跨境电商服务综合数字平台,其实质是促成买卖双方线上交易,为广大中小企业和个人减轻外贸经营压力、降低外贸交易成本、解决贸易融资难题。其不断完善贸易服务质量和提高效率,自身逐渐成长为全球最大的数字化贸易出口平台,服务对象覆盖 200 余个国家和地区。2020 年,其近 3 年支付买家的复合增长率超过 100%,商家数增长 60%,订单总成交额增长 500%。①

作为中国境内最有实力和潜力的 B2B 跨境电商平台,阿里巴巴国际站运营方式主要是通过卖家缴纳注册会员费、广告费、交易手续费、商家提现手续费等来盈利,通过线下上门拜访和线上网页广告等方式搜寻和引导高质量客户企业入驻该平台。在入驻平台前,阿里巴巴会对欲入驻企业银行账户、经营资格等资料进行审查,对欲入驻企业办公地点实地勘察,并组织相应的国际站运营培训,从基础的操作到运营高阶知识,不断提高电商经验不足或运营能力弱的企业的能力,严格把控入驻企业质量,保证买家的购物安全。

根据规定,企业上传产品到平台,包括产品图片、标题、尺寸、原料等,待平台审核通过后便可向顾客展示产品。卖家通过购买阿里巴巴国际站内的营销广告吸引客户达成交易,达成交易后平台同时收取卖家、买家 1%～2% 的服务费。与此同时,卖家还可以

---

① 阿里巴巴国际站.全球领先的数字化出口贸易平台[EB/OL].[2021-12-23]. https://supplier.alibaba.com/us/alibaba/PX874C04.htm.

选择上传产品物流模板后选择阿里物流一站式服务,通过阿里巴巴物流出关、报税直接出口货物。近年来阿里巴巴国际站平台还推出了 Ready to Ship(RTS)板块,产品发布时选择 RTS 将获得更多的流量扶持,但必须保证货物在 7 天之内发货,这大大提升平台的购物体验。买家在平台注册账号,通过网页搜寻目标产品,用邮件询盘或者 TM(即时消息)的方式向卖家咨询产品,直至最后下单付款。阿里巴巴国际站服务于买卖双方国际贸易全过程(售前、售中、售后),对消费者满意评价、退货、争议申诉和处理等问题,与卖方企业建立线上沟通和协商渠道,保障买卖双方的合法权益。

2. 阿里巴巴国际站广告运营模式

阿里巴巴国际站 2019—2021 年每天有近 30 万笔询盘订单。平台将商家分为两种类型:出口通和金品诚企。出口通为普通会员,年费 29 800 元人民币;金品诚企为高端会员,年费 80 000 元人民币。在使用付费广告时具有区别性,相同付费广告价格单次点击价格,金品诚企会员的排名会高于出口通会员,即使该产品没有使用付费广告,相同产品金品诚企会员的自然排名也会高于出口通会员。同一产品在相同的曝光量下,金品诚企会员的产品点击率会更高。使用付费广告后,出口通会员仅能得到该产品的曝光量、点击量、点击率、收藏数量、广告费用消耗时间,而金品诚企用户还可以得到该产品在哪个国家曝光最多、点击最多,哪个国家的用户购买此产品最多,有利于更加精准地向目标国家和地区的用户投放广告。

阿里巴巴国际站平台商家获取流量的来源主要有以下七个:直接访问、自然排名、付费排名、社交类、引荐、邮件营销、展示位置。想要提高产品的点击率,就要提高产品的曝光量,就要提高店铺星等级以及付费搜索广告的投入和效率。只有当营销力上涨时,才可以提高交易力、保障力、商家信誉力。营销力又分为五个等级,根据广告产品的数量、广告产品的效果转化、广告调整的活跃度、广告的投入来评级,越高的等级就会有越高的权利,平台也会根据营销力的等级匹配客户,等级越高就越有可能匹配到高质量客户。所以在广告投入一定的情况下,提高广告投放的效率,才能让店铺良好地运行。

阿里巴巴国际站的产品分类大致有 12 个板块,共计约 14 万个商家,具体分布如表 2-1 所示。

表 2-1　阿里巴巴国际站产品分类及注册商家情况

产品分类	金品诚企商家/个	出口通商家/个
农业和食品(Agriculture & Food)	1 905	3 923
服装、纺织品及配件(Apparel,Textiles & Accessories)	3 982	7 771
汽车与交通运输(Auto & Transportation)	5 151	8 740
包、鞋及配件(Bags,Shoes & Accessories)	5 582	11 086
电子产品(Electronics)	2 781	4 206
电气设备、零部件和通信设施(Electrical Equipment,Components & Telecoms)	2 031	3 757

产品分类	金品诚企商家/个	出口通商家/个
礼品、运动产品和玩具(Gifts, Sports & Toys)	6 255	13 229
健康及美容(Health & Beauty)	4 320	5 000
家装、照明和建筑(Home, Lights & Construction)	4 807	9 157
机械、工业零件和工具(Machinery, Industrial Parts & Tools)	4 384	8 270
冶金、化工、橡胶、塑料(Metallurgy, Chemicals, Rubber & Plastics)	3 073	5 387
包装、广告、办公产品(Packaging, Advertising & Office)	5 900	10 011

资料来源：阿里巴巴国际站 2020 年。

资料来源：

1. 刘锦蕾.阿里巴巴国际站搜索广告点击率提升策略研究——以 W 公司为例[D].成都：西南财经大学,2022.

2. 左瑞瑞,叶文静.跨境电商 B2B 背景下产品详情页优化技巧——以阿里巴巴国际站平台为例[J].对外经贸实务,2020(7)：69-72.

3. 王永茂.阿里巴巴跨境电商海外拓展模式演进[J].浙江万里学院学报,2022(3)：1-7.

2.3　数字贸易与共享经济理论

1978 年在"社区结构和协作消费：一种常规活动方法"一文中,马科斯·费尔逊(Marcus Felson)和琼·斯潘思(Joe L. Spaeth)提出"分享型经济"(sharing economy)概念,又可称为"协作型消费"或"共享经济",主要研究一种"消费者与消费者"(C to C)之间的合作消费模式。[①] 在协同消费概念提出后,以此为基础的共享经济发展并不快,但却成为 21 世纪互联网时代的宠儿,衍生出多种经营模式,其跨国经营模式成为推动全球数字贸易迅速发展的主要动力。因此,共享经济理论也成为数字贸易发展的理论基础。

2.3.1　共享经济的概念拓展、影响深化和模式创新

共享经济概念提出之时正处于信息社会发展初期,一方面,信息基础设施建设的不足制约了共享经济发展；另一方面,人们对于依靠信息技术支撑发展的共享经济并未表现出应有的热情。进入 21 世纪数字经济蓬勃发展时期,共享经济理念从被人们所接受到深入人心,作为数字贸易的典型商业模式之一,助力数字贸易腾飞。

1. 共享经济的概念拓展

在共享经济发展过程中,对于共享经济的理解主集中于以下三种观点。

第一种观点,最早由费尔逊和斯潘思提出的协同消费概念,消费者与消费者之间分享闲置物品的行为,其经济本质体现为实现资源配置最大化而实施使用权的暂时性转移和

---

① FELSON M, SPAETH J L. Community structure and collaborative consumption：a routine activity approach [J]. American behavioral ccientist, 1978, 21(4)：614-624.

社会化利用,而其经营模式为建立共享平台,以租赁契约取代买卖合同方式,使原来不能纳入交易范畴的资源进入交易范畴之内,个人或机构通过暂时性转让闲置产品的使用权,获得收益。共享经济取得突飞猛进发展,一方面,得益于互联网和数字信息技术支撑虚拟集聚,极大提高信息匹配度、降低交易成本、提高交易成功率;另一方面,发挥互联网信息平台虚拟集聚的规模经济性。

第二种观点,突破原有闲置资源配置的范畴,认为共享经济不只包括闲置资源的共享,而更多地体现出企业机构的资本入侵共享模式,即由企业机构向消费者提供租赁产品。因此,这一理念下的共享经济扩展为两种形式,一种是原有的消费者将处于闲置状态的资源短暂转让使用权给其他消费者的 C to C 共享模式,另一种是由企业机构将闲置资源或未出售的商品直接向消费者提供租赁服务,即企业机构只向消费者短暂租赁商品使用权的 B to C 模式。

在日常生活中,消费者接触最多的共享资源大多由企业机构直接提供,例如,共享出行的代表优步(Uber)、滴滴出行,共享空间的代表爱彼迎(Airbnb),共享度假的代表VaShare,共享游戏代表 Steam、AUV,面向全球的在线工作平台 AAwork,共享资金价值代表 Prosper,共享饮食的 Eatwith 等。

第三种观点,介于前两种观点之间,认为共享经济是闲置资源的共享,但闲置资源既可以是消费者的存量资源,也可以是企业提供的增量资源,即企业机构可以拓展资源用于租赁经营。

随着 Airbnb、Uber 等公司的强势崛起,共享经济被大众熟知,但共享经营模式不断创新。作为共享经济鼻祖,汽车共享公司(Zipcar)、无线网络连接公司(Veniam)、点对点汽车租赁公司(BuzzCar)以及拼车网站(GoLoco)的联合创始人罗宾·蔡斯(Robin Chase)认为,共享经济将重构未来商业模式,本质上强调商品使用权的转让,当商品处于闲置状态时,将商品使用权短暂转移给最需要的人,从而提高商品的使用效率和资源配置效率。考虑到共享经济对传统商业模式的影响,通过商品租赁取代商品交易,将商品使用权价值提高到拥有商品所有权之上,另辟蹊径地降低交易成本,促进商品贸易和服务贸易。共享经济是个人或企业通过转让产品或服务使用权的方式,提高资源的公共化享用程度,进而提升资源的使用率。[①]

总之,共享经济指有闲置资源的企业机构、个人有偿将资源使用权让渡给其他消费者,从而使让渡者获得回报、分享者利用这些资源创造价值,实质上是将闲置资源的使用权暂时转移而实现资源优化配置。共享经济嫁接上互联网信息平台,推动数字贸易蓬勃发展,但其本质仍体现为在商品或服务的重复交易中降低交易费用和提高资源利用效率,但在互联网时代,共享经济平台化、数字化演进,实现了数字技术下贸易方式质的飞跃。

2. 创新共享运营模式推动数字贸易平台化发展

1) 共享经济运营模式创新

瑞秋·波特斯曼和尧·罗格(Rachel Botsman and Roo Rogers,2010)将共享经济定义为"借助点对点(P2P)的互联网平台而实现的协作消费,通过物物交换、租赁、贸易、出

---

① 蔡斯.共享经济:重构未来商业新模式[M].王芮,译.杭州:浙江人民出版社,2016.

租、互换等协作方式而实现的对闲置或未充分使用的资产、技能、时间等资源进行再利用或分享的消费模式"。他们在协作消费中确定了三种资源循环系统,即共享经济三种创新模式:协作(或合作)生活方式、产品服务系统和协同(或合作)消费。①

(1) 协作(或合作)生活方式。协作生活方式(collaborative live)指基于互联网和人工智能的网络平台,允许消费者通过社交等流程进行货币化交易,以获取服务、知识、技能、金钱等资源。网络平台或移动技术提供支持 GPS(全球定位系统)定位的实时共享技术,将基于具有相似需求或兴趣的人虚拟集聚在一起,相互交流和分享时间、空间、技能、金钱等无形资产。财富创造是社会分工与合作而非你死我活的市场竞争。

(2) 产品服务系统。产品服务系统指的是商业对等互惠系统(CPMS),允许消费者通过社交等流程参与商品化交易,以临时获取商品的使用权,可以通过互联网虚拟集聚下的点对点市场实现私有商品共享或出租。这实际上是同一所有者掌控下特定产品在不同所有者之间的使用权转移,典型示例如拼车网(GoLoco)、房屋交换网(Airbnb)等。从本质上来说,金融业也是共享经济理念的经济形态。作为中介的商业银行、信托和保险机构等,吸收企业和居民闲散资金再把其转化为投资,实际上是通过暂时转让资金使用权而获利。

(3) 协同(或合作)消费。协同消费(collaborative consumption)是消费者以线上、线下的社区(或社团、社群)、朋友圈、购物圈、沙龙等社交群体为工具,实现合作消费或协同消费的一种经济模式,包括拥有、租赁、使用、互换物品服务、拼购、集中采购等方面的合作。

协同消费模式允许基于消费者不断变换角色能力的总体标准,允许消费者扮演两个角色,其中消费者既可以充当资源提供者,也可以充当资源获取者;可以直接在对等基础上进行交换,也可以通过中介间接进行交换;在线或离线、免费或其他补偿(例如,金钱、积分、服务等),包括二手转让产品的再流通。作为一种经济安排,协同消费的参与者除了寻找个人所有权的原始方式外,还相互提供产品或服务。这种现象源于消费者越来越希望控制自己的消费,而不是成为"被动地过度消费的受害者",与目前流行的"断舍离"匹配的极简行为主义者思想共情。

2) 共享经济推动数字贸易深化发展

在互联网时代,共享经济越来越变为一种大数据、云计算、区块链等数字技术支持下的点对点的经济模式,在不转移所有权的情况下,通过中介机构实现商业或非商业性利用不足商品和服务能力的共享。共享经济及其变体已被确认通过共同化(即出租、集中、租赁、共享)和再分配(即捐赠、交换、二手市场)促进产品寿命的延长,很大程度上成为未来实物贸易和服务贸易发展的方向。数字贸易以共享服务实现贸易实质的内涵突破,是移动互联时代数字贸易的新业态、新形式的体现。

(1) 在数字贸易的商业应用中,共享经济比实际经济模式更多地体现为一种意识形式或营销策略。例如,2008 年总部设立于美国旧金山的 Airbnb 被认为是一个共享经济

---

① BOTSMAN R,ROGERS R. What's mine is yours: the rise of collaborative consumption[M]. New York: HarperCollins,2010.

平台,是一家联系旅游人士和家有空房出租的房主的服务型网站,它可以为用户提供多样的住宿信息,用户可以通过网络或手机应用程序发布、搜索度假房屋租赁信息并完成在线预订程序。Airbnb 官网显示,其社区平台在 191 个国家、65 000 个城市为旅行者们提供数以百万计的独特入住选择,不管是公寓、别墅、城堡还是树屋。因此,Airbnb 被美国"时代周刊"称为"住房中的 E-Bay"。虽然大多数房源归 Airbnb 管理,但是,供旅游人士共享个人家中的额外空间是出租而非共享的。[1]

据普华永道《2020 年全球消费者洞察调研》(GCIS)报告,2020 年发达国家 43% 的人认为拥有产品是一种负担,如今的消费者更倾向于选择产品的短暂使用权,而不是拥有权。[2] 越来越多消费者认同共享经济消费模式,有关共享经济的商业模式不断涌现也推动数字贸易模式不断创新。

(2) 共享经济正在成为社会服务行业内最重要的一股力量。在住宿、交通、教育服务以及生活服务及旅游等领域,共享经济平台企业不断涌现,从宠物寄养共享、车位共享到专家共享、导游共享和社区服务共享、养老共享、文化共享、情感共享,甚至移动互联需求的 Wi-Fi 共享等,对社会经济影响越来越深入,日益成为数字贸易的新模式。

(3) 共享经济符合创新发展理念。共享经济通过企业互联网平台使大众获得人人参与的机会,将闲置资源通过互联网平台实现有效配置,符合创新发展理念,有利于促进社会经济高质量发展。

(4) 共享经济激励企业探索更多发展模式,一些制造商已经积极融入共享市场。共享经济的快速发展和充满希望的未来激励着更多的企业探索各种共享模式,这些模式不可避免地会影响传统的销售活动。

在市场上,已有越来越多互联网共享平台及共享产品租赁公司开始参与到共享经济的浪潮中。在汽车行业,2008 年,汽车制造商戴姆勒推出了企业对消费者的共享业务 Car2go,它在 8 个国家的 26 个地点运营,拥有 Smart 和 Mercedes-Benz 品牌的 1.4 万辆汽车,拥有 300 多万客户;2016 年,宝马在美国西雅图、华盛顿、波特兰和几个欧洲地区实施了类似的计划。[3]

在国家信息中心发布的《中国共享经济发展报告(2023)》中,我国共享经济的市场规模不断扩大,共享经济参与度不断提高。2022 年,我国共享经济规模达到 38 320 亿元,同比增长约 3.9%。[4] 在移动互联网、大数据、区块链等技术支持下,共享经济凭借其廉价、便捷优势,逐渐改变消费者的消费理念,大量消费者开始从购买产品的消费模式纷纷转向租赁产品的享受服务的消费模式。

---

① 中国现在最火的分享经济,10 年前这些公司就在做了[EB/OL]. (2017-03-24). https://www.sohu.com/a/130063470_118622.

② 普华永道:2020 年全球消费者洞察调研 - 中国报告[EB/OL]. (2020-09-21). https://tech.sina.com.cn/roll/2020-09-21/doc-iivhuipp5480395.shtml.

③ 2019 年中国共享汽车行业市场分析:短期难盈利成为行业共识 亟需拓展汽车应用场景[EB/OL]. (2019-12-24). https://www.sohu.com/a/362397861_114835.

④ 中国共享经济发展报告(2023)[EB/OL]. (2023-02-24). http://xxzx.guizhou.gov.cn/dsjzsk/swzx/202303/t20230313_78442140.html.

专栏 2-2　"滴滴出行"等共享经济模式正在改变人们的传统观念和生产、生活方式

"滴滴出行"改变了传统打车方式,建立和培养出移动互联网时代引领的用户现代化出行方式。对传统电话叫车与路边扬手打车(TAXI)模式来说,"滴滴出行"App 服务的诞生颠覆了路边拦车理念,利用互联网和移动互联网将线上与线下相融合,彻底改变人们出行模式,方便快捷、有预见性又节约费用,在提高消费者的需求满意度的同时增加消费者收益,彻底打破出行市场竞争格局。

除了汽车共享之外,与此类似,存在共享经济的多种共享产品和共享模式,在不同领域对传统产业竞争格局产生巨大影响,目前,国内流行共享经济应用领域的分类及主要平台如表 2-2 所示。

表 2-2　国内共享经济发展领域分类及主要平台

共享应用领域	代表性共享平台(部分)
交通出行	神州专车、滴滴出行
房屋出租	途家网、小猪
共享招聘	前程无忧、智联招聘
生产能力	淘工厂、易科学
物流快递	德邦快递、圆通速递、中通快递、申通快递、韵达速递、菜鸟
共享消费	淘宝、共生网
生活服务	爱大厨、美团、大众点评网
技能共享	百度问咖
知识共享	小鹅通、百度知道

资料来源:刘亮明,向坚持,李要星.乘客视角的新型网约车与传统出租车商业模式对比分析——以滴滴出行为例[J].特区经济,2017(3):114-117.

2.3.2　数字贸易与共享经济的关系

共享经济和数字经济与贸易都是互联网时代的宠儿,在互联网和数字信息技术支持下,数字经济和共享经济交叉融合,共享经济不断创新运营模式,拓展新的客户资源,而在互联网数字技术背景下共享经济跨国经营平台的主营业务拓展表现为数字贸易平台化发展。从发展理念、作用机理和运作模式上来说,数字经济与贸易和共享经济存在一致性,共享经济成为数字贸易的一种发展模式。

1. 共享经济理念与新发展理念的创新、协调、绿色、开放、共享理念一致,而新发展理念也是数字贸易发展方向

共享经济与创新、协调、绿色、开放在理念上是相容的,五方面共同组成新发展理念,共享经济不断创新发展模式、协调配置发展资源、走绿色发展之路、坚持开放发展政策,促进大众共享服务,拓展国内、国际业务。互联网联通世界,数字技术渗透共享经济,共享经济理念和数字经济与贸易实践结合,成为助推数字贸易经济与发展的新动能。

2. 共享经济的平台数字化与数字贸易平台的机理具有一致性

从技术上来说,共享经济的发展依托互联网、大数据、云计算、区块链、移动定位(GPS、北斗定位通信)等数字技术,向平台化扩张发展的结果就是数字贸易平台化。其中,大数据和区块链是基于互联网背景发展起来的两种独立的、典型的技术。大数据技术为共享经济和数字贸易的发展提供了重要的技术支撑,但也使共享经济运行中面临数据冗杂、缺乏信用、信息安全等问题,成为互联网环境下制约共享经济和数字贸易进一步融合发展的瓶颈。但是,区块链技术凭借着其分布式数据库技术和去中心化的构架,能够更好地解决大数据下共享经济和数字贸易发展中的中心化和信任问题,成为一种更高级、更安全、更精准、去中心化的互联网信息技术,为共享经济和数字贸易进一步发展提供了天然的去除大数据冗杂信息的技术支持。数字技术之间交叉互补,需求是技术创新的强大动力,不断的数字技术创新成果为共享经济数字贸易的平台化发展提供强力技术保障。

3. 共享经济模式与数字贸易平台化模式的一致性

共享经济的理念模式对客户的黏性和长尾效应,有助于数字贸易的发展。共享经济平台担负数字贸易平台职能,源于共享经济规模化、国际化步伐的加快。共享平台企业以跨国公司在海外设立分公司形式,开拓国际业务。共享经济为数字贸易发展提供发展思路和发展模式,而数字贸易发展推动共享经济走向全球化市场,二者在互联网数字信息技术支持下日益融合发展、相得益彰。

专栏 2-3　速卖通运营操作

作为快速收款的国际一站式跨境服务平台,"速卖通"(AliExpress)跨境出口 B2C 平台,连接着国际上超过 150 万家客户,依靠连连跨境支付(LianLian Global)平台收款。连连跨境支付,一站式跨境收款平台,一个账号管理所有店铺资金的安全合规平台(global. lianlianpay.com)。

速卖通运营技巧在于选品,这是卖家店铺运营的第一大要点,通过平台活动选择产品(站内选品)。速卖通前台 Flash Deal 中的产品,都属于平台活动产品,一般而言,能上平台活动的产品,流量相对比较高,产品热销度较高。

那么,有哪些行业卖家的活动产品能上速卖通平台呢?

作为选品思路,卖家可以适当参考平台活动产品特点,可以不跟款但是可以做相似款,以改良自身店铺产品。

一是通过速卖通平台 Best selling 来选择产品。通过平台热销产品,分析行业内平台最近热销产品有哪些。按照上述方法,找到供应商或者货源。二是关键词选品。前台数据主要体现为通过对关键词的市场分析得出同行产品特点及价格销量情况。三是类目选品。在速卖通主页,通过类目搜索结果分析来选择潜力较大产品。四是趋势选品。在速卖通后台,卖家可查看行业情报,通过行业情报了解各行业的流量和成交转化情况,由此分析出相关潜力行业和具体产品类目。五是通过数据纵向和横向选品。卖家可以把平台中的热销产品的信息,如标题、好评、评论、订单等信息数据汇总后进行系统分析来选品。

在以上分析中,卖家重点分析潜力指数(订单数/评价数),因为潜力指数越高,产品质量越好;卖家要把短期内行业大词挖掘出来进行搜索,不是建议卖家跟卖以及抄袭热卖款的标题,而是建议卖家避开热卖产品的流量口去找新词,从而确定关键词作为搜索对象,提高关注度、流量和成交量,增加收入。因此,对速卖通新手的运营给出如下建议:首先,找出店铺销量下滑的原因有哪些:一是商品少、曝光低、浏览量低;二是商品多、曝光总量高,但平均曝光低;三是商品多,曝光总量和平均曝光都较高,浏览总量高但平均浏览量低。其次,找到原因之后采取处理措施,一是在商品数较少和曝光总量较低时,发布产品而不是去重复铺货;二是利用全店铺打折,提高店铺的曝光率;三是优化商品标题和关键词,提升商品排序。

资料来源:

1. 唐彬文,郭伟洪.速卖通跨境电商平台的选品策略研究[J].产品可靠性报告,2023(1):63-65.

2. 速卖通平台[EB/OL].https://sell.aliexpress.com/zh/__pc/newsellerlanding.htm.

2.4　数字贸易与虚拟集聚理论

21世纪进入互联网信息时代,经济集聚正实现从实体集聚到虚拟集聚的飞跃。数字经济与贸易的发展有必要探讨从实体经济的生产要素集聚、产业集聚、企业集群理论出发过渡到虚拟集聚的发展规律。

2.4.1　产业集聚理论

1. 产业集聚的概念

首先,要澄清学术界有关产业集聚和产业集群两个概念。经济学家关注的是"集聚"(agglomeration)而不是"集群"(cluster),即经济学侧重生产要素如何向一个方向集中,最终在某个地方形成集聚的过程。

克鲁格曼提出生产要素集聚概念,指在一定空间范围内,人、信息、资金、设备等各种各样的生产资源集聚在一起。生产要素集聚可以发生在不同国家、不同区域、不同行业、不同产业链,甚至企业内部的各个生产环节,形成生产要素的地理或物理集聚。

波特提出产业集群概念,指在特定区域内,具有竞争合作关系、地理集中、相互关联的企业及专业供应商、服务商、金融机构等相关产业的企业及机构所组成的群体。

在学术讨论中,与产业集聚相关的其他概念如产业集群、产业群、企业集群、区域集群等表述均衍生于波特的产业集群概念,在这里产业集群和产业集聚都是源于企业集群和生产要素集聚的发展,且又集聚在特定的区域。

因此,产业集群就是波特所说特定区域的、地理集中的、相互关联的、有竞争合作关系的利益相关者的各类企业机构群体,而产业集聚则指特定区域内源于外部规模经济性、劳动力集聚市场效应、知识溢出等经济外部性、社会文化植根性、交易费用节约等而发生的生产要素集聚和企业集群发展现象。产业集聚是生产要素集聚和企业集群发展的经济现象,而在一定程度上产业集聚规模的扩大又促进产业集群发展。

2. 从传统集聚到现代产业集聚

产业集聚理论源自产业布局理论。传统产业布局理论可以追溯到古典区位论的约翰·海因里希·冯·杜能(Johann Heinrich von Thünen)、阿尔弗雷德·韦伯(Alfred Weber)和近代区位论的奥古斯特·廖什(August Losch)和瓦尔特·克里斯塔勒(Walter Chlristaller)等。德国农业经济学家杜能1826年在《孤立国同农业和国民经济的关系》一书中最早提出了有关农业区位论单一城市为中心的农作物圈层布局模式;传统区位理论代表韦伯则分析工业布局和集聚发展关系,确定运费、劳动力成本、地租等因素影响集聚和分散;近代区位论从供给因素转到需求因素,廖什根据市场需求因素对区位选择和集聚的影响提出中心集聚学说,克里斯塔勒则进一步提出城市中心聚落受市场、交通、行政等因素影响呈现层级分布的学说。

新产业区理论主要涉及马歇尔、弗朗索瓦·佩鲁(Francois Perroux)、冈纳·缪尔达尔(Gunnar Myrdal)和尼古拉斯·卡尔多(Nicholas Kaldor)等理论阐释。1890年,在《经济学原理》中,马歇尔认为,在多种因素影响下,专门的工业集聚于特定地方,而辅助行业也会在周边发展。马歇尔将专业化工业集聚的原因归为两类:一是企业组织管理效率和资源配置效率上的内部规模经济性,二是产业层面地理集中带来的经济外部性(进而产生外部规模经济性),而经济外部性源于产品规模优势、劳动力市场优势、专业化服务优势和知识溢出效应等。[①] 佩鲁认为,"增长并非同时出现在所有地区,而以不同强度出现在增长极,进而以不同渠道扩散而对整个经济产生不同影响"。增长极地区首先出现的是"产业综合体"的集中,产生极化作用;缪尔达尔和卡尔多则用扩散效应和回波效应的相互作用分析产业集聚与扩散的动态变化结果。考虑产业集聚环境与制度因素的影响,1977年巴格纳斯科(Bagnasco)提出新产业区概念,即具有共同知识背景的人、企业在一定地域内形成"社会地域生产综合体"。[②] 在新产业区内,企业集聚促进高度分工和专业化生产、长期稳定信用关系的建立和稳定的地方网络化贸易关系形成,且企业集群经济活动深深植根于区域社会文化环境之中。

新经济地理学理论在 DCI(Dixit-Stiglitz monopolistic competition,CES utility 和 Iceberg trade costs 框架)与 OTT(Ottavinao,Tabuchi 和 Thisse 框架)[③]两大框架内探析经济集聚的演进机理,一是深入解读循环累积因果关系、内生非对称性、区位黏性、本地市场放大效应、突变式集聚、驼峰型聚集租金、重叠区和实现自我预期等集聚因素,二是考察空间异质性、劳动力异质性、企业全球化、知识溢出效应等动态化趋势,而空间异质性、知识溢出、企业全球化等具有虚拟集聚特性。20世纪80年代,在研究空间经济学和阐释新国际贸易理论时,克鲁格曼从生产要素、企业到产业几个层面对经济集聚问题展开分析,而其新经济地理学将规模经济、收益递增和不完全竞争作为分析国际分工与贸易的前提,即使不同地区的区位、自然资源、人口等条件相同,在缪尔达尔累积循环因果效应作用下,

---

① 马歇尔.经济学原理[M].志英,译.北京:中华工商联合出版社,2017.

② 杨虎涛,徐慧敏.演化经济学的循环累积因果理论——凡勃伦、缪尔达尔和卡尔多[J].福建论坛(人文社会科学版),2014(4):28-32.

③ 安琥森.空间经济学[M].北京:经济科学出版社,2005:241-243.

只要有一个条件的差异,也会导致产业集聚发生而形成典型"中心—外围"的空间经济结构。[①]

科斯在《企业的性质》(1937)一文中提出交易费用的概念,威廉姆森从不确定性、交易频率、资产专用性等维度进一步拓展交易费用分析范式。从新制度经济学理论看,产业集群就是基于专业化分工与协作,介于纯市场组织和纯科层组织之间、具有长期稳定合作关系的众多企业集群。[②] 波特从竞争优势理论出发,明确提出产业集群和企业集群等概念,探讨产业集群与竞争优势的关系。国家竞争优势主要不是体现在比较优势之上,而是体现在产业集群能力上,即产业集群下的企业创新能力是国家竞争优势的主要源泉,进而提出企业集群钻石模型,而企业集群的结果是形成产业集聚,进而通过组织创新、价值链打造、柔性生产等方式提高竞争力。

2.4.2 数字贸易与虚拟集聚的关联性

产业集聚探讨影响集聚的因素和结果,互联网和数字技术的应用打破传统和现代集聚理论的结论,突破自然地理空间界限,更多依据价值创造而虚拟集聚。

1. 虚拟集聚的概念

为了解决"在激烈的市场竞争中,中小企业如何克服自身弱点、抓住商业机遇与大企业公平竞争"这个老生常谈的问题,1997年,欧盟实施EU-SACFA计划资助包括巴西圣保罗大学在内的7所大学开展一项"中小企业协作网络系统"研究项目(Co-operation of Small and Medium-sized Enterprise,COSME),搭建一个全球虚拟业务(global virtual business,GVB)的框架模型。在这项研究中,提出虚拟产业集群概念(virtual industry clusters,VIC)。[③]

虚拟产业集群是由具有一定专长的企业组成的集合体,同时又是快速构建与运作的虚拟企业基础平台,其主要功能是通过提供与调节成员企业核心能力来参与虚拟企业运作,从而使成员企业分享市场机遇;以"虚拟组织接近"替代传统的地理邻近,突破传统产业集群的地理限制,把不同区域的企业连接成群,从而达到跨地域性质,把产业集群置于全球化的虚拟学习环境中,拓展产业集聚空间;依托网络数字技术,通过虚拟与现实结合方式管理供应链和客户关系,形成虚拟产业群发展的新动力。

虚拟产业集群源于波特首创的产业集群(企业集群)概念,而1999年OECD Focus Group从以产业价值链为基础的生产网络角度完善了产业集群这一概念,使虚拟集聚的研究对象更为具体、明确和科学。1999年,瑞士电信股份有限公司、瑞士信息技术联邦委员会、伯尔尼大学和洛桑大学开发虚拟企业普遍运用的合作项目(Virtual Enterprise Generic Applications),该合作项目被视为一些特定企业的集聚,这些企业具有相互依存的性质并且多依赖于商业网络支持。

虚拟产业集聚是对传统产业集聚内涵、形式的丰富以及外延、范畴的拓展,它超越了

---

① 《区域经济学》编写组. 区域经济学[M]. 北京:高等教育出版社,2018.

② 威廉姆森,温特. 企业的性质[M]. 北京:商务印书馆,2010.

③ 杜丹阳,郑方. 虚拟产业集群理论在中国的演进[J]. 江西社会科学,2008(5):89-93.

马歇尔的内部、外部规模经济理论,也不仅仅拘泥于自然疆域意义上的传统地理集聚,其称谓也是复杂多维的,较多且通常表述为虚拟集群(virtual cluster)、虚拟产业集群(virtual industry cluster)、虚拟产业集聚(virtual industry agglomeration)、虚拟商圈(E-cluster)以及高新技术产业集群(virtual high tec cluster)等。

2. 虚拟集聚的内涵和外延

虚拟集聚内涵和外延的扩展,具体表现为以下几方面。

(1) 从企业本身或组织机构视角来界定,虚拟产业集群是类型多元的、一定优势的或专长的企业组成的集合体,其集聚既有传统集聚元素又依赖相关组织战略网络层的虚拟集聚的稳定组织架构。

(2) 从产权和产业链视角来界定,虚拟产业集群是由产权相互独立、同一条产业链上生产不同产品的一系列企业及其相关企业通过网络连接构成的集合。

(3) 从组织形态、价值链接近替代地理空间上接近视角界定,价值链、客户关系纽带实现组织形态接近成为虚拟企业集群(virtual enterprises cluster,VEC)新动力。[①]

虚拟产业集聚是新一代数字信息技术下产业变革的新业态、新模式,是"互联网+"下产业空间组织的新形态和资源空间配置的新方式。对我国来说,虚拟集聚是制造业、服务业(包含传统贸易)转型升级为数字经济与贸易的新路径。

3. 虚拟集聚功能助推数字贸易发展

虚拟集聚功能助推数字经济与贸易发展,具体表现为以下几方面。

(1) 虚拟集聚促进新一代数字信息技术产业化和数字产品贸易发展。虚拟集聚的数字贸易平台为新一代数字信息技术提供广阔应用市场前景,强力促进数字信息技术产业化发展。物联网、云计算、大数据既是数字技术创新,也是虚拟集聚的产业组织,更是动辄万亿规模的新兴行业,已经成为世界各国数字产品贸易的主要竞争市场。因此,虚拟集聚在促进新一代数字信息技术产业化的同时实现了数字产品贸易大发展。

(2) 虚拟集聚既推动制造业服务化转型,又促进数字贸易发展。正是在数字技术支持下,制造业正转向服务化、数字化、智能化,从产业链微笑曲线的全球价值链低端向前或向后两端的价值链高端拓展;且不是简单、传统地从制造端向研发和销售两端直接延伸,而是在数字经济支持下,依靠虚拟集聚为消费者提供个性化定制的智能信息和智能制造服务,获取更高附加值,从而以虚拟集聚促进数字贸易发展。例如,汽车制造业已经演化为智能汽车,实现自动驾驶技术的应用服务,以个性化特色服务满足消费者个性需求,呈现出数字化制造与数字化服务相融合的贸易特性。

(3) 虚拟集聚助推新兴产业集群,带动数字贸易发展。根据 IDC(国际数据公司)发布的《全球物联网支出指南》数据资料,2022 年全球物联网总支出规模约为 7 300 亿美元。[②] 2017 年党的十九大报告提出"培育若干世界级先进制造业集群"目标,在互联网背景下,我国依托虚拟产业集群发展模式,实现地理集聚与虚拟集群融合发展,在培育新兴

---

① 王如玉,梁琦,李广乾.虚拟集聚:新一代信息技术与实体经济深度融合的空间组织新形态[J].管理世界,2008(2):13-21.

② 机构:预计 2027 年中国物联网市场支出全球第一[EB/OL].(2023-07-11).http://m.cnr.cn/tech/20230711/t20230711_526325584.html.

产业集群的同时带动全产业链增值和数字贸易发展。

（4）改造传统产业集群以虚拟集聚助推数字贸易发展。应用互联网信息技术，充分发挥传统产业集群的优势，并在传统产业集群中实现企业信息化、智能化、数字化改造，实现虚拟集聚与传统集聚的融合发展，既发挥传统集聚的优势，又发挥虚拟集聚的优势，相辅相成、优势互补，助推数字贸易发展。

数字经济发展催生新一轮产业变革，从两个方面影响传统产业结构：一是数字经济化，以数据为资源进行开发运用形成数字产品；二是经济数字化，即数字经济对传统产业渗透融合创新，而两方面均涉及产业组织的虚拟集聚。在数字经济对传统产业渗透融合创新过程中，又分为两种情况：一是传统产业的信息化、数字化、智能化，表现为工业互联网、物联网的虚拟集聚产业组织形态。二是现代数字信息技术融入传统行业形成新模式、新组织、新业态。例如，新发展的电子商务与互联网金融业态融合而成的数字贸易平台，其产业组织形式亦呈现虚拟集聚形态，将众多供需方在线虚拟连接在一起，形成规模化、平台化、数字化、虚拟化的融合，实现规模经济与降低交易成本的双赢。①

4. 虚拟集聚特征与数字贸易关联的集中体现

虚拟集聚超越了传统的真实地理空间集聚，以互联网虚拟空间集聚资源，随着数字信息技术进步而无限拓展，不再受自然地理条件及人文社会环境的限制，呈现出强烈的对比："一个在现实世界如乌龟慢慢跑行，另一个在虚拟空间如光似电传递信息；一个空间集聚产生外部不经济，另一个虚拟集聚外部经济性无限扩张。"这些表现源于虚拟集聚具有的数据资源化、信息在线化、需求碎片化、交易泛在化、生产柔性化、平台巨型化和全产业链一体化等特征，对数字经济与贸易的发展产生深刻影响。

1）信息在线化、数据资源化和资源配置集聚化交织，促进数字贸易虚拟集聚发展

传统地理集聚强调物质资本、金融资本、人力资本和产品等生产与贸易的集聚，而虚拟集聚更重视整个生产和消费环节中物质资本、金融资本、人力资本与产品里隐藏的数据信息，并将其视为数字经济与贸易的最重要资源，实现了数据资源化。虚拟集聚依靠互联网数字信息技术在线对数据进行收集、整理和交换，并依托云计算、大数据等技术对这些数据进行挖掘处理，进而得到隐藏的数据经济信息价值，虚拟集聚在传统集聚基础上再次优化配置资源，进一步提高经济效率。依托互联网与物联网，要素信息实时在线数字化，实现上下游企业之间、企业与消费者之间的全天候实时在线交流，推动全产业链环节的高效融合、传统集聚与虚拟集聚的融合。这种高效、准确的信息融合，促进新产品、新业态、新模式竞相迸发，推动数字经济与贸易的飞速发展。

2）需求碎片化、生产柔性化和交易泛在化交织，促进数字贸易集聚发展

与传统的地理集聚相比，虚拟集聚依托互联网实现时间、空间自由和经济主体的泛在化（无处不在），加快拓展产品生产、购买、消费、服务等环节的感知、链接、数据、计算等功能，使上下游企业与终端消费者等多主体之间的信息能快速、准确、及时地传递和沟通。传统产业规模经济作用被弱化，而消费者个性化需求被重新发现和充分满足。

---

① 王如玉，梁琦，李广乾. 虚拟集聚：新一代信息技术与实体经济深度融合的空间组织新形态[J]. 管理世界，2018（2）：13-21.

消费者差异化需求引发了小批量、多品种柔性生产的出现,用以最大限度地满足客户个性化需求。在虚拟集聚网络中,各价值链环节会依据市场需求动态变化,甚至直接出现定制化与精准化供需匹配,以柔性化的供应链体系来满足个性化生产的需要,这使产业组织结构更偏向于扁平化发展,生产能够围绕消费者的个性化需求展开。依靠虚拟集聚的柔性化生产满足消费碎片化需求,使得交易泛在化,推动数字贸易平台发展壮大。

3) 平台巨型化、全产业链一体化和系统社会化交织,促进数字贸易集聚发展

互联网背景下,虚拟集聚企业集群发展,一是打破传统的企业独立决策,进化为生产与经营按客户需求和订单来安排的模式;二是打破地理集聚中的企业少有合谋、各自为战状态,其构建的数字化信息系统会从企业级推进到社会级,使原来各自为战的企业演化成社会化的虚拟企业联盟。在传统集聚基础上虚拟集聚,实现平台巨型化的规模经济效应和大数据效应,虚拟集聚推动传统集聚实现全产业链一体化与系统社会化融合,既发挥集聚的网络外部经济性,又以大数据运用提高信息匹配度而降低交易成本,实现外部规模经济。

传统的地理集聚集群内部的公共服务平台,属于某一特定地理空间范围内所有企业享用,或是由集群内企业互助,或是由集群行业协会和地方政府打造。在互联网虚拟集聚中,互联网数字化平台自身是资金、技术、人才集聚的巨无霸,"轻装信息化"的传统信息平台让位于平台大企业平台,投资强大、技术强大、功能强大、集聚力强大。

虚拟集聚平台巨大,功能强大,超越单一产业链,全产业链覆盖。譬如,海尔的"智汇云"既包括"智造云",专注于智能智造的互联工厂云平台 COSMO(智能制造云平台);也包括提供海尔特色的财税、人力、法务、协同、数据以及专业产业云的"智企云";还包括主要助力企业的营销,以集群经济为出发点,汇聚用户的场景化小数据,利用共享平台进行数据治理、利用、挖掘,向中小微制造企业提供与制造互联互通的数字化营销及电商服务的"智数云",将工业领域中的智能智造、供应链、金融、营销、管理等各类资源集聚。再如,三一重工的树根互联,到 2017 年已投入 10 亿元人民币,已能支持 45 个国家和地区的设备接入,覆盖涉及 30 个细分领域的全生产链。"三一树根"根云平台在 2019—2022 年连续 4 年入选 Gartner"全球工业互联网平台魔力象限"并位居中国第一;2022 年,树根互联成功上榜《IDC MarketScape:中国数字工厂整体解决方案厂商评估》并位居领导者象限;另外,在 IDC 发布的《2021 年中国工业互联网平台市场厂商评估》结果中,公司位于领导者象限,技术力位居中国第一;在福布斯中国《2021 年度中国十大工业互联网企业》排名中,公司位列第一;公司于 2021 年取得 CMMI 最高等级 5 级认证。[①] 虚拟集聚大大提高跨界融合、资源配置和协同的能力,从而提升企业的竞争优势和价值增值能力。[②]

关键术语

绝对成本优势　比较成本优势　要素禀赋论　产业内贸易　生命周期理论　规模经济理论　竞争优势理论　平台经济　数字贸易平台　交易费用　共享经济　虚拟集聚

---

① 关于树根互联[EB/OL]. https://www.rootcloud.com/about/index.html.
② 王如玉,梁琦,李广乾. 虚拟集聚:新一代信息技术与实体经济深度融合的空间组织新形态[J]. 管理世界,2018(2):13-21.

本章小结

数字经济与贸易是互联网数字信息技术下的新经济贸易形式,其理论基础既要从传统经济贸易的理论中汲取营养,又要反映互联网数字信息技术本身特征体现出来的新经济、新思维、新模式的内在规律性。本章首先从传统贸易理论中的比较优势理论、要素禀赋论,现代贸易理论中的生命周期理论、产业内贸易理论和规模经济贸易论、竞争优势理论等出发,阐释数字经济与贸易发展;其次,从数字经济与贸易本身平台化发展的趋势性,探讨数字化贸易平台化的经济学本质,即追求规模经济和交易费用的节约,深入分析数字经济与贸易同平台经济的结合如何节约交易费用和提高经济运行效率;再次,数字经济下共享经济理论是发展数字贸易的理论支撑,探讨在互联网数字信息技术背景下共享经济平台发展数字贸易的规律性;最后,互联网数字信息技术推动经济虚拟集聚发展,分析虚拟集聚对数字贸易的影响机理。

思考与讨论

1. 数字经济与贸易遵循什么样的发展规律?其主要依据是什么?
2. 从国际贸易理论演进看,要素禀赋对数字经济与贸易发展有什么理论启示?
3. 生命周期理论以及产业内贸易、规模经济、竞争优势相关理论对数字贸易发展有何启示?
4. 数字贸易平台化发展主要依据什么理论基础?
5. 数字经济与贸易和共享经济如何交融?
6. 如何从虚拟集聚解释数字经济与贸易的发展?

即测即练

案例 2-1　跨境电商综合试验区探索实践

音频 2-1　平台经济和数字贸易平台化的弊病（信息茧房）

音频 2-2　"共享经济"大名鼎鼎的"亚马逊机器人"是副业之中的好选择吗？

音频 2-3　万物互联与泛在化

数字贸易政策

由于处于不同发展阶段和存在政治文化差异,世界主要数字经济与贸易经济体在其政策取向、治理规则和监管框架上都存在一定差异性。本章主要探讨和比较世界主要经济体的数字贸易政策框架、治理规则与监管内容及其差异性。

3.1　数字贸易政策的概念、数字产品及服务贸易自由化

不同国家具有差异性的政策取向对处于国际竞争中的数字贸易市场主体而言将产生不同的影响。但是,对数字贸易归属性质的认识直接决定数字贸易政策要遵循的规则,大多数学者和主要数字贸易国家认为数字贸易归属服务业,主张遵循服务贸易规则,而美国等少数国家坚持数字贸易归属货物,遵循货物贸易规则。本节在界定数字贸易政策概念和内涵基础上,探讨数字贸易的对象——数字产品特性及其贸易规则。

3.1.1　数字贸易政策的概念及一般原则

1. 政策、贸易政策及服务贸易政策的概念

政策是国家、政党为实现一定历史时期的路线和任务而规定的行动准则和具体措施。[①]

---

① 政策[EB/OL]. https://www.cihai.com.cn/search/words? q=％E6％94％BF％E7％AD％96.

一般意义上,我们广泛使用的"政策"由一系列理念、观念、实践路线和组织形式等构成,属于一种承诺或价值形态,包含秩序、权威以及专业知识等核心要素,同时,也反映政策的独有属性。[①]

贸易政策是指一个国家政府为了对外经济贸易活动而制定及对其进行管理的方针和原则,它是一个国家对外经济政策的重要组成部分,又可细分为货物贸易政策、服务贸易政策和对外投资政策等部分;其中,服务贸易政策的作用对象是贸易本身,是为了达成国家特定经济以及政治目的而制定的针对服务贸易进出口的管理准则、标准。

服务贸易政策可分为正向促进和反向阻碍两类,正向促进政策是指鼓励服务贸易进出口的政策,而反向阻碍政策一般是指对服务贸易设置的障碍。同时,服务贸易政策按照范畴大小有狭义和广义之分。从狭义角度看,服务贸易政策是指对服务贸易有直接影响的国家经济政策;从广义来看,服务贸易政策则可以衍生推广到一切对服务贸易产生联系的国家经济政策,例如,国家产业政策、财政金融政策等,一般提到服务贸易政策是指其广义含义。按照政策工具及手段,服务贸易政策可以分为产业支持类、财政金融支持类、产业发展规划类、产业规范(制)类和环境便利化类等。

2. 数字贸易政策的概念

多数学者和各国实践中多将数字贸易归类为服务贸易范畴,数字贸易政策归属于服务贸易政策一类。数字贸易政策就是一个国家为数字贸易活动而制定的、对其进行管理的方针和原则。早期的数字贸易相关协定大多遵循一般贸易规则而不单独设立,随着数字贸易不断发展壮大,数字贸易的相关规则逐渐成为双边和多边签订自由贸易协定(FTA)的单列条目章节的重要内容。

3. 一般贸易规则

在一般贸易规则方面,包含数字贸易的自由贸易协定均遵循世界贸易组织关于电子商务的规则,主要包括以下几个规则。

(1) 非歧视原则,包括最惠国待遇原则(禁止歧视不同的进口产品)和国民待遇原则(禁止偏向本国产品、歧视进口产品)。

(2) 透明原则。例如,美国的不少 FTA(尤其是与拉美国家的协议)都要求签约方公布或在法律法规中明确关于电子商务的规则。

(3) 关税及贸易总协定(GATT)和服务贸易总协定(GATS)的基本原则和最新的WTO 协议。

数字产品是数字贸易标的重要内容之一,探讨数字产品及其贸易应遵循的原则,有助于清晰地认识数字贸易政策。

3.1.2　数字产品和数字产品贸易

在经济数字化和数字经济化不断深化过程中,数字经济(也称互联网经济)内容向无形化、数字化转换,创造非物质化内容的数字产品成为数字经济价值增值的重要内容。数字产品的生产和流通涉及多种不同领域的活动,深刻影响原有社会经济关系及其相互作

---

① 科尔巴奇.政策(西方社会科学基本知识读本)[M].张毅,译.长春:吉林人民出版社,2005.

用,改变传统贸易方式。随着各国数字电视节目、短视频节目等日益普及推广和许多传统文化、艺术、服务产品数字化转型,数字产品贸易呈现几何级数增长态势,导致数字产品贸易概念不断拓展,分类愈加成熟,特征更为明显。数字贸易自由化趋势和方向明确,但各数字贸易大国在其规则上分歧很大,协商订立统一数字贸易规则的道路困难重重,只能另辟蹊径。

1. 数字产品的概念与内涵

国内外学术界的研究报告和多边、双边国际经贸谈判都涉及数字产品定义,但目前对数字产品仍没有统一界定标准,主要数字贸易大国对数字产品定义及内涵解释的差异,很大程度上成为其不同数字贸易政策主张的立论基础。

在《信息规则——网络经济的策略指导》一书中,美国的卡尔·夏皮罗(Carl Shapiro)和哈尔·R. 范里安(Hal R. Varian)最早将数字产品(或数字商品)(digital products)定义为"将编成的一段字节,包含数字化格式的、可编码为二进制的数字流的交换物,均视为数字产品"①,其定义将数字产品限定在较为狭义的范围之内。《美国—智利自由贸易协定》(2004)是较早对"数字产品"进行界定的官方文件,将"数字产品"定义为"计算机程序、文本、视频、图像、音频和其他产品,运营商通过互联网以电子方式实际交付。这些产品可以是商品的组成部分,也可以用于提供服务,但排除用于支付或转让的金融工具,即数字产品不包括承担货币功能的在线数字金融工具。"②

一般认为,作为数字经济基本要素的数字产品,具有狭义和广义之分。狭义的数字产品指其信息内容是基于数字格式的交换物或通过互联网传输的"数字流"形式的产品③,广义的数字产品,还包括基于数字技术的电子产品或在互联网以数据传输方式传送的数字化的产品,即将传统产品转化为数字形式通过网络来传播、收发及依托于一定的物理载体而存在的数字化产品。因此,在广义数字产品的概念中,通过网络电子途径交易的数字产品是指在互联网上或通过其他移动方式交易的数据、信息与知识,包括各种在线"报纸、杂志、音乐、教育、可检索数据库、咨询及专门知识与意见"等。传统观点认为,信息的价值主要体现在减少不确定性而带来的收益,而在数字贸易中,信息及其内容则既是生产资本同时又是数字产品。④

2. 数字产品基本特征

数字产品具有无形性、非损耗性、可再生性和时效性,使其"既经久耐用又易于修改和复制,既小巧又可无限分割,既独特又普遍,既稀缺又充裕"。概括地讲,数字产品基本特征如下。

1) 无形性、不可破坏性和非损耗性

首先,数字产品具有无形性特征。作为一种数字产品,它是虚拟的数字流,不包含任

---

① 夏皮罗,范里安.信息规则——网络经济的策略指导[M].孟昭莉,牛露晴,译.北京:中国人民大学出版社,2017.

② USMCA | United States-Mexico-Canada Agreement: digital trade-USMCA chapter 19[EB/OL]. https://usmca.com/digital-trade-usmca-chapter-19/.

③ 数字(binary digit),缩写为 bit,音译为比特;因此,数字流又称比特流.

④ 盛斌,高疆.超越传统贸易:数字贸易的内涵、特征与影响[J].国外社会科学,2022(4):18-32.

何有形成分。现实中尽管许多数字产品都包含有形因素,即存在为数字产品存储、发送、传输和接收的介质,但又包含无形因素,即包含专有技术或品牌认同等无形因素。

其次,数字产品的不可破坏性是指数字产品一旦生产出来,就能永久保持其存在形式,并且数字产品不像传统的有形产品会随着使用时间延长和使用频率的增加而慢慢磨损贬值,而是质量稳定、永不变质的"耐用品",数字产品消费不会产生挤出效应,可以由同一消费者或者不同消费者同时使用或反复使用,具有非损耗性特征。

2) 可再生性、嬗变性和时效性

与实体物理产品相比,数字产品再生性能力强(易于复制),又因无形易于修改而具有嬗变性。快速低廉的复制再生能力引起与此相关的知识产权保护问题,导致数字产品变异(修改)与定做数量相关的成本核算及定价问题。

同时,数字产品具有很强的时效性,即时间从属性质(如股市信息、气象信息等只在当时当下具有信息价值),不具有时间独立性(不像字典信息经久不变)而有居间(中介或居中调节)性质。例如,导航地图、共享位置信息等,这些数字信息不仅是一个确定信息,还和使用人实时互动而起到协调服务作用。

由于存在上述特征,数字产品排他性难以长久保持,其分享可以是同时的或相继的,并能影响到产权配置。在交易过程中,尽管实物商品的销售商要失去其所有权,但数字产品的销售商则能继续持有其所有权,因而数字产品常常涉及知识产权保护问题。

3. 数字产品物理特征和经济特征对数字产品增值和定价的影响

1) 数字产品物理特征对其本身增值和定价的影响

(1) 数字产品具有易于修改的嬗变性、低成本复制和不可破坏性、非损耗性特征,对其增值和定价的影响表现为方便数字产品进行定制化批量生产及个性化特色增值服务。

数字产品生产者因其销售而失去对数字产品的精准控制能力,导致数字产品贬值。数字产品的不可破坏性和非损耗性,使用户不会像购买普通消费品一样经常购买数字产品,导致其销售量难以增加,只有通过不断提高其性能和扩充信息量来升级换代,以吸引更多的新顾客和给老客户提供增值服务。

(2) 数字产品传播速度快,又多具有互补性,能降低交易费用、扩大获利空间。

数字产品传播速度快是其数字虚拟性所衍生出来的,使其可以通过互联网以光速在不同地区的不同消费者之间进行交换和共享,具有非数字产品无法比拟的速度优势。数字产品在线销售能减少交易费用,包括搜寻、等待的机会成本等。有形的数字产品很多具有互补性产品特性,给数字产品定价带来影响。在给具有互补关系的数字产品定价时,应考虑到其互补关系。例如,iPhone 手机与 iOS 操作系统及 App Store 的互补性,苹果公司将数字产品的互补性服务定价运用纯熟到淋漓尽致,依靠互补性产品扩大获利空间。

2) 数字产品经济学特性对其本身增值和定价的影响

(1) 个人的偏好依赖性。对数字产品的需求,消费者个人偏好的差异性更为突出,数字产品销售更要依赖消费者信息,根据消费者偏好进行详细分类,并依据消费者偏好类型或其他身份信息对拥有不同用途和价值的数字产品进行差别定价。因此,应根据消费者的评估意见或边际支付意愿而不是边际成本来制定数字产品价格。

(2) 特殊的成本结构。数字产品特殊的成本结构表现为生产第一个产品的成本非常高,但是用于复制生产的成本则极其低。例如,一部电影大片的拍摄需要花费几千万元、几亿元,或是研发一款软件需要投入大量的人力、物力、财力和时间;但是,一旦这样一份数字产品(即第一份)成形之后,用于复制的成本几乎可以忽略不计,即数字产品的固定成本很高,而其边际成本却低至忽略不计。这就使得传统的边际成本定价策略不再适用于数字产品,而应采取其他形式的定价策略。

(3) 高附加值。数字产品附加值指的是通过数字产品生产和技术创新而创造的新价值,因其具有技术知识密集性而体现出知识产权的高附加值特征,并且随着互联网的普及,数字产品应用趋于多元化,其价值增值方式也呈现多样化特征。

(4) 时效性。部分内容性数字产品具有很强的时效性,如新闻、证券、外汇、股票信息等,还有许多在线游戏在一段时间内很受消费者欢迎,但不久就会有更受欢迎的游戏将其替代。通常网络上的某些实时信息需要消费者通过付费来获取,而相对滞后的信息则只需支付较低的费用,甚至免费就可以获取。因此,数字产品的时效性就成了影响数字产品定价的又一个重要因素。

正如在其成本结构上固定成本高而边际成本往往忽略不计,且数字产品易于分销共享,通过互联网数字贸易平台营销数字产品便利性大,得益于大数据和区块链技术的开发应用能最大程度上解决交易双方信息不对称、不完全而带来的信用风险及交易成本问题,挖掘客户、增加客户黏性推动数字产品的销售量持续增长和获得更多利润。因此,数字产品贸易的关键问题仍在于数字产品的商务模式创新。[①] 传统电子商务主要局限于有形商品或有形商品与无形商品的混合物质的交易,或者是为此种交易进行准备,而纯粹无形数字产品的数字贸易与传统电子商务截然不同,因而,数字产品贸易需要新的贸易模式、程序和规则。

4. 数字产品的分类方法

为了深入认识数字产品及其对数字贸易的影响,下面介绍几种常见的数字产品的分类方法。

1) 依据数字产品用途分类

依据数字产品用途,数字产品可以分为以下三种类型。

(1) 内容型产品。随着互联网数字信息技术的发展,以纸张、录音磁带、光盘等物质介质为载体交易的书籍、软件、音乐、电影等传统产品,都可以通过数字化的内容形式在互联网实现在线传输服务和电子交付,而其通过互联网传输和在线交付的数据流就是"内容性数字产品"或"数字内容产品"。

内容性产品是指向消费者或者客户传输其所需要内容的数据流,主要包括新闻、书刊、电影、音乐和短视频等几种,其具有无形商品特性,可以通过网络直接下载或观看。目前主要包括下列数字化产品类别:①影视节目、图形图像;②歌曲和音乐;③软件;④视频游戏、计算机娱乐游戏;等等。

(2) 交换工具。交换工具指代表消费者或者客户与公司(企业)之间签订某种契约性质的数字化商品。例如,数字化票据(如旅游景点、音乐会、体育场的数字化门票以及火

---

① 袁洪清. 数字产品特征与定价策略的经济学分析[J]. 宁波大学学报(理工版),2003(6):149-152.

车、汽车、飞机、客轮等数字化票据)以及数字化订单(商品或服务)等。

(3) 数字过程和服务。数字过程和服务主要指消费者和公司之间数字化的交互行为。例如,在线教育、网络游戏、交互式线上娱乐、虚拟旅游、虚拟参观等。

2) 依据数字产品服务功能分类

在消除生产和使用的物理界限的前提下,依据数字产品服务功能,数字产品可以分为以下三种类型。

(1) 信息和娱乐产品。给消费者或客户在线提供数字信息产品、图形图像、数字化的音频或视频产品等。

(2) 象征、符号和概念。在线提供各种服务的电子票据,包括航空、铁路、客轮、音乐会、体育场、旅游景点等服务场所,或者数字化财务工具,包括电子支票、电子货币、在线信用卡服务和支付宝、微信支付等第三方支付工具。

(3) 过程和服务。在线政府服务(数字化政务)、在线提供的电子邮件和传真、远程在线教育和交互式服务、数字咖啡馆和交互式娱乐等。

3) 依据数字产品存在形式分类

依据数字产品存在形式,数字产品可以分为以下两类。

(1) 有形数字产品。有形数字产品是指基于数字技术的电子产品,如数码相机、数字电视机、数码摄像机、MP3 播放器、DVD、VCD(激光压缩视盘)等设备。

(2) 无形数字产品。无形数字产品又称数字化产品,是指能经过数字化并通过互联网在线传输的数字产品。

5. 数字产品的贸易模式

数字产品贸易模式(包含在数字贸易模式之中)不断创新,目前一般主要包含以下四种。

1) 在线订阅模式

在线订阅模式(online subscription-based sales)指数字企业通过互联网向消费者提供在线直接订阅和信息浏览的数字服务模式,主要表现为被商业在线机构(数字企业)用来销售数字化报纸杂志、数字化视频节目等内容,又主要细分为以下种类。

(1) 在线服务(online services)。在线服务指数字企业通过每个周期(日、周、月、年等)向消费者收取固定费用以提供各种形式的在线数字信息服务。

(2) 在线出版(online publications)。在线出版指出版商通过互联网在线向消费者提供除传统出版物之外的数字刊物。

(3) 在线娱乐(online entertainment)。在线娱乐指数字企业通过互联网平台提供在线互动娱乐服务,目前此模式已经成为(数字)软件产品和服务在线销售当中最为引人注目的一个数字贸易领域。

2) 在线付费浏览模式

在线付费浏览模式(the pay-per-view mode)指企业通过互联网在线安排向消费者提供计次收费网上信息浏览和信息下载的数字贸易模式。在线订阅模式与在线付费浏览模式,一个以一定服务时间周期付费,而另一个以每一次服务付费,区别在于计费服务模式的差别。

3）广告支持模式

广告支持模式（advertising-supported mode）指在线服务商免费向消费者或用户提供在线信息服务，而服务商用广告收入支付企业全部营业活动费用，但前提条件是用户首先必须花费时间观看完广告才能享受服务商免费提供的信息服务。此模式中广告可以通过注册会员方式给予屏蔽，等于进化到在线订阅模式，而广告支持模式是目前最成功的数字贸易模式之一。

4）网上赠予模式

网上赠予模式（online donation mode）是一种非传统的数字贸易模式，指企业借助互联网在线向互联网用户赠送软件产品，以扩大知名度和市场占有份额。众多平台性初创企业多以此模式迅速扩张市场势力，以后续开发新的增值服务获取规模扩张后的巨额利润（先占领市场锁定客户，后面通过客户黏性以开发新的付费增值服务获利，即流量即利润模式）。

6. 数字产品的定价依据和定价策略

1）数字产品的定价依据

（1）给数字产品定价，除了需要了解数字产品的成本结构、市场需求、竞争态势等经济影响因素外，还要考虑数字产品本身的特征因素。一般产品价格包括生产成本、管理成本和利润三方面。但一个明显趋势是，随着数字产品边际生产成本趋向于零，以及由于互联网虚拟交易平台极大降低交易费用，在决定数字产品价格时，必须引入新概念而不能因循守旧于成本加利润模式，这是因为传统定价模式与交易机制只适用于数字产品经济价值的取得，而不能反映数字产品真实的消费者需求评价价值（价格）。另外，数字产品的生产成本，特别是边际成本不能作为定价主要依据，这又源于数字产品的投入和产出之间联系不紧密的关系。在数字产品贸易中，规模经济是由消费决定的，而不是生产决定的。因此，在生产制作过程中，数字产品生产的规模经济是有限的，但是，其销售中的规模经济却是无限的。

（2）传统意义上，数字产品内容定价一直以给付媒介为基础，即主要以服务方便程度来衡量，而不是以其数字产品内容实际质量为基础。数字产品在线交易意味着数字产品内容定价可以脱离传统媒介，允许数字产品定价对内容估价基础有一定偏差。这种数字产品内容与价格的非线性联系会引发一些问题，如营销管理变得更加复杂，这又源于数字产品定价主要依据在线消费评价报告而非依据数字产品内容。

（3）消费者的支付意愿通常受其他消费者的消费抉择影响（即羊群效应）。与此相关，应考虑数字产品复制、分享与相关外在化的容易程度，消费支付意愿对评估数字产品的价值不是一种适当的方法，这是因为对消费者来说，在不了解内容的情况下，要确定购买某一种数字产品是否"物有所值"是很困难的。

（4）当数字商品的价值属于高度时间密集型时（股市信息），数字产品的定价问题常常引发估价的内在不稳定性问题。

2）数字产品定价策略

数字产品定价方案越来越复杂，其范围越来越广。互联网为销售、共享和放弃服务提供多种多样的可能性，而且，既可以按照"数字产品的实际利用价值"向消费者收取费用，也可以按照固定方式收费。下面介绍几种数字产品典型的定价策略。

（1）免费定价策略。这一模式充分利用数字产品低复制成本这一特性，一般应用于数字产品中工具类的软件产品。但这里所指的免费是有所限制的，即免费定价的数字产品一般是在其使用时间、次数或使用功能上有所限制。几乎所有的免费下载软件超过使用期限（往往只有 7 天或一个月）就会提醒你购买或注册使用，否则会限制或部分限制其使用功能。

（2）捆绑定价策略。捆绑定价策略是指消费者在购买某产品或者服务时，也必须购买其他产品和服务的方法。捆绑（bundling）是体现产品差别化的一个特殊类型，主要目的是推广新产品或扩大市场份额。数字技术的关联性强，决定了数字产品的捆绑定价空间更大。捆绑定价是一种极其有效的二级差别定价方法，对数字产品捆绑定价的厂商，可以弱化产品间的可比性，锁定消费者，从而能够占有更多的市场份额而获得更多利润。

（3）差别定价策略。差别定价策略是指厂商销售一种产品或服务而索要两种或两种以上反映不同成本费用比例的差异价格，可以通过消费者偏好差别、产品自身差别、地理位置差别和销售时间差别等形式来实现，是价格歧视的一种典型形式。在数字产品市场中，常见通过性能理性型和价格理性型的消费者偏好差别来执行差别定价，实现价格歧视。性能理性型消费者倾向于选择高性能、高价格产品，而价格理性型消费者倾向于选择低性能、低价格产品，通过差别定价实现二者的分离均衡。

（4）交叉补贴定价策略。交叉补贴定价是一种基于产品互补性产生需求上的相互依赖性，通过以低价向消费者出售基础产品，使消费者对与之互补的辅助产品产生极大的需求，然后再以高价售出对应辅助产品的定价方式。

3.1.3　服务贸易自由化

学术界和国际谈判中经常遇到"数字贸易属于货物贸易还是服务贸易"的问题，如果数字贸易归类为货物贸易，则贸易规则顺理成章地遵循 WTO 中 GATT 货物贸易规则；如果数字贸易归类为服务贸易，则又要依规遵循 WTO 中服务贸易规则 GATS。美国等少数国家（地区）坚持认为数字贸易归为货物贸易，应遵循 GATT 的货物贸易规则；但在实践中，多数学者和大多数国家（地区）将数字贸易归为服务贸易，理应遵循 WTO 下的服务贸易规则。下面介绍贸易自由化和服务贸易自由化的相关规则，为讨论数字贸易政策提供理论支持。

1. 经济自由化、贸易自由化和服务贸易自由化的概念

经济自由化是指不同国家或经济体之间通过缔结条约、相互协调或统一各自经济政策，消除阻碍经济有效运行的各种政策壁垒，实现最优国际经济结构的过程。

作为经济自由化重要内容的贸易自由化，有其深刻内涵。在早期贸易自由化阶段，最大贸易壁垒是关税等边境措施，早期经贸协定主要目的就是降低关税税率，而此种只削减边境关税壁垒不问边境内管制措施的做法即为浅度贸易自由化。随着关税税率下降，边境内管制措施成为最大壁垒（又称非关税壁垒），消除边境内非关税壁垒成为继续推进贸易自由化的必由之路，此种约束国内（地区）管制措施、限制行使国内（地区）管制权做法即为深度贸易自由化。

世界贸易组织与国际货币基金组织、世界银行(WB)一起被称为世界经济发展的"货币—金融—贸易"三位一体的支柱机构,其职能是通过组织多边谈判,制定国际经济与贸易规则,解决成员贸易争端,促进世界经济与贸易自由化发展。在 WTO 前身 GATT 规则中,贸易自由化定义为"各成员方通过多边贸易谈判,降低和约束关税,取消其他贸易壁垒,消除国际贸易中的歧视待遇,扩大本国市场准入度。"GATT 中关于贸易自由化定义的含义可以解释为:一是它不是绝对意义的贸易自由化,而是一个渐进的过程;二是允许发展中国家(地区)贸易自由化的程度低于发达国家(地区);三是对经济转型国家(地区)采取适当的政策措施,鼓励其经济向市场经济转变;四是世界贸易组织不是一个自由贸易机构,它只是致力于逐步实现贸易自由化,促使成员方开放,由此营造一个公平无扭曲的竞争环境。

GATT 自由贸易政策允许货物和生产要素的自由流动,在价值规律作用下,可以激励竞争,鼓励发展,提高经营管理水平,促进世界性的分工和贸易发展,扩大市场;同时,贸易自由化使消费者得到物美价廉的商品,增进全球消费者福祉。

世界贸易组织《服务贸易总协定》规定:"服务贸易自由化是指通过多轮连续的定期谈判,实现完整的具体承诺或修改,目的是减少甚至消除对服务贸易的不利作用,降低服务贸易壁垒,为服务贸易发展提供有效的开放市场。"

目前,对服务贸易自由化也有不同的认识,但一般认为,服务贸易自由化是在经济全球化的基础上发展起来的,是贸易自由化在服务领域的具体表现,即"各成员方通过多边贸易谈判,降低和约束关税,取消其他贸易壁垒,消除国际贸易中的歧视待遇,扩大本国市场准入度"等规则在服务领域的应用。

2. WTO 中服务贸易自由化的特征

在 WTO 框架下,服务贸易自由化有不同于货物贸易自由化的特征,主要表现在以下方面。

1) 因涉及国家(地区)敏感性行业和意识形态领域,服务贸易自由化受到更多限制

服务业涉及范围广,按照国际标准产业分类(ISIC)方法,主要包括消费者服务业、生产者服务业、分配性服务业和公共服务业四大门类的多个细分行业,其中,包含文化、新闻、娱乐、信息传输等一些国家(地区)敏感性行业和涉及意识形态领域,其服务自由化受到一定限制。因此,在提升服务贸易竞争力和制定长期发展战略中,各国(地区)需要综合考虑服务贸易自由化带来的机遇和挑战。

2) 服务贸易自由化对发达国家(地区)和发展中国家(地区)存在差异性影响

从服务贸易自由化中,发达国家(地区)获得更多利益而发展中国家(地区)受益较少,即现有国际贸易规则有利于发达国家(地区)而不利于发展中国家(地区)。服务贸易自由化不仅对发展中国家(地区)服务业发展和竞争力产生正面积极作用,还可能导致发展中国家(地区)的经济安全受到威胁而产生更多负面影响。因此,任何国家(地区)都要在服务贸易自由化和国家(地区)安全利益之间寻找平衡点。

3) 服务贸易自由化促进各国(地区)比较优势作用的发挥

服务贸易自由化是推动服务贸易内部比较优势与动态比较优势结合的外在动力。发挥比较优势作用需要一个良好的外部环境,强调两个国家(地区)之间完全自由贸易,而现

实中很难完全做到,国家(地区)之间都是由封闭逐渐走向开放的发展变化过程。比较优势是从宏观到微观角度研究国家(地区)之间竞争,强调双方都能从贸易中获利,而竞争优势则是从微观到宏观的角度研究国家(地区)之间的竞争,强调一国(地区)如何形成并保持其竞争优势。服务贸易自由化既涉及国家(地区)利益又关系到企业发展,需要将比较优势和竞争优势联合起来发挥作用,而服务贸易自由化的深化发展也需要持续提高本国(地区)服务贸易竞争力作为支撑。

运用比较优势理论以实现服务贸易自由化的论点,并不能作为制定国际服务贸易多边规则的理论基础,因为发展中国家(地区)服务业的整体水平落后,特别是服务贸易与货物贸易不同,它往往涉及国家(地区)的主权、机密和安全,因而实现国际服务贸易自由化必须充分考虑各国(地区)的经济和服务贸易的发展现状。

3. 服务贸易逐步自由化必须遵循原则

在发展中国家(地区)服务市场逐渐开放、服务贸易逐步自由化的过程中,WTO 规定必须遵循以下四个原则。

1) 平等竞争

服务贸易自由化必须坚持一视同仁平等竞争原则。服务贸易自由化应当做到同时对内开放和对外开放。例如,计划经济体制下我国许多服务部门原来由国家垄断,而改革开放以来,特别是 2001 年 12 月加入 WTO 后,我国遵循逐步开放原则,许多服务部门对外开放,允许国外投资者进入,同本国服务提供者同等竞争。

2) 适度保护

服务贸易自由化必须坚持适度保护原则。这意味着实行服务贸易自由化,并不完全排除政府保护本国(地区)服务业的政策。《服务贸易总协定》规定,缔约方为了维护国家(地区)安全、公共道德、生物安全和国际收支平衡,可以适当实行政府干预和保护措施,还规定贸易自由化进程应当尊重每一成员国(地区)内的政策目标与发展水平,逐步实行自由化原则。

3) 非歧视

服务贸易自由化必须坚持非歧视原则。非歧视原则包括最惠国待遇原则和国民待遇原则两个方面。最惠国待遇的基本目标是使所有参与多边贸易体制的成员都能分享该体制带来的好处。1978 年 8 月,联合国国际法委员会把"最惠国待遇"定义为"给惠国给予受惠国或者与该受惠国有确定关系的人或物的优惠,不低于该给惠国给予第三国或者与该第三国有同样关系的人或物的待遇。"国民待遇原则指在民事权利方面,一个国家给予在其国境内的外国公民和企业与其国内公民、企业同等的待遇而非政治方面待遇的原则。国民待遇原则实质上是外国商品或服务与进口国国内商品或服务处于平等待遇的原则,是最惠国待遇原则的重要补充。

4) 均衡发展

服务贸易自由化必须支持地区均衡发展原则。我国历史上形成东中西部的经济发展不均衡,同样,服务贸易自由化在东中西部地区也是不均衡的。内陆落后地区更需要实行服务贸易自由化,以便加快经济和社会发展,缩小同沿海发达地区的差距。为了给予内陆落后地区平等机会,在实行服务贸易自由化时,应坚持地区均衡发展原则。

3.1.4　数字贸易主要代表性规则及推进自由化的努力

1. 数字贸易自由化的概念

虽然国际上没有普遍接受的"数字贸易"标准定义,但一般广义的数字贸易就是以数字化方式交付数字产品而进行交易的活动和商品贸易或服务贸易的数字化形式。

数字贸易可大致分为数字产品贸易和数字服务贸易。在国际贸易法的视域下,数字贸易的归类直接影响数字贸易的规则适用,但 WTO 的现有归类系统未能适应数字贸易的特点。数字贸易的归类难题突出地体现在服务贸易模式的认定、电子传输的数字产品归类以及数字服务贸易的归类中。为保证 GATS 规则适用的可预见性,将数字服务贸易归为 WTO 规定中 GATS 规定的贸易模式是较为恰当的选择。

因此,数字贸易自由化属于数字贸易在服务贸易自由化的应用。所谓数字贸易自由化,就是各成员方在数字贸易方面通过多边贸易谈判,降低和约束关税,消除国际贸易中的壁垒和取消贸易中的歧视待遇,扩大本国(地区)市场准入度;或是在服务贸易自由化的基础上专注于消除数字服务贸易方面的壁垒,开放数字服务贸易市场。数字产品贸易自由化是数字贸易自由化的狭义含义,广义的数字贸易自由化还包括电子商务问题,属于经济数字化中最为突出的表现和各国(地区)制定数字贸易规则争议的焦点之一。

一般认为,数字贸易属于服务贸易范畴,但是,出于对自身经济利益的诉求,各经济体数字贸易政策不可避免地出现难以协调的分歧,且在 WTO 框架下讨论制定诸边数字贸易规则进程缓慢,短时间内难以奏效,导致对数字贸易认识的差异性扩大。有鉴于此,各国(地区)转而根据自身利益诉求,在区域性自由贸易协定中寻求制定相关数字贸易规则,以推动数字贸易自由化发展,因而呈现出以"区域性贸易协定"取代整体性的 WTO 框架下谈判的趋势。

2. WTO 成员方代表性的数字贸易规则

作为世界上最大贸易组织的世界贸易组织,其成员方在数字贸易适用规则方面提出的主张具有广泛代表性,下面介绍 WTO 成员提出的具有代表性的数字贸易规则观点。

1) 数字贸易应当适用 GATS 规则

依据成员向 WTO 总理事会提交文件内容,欧盟、巴西等 WTO 多数成员主张数字贸易规则应适用 GATS。欧盟认为,以电子方式下单而以实物交付货物方式的电子商务,应当适用 GATT;而以电子交付但贸易对象是服务,应适用 GATS。GATS 不管是一般义务条款(如最惠国待遇、透明度等)和特定承诺规则(如国民待遇、市场准入等),还是一般例外条款,均可适用于以电子交付的服务。因此,欧盟等经济体主张数字产品贸易应当适用 GATS,而电子商务则应当适用 GATT。①

2) 数字贸易应当适用 GATT 规则

美国极力主张数字贸易应当适用 GATT,强调贸易自由化,主张消除数字贸易壁垒的非歧视性待遇,以便高效利用全球数字市场获取最大利益。美国在 1999 年 WTO 西雅图会议之前提交给 WTO 总理事会的文件中提出,"虽然有人认为所有基于电子传输的贸易都是一种服务,但这一结论需要进一步检验,由于 GATT 规定更广泛的优惠待遇(即市

---

① 谭观福. 国际贸易法视域下数字贸易的归类[J]. 中国社会科学院研究生院学报,2021(5):45-56.

场准入和国民待遇不取决于具体的承诺),GATT 更利于为电子商务提供自由贸易环境";2005 年再次明确,"各成员方应当认识到,WTO 规则为通过实物交付的软件产品的自由贸易提供了框架,所以无论这些产品是通过实物媒介交付还是通过电子传输交付,都应共同致力于实现软件产品的自由贸易待遇",表明其一贯坚持数字产品贸易适用 GATT。

3)数字贸易应当适用 TRIPS 规则

澳大利亚、新加坡等主张数字贸易规则应适用《与贸易有关的知识产权协定》(Agreement on Trade-Related Aspects of Intellectual Property Rights,TRIPS),而这一观点已经被国际货币基金组织接受并采纳,并将其列入"版权和许可费"类别之中。例如,消费者在购买以 CD 方式存储的软件时,其数字贸易与传统货物贸易存在很大差别,因其交易内容是使用数字产品的权利而应当归属于知识产权范畴,纳入 TRIPS 协议框架下进行规制。在跨境贸易且通过互联网进行传输时,该交易标的是音乐许可使用权而不是 CD 介质本身。然而,现行 TRIPS 并没有对数字贸易进行相关规制,导致数字贸易适用 TRIPS 规则存在一定问题。例如,TRIPS 没有涉及过数字产品市场准入、市场待遇或其他贸易自由化问题,在当前 TRIPS 框架下数字贸易问题难以解决。

4)主张针对数字贸易制定专门的规则

除了以上主张和观点之外,在 WTO 电子商务工作计划及其他一些文件中,一些WTO 成员主张在 WTO 框架下协商制定有关数字产品贸易的基本规则,并在 WTO 条款的参考性文件中确定数字产品的性质问题以及规范数字贸易规则。该主张是在 WTO框架下制定专门的数字贸易规则,其不可避免地面临 WTO 成员间的利益冲突问题,导致协商困难重重。

3. 数字贸易自由化障碍、各方诉求及推进过程中的努力

以上各方对数字贸易规则归属问题的争议及主张的差异性,导致作为服务贸易新秀的数字贸易自由化推动缓慢且困难重重,但各方根据自身不同诉求,对克服数字贸易自由化障碍均做出一定程度的努力。

1)各方数字贸易政策差异明显

从以上各主要经济体对数字产品贸易规则的认识看出,出于数字贸易发展水平的差异和经济利益的不同诉求,关于数字贸易政策,世界各经济体难以达成一致意见,在数字贸易自由化方面,世界主要经济体的数字贸易政策存在较大差异性,如表 3-1 所示。

表 3-1 世界主要经济体数字贸易政策的典型事实梳理

国家(地区)	数据监管	网络平台管理	产品和服务贸易	本地准入
美国	宽松	宽松	比较严格	比较严格
日本	宽松	宽松	宽松	比较严格
欧盟	严格	比较严格	比较宽松	比较宽松
韩国	严格	比较严格	比较严格	比较严格
俄罗斯	严格	严格	严格	严格
印度尼西亚	严格	严格	比较严格	严格
中国	严格	比较严格	比较严格	比较严格

资料来源:各国和经济体已经签订的 FTA 规则。

2) 美国强势输出自己的数字贸易规则和拓展其数字贸易政策空间

美国对数字贸易规制可以追溯到1997年其公布的《全球电子商务纲要》,明确表明其在电子商务领域追求全球贸易自由化的鲜明立场及坚定决心。由于在多边和诸边谈判中有关数字贸易的共识难以达成,而随着互联网发展,数字贸易在对外贸易中地位越来越重要,美国于是另辟蹊径地试图通过签订区域自由贸易协定形式输出其价值观念和拓展其政策空间。在区域自由贸易协定中,根据互联网公司行业特征和经营模式,为维护其巨型数据公司利益,美国表现出越来越重视对"数字贸易"进行规制,而非从"商品贸易"角度制定新规则。

美国是数字贸易自由化坚定推动者,"美式模板"经常被称为第一代数字贸易规则,主要包括:电子传输免关税、贸易无纸化、透明度以及数字贸易非歧视性待遇等内容。随着数字信息技术不断发展以及电子商务在国际贸易领域的比例不断提高,数字贸易涵盖内容范围不断扩大,许多新议题不断涌现,第二代数字贸易规则主要研究数字贸易知识产权保护、跨境数据流动与个人信息保护规则等问题。

美国主导的《跨太平洋伙伴关系协定》(TPP)的达成,核心规定"数字产品的非歧视待遇条款,不强制性提供源代码条款和对计算设施位置不做强制要求条款",既主张保护知识产权又主张放宽市场准入,以推进数字贸易自由化。虽然美国在特朗普时期退出TPP,但其开拓了美国在国际性法律文件中对数字贸易规制的先河。

到2021年,美国已经与不同国家和地区先后签订20多个FTA,除了较早签订的《美国—以色列自由贸易协定》(1985)和《北美自由贸易协定》(1994)外,其余FTA均涉及独立的电子商务章节或者电子商务条款以规范数字贸易,其主要内容包括对"数字产品"的界定、服务贸易规则对于电子传输服务的可适用性、关税、国民待遇和最惠国待遇原则、不符措施、相互合作、电子认证、在线消费者保护、无纸化贸易(paperless trading)管理及跨境数据流动等。其中,以《美国—韩国自由贸易协定》(2012)、USMCA(2018)和《美日数字贸易协定》(UJDTA,2019)为代表,体现美式高标准对电子商务和数字贸易的规制。

从WTO法律适用角度而言,对电子商务的定性问题(尤其是对数字产品),不仅会引起跨境交易时的法律适用问题,也会对数字贸易自由化产生重要影响。在WTO框架下的电子商务谈判中,美国认为,不能仅仅因为数字信息技术进步使数字产品可以在线交付而不必借助实物载体进行交付,就将其认定为"服务"而适用GATS规则规制,这一做法违反WTO"技术中性原则"。从数字产品一经生产而"不可毁灭"性质来看,数字产品属于货物而不是服务。美国坚持认为数字产品应受GATT规制,限制最少才更有利于推进数字贸易自由化,因为适用GATS规制下数字产品被归类于诸如视听服务,面临严苛市场准入壁垒。

3) 欧盟成为与美国强烈对立的数字贸易政策的推动者

与美国针锋相对,以欧盟为代表的一些国家(地区)将数字产品归为服务产品和将数字贸易定性为服务贸易,认为数字贸易必须遵循服务贸易自由化的规则(GATS)。在国际贸易中,同一般意义的商品不同,文化产品带有明显的双重属性,既具有经济属性,又具有文化属性。在数字贸易中,有很大一部分涉及文化产品贸易,而世界文化贸易主要发生在少数发达国家(地区)之间,呈现出很大的不平衡性,且这种不平衡性集中体现为美国文化产品和服务的全球扩张①,这种扩张无疑对进口国(地区)的文化安全造成威胁,破坏其文化的完整性。因此,在 WTO 框架下电子商务谈判中,欧盟提出"文化例外"原则(culture exception),即以保护文化多样性为目的,坚持要求对数字贸易,尤其是对视听文化相关的数字产品贸易规则必须适用 GATS 规制,这成为欧盟等国家(地区)对美国强力输出自身数字贸易规则的有力抵制。

4) 亚洲积极推动数字贸易自由化进程,但其仍难以深化

亚太地区是推动数字贸易自由化的先行者。2000 年 11 月签订并于 2001 年 1 月生效的《新西兰—新加坡更紧密经济伙伴关系协定》(ANZSCEP)是全球首个含有数字贸易规则的 FTA。截至 2020 年 11 月《区域全面经济伙伴关系协定》(RCEP)签订之时,亚太地区签订的约 60 多项 FTA,占全球含有数字贸易规则的 FTA 总数的 1/3 强,其中,大多数 FTA 不同程度地涉及数字贸易规则。

2000 年,无纸化贸易规则订立成为亚太地区推动数字贸易自由化的开始,其旨在促进海关监管制度数字化,该规则虽然只关注边境而不涉及边境内的管制措施,但却开启了亚太地区数字贸易自由化的进程。随着数字技术迅猛发展,21 世纪数字贸易不再局限于无纸化贸易,而发展为基于互联网数字贸易平台的新型贸易形式,包含建立在跨境数据流动基础上的所有贸易形式。2003 年《新加坡—澳大利亚自由贸易协定》在全球范围内首次设置单独的电子商务章节,由此开始,亚太各国(地区)开始将电子商务作为 FTA 的一个独立议题。除无纸化贸易规则外,该电子商务章节还增添关税、国内管制框架、电子认证和签名、在线消费者保护和在线个人数据保护等条款,成为 2003 年至今亚太地区 FTA 中数字贸易规则样板,推动了亚太地区数字贸易自由化发展。此后,亚太地区各国(地区)缔结的 FTA 大都规定旨在削减边境内贸易壁垒的此类硬性条款,但亚太地区数字贸易深度自由化的推进并非顺风顺水。虽然后来 RCEP 规定了数据跨境流动和计算设施位置条款,要求缔约方不得将计算设施本地化作为市场准入的前提,也不得禁止商业行为的跨境数据流动,但条款本身的强制力却被例外条款和争端解决条款的"不适用规定"所消解,亚洲数字贸易深度自由化仍步履维艰。

5) 中国积极参与世界数字贸易规则制定

长期以来,中国一直是亚太地区及世界数字贸易自由化的旁观者。在 2002 年签署的《中国—东盟全面经济合作框架协议》中,只提及双方要在促进电子商务方面加强合作,并无其他实质性规定。直到 2015 年中国分别与韩国和澳大利亚签订 FTA 时才纳入独立电子商务章节,也才真正成为亚太地区数字贸易自由化的参与者。截至 2022 年底,在中国签署的 19 项 FTA 中,《中国—韩国自由贸易协定》(2015)、《中国—澳大利亚自由贸易协定》(2015)、《中国—新加坡自由贸易协定》(2018)、RCEP、《中国—柬埔寨自由贸易协定》(2020)、《中国—新西兰自由贸易协定》(2021)中均含有单独电子商务章节,旨在削减边境壁垒,但没有规定数字产品非歧视待遇、数据跨境流动、计算设施位置和源代码限制国内管制权等条款,而即使对国内管制框架等其他试图约束国内管制措施的条款也大都使用鼓励性措辞,难以产生实际效果。

① 刘登.浅析美国文化对世界的影响[J].海外文摘,2020(10):49-50.

6) 在数字贸易自由化推进中,电子商务问题成为数字贸易中争议的焦点

1998 年,WTO 建立电子商务组以讨论与电子商务有关的贸易议题,各方在部长级会议上达成协议,声明同意暂时性中止对电子传输征收关税。关税条款只约束边境措施,而不涉及边境内措施,国内管制框架、电子认证和签名、在线消费者保护和在线个人数据保护等条款这些针对 WTO 缔约方国(地区)内管制措施的谈判却进展缓慢。WTO 试图以 1996 年联合国国际贸易法委员会《电子商务示范法》为基准协调缔约方电子商务法制环境,通过制定个人信息保护法增强消费者对电子商务的信心,以优化缔约方国(地区)内相关法律法规,推进数字贸易自由化。虽然这些条款对缔约方施加了诸多积极义务,但并未对其国(地区)内管制措施构成有效约束,因为上述规则大多使用"应当鼓励""应当努力""应当纳入考虑""应当按照缔约方认为合适的方式尽可能地"和"缔约方应当根据各自法律法规和共同利益进行合作"等鼓励性措辞而对缔约方施加软性义务,其目的只在于宣示各方就相关议题达成共识,而并非要求各方必须履行的条款,也间接说明推行数字贸易深度自由化之艰难。

专栏 3-1　跨境电商出口退税新政及实施效果

1.《关于跨境电子商务综合试验区零售出口货物税收政策的通知》出台,以利促进跨境电子商务健康快速发展和培育贸易新业态、新模式

2018 年 10 月 1 日起执行《关于跨境电子商务综合试验区零售出口货物税收政策的通知》无疑对跨境电商是一个利好消息。通知要求,对国家跨境电子商务综合试验区(以下简称"综试区")的电子商务出口企业出口未取得有效进货凭证的货物,同时符合下列三个条件试行增值税、消费税免税政策:一是电子商务出口企业在综试区注册,并在注册地跨境电子商务线上综合服务平台登记出口日期、货物名称、计量单位、数量、单价、金额;二是出口货物通过综试区所在地海关办理电子商务出口申报手续;三是出口货物不属于财政部和税务总局根据国务院决定明确取消出口退(免)税的货物。

通知要求各综试区建设领导小组办公室和商务主管部门统筹推进部门之间的沟通协作和相关政策落实,加快建立电子商务出口统计监测体系,促进跨境电子商务健康快速发展。海关总署定期将电子商务出口商品申报清单电子信息传输给税务总局,各综试区税务机关根据税务总局清分的出口商品申报清单电子信息加强出口货物免税管理;而具体免税管理办法由省级税务部门商财政、商务部门制定。

2. 综试区零售出口税收新政出台,解决跨境电商阳光化难题

作为新的贸易模式之一,跨境零售出口的财税阳光化一直是业内难题之一。其中,为了规范跨境零售出口,9610"免征不退"模式出现了。跨境电商多为小额又多单,传统的海关监管政策对跨境电商企业来说不甚适用。传统 B2C 出口企业,在物流上主要采用邮政小包、快件等方式,数据未能纳入海关统计,海关新增的 9610 代码将跨境电商的监管独立出来,利于规范和监管。但是,该模式仍有待解决的难题。在一般贸易中,企业是先交纳增值税,然后再实现退税的。对于跨境零售出口模式,因为商户本身采用采销模式,所以很多企业都没有增值税发票。新政策解决了很多跨境电商卖家采购没有发票的风险问题,但因为没有增值税发票,有待完善企业所得税问题的解决。

在 9610 模式中,尽管企业不需要退税,但仍是需要先交纳增值税的。因此,税务局有权让零售出口的商户依法补缴增值税。《关于跨境电子商务综合试验区零售出口货物税收政策的通知》中"免增值税、消费税"相当于对零售出口企业采取"免征不退"的模式,即不征收增值税、消费税,也不退税。这意味着零售出口企业不必担心被反征补缴增值税。

《关于跨境电子商务综合试验区零售出口货物税收政策的通知》明确指出:"免征不退模式为综试区才可以享受的政策。"海关总署监管司业务专家白晓东说道。中国跨境电子商务综试区是中国设立的跨境电子商务综合性质的先行先试的城市区域,旨在在跨境电子商务交易、支付、物流、通关、退税、结汇等环节的技术标准、业务流程、监管模式和信息化建设等方面先行先试,通过制度创新、管理创新、服务创新和协同发展,破解跨境电子商务发展中的深层次矛盾和体制性难题,打造跨境电子商务完整的产业链和生态链,逐步形成一套适应和引领全球跨境电子商务发展的管理制度和规则,为推动中国跨境电子商务健康发展提供可复制、可推广的经验。

3. 常州市首笔"9810"出口退税成功落地

2020 年 7 月 7 日,常州市新四仁电子商务有限公司收到了国家税务总局常州市税务局开出的一笔"9810"模式(跨境电商出口海外仓)报关出口货物的退税款,这意味着跨境电商出口海外仓退税服务的"最后一公里"在常州被有效打通。

随着中国制造业规模的不断扩张,品牌商品的跨境电商出口比例越来越大。可是,由于无法退税、成本过高等原因,现行模式在一定程度上制约了规范化经营的品牌跨境电商的发展。为了更好地服务企业,推动跨境电商健康发展,海关总署推出了面向"跨境电子商务企业对企业直接出口"和"跨境电子商务出口海外仓"业务的全新监管模式(简称"9710""9810"新政)。

该背景下,常州综合保税区管理局探索创新"9810"退税业务,会同常州海关、税务、外管和市区两级商务部门,宣传跨境电商新模式,召开跨境电子商务线上培训会、线下宣讲会,引入多家跨境电商平台企业,全流程指导企业完成针对海外仓的海关备案和规范申报的相关操作。同时,结合常州市各区的产业结构,以常州跨境电商产业园为"核心",武进、钟楼、天宁、常州经开区等兄弟园区为"多园";以常州综保区为"核心",三井、孟河、薛家等各乡镇为"多园",促进常州跨境电商由点及面、全面发展。首笔"9810"模式出口退税业务的落地,为规范经营的跨境电商品牌企业带来信心。接下来常州综合保税区还将通过行业协会、展会、专业企业等渠道推广,积极招引跨境电商龙头企业来常落户,扩大"1210"(保税跨境贸易电子商务)进口业务,争取开展"1210"出口业务,实现货卖全球。

资料来源:

1. "免征不退"综试区零售出口税收新政出台[EB/OL]. (2018-09-29). https://www.ebrun.com/20180929/299617.shtml.

2. 常州市首笔"9810"出口退税成功落地[EB/OL]. (2022-07-16). http://jsnews.jschina.com.cn/cz/a/202207/t20220716_3035922.shtml? open_source=weibo_search.

3.2 数字贸易促进政策

虽然数字贸易已经成为 21 世纪互联网数字信息时代的发展主题和各国竞争焦点,但是,在数字贸易促进政策上,各国之间却存在着一定差异。本节主要讨论数字贸易促进政策体系框架、主要代表性经济体数字贸易促进政策的特点及我国数字贸易促进政策与措施。

3.2.1 数字贸易促进政策体系

21 世纪是互联网信息时代,数字经济与贸易发展的重要性日益凸显,不论发达国家还是发展中国家,都竞相出台鼓励发展的相关政策措施,并各自形成一定特色的数字贸易政策体系。

约翰·H. 杰克逊(John H. Jackson)认为,贸易政策体系(trade policy systems)是国际贸易体系的一部分,仅涉及实体性和程序性贸易政策部分,而不涉及贸易争端解决机制等内容,其框架包括贸易政策体系决策机制、贸易政策体系框架、贸易政策工具,还包括贸易政策体系中监督反馈机制和绩效评估机制等。[①]

1. 国家主管机构、贸易政策促进部门和贸易政策体系决策及执行机制

世界主要发达国家和经济体均设置相关贸易发展的国家管理机构和政策促进部门,负责制定与数字经济与贸易有关的发展战略,出台和实施与数字贸易发展的相关政策措施。无一例外,世界主要经济体从战略思想上既重视数字产品贸易又重视贸易数字化发展。下面介绍世界上几个主要经济体贸易主管机构和数字贸易政策促进部门及决策执行机制。

1) 美国数字贸易政策的制定和实施部门及决策执行机制

美国负责制定贸易政策的部门为美国国际贸易委员会(USITC)和美国贸易代表办公室(USTR)。其中,USTR 负责制定和协调美国国际贸易、商品和直接投资政策并引导或指导与其他国家就此类事务的谈判,属于总统办事机构组成部分。在数字贸易政策制定和实施上,美国主要由 USTR 负责制定政策,而主要由美国商务部等部门负责监督和实施。[②]

从 2016 年开始,美国建立专门针对数字贸易的组织架构,即在 USTR 内部建立了数字贸易工作组,其工作人员来自 USTR 内部的电子商务、电信、服务、知识产权、创新和工业竞争力等领域,其职责是快速识别数字贸易壁垒和制定相应政策规则。自成立以来,该工作组已经开展了多项工作,包括为《2017 年外国贸易壁垒评估报告》识别出最新的数字贸易障碍,制定在国际上推广美国数字贸易规则的战略,推动 USITC 对主要国外市场上的数字贸易壁垒开展调查和评估。此外,为了帮助解决相关问题,从 2016 年开始美国商务部在主要贸易伙伴国家派驻数字贸易参赞。

---

① 杰克逊. 世界贸易体制:国际经济关系的法律与政策[M]. 张乃根,译. 上海:复旦大学出版社,2001.

② Biographies of key officials[EB/OL]. https://ustr.gov/about-us/biographies-key-officials.

2）欧盟数字贸易政策制定和实施部门

欧盟有成员国保留权力、平行权力和欧盟排他性权力三种权力,而进入 21 世纪以来,一直呈现欧盟排他性权力不断侵蚀前两种权力的趋势,体现出欧盟强化一体化的对外政策倾向。欧盟不存在单一的贸易法,而是分散在一系列相关条约之中。与 WTO 一致,欧盟共同贸易政策中包括货物贸易、服务贸易、与贸易有关的知识产权和国际直接投资政策等。数字贸易有关的法律一般由欧盟委员会和欧盟理事会制定,例如,由欧盟委员会2022 年 2 月 23 日公布的《数据法》(Data Act)草案和欧盟理事会于 2022 年 5 月 16 日批准的《数据治理法案》(DGA),均属于全体欧盟国家共同遵守的法案。

欧盟数字贸易政策属于排他性权力范畴,但是,在数字贸易政策上,欧盟成员国内部之间难以达成一致意见。因此,出于维护自身利益需要,法国、德国等欧盟内部成员大国由本国贸易主管部门单独制定本国的数字贸易政策,特别地表现为法国从 2020 年 12 月恢复对大型互联网企业征收数字服务税事件。

在狭义服务业政府管理体制中,法国政府主管部门主要涉及经济财政工业部(MINEFI)、中小企业贸易手工业和自由职业部以及运输设备部、旅游部、海洋部等几个部门,法国由经济财政工业部负责制定数字贸易规则和实施监督管理。

德国主管贸易的部门是联邦经济与技术部,德国联邦经济与技术部负责数字贸易政策的制定和实施。

3）中国数字贸易政策制定和实施部门及决策执行机制

中国的法律制定和修订由全国人民代表大会常务委员会负责,而有关数字经济与贸易的产业发展规划和政策措施由国务院领导下的相关多部门制定和实施,主要涉及国家发展和改革委员会、财政部、工业和信息化部、商务部、生态环境部等部门,由其分别或共同出台相关法律政策措施。例如,2021 年 6 月《中华人民共和国数据安全法》(以下简称《数据安全法》)在第十三届全国人民代表大会常务委员会第二十九次会议通过并于同年 9月开始实行;2021 年 10 月,商务部等部门制定《"十四五"服务贸易发展规划》,其中,涉及数字贸易发展的相关内容由工业和信息化部、商务部、外交部等部门共同负责实施。我国实行中央集权式的部门纵向管理体制,在总体规划下,各地方政府出台相关配套措施组织实施。

2. 数字贸易政策体系框架和政策工具

政策直接与战略相关,而战略最早是军事方面的概念,其本质是维护和增进战略主体利益,具有全局性、长远性和系统性特征。国家战略事关国家全局、长远和根本性利益,涉及政治、经济、文化、社会、科技、军事等诸多领域,为国家发展勾画宏伟蓝图,锚定方向,在国家总体发展中发挥关键作用。因此,在国家战略制定过程中,需要统筹考虑国内外因素,合理配置和有效运用资源。战略指明总体发展方向,政策是为了落实该发展方向所采取的措施。因此,数字贸易政策体系框架和政策工具,是为了实现国家将数字经济上升为国家战略而制定的政策框架体系和具体实施措施,主要包括促进数字贸易发展的产业发展政策、财政金融政策、产业规制政策(例如,数字经济规制包括数据跨境流动、市场准入、数据本地化要求等)、数字贸易评价和监督管理机制等。

1）世界各主要经济体数字贸易发展的战略和规划

20 世纪 90 年代以来,全球数字信息技术飞速发展,世界各主要经济体都作出自己促进互联网和数字经济与贸易发展的战略规划。

（1）美国数字经济与贸易发展战略演变及政策体系特征。20世纪60年代，为应对冷战时期集中军事指挥中心可能遭受毁灭性风险，美国国防部斥资建立世界上第一个计算机网络——阿帕网（ARPANet，即互联网的前身）；到20世纪80年代，为促进美国大学和研究机构间的信息共享，美国国家科学基金会（NSF）资助建立"国家科学基金网"（NSFNet），将互联网技术从军事领域拓展至民用领域，拉开互联网时代的序幕。

20世纪90年代，随着数字信息技术持续创新，数字经济发展呈现无限可能性。20世纪90年代美国正式开启数字战略布局，其数字战略经历了以技术创新和信息基础设施建设为重点的克林顿-小布什时期、以推进新技术应用为重点的奥巴马时期、以聚焦国际竞争为重点的特朗普时期及"以劳工就业为中心"的拜登时期几个阶段，为美国数字经济与贸易发展奠定了坚实物质基础。

在20世纪90年代克林顿时期美国实施以"国家信息高速公路"为代表的一系列重大数字经济发展战略。1993年9月美国颁布《国家信息基础设施行动计划》，将"信息高速公路"建设提到战略优先地位，用20年时间投资4 000亿美元以实现家庭光缆的全覆盖计划。[①] 重视数字信息技术研发，积极普及互联网，美国商务部相继发布《浮现中的数字经济》（1998）、《新兴的数字经济》（1999）、《数字经济2000》等年度报告，为数字经济赋能和重视数字产业发展，美国逐渐成为数字信息技术的创新引领者，进而奠定全球数字经济发展的"领头羊"地位。为此，美国先后出台一系列文件，如表3-2所示。

表3-2　美国各机构出台的数字经济相关政策文件

序号	时　间	名　称	发布机构
1	1998年	浮现中的数字经济	商务部
2	1999年	浮现中的数字经济（二）	商务部
3	2000年	数字经济2000	商务部
4	2002年	数字经济2002	经济和统计管理局
5	2003年	数字经济2003	经济和统计管理局
6	2010年2月	数字国家：21世纪美国通用互联网宽带接入进展	国家电信和信息管理局
7	2010年11月	探索数字国家：美国家庭宽带互联网应用	国家电信和信息管理局 经济和统计管理局
8	2011年2月	数字国家：扩大互联网使用	国家电信和信息管理局
9	2011年11月	探索数字国家：计算机和互联网家庭应用	经济和统计管理局 国家电信和信息管理局
10	2013年6月	探索数字国家：美国新兴在线体验	国家电信和信息管理局 经济和统计管理局
11	2014年10月	探索数字国家：拥抱移动互联网	国家电信和信息管理局
12	2016年6月	在数字经济中实现增长与创新	商务部
13	2018年3月	数字经济的定义和衡量	经济分析局

---

① 腾讯研究院. 美国数字经济战略举措和政策体系解读［EB/OL］.（2018-09-03）. https://www.sohu.com/a/251667994_455313.

续表

序号	时　间	名　　　称	发 布 机 构
14	2018 年 2 月	澄清域外合法使用数据法案	国会
15	2018 年 5 月	5GFast 战略	联邦通信委员会
16	2019 年 2 月	美国人工智能计划	白宫
17	2019 年 12 月	联邦数据战略 2020 年行动计划	白宫
18	2020 年 1 月	促进美国在 5G 领域的国际领导地位法案	国会
19	2020 年 2 月	美国量子网络战略构想	白宫
20	2021 年 6 月	美国创新与竞争法案	国会

资料来源：腾讯研究院. 美国数字经济战略举措和政策体系解读[EB/OL]. (2018-09-03). https://www.sohu.com/a/251667994_455313；中国信通院：2021 年全球数字经济白皮书(附下载)[EB/OL]. (2021-09-22). http://www.199it.com/archives/1314722.html.

奥巴马时期美国进一步推进数字战略，先后布局云计算、大数据、先进制造、5G、量子通信等数字技术与数字经济前沿领域，推动移动互联网、人工智能、区块链等为代表的新一代数字信息技术应用。2010 年，美国联邦通信委员会（Federal Communications Commission，FCC）向国会提交《连接美国：国家宽带计划》（*Connecting America*：*The National Broadband Plan*），从促进市场竞争，有效分配和管理政府资源，推动不同地区的宽带普及，加强在教育、医疗等公共部门宽带应用四方面加快全美各州宽带建设，从"信息高速公路"升级为"国家宽带计划"。

特朗普时期，美国采取全面对抗策略应对欧盟、英国、日本、中国等国优化数字战略布局、加快数字信息基础设施建设、提升数字产业竞争力诸多挑战，将人工智能、量子信息科学、5G、先进制造四大领域列为国家重点发展产业，以维护美国数字技术和数字产业的全球领先地位。

拜登政府提出"以劳工就业为中心"的数字贸易政策，统筹考虑国家安全、国内外政策利益、盟友合作、各国政府权力及国际贸易规则[①]

总之，美国主要奉行数字技术领先战略。美国自 1991 年国会通过《高性能计算法案》开启美国数字战略进程以来，密集推出《网络与信息技术研发计划》《大数据研究与发展计划》《机器人技术路线图》《国家战略计算计划》《国家人工智能研究与发展战略计划》《国家宽带研究议程》《关键和新兴技术国家战略》等一系列关于技术发展的战略计划和部署，始终保持对数字技术创新的未来发展方向掌控权；在技术应用上，公共管理数字化催生美国"政府管理数字化"，其数字政府战略先后经历"电子政府—电子政务—开放政府—数字政府"四个阶段，不断提升美国政府公共管理的数字化水平。总之，不断推出和实施的数字战略计划使美国一直保持数字经济与贸易的世界"领头羊"地位。

（2）欧盟数字经济与贸易发展战略演变及政策体系特征。面对数字技术的飞速发展和国际竞争的日趋激烈，欧盟多管齐下助力数字经济与贸易的发展，其发展战略演变及政策体系特征有如下特点。

一是在数字经济与贸易发展的总体战略上进行超前布局。欧盟委员会先后颁布《数

---

① 胡微微，周环珠，曹堂哲. 美国数字战略的演进与发展[J]. 中国电子科学研究院学报，2022，17(1)：12-18.

字单一市场战略》(2015)、《欧洲工业数字化战略》(2016)、《欧盟人工智能战略》(2018)等政策文件,而 2020 年欧盟更是密集地发布《塑造欧洲的数字未来》、《欧洲新工业战略》、《欧洲数据战略》、《人工智能白皮书》等政策文件,指导欧洲数字时代发展的总体规划,旨在重新定义并扩大其数字主导权,建立基于规则和标准的数字空间规制框架。2021 年 3 月,欧盟又发布了《2030 数字指南针:欧洲数字十年之路》纲要文件,涵盖欧盟到 2030 年实现数字化全面转型的愿景、目标和途径。[①]

二是大力推进经济数字化、工业数字化和企业数字化。德国制定"工业 4.0"计划、法国推出"新工业法国"发展规划等,既为应对 2008 年的金融危机,也是超前布局数字经济发展。但是,欧盟内部缺乏协同效应、各自为政,导致其老牌工业技术体系向数字化全面转型发展的速度缓慢,缺乏整体竞争优势。为改变这一状况,欧盟发布《欧洲工业数字化战略》(2016),投入大量资金以支持工业数字化转型,涵盖大型企业、中小企业、创新型初创企业等。[②]

三是着力提升欧盟区域劳动者的数字技能,以人才储备支撑其数字经济持续发展。欧盟在推进数字化转型中面临数字专家短缺以及民众数字技能水平偏低的障碍。据欧盟统计,2012—2019 年,欧盟企业通信技术类人才缺口以每年 2%的速度递增。根据《2030 数字指南针:欧洲数字十年之路》计划,到 2030 年至少应有 80%的欧盟成年人具备基本的数字技能,在欧盟工作的信息技术专业人员将达到 2 000 万人。[③]

四是加强数字经济监管,保证数字企业公平竞争。欧盟《通用数据保护条例》几乎成为全球通行数据保护标准,而其签署《人工智能伦理罗马宣言》和公布《数字服务法》与《数字市场法》(2020 年)等举措,进一步推进了搭建数字贸易规制政策框架的进程。

(3)英国、日本等发达国家数字贸易发展战略规划和政策体系特征。除美国、欧盟外,其他发达国家无一例外都重视数字经济与贸易发展,积极出台数字经济与贸易发展战略规划和政策,以免被边缘化或错失搭上数字新技术和新经济快车。

早在 2009 年英国就发布"数字大不列颠"行动计划,推动英国宽带基础设施建设和 ICT 及产业发展;接着又实施《数字经济 2010 年大法》,促进英国数字内容创意产业发展、保护在线数字内容产品版权、加强数字经济监管等,后来不断更新《数字发展战略》(2017)、《人工智能战略》(2021)、《英国数字战略》(2020)等,对推进数字经济转型的未来发展作出了全面的部署。[④] 在数字环境建设上,英国政府公布了《政府数字战略(2012)》,着力推进政府服务在线能力建设。

日本较早推出"IT 基本法"(2001)和通过《个人信息保护法》(2003),而后提出《i-Japan 战略 2015》、签署《日欧经济伙伴关系协定》(2018)、《大阪数字经济宣言》(2019)和公布《数字管理实行计划》(2020)等一系列促进数字贸易发展的规划、协定以及规范数字

① 2030 Digital Compass: the European way for the Digital Decade[EB/OL]. https://eufordigital.eu/wp-content/uploads/2021/03/2030-Digital-Compass-the-European-way-for-the-Digital-Decade.pdf.

② 欧盟委员会提出新欧洲工业战略[EB/OL]. (2020-04-06). http://www.mofcom.gov.cn/article/i/jyjl/m/202004/20200402952449.shtml.

③ 郑雪平.欧盟数字经济发展政策取向及成效[J].中国社会科学报,2021(4):13-21.

④ UK digital strategy(2017)[EB/OL]. https://www.gov.uk/government/publications/uk-digital-strategy.

贸易的法律文件[①],显示出日本政府在发展数字经济与贸易上所做出的努力。

(4) 我国数字经济与贸易发展战略规划演变和政策体系特点。我国出台数字经济与贸易战略规划和政策相对较晚,这与我国 20 世纪末和 21 世纪初期较低水平的信息化和数字化的发展程度密切相关。近年来,我国密集出台一系列关于数字贸易发展的政策,其政策导向持续强化,引导实体经济与数字经济深度融合,激发经济发展潜力,并推动相关产业向数字化、网络化、智能化转型,力图尽快缩小与发达国家数字经济与贸易发展的差距。

我国数字贸易战略规划和促进数字贸易政策体现出以下特点。

一是数字贸易促进政策主要以国家顶层设计的发展战略规划及行业指导意见为主。一方面,在国家层面布局前瞻性的战略性发展规划。21 世纪初,我国从信息化推进到经济数字化,战略目标开始确定,出台《2006—2020 年国家信息化发展战略》(2006)、《国家信息化发展战略纲要》(2016)、《“十三五”国家信息化规划》(2016)和《“十四五”数字经济发展规划》(2021)等规划纲要,体现国家从总体上层层递进的战略构想和战略规划,为国家全面信息化、数字化打下坚实基础。另一方面,各部委密集出台行业发展策略和管理规范指导意见。国务院办公厅发布《国务院办公厅关于促进平台经济规范健康发展的指导意见》(2019)和国家发改委与中央网信办发布《国家数字经济创新发展试验区实施方案》(2019),致力于激活生产要素高效配制机制,促进互联网、大数据、人工智能与实体经济深度融合,培育新动能壮大数字经济生产力,力争在试验区构建并形成与数字经济发展相适应的政策体系和制度环境,助推数字产业化和产业数字化取得显著成效。

二是加强国际合作,在积极参与国际数字贸易规则制定过程中,摆明自身立场和拓展规则制定空间。我国与多国代表共同发起《“一带一路”数字经济国际合作倡议》(2017),共同构建和平、安全、开放、合作、有序的网络空间和多层次交流机制等,致力于实现互联互通的“数字丝绸之路”,打造互利共赢的“利益共同体”和共同发展繁荣的“命运共同体”。2020 年 11 月 15 日,中国正式签署《区域全面经济伙伴关系协定》;2021 年 9 月 16 日中国申请加入《全面与进步跨太平洋伙伴关系协定》(CPTPP)和 2021 年 11 月 1 日申请加入《数字经济伙伴关系协定》,表明中国积极加入和参与区域性贸易协定制定,为应对美国强势推行美式数字贸易规则和推动发展数字经济与贸易而做出的不懈努力。

2) 数字贸易发展的财政、金融政策措施

除了发展战略和产业规划外,各国具体政策实施主要集中于财政、金融方向,制定和实施数字贸易政策的财政、金融措施。

(1) 财政政策。一般财政政策是对财政收支进行管理,主要包括财政支出和税收政策。

美国财政支持主要来自联邦政府和地方政府两个层面,联邦政府财政资金投入力度较大,更重视研发和创新,地方政府财政项目较多,但整体资金规模较小,更关注稳定就业,但通常从公共服务领域入手,通过提供相关人才培训、实行联合预算管理等手段间

---

① 逄健,朱欣民.国外数字经济发展趋势与数字经济国家发展战略[J].科技进步与对策,2013(8):124-128.

接发挥作用,而不是直接作用于市场主体。同美国不同,直接财政补贴是欧盟促进对外贸易最重要的手段,而出口补贴是最主要的补贴手段,通过各种特定的出口补贴项目实施。

税收政策包括进口征收和出口退税两部分。数字贸易方面涉及数字服务税的征收机制,涵盖优化跨境数字纳税服务、纳税服务便捷度和纳税效率等方面。在数字贸易自由化上,简化服务贸易的退(免)税程序,优化退(免)税流程,提高其数字化程度。对数字税或数字服务税制定征收规则,确保增值税的国际贸易“中性”,理论和实践中坚持增值税的消费地征税原则,对于保护国内互联网电子商务企业发展有一定作用,但却阻碍数字贸易自由化进程。

税收优惠包括关税减免、降低税率、返还税款、税收抵免等多种方式,是贸易促进政策的重要工具。

(2) 金融政策。在数字经济与贸易的外商投资政策上,国际上通行的做法包括以下两方面:一是一般按照外商投资企业的规定执行,并且某些国家对此有所有制性质的限制规定。二是在金融政策融通资金问题上,支持一部分企业作为上市公司合规通过股市解决股权融资问题,另一部分符合政策的创新型中小企业通过商业银行贴息贷款解决信贷资金问题,再一部分企业在开拓国际市场过程中得到政策性金融机构和保险机构的信贷资金支持。

美国进出口银行和海外私人投资公司(OPIC)是美国对贸易提供政策性金融支持的主要机构,其主要业务形式是出口信贷和信用保险。美国进出口银行非常重视促进与中小企业的合作,全力扩大和加强对美国中小企业的外联工作。海外私人投资公司是美国联邦政府下独立运行的机构,通过提供从一般商业途径难以获得的金融服务,包括长期政治风险担保、追索权有限项目融资等,保护美国企业在发展中国家和新兴市场国家的投资利益[①],其金融支持对促进美国数字贸易发展具有一定作用。

我国主要聚焦于数字基础设施投融资、数字经济与贸易的人才培养和教育投融资、数字贸易企业信息平台投融资以及中微观的数字贸易示范区、自由贸易港建设和数字企业发展的财税金融支持政策等方面。

3.2.2　我国数字贸易促进政策实施情况及改进措施

1. 我国数字贸易促进政策实施情况

从总体来看,我国实施数字贸易促进政策的情况如下。

1) 实施企业所得税优惠政策,提高数字贸易服务质量和优化数字贸易结构

为了促进数字贸易发展,我国实施了一系列改革措施,从制度层面持续发力,提高“中国服务”在全球价值链中的地位。其中,财政税收支持不可或缺。“营改增”实现了服务贸易的退税或免税,为我国数字贸易发展奠定了税制基础。《财政部 税务总局关于全面推开营业税改征增值税试点的通知》(财税〔2016〕36号)对跨境服务增值税的免税和退税政策进行了详细规定,确保我国跨境数字贸易服务以不含流转税的价格参与国际市场竞争,

---

① 范鹏辉,郭卫华.美国和欧盟贸易促进政策应用及借鉴[J].海外投资与出口信贷,2021(3):33-36.

提升我国数字贸易服务的国际竞争力。《关于将服务贸易创新发展试点地区技术先进型服务企业所得税政策推广至全国实施的通知》(财税〔2018〕44 号)规定,我国将服务贸易创新发展试点地区技术先进型服务企业所得税政策推广至全国,助推我国数字贸易企业提高其竞争力。我国多数企业积极申请对外经贸发展专项资金、服务贸易发展专项资金、服务外包产业发展专项资金、人才培训专项补贴等财政资金和补贴,且我国自由贸易综合试验区国际服务外包企业已经享受到增值税零税率优惠。普遍认为,以上这些财税政策对于减轻企业负担、提升企业竞争力起到了积极作用。

2) 实施优化跨境服务纳税服务以提升纳税服务便捷度措施

我国将服务出口退税申报纳入国际贸易"单一窗口",对服务贸易等项目的对外支付税务备案,并在全国范围内实现电子化办理,对符合离境退税条件的外国旅客和港澳台同胞购买退税物品后,现场办理离境退税,积极推进深化数字贸易自由化。

3) 其他支持政策的实施

(1)产业支持类数字贸易促进政策。我国以直接型数字贸易产业规划和产业规范类政策为主,商务部以及各级商务主管部门作为数字贸易政策制定主体,制定的贸易相关规划、政策以及任务指标通过垂直管理体系逐级得以落实。在具体措施上,主要通过优化数字产业结构、深度扩大开放、有效配置资源等方式,促进数字贸易产业实现跨越发展。在政策实施过程中,各级贸易主管部门、官方或民间的贸易中介机构和贸易企业通力合作,充分发挥数字贸易企业潜在能力。中国服务贸易协会(CATIS)在协助商务部、工业和信息化部等政府部门完善数字贸易产业促进政策、建立民间自律协调机制、优化行业发展氛围、促进同业企业交流等方面发挥了中坚主导作用,是服务贸易产业支持政策的重要执行方。

(2)金融类政策。金融类政策的功能主要通过解决数字贸易企业的资金短缺问题,特别是中小数字贸易服务型企业的资金短缺问题,扶持服务贸易主体快速成长。一方面,我国实施人民币并轨和加快推进人民币国际化进程,减少了数字贸易服务型企业的汇兑损失,降低企业汇率风险;另一方面,实施贷款担保、融资支持等优惠资金政策,大大降低了企业运营成本,提高运营质量,进而增强数字服务企业的国际竞争能力,使得更多的中资数字贸易服务型企业在全面开放的国际服务贸易市场上站稳脚跟、迅速发展。

(3)经济环境便利化政策。我国通过为数字贸易由单一发展向多角度、多层次、多领域、多模式的转变搭建平台,提升了数字贸易成交概率,加大了多边、双边服务贸易项目的签订数量。在税收上给予便利和优惠,在信用担保和贷款上提高效率和力度,在信息上牵头搭建数字贸易指南网站,举办国际数字贸易专业展会等政策措施,进一步促成我国数字贸易企业完成项目竞标和业务对接,使国内数字贸易实现更大规模发展。与此同时,国内加大数字贸易开放力度,积极营造充满活力的市场环境,鼓励数字贸易实现"走出去"以及"引进来"双向开放,促进我国加速融入国际数字贸易高端市场。

总之,我国实施有利于服务贸易发展的税制改革、政策支持以及服务优化,与其他改革举措形成合力,有力地推动了数字贸易发展。

专栏 3-2　出口退税新政解析及汇算要点与风险提示

为深入贯彻党中央、国务院决策部署，助力外贸企业缓解困难、促进进出口平稳发展，税务总局等十部门出台 15 项措施进一步加大出口退税支持力度，促进外贸平稳发展。国家税务总局也积极落地各项具体优化完善措施，助力企业纾困，激发出口活力潜力，更优打造外贸营商环境，更好促进外贸平稳发展。

围绕 2022 年出口退税最新政策，从完善出口企业分类管理、优化出口备案单证、完善加工贸易出口退税政策、精简出口退税资料、拓展出口退税提醒服务、简化出口退税办理流程、简便出口退税办理和完善出口退税收汇管理八个方面，详细梳理出口退税新政的要点、变化点及关键点。

信息传输、软件和信息技术服务业门类包括三个行业，分别是电信、广播电视和卫星传输服务；互联网和相关服务；软件和信息技术服务业，其中，享受退税的是软件和信息技术服务业。

汇算要点和风险提示：

一是纳税人行业的确定。以《财政部 税务总局关于进一步加大增值税期末留抵退税政策实施力度的公告》（财政部 税务总局公告 2022 年第 14 号）和《关于扩大全额退还增值税留抵税额政策行业范围的公告》（财政部 税务总局公告 2022 年第 21 号）提到的 13 个行业相应发生的增值税销售额占全部增值税销售额的比重超过 50% 的纳税人确定为纳税人能够办理出口退税。销售额比重根据纳税人申请退税前连续 12 个月的销售额计算确定；申请退税前经营期不满 12 个月但满 3 个月的，按照实际经营期的销售额计算确定。

二是在企业划型时，行业归属确定。纳税人的行业归属，根据《国民经济行业分类》关于以主要经济活动确定行业归属的原则，以上一会计年度从事《国民经济行业分类》对应业务增值税销售额占全部增值税销售额比重最高的行业确定。

三是电商公司需要同时对应境内主体的人民币账户和境外主体的外币账户来开展结算业务，由于电商公司的开户行多是境内银行，即使有对应的境外主体，账户内也多为人民币。当需要向商家付款时，就需要将人民币购买对应币种的外汇，这时候就需要关注汇率。因为如果购入时汇率比较低，能够很好地降低电商公司的资金成本。虽然商品是由境外公司提供，但由于电商公司的主要受众是境内用户，为了降低用户支付成本，所以订单支付时收取的仍是人民币；而在商家结算环节，为了保证商家利益需要结算对应的外币。因此，在订单支付和商家结算时就会有两个汇率，这时候由于汇率差额导致的就是汇兑损益。如果订单支付和商家结算的时间相差较多，可能导致汇率波动很大，从而影响公司收益。减少汇兑损益的方式有很多，比较易用的就是锁汇。

资料来源：出口退税提速 外贸企业活跃度明显增强［EB/OL］.（2022-11-29）. https://finance. sina. com. cn/roll/2022-11-29/doc-imqqsmrp7898847. shtml.

---

2. 我国数字贸易促进政策的改进措施

《中共中央 国务院关于推进贸易高质量发展的指导意见》《国务院办公厅关于推进对

外贸易创新发展的实施意见》《"十四五"服务贸易发展规划》《"十四五"数字经济发展规划》均提出要加快数字贸易发展,以营造数字贸易开放合作生态体系为导向,明确数字贸易发展的总体目标,从完善多元化产业链条、壮大多层次市场主体、打造多要素促进平台、拓展多渠道国际合作、探索多领域规则标准、加强多维度监管治理等方面提出具体举措。我国数字贸易促进政策的改进措施主要集中在以下几方面。

1) 聚焦重点领域,发挥传统优势,着力优化数字贸易发展生态环境

一是各地尽力细化、量化数字贸易平台主体培育目标,建设"单一窗口"数字贸易模式和建立数字贸易智能化统计系统。二是努力营造良好数字贸易政策环境,合力推动数字贸易相关政策落实落地,激发数字产业活力,借力深化服务贸易创新发展试点和服务外包示范建设,持续开展数字贸易制度创新。三是进一步促进贸易外汇收支便利化,构建更加便利的人才跨境流动机制,提高数字贸易便利化水平。四是努力提升数字贸易载体能级,在国际供应链、技术创新、知识产权等领域培育数字贸易公共服务平台,赋能产业发展。

2) 多部门合作推进经济数字化、数字经济化和数字贸易创新发展

一方面,以产业数字化为重要切入点,广泛吸纳网信办、国家发改委、科学技术部、工业和信息化部、国家知识产权局等部门在推进数字经济发展上的工作思路和重点任务,紧抓产业数字化、数字产业化赋能机遇,着力提升外包企业数字化服务能力,加快服务外包与制造业融合发展,鼓励制造企业由生产制造型向生产服务型转变,加速制造业服务化、国际化、数字化、智能化进程,形成数字贸易发展特色。另一方面,完善多元产业链条,推动融合发展。在产业数字化方面,鼓励服务外包企业向"一站式解决方案提供商转型",为制造业企业和传统服务贸易企业提供便捷高效的数字化转型服务。在数字产业化方面,加快推进软件、通信、大数据、人工智能、云计算、区块链、工业互联网等技术的跨境贸易;高水平建设国家数字出口基地、文化出口基地、国家数字出版基地、国家文化大数据区域中心等,推动数字内容服务出口贸易发展。

3) 加强国际合作,构建和完善国内国际双循环的大市场体系

一是各项措施要紧扣数字贸易环节,突出开放共赢和国际合作,强化部门联动,在构建国内国际市场格局、完善市场体系拓展、培育贸易主体、提升贸易便利化水平等方面进行部署。二是释放惠企、强企红利,壮大市场主体。培育一大批数字贸易平台型头部企业,孵化一批数字贸易创新创业项目。三是探索数字贸易出口信用保险新模式,支持重点企业主导或参与数字贸易国际标准、国家标准、地方标准、行业标准等制定和应用,提升企业综合竞争力。四是进一步发挥行业组织作用,提升行业服务能力。加强国际经贸合作,着力推动制度型开放,保障贸易畅通。五是积极对接 RCEP、DEPA、CPTPP 等国际经贸规则,探索建立健全适应数字贸易需求的贸易促进体系、标准体系,组建数字贸易专家智库,针对重点国家和重点行业,探索数据跨境流动分类分级管理和评估体系等制度创新。六是借力中国国际服务贸易交易会、中国国际进口博览会等国家级展会平台,开展"智惠全球""数贸全球"系列贸易促进活动,创新经贸促进模式数字化转型,强化供需对接,助力企业多元化、开拓国际市场。

4) 积极打造数字贸易出口示范区和跨境电商综合试验区

一是遴选试点成效显著的地区,升级建设国家服务贸易创新发展示范区,大力发展数

字贸易,打造数字贸易示范区,促进科技、制度双创新。二是推进特色服务出口基地提质、升级、扩围,完善基地管理制度和促进体系建设,落实支持基地发展的各项政策措施。三是规划建设好跨境电商综试区,推动出台全国版跨境服务贸易负面清单。四是持续推进服务贸易创新发展试点各项政策举措落地见效,总结和推广更多制度创新成果。

专栏 3-3　促进数字贸易发展,打造数字贸易示范区,税收支持不可或缺

服务贸易是国际贸易的重要组成部分,也是一国开放程度和开放水平的重要标志,在我国构建新发展格局、实现更高水平开放和建设贸易强国等方面发挥着越来越重要的作用。

1. 我国服务贸易快速发展

自 2012 年以来,每年召开的中国国际服务贸易交易会见证了我国服务贸易快速发展的事实。2012—2021 年,我国服务贸易进出口保持快速增长势头,年均增速为6.1%,高出全球增速 3.1 个百分点,连续 8 年排名全球第二。2021 年,增速更是达到16.1%,创历史新高,服务出口的世界排名由第四位上升至第三位。

以数字化、智能化、绿色化为特征的知识密集型服务贸易成为我国经济发展的新动能。2012—2021 年,我国知识密集型服务进出口占比从 33.6% 提高至 43.9%,年均增速达到 9.3%,高出全部服务贸易增速 2.3%。其中,个人文化和娱乐服务、电信计算机和信息服务、知识产权使用费、金融服务分别增长 5.8 倍、3.2 倍、2.1 倍和 1.6 倍。《数字贸易发展与合作报告 2022》显示,我国数字贸易发展迅速,2021 年我国数字服务进出口总值达 3 596.9 亿美元,同比增长 22.3%,占服务进出口比重达 43.2%;数字服务贸易国际竞争力进一步增强,2021 年数字服务净出口规模达 300 亿美元,同比增长 103.2%。同时,服务贸易的绿色低碳特征逐步显现,绿色贸易逐渐成为我国服务贸易新的增长点。

2. 促进服务贸易发展,改革现有税收制度

1) 税收支持不可或缺

为了促进服务贸易发展,我国实施了一系列改革措施,从制度层面持续发力,提升"中国服务"在全球价值链中的地位。在诸多改革与政策中,税收支持不可或缺,效果可圈可点。2016 年财政部、国家税务总局发布的《财政部 税务总局关于全面推开营业税改征增值税试点的通知》(财税〔2016〕36 号)附件 1《营业税改征增值税试点实施办法》中明确规定:"境内单位和个人发生的跨境应税行为,税率为零。"附件 4《跨境应税行为适用增值税零税率和免税政策的规定》对跨境服务增值税的免税和退税政策进行了详细规定。出口服务的增值税免税、退税制度确保我国跨境服务以不含流转税的价格参与国际市场竞争,提升了出口服务的国际竞争力。

在海南自由贸易港(以下简称"海南自贸港")实施一系列税收扶持政策,探索建立与国际接轨的流转税制度。对注册在海南自贸港并实质性运营的鼓励类产业企业,减按 15% 的税率征收企业所得税;对在海南自贸港工作的高端人才和紧缺人才,其个人所得税实际税负超过 15% 的部分,予以免征;对正面清单原辅料商品实行"零关税",对在岛内离岛免税店购买的商品免征增值税和消费税。2021 年海南实现服务进出口 287.79 亿元人民币,同比增长 55.54%,全年离岛免税店总销售额 601.7 亿元,同比增长 84%。

2）实施企业所得税优惠，提升服务贸易质量，优化贸易结构

2018 年，我国将服务贸易创新发展试点地区技术先进型服务企业所得税政策推广至全国，即对经认定的技术先进型服务企业（服务贸易类），减按 15% 的税率征收企业所得税。同时，对中国（北京）自由贸易试验区内辖的中关村国家自主创新示范区，以及上海浦东新区特定区域内的公司型创业投资企业试行企业所得税优惠政策，即对示范区内公司型创业投资企业，转让持有 3 年以上股权的所得占年度股权转让所得总额的比例超过 50% 的，按照年末个人股东持股比例减半征收当年企业所得税；转让持有 5 年以上股权的所得占年度股权转让所得总额的比例超过 50% 的，按照年末个人股东持股比例免征当年企业所得税。该项政策鼓励创业投资企业进行长期投资，助推了服务业的创新能力，使得科技创新生态链条进一步优化。

3）优化跨境服务纳税服务，提升纳税服务便捷度和效率

促进服务贸易发展，应进一步优化现行税收政策，以税收促进服务贸易发展。借鉴国际做法，进一步优化我国跨境服务增值税政策。为确保增值税与国际贸易的"中性"，理论和实践中均坚持增值税的消费地征税原则。对于货物贸易而言，消费地原则的体现是货物出口退税同时进口征税，以确保货物在且仅在一个国家征税。但服务贸易既包括服务本身的跨境（如国际运输），也包括消费者、提供者的跨境（如国际游客在境内现场消费服务），从而使得跨境服务的消费地征税原则的实施面临挑战。为此，经济合作与发展组织 2017 年公布的《国际增值税/货物劳务税服务指南》专门讨论了"服务与无形资产跨境交易征税地的确定"，强调增值税的首要目的是对最终消费征税，并据此提出了 B2B 和 B2C 的征税原则，即对 B2B 的服务出口适用零税率政策，对 B2C 非现场消费服务，由消费者习惯居住地享有征税权，而现场服务则由服务提供地征税。这意味着，B2B 和 B2C 的非现场服务应适用出口退税（即零税率）政策，而 B2C 的现场消费服务则不应退税。比照此征税原则，我国应适时扩大增值税零税率政策范围，即扩大至邮政服务、金融服务等所有跨境提供服务模式下的 B2B 服务出口。同时，审慎地对 B2C 现场消费服务适用零税率或免税政策。确保一方面促进我国生产性服务贸易发展，另一方面维护我国税收管辖权不受侵害。

在适当时机，逐步推广试点地区税收扶持政策。

据中央广播电视总台经济之声《天下财经》报道，我国服务贸易发展将迎来多重政策利好。商务部 2022 年 2 月 10 日表示，今年将大力发展数字贸易，打造数字贸易示范区，促进服务贸易更高水平对外开放。2021 年商务部发布的《"十四五"服务贸易发展规划》为数字贸易示范区的建设指出了明确路径：依托国家数字服务出口基地，打造数字贸易示范区。在数字服务市场准入、国际规制对接、跨境数据流动、数据规范化采集和分级分类监管等方面先行先试，开展压力测试，培育科技、制度双创新的数字贸易集聚区。北京等多地也都提出了打造"数字贸易示范区"的目标。在 2022 年 2 月 10 日举行的商务部新闻发布会上，商务部新闻发言人高峰介绍了多项推动服务贸易举措。

数字贸易示范区将是国家数字服务出口基地的"升级版"，未来，数字贸易示范区无论是地域范围，还是政策举措力度，都应该超越数字服务出口基地。示范区应当在数字

贸易领域的改革、开放方面作出示范；在数字贸易新业态、新领域发展方面作出示范；在培育数字贸易市场主体,尤其在推进数字企业出海方面也要作出示范。当前,数字贸易快速发展,成为国际贸易和经济增长的新引擎。

资料来源:

1. 服务贸易发展迎多重政策利好 商务部提出打造数字贸易示范区[EB/OL].(2022-02-11). https://www.sohu.com/a/521998868_362042.

2. 促进服务贸易发展 税收支持不可或缺[EB/OL].(2022-09-08).https://www.sohu.com/a/583426535_120563088.

3.3　数字贸易治理

世界贸易组织《货物贸易总协定》、《服务贸易总协定》和《与贸易有关的投资措施协议》(TRIMs)是与传统货物贸易、服务贸易的治理相匹配的,21世纪全球数字经济迅速发展,国际贸易也从传统货物贸易、服务贸易阶段进化到数字贸易阶段,但与之匹配的全球数字贸易发展所必需的多边数字贸易治理框架尚未形成。在以 USMCA、CPTPP、DEPA、RCEP 为代表的区域贸易协定中,其关于数字贸易的规定正在成为新一轮各国(地区)数字贸易规则谈判和全球数字经济与贸易治理的重要载体。

本节讨论世界数字贸易治理现状、主要经济体的数字贸易治理模式等内容。

3.3.1　数字贸易发展新特征与世界数字贸易治理现状

1. 数字贸易发展新特征

21世纪全球数字经济与贸易不断创新发展,与数字贸易治理有关的政策呈现新特征,也对全球数字治理模式提出新要求,以减少对立和冲突,推进数字贸易自由化发展。

数字经济与贸易呈现以下主要发展新特征。

一是全球数字经济与贸易在迅速发展过程中初步形成以美国领先和中国、美国、欧盟三方竞争的格局。中新社报道,据测算2019年47个经济体数字经济规模达到31.8万亿美元,排名前五的国家数字经济规模占47个经济体数字经济总量的78.1%;中国数字经济占GDP比重为36.2%[①],发展水平相对落后,而德国、英国、美国数字发展水平较高,占比分别为63.4%、62.3%、61%。在总量方面,全球数字经济规模持续扩张。各主要国家加快发展半导体、人工智能、数字基础设施、电子商务、电子政务等,全球数字经济迎来新一轮发展热潮。2022年,测算的51个国家数字经济增加值规模为41.4万亿美元,同比名义增长7.4%,占GDP比重的46.1%。产业数字化持续成为数字经济发展的主引擎,占数字经济比重的85.3%,其中,第一、二、三产业数字经济占行业增加值比重分别为

---

① 2019年全球数字经济规模排名:美国第一,中国第二[EB/OL].(2020-10-14).https://m.sohu.com/a/424671530_123753.

9.1%、24.7%和45.7%,第三产业数字化转型最为活跃,第二产业数字化转型持续发力。[1] 中国信息通信研究院发布的《中国数字经济发展白皮书》显示,2020年美国、中国数字经济规模分别达到13.6万亿美元、5.4万亿美元,德国、日本数字经济规模均超过2万亿美元,且除了中国和印度外,数字经济规模排在前10名的国家均为发达国家。[2] 根据联合国贸易与发展会议2021年报告资料,全球总量50%的超大规模数据中心、2016—2020年全球人工智能初创企业融资总额的94%、全球顶尖人工智能研究人员的70%都集中于美、中两国,而在全球最大数字平台市值中美国约占68%、中国约占22%。[3] 作为数字经济的重要组成部分,经济数字化的发展不仅深刻影响国际贸易方式,也对新一轮国际经济与贸易规则重构和国际格局重塑产生深刻影响。

二是全球数字贸易持续增长,且在全球数字贸易格局中发达国家(地区)依然占据主导地位。UNCTAD(2021)统计资料显示,2020年以数字支付服务(digitally-deliverable services)贸易为测度的全球数字贸易出口总额达到3.17万亿美元,2005—2020年年均增长6.68%;以七国集团(G7)为代表的发达国家占全球数字贸易出口总额的比例2005—2020年从53.61%缓慢下降至43.91%,同期发展中国家从14.86%缓慢上升至23.08%。在全球主要经济体中,美国占全球数字贸易出口总额的比例一直维持在16.4%~18.1%区间,欧盟的这一比例先是由2005年的54.63%下降至2012年的36.76%,随后又恢复至2020年的48.05%,而中国这一比例则由2005年的1.44%持续上升至2020年的4.87%,但远低于2020年中国在全球货物贸易出口中所占14.7%的比例。[4] 全球数字贸易持续增长对全球贸易模式、贸易结构产生极大影响,深刻改变国际产业分工和全球贸易格局。

三是全球数字产业化和产业数字化加速发展,数字赋能推动全球贸易深刻变革。根据 UNCTAD(2021)统计资料,2020年全球的数字支付服务贸易占全球的服务贸易出口总额的比例已由2005年的44.73%上升至2020年的63.55%,而G7这一比例由2005年的53.5%上升至2020年的71.79%,发展中国家(含中国)这一比例也从2005年的28.82%上升至2020年的51.99%。在世界主要经济体中,中国、美国和欧盟的数字支付服务贸易出口占该经济体服务贸易出口总额的比例则从2005年的22.11%、53.35%和50.26%分别上升至2020年的55.01%、75.55%和67.27%。[5] 全球数字支付服务贸易的迅速增长,正在推动数字贸易模式深刻变革。

四是数字壁垒和数字鸿沟相互强化,正在成为阻碍全球数字经济与贸易包容、均衡、

① 全球数字经济白皮书(2023年)发布[EB/OL].(2024-01-17). https://www.360kuai.com/pc/91f38c5c0322427eb? cota=3&kuai_so=1&sign=360_57c3bbd1&refer_scene=so_1.

② 中国数字经济发展白皮书[EB/OL].[2021-04-24]. http://www.caict.ac.cn/kxyj/qwfb/bps/202104/P020210424737615413306.pdf.

③ 王恩东:把握"时"与"势"以计算产业升级促数字经济发展[EB/OL].(2022-08-02)https://www.sohu.com/a/573690505_162522.

④ UNCTAD_2021年贸易政策主要统计数据和趋势_报告[EB/OL].(2022-03-11). https://max.book118.com/html/2022/0319/7010131050004103.shtm.

⑤ UNCTAD_2021年贸易政策主要统计数据和趋势_报告[EB/OL].(2022-03-11). https://max.book118.com/html/2022/0319/7010131050004103.shtm.

持续发展的主要因素。2020年,经济合作与发展组织发布的"数字服务贸易限制指数"(DSTRI)显示,发达国家在基础设施和联通性、电子交易、支付体系、知识产权等方面的限制指数要明显低于发展中国家,而欧洲国际政治经济研究中心(ECIPE)2018年发布的"数字贸易限制指数"(DTRI)也显示,发达国家在市场准入、商业存在、数据限制、贸易限制四个领域的数字贸易限制指数明显低于发展中国家。发展中国家的数字壁垒和数字经济与贸易的落后水平,成为数字贸易自由化发展的障碍。

五是发达经济体依然引领和主导着全球数字规则的制定。发达经济体之间以及发达经济体与发展中经济体在跨境数据自由流动、计算设施位置(数据本地化要求)、源代码和算法保护、交互式计算机服务、数字产品的非歧视待遇、数字税、严格的知识产权等美式数字贸易规则核心条款方面的分歧,不仅会对全球数字贸易的持续发展产生巨大影响,而且对正在进行的世界贸易组织的电子商务谈判和统一的全球数字治理框架形成产生深刻影响。

2. 世界数字贸易治理的现状

作为多边贸易体制基石的世界贸易组织在推动电子商务自由化、构建全球数字贸易治理框架等方面进行了诸多努力尝试,早在1998年5月WTO第二次部长级会议上,132个WTO成员签署《关于电子商务的宣言》,一致同意对电子传输暂时免于征收关税,同年成立电子商务工作组,在国际贸易领域较早建立了电子商务工作机制。但是,作为WTO成员的美国、欧盟、中国、日本等主要电子商务大国(地区)对于电子商务议题的分歧太大,因此,WTO并未就全球电子商务治理达成专门的多边协定,而主要依靠WTO框架内《服务贸易总协定》《信息技术协定》《与贸易有关的知识产权协定》等对电子商务领域相关议题进行协调。

为了解决不断增加的区域性贸易协定导致全球数字贸易规则条款碎片化或部分缺失而阻碍数字贸易发展的问题,在2017年第11次WTO部长级会议上,其中WTO的71个成员发布了《关于电子商务的联合声明》,强调延长电子商务关税禁令,并将电子商务谈判纳入WTO工作议程。2019年1月,包括中国在内的76个WTO成员在达沃斯非正式部长级会议上签署上述《关于电子商务的联合声明》,对外发出了明确信号,"多数WTO成员都坚持多边主义,致力于维护以规则为基础、以WTO为核心的多边贸易体制,希望多边贸易体制继续为促进国际贸易增长、推动世界经济贸易发展发挥积极作用"。

在WTO第12次部长会议召开之前,作为商务谈判共同召集人(co-convenors of the negotiations on e-commerce)的澳大利亚、日本和新加坡三个成员方在总结电子商务谈判取得的成果时,发现谈判参与各方就垃圾邮件、电子签名和认证、电子合同、在线消费者保护和公开政府数据等均属于数字贸易自由化的浅化目标已经达成初步共识,但对于涉及透明度、跨境数据流动、源代码保护和本地化要求等问题的争议较大而进行暂时搁置。

总体而言,虽然世界贸易组织工作组在数字贸易便利化、数字技术关税等谈判推动方面发挥一定的引领作用,但是,由于WTO成员之间在数字基础设施、数字技术发展水平上的差异以及各国(地区)对于数字产业发展规划和数字治理方面诉求不同,WTO成员各方只在数字贸易自由化浅化层次取得一定成效,而在WTO框架下难以达成一个多边的、广泛适用的数字贸易治理的深层次自由化规范的统一框架。

针对世界数字贸易迅速发展的趋势,虽然困难但仍亟须构建系统、公平、有效的全球数字贸易治理框架。

3.3.2　区域性数字贸易治理模式

鉴于当前以 WTO 为框架的电子商务规则无法协调众多成员在数字贸易上的不同诉求和无法满足数字经济与贸易迅猛发展对统一治理规则的要求,目前世界数字经济与贸易治理总体上呈现出不断深化的、以区域性自由贸易协定为主要发展趋势的治理模式。

1. 全球主要区域性数字贸易治理模式与数字贸易治理背后的规则之争

当前,世界上主要有美国、欧盟、中国三种具有代表性的区域性数字贸易治理模式,形成三足鼎立的数字贸易治理规则的竞争态势。

1) 美国数字贸易治理模式及向世界范围的拓展与输出

(1) 美国数字贸易治理模式。美国是 OECD 国家中唯一实施市场驱动数字战略的国家,但却缺乏对数字经济与贸易大一统的顶层战略。在国家安全战略报告中,包括在与其盟友合作和为人工智能及区块链等新兴数字技术制定国际规则之时,美国都倡导数字优先战略。然而,数字贸易问题与国家安全、知识产权保护、劳动就业等问题相互交叉,使得数字贸易治理问题较为复杂,美国因此采用分部门治理模式。美国贸易代表办公室的工作内容之一就是通过贸易谈判为识别和消除相关贸易壁垒提供指导原则,而美国商务部负责执行数字贸易促进政策、帮助美国企业处理数字监管问题、解决关键市场中电子商务出口的贸易壁垒问题等。

"美式模板"数字贸易治理模式的核心主张有"跨境数据自由流动""数据存储设备以及数字技术非强制本地化""源代码保护""知识产权保护"等内容,以此推动全球数字贸易自由化,为美国国内大型信息通信技术公司开拓国际市场和巩固其在数字贸易领域的比较优势奠定坚实基础。美国数字贸易规则基本框架包括《数字贸易法案》(2013)和《数字贸易十二条》(2013),2016 年又扩展至跨境数据传输、版权保护、规则和标准的制定及透明度规则等领域。

在数字贸易治理方面,美国目前没有综合性的针对网络数字隐私的联邦法律规定,只存在于其他一系列联邦法和部分州消费者保护法之中,目的在于保护个人信息不被政府所获取,具体包括:一是《美国隐私法》(1974)禁止政府机构持有个人信息,并确认个人有权获得、复制、修正政府所有的个人信息;二是《澄清域外合法使用数据法》(以下简称《云法案》,2018)允许美国执法机构有权获取美国管辖之下的机构数据,即使这些数据在美国境外,包括非美国公民数据;三是《健康保险流通与责任法案》(1996)、《儿童在线隐私保护法》(2000)、《金融服务现代化法案》(1999)等法律保护特定类别(如健康信息、12 岁以下儿童信息、与服务商进行的非公开金融交易数据)的个人数据。

美国不少州有意出台类似欧盟《通用数据保护条例》的消费者数据隐私保护法。美国关于网络服务提供商(ISP)责任的主要法律依据是《通信规范法》(*Communication Decency Act*,CDA,1996),其中,第 230 节内容规定了限制网络公司对用户生成内容的责任,为数字平台公司提供了一揽子免责权利。在执行层面,《千年数据版权法》(*Digital Millennium Copyright Act*,1998)确立"告知即下架"(notice and take down)的免责模式,但在实际操作中,美国只重视对违反版权的指控。

美国国会强调以世界贸易组织核心原则维护本国利益,主张网络开放、数据自由流动和对数字贸易免征关税。1998 年,在美国主导下,WTO 通过《全球电子商务宣言》(Declaration on Global Electronic Commerce),成员达成了"暂停征收电子商务关税"的一致意见,其成为全球数字贸易的核心原则。

2015 年,美国国会通过《贸易促进授权法案》(*Trade Promotion Authority*,TPA)设定数字贸易谈判目标,包括:确保现有 WTO 承诺适用于数字贸易场景,并确保不低于实物贸易的优惠待遇;禁止对数字贸易和数据流动实施强制性的本地化要求和限制;维护电子传输免税政策;确保相关法律法规对贸易形成尽可能少的限制,其谈判目标中有关知识产权保护内容也涉及数字贸易。

(2) 美式数字贸易治理模式在全球数字治理体系中的拓展输出。

在早期数字贸易规则制定中,美国多年独领风骚。

近年来,美国参与并主导的多个双边和多边自由贸易协定都是跨境数字贸易规则的实践平台和风向标。2020 年 7 月生效的 USMCA 替代 1994 年《北美自由贸易协定》(NAFTA),是美国第一个在数字贸易方面作出广泛承诺的自由贸易协定,涵盖数字贸易的特定义务,包括:数字贸易关税禁止和非歧视性待遇,数字贸易便利化,禁止对跨境数据传输采取限制性措施及数据本地化要求,在线消费者保护和个人信息保护法律框架,禁止以披露源代码、技术转移、密码技术披露为前提的市场准入要求,禁止计算机服务交互附加义务,加强网络安全监管合作,建立争端解决机制等;鼓励双方就数据隐私和安全、互操作性、私人部门和中小企业自律等加强合作。2019 年签署并在 2021 年生效的《美日数字贸易协定》被认为是就数字贸易壁垒达成的"最全面和最高标准的贸易协议",除个人隐私保护、密码技术、争端处理等部分内容,该协定中的承诺与 USMCA 基本一致,都确认了网络可获得性对数字贸易的重要性,消除大多数跨境数据流动的限制,强调数字产品的非歧视性待遇,包括反对数据本地化等措施。

美国积极向全球拓展其数字贸易规则,主要在于:一方面,美国政府担心欧盟的数字贸易规则可能成为实质上的全球标准,美国不能继续引领国际数字贸易规则的制定;另一方面,美国智库和学界呼吁重视中国"数字主权"规则影响全球数字经济格局,呼吁美国继续引领全球数字主权和数据隐私规则,通过联邦立法和强力执法来管理商业数据的收集、保存和分享,建立不同交易风险的精准评估机制。

在美国政府强势推动下,目前美国参与制定的数字贸易规则具有了很强国际影响力,对亚太地区如澳大利亚、新西兰和日本等经济体主导的区域性贸易协定产生了映射效应。

美式数字贸易治理模式不断扩展和深化其在全球数字治理中的地位,强化美国对数据的长臂管理权限,主要体现在以下几方面。

一是美国通过国内法的国际化,不断强化其国内规则在区域和多边贸易协定中的扩展、渗透。

二是在积极推动跨境数据自由流动的同时,美国通过数据"长臂管辖权"不断扩大和强化对境外数据的长臂管辖范围与管辖强度。一方面,在区域贸易协定及数字贸易协定中,美国通过"计算设施位置"条款禁止数据本地化要求,另一方面,美国又通过《云法案》

赋予政府针对境外数据的长臂管辖权。

三是在美国对外签署的区域贸易协定中不断引入新条款,以扩大美式数字贸易规则的适用范围和强化美式数字贸易条款的标准性和约束性。以源代码保护条款为例,美国在 USMCA 和 UJDTA 中将禁止源代码转让的适用范围由 TPP 和 CPTPP 的"大众市场软件或含有该软件的产品"扩大至"关键基础设施软件"。除了源代码保护条款外,美国在 USMCA 中还将"数字产品的非歧视待遇"扩展至广播服务产品。

四是以 TPP(CPTPP)、UJDTA 为载体不断加大美式数字贸易规则在亚太地区的渗透力度。TPP 是首个将源代码保护、计算机中的商业秘密等条款引入的区域贸易协定,而 CPTPP 接受此类条款,其数字规则适应范围较广,仅次于目前的 USMCA。

在亚太地区除了美国签署的自由贸易协定外,澳大利亚、新西兰、新加坡、日本、秘鲁和智利等 CPTPP 成员对外签署的自由贸易协定与 USMCA 的数字贸易条款相似度明显高于其他自由贸易协定。在其他贸易协定中,RCEP 和 DEPA 与 USMCA 的数字贸易条款相似度虽然没有 CPTPP 那么高,但 RCEP 和 DEPA 也引入了 USMCA 的"计算设施位置"条款,DEPA 还引入了"数字产品的非歧视待遇""公开政府数据"等美式数字贸易核心条款,这一经验事实印证了美式数字贸易规则在亚太地区的强有力的渗透性。①

2) 欧盟数字贸易治理模式特征

以欧盟为代表的"欧式模板",其数字贸易治理模式突出特征是以人权至上为考量,更加关注隐私保护和平台责任,其核心主张是个人信息保护、视听产品例外、知识产权保护和消费者保护,相继出台《数字贸易战略》《欧盟隐私法》《数字单一市场战略》《通用数据保护条例》《非个人数据保护条例》和《数据法案》草案等,以反映其数字贸易治理立场。与美国针锋相对的是,欧盟在强调计算设施和数据本地化要求的同时,更加注重个人信息(隐私)、知识产权和消费者保护,强调文化例外原则的应用,力图在跨境数据流动和隐私保护中寻求平衡。

欧盟原则上也禁止源代码的披露与转让,但是,在 WTO 电子商务谈判的提案中,欧盟暂未涉及算法的披露与转让问题。在区域贸易协定和 WTO 电子商务谈判提案中,欧盟也暂未涉及数字税或类似条款。欧盟委员会表示,将视 OECD 数字税谈判结果决定是否重启欧盟区域内统一的数字税法案;法国、意大利、西班牙等几个已经出台数字税法案的欧盟成员也于 2021 年 10 月宣布,在 OECD 数字税法案生效后,将取消征收数字服务税。近年来,欧盟委员会密集制定数字贸易有关法案,2020 年出台了《数字市场法》《数字服务法》,2022 年 4 月欧洲议会通过了《数据治理法》,欧盟在数字经济贸易规制上紧锣密鼓的动作,充分说明其力图掌握数字治理规则谈判的主动权的决心。

3) 中国数字贸易治理模式

以中国为代表的"中式模板"的数字贸易治理模式,强调数字主权和国家安全至上,基于国家安全与贸易便利化视角,主张实施"无纸化贸易""计算设施本地化""数据存储本地化"等政策。目前"中式模板"主要体现在我国国内对于数字贸易的各项法律法规之中,在区域贸易协定中,《区域全面经济伙伴关系协定》也在一定程度上反映了我国数字贸易规

① 刘斌,甄洋.数字贸易规则与研发要素跨境流动[J].中国工业经济,2022(7):65-83.

则的立场。

在中国已签署的区域贸易协定中,除了 RCEP 对计算设施位置作出一定承诺外,其他区域贸易协定还未就数据本地化要求作出具体承诺。在 WTO 电子商务谈判中,中国也一直主张跨境数据流动应以安全为前提,而在国内法[如《中华人民共和国网络安全法》(以下简称《网络安全法》)]层面,中国目前对跨境数据流动有着非常明确的限制规定,对个人信息、重要数据的本地存储和出境评估也有严格要求的具体规定。

在中国已签署的 20 来个 FTA 和区域贸易协定中,还没有协定对源代码和算法的披露作出任何承诺。例如,在中国向 WTO 电子商务谈判的提案中,也未涉及源代码和算法;在中国已经提出加入申请的区域贸易协定中,CPTPP 对源代码保护作出了具体承诺,而 DEPA 对源代码和算法保护均未作出具体承诺。与欧盟类似,在区域贸易协定和 WTO 电子商务谈判提案中,中国也未涉及数字税问题。

中国已签署区域贸易协定与 DEPA、CPTPP、USMCA 等世界主要区域性 FTA 的数字规则之间存在差异,主要表现在以下几方面。

其一,DEPA 数字贸易规则适用范围明显大于中国已签署的 FTA 之适用范围。与 DEPA 相比,目前中国已签署的自由贸易协定均未就 DEPA 中"数字产品的非歧视待遇(最惠国待遇、国民待遇)、电子支付、电子发票(electronic invoicing)、使用密码的信息和通信技术产品、接入和使用互联网的原则、数字身份、金融科技合作、人工智能、数据创新(数据沙盒)和公开政府数据"等条款作出具体承诺。

除了上述未涵盖议题外,中国加入 DEPA 并要与之实现有效对接,还需在 RCEP 的基础上对下列议题条款作出更高水平的承诺:一是将 RCEP 电子传输免征关税的"临时性义务"改为 DEPA 的"永久性义务";二是在跨境数据自由流动和计算设施位置(数据本地化要求)条款中剔除 RCEP"基本安全"例外的要求和加大对 RCEP"公共政策目标"例外的限制,并将 RCEP"以电子方式进行的跨境信息传输"扩展至"个人信息"方面;三是对 RCEP 线上消费者保护、个人信息保护(数据保护信任标志)、中小企业合作等条款做进一步的深化和细化,明确各规则的适用范围。①

其二,CPTPP 数字规则的标准和约束性要高于中国已签署 FTA。就具体规则而言,目前中国已签署的自由贸易协定均未涉及 CPTPP 中"数字产品的非歧视待遇、源代码保护、数字平台免责"等核心条款。中国要加入 CPTPP 需要在以下规则、议题方面做出零的突破:一是在保留"补贴和补助"例外和"广播"例外条款的前提下,接受 CPTPP"数字产品的非歧视待遇"条款;二是在保证公共安全、保留"关键基础设施软件"例外的前提下,接受"源代码保护"条款;三是在满足"通知—删除"前提下,接受"网络中介责任豁免"条款。

除此之外,加入 CPTPP,中国还需要在"跨境数据自由流动"等数字贸易核心关键条款方面作出高于 RCEP 水平的承诺:一是将跨境数据自由流动的规则适用范围扩大至"个人信息";二是剔除 RCEP"基本安全利益"例外条款;三是大幅压缩、严格限制 RCEP"公共政策"例外条款,赋予缔约方在跨境数据流动上的自主权和国内政策空间。

---

① 赵龙跃,高红伟.中国与全球数字贸易治理:基于加入 DEPA 的机遇与挑战[J].太平洋学报,2022(2):13-25.

其三,中国已签署的含有数字贸易条款 FTA 与以 USMCA 为代表的"美式数字贸易模版"存在较大差异。以 RCEP 为例,首先,在规则广度方面,RCEP 中的数字规则适用范围要明显小于 USMCA,RCEP 未涵盖 USMCA 数字产品的非歧视待遇、数字贸易访问和使用互联网的原则、禁止源代码和算法披露、交互式计算机服务、公开政府数据、数字平台免责等条款。在规则深度方面,RCEP 的约束性、条款的可预测性和可执行性要明显低于USMCA。虽然 RCEP 也引入了跨境数据自由流动、计算设施位置(数据存储非强制本地化)条款,但与 USMCA 相比,RCEP 的"基本安全"例外、"公共政策目标"例外、"监管例外"等例外条款在赋予缔约方更多数据流动管制空间、监管自主空间的同时,也降低了协定的承诺水平和规则深度。①

2. 中国参与全球数字治理规则制定的建议

1) 以高水平的区域贸易协定为载体,积极参与全球数字贸易规则的制定

一是在美国主导的《印太经济框架》(IPEF)成型之前,在提出申请加入 DEPA、CPTPP 后,积极启动 DEPA、CPTPP 谈判进程,尽快完成大规模高标准的自由贸易区战略布局;二是对已签署的尤其是未含有数字贸易条款、电子商务(数字贸易)章节的自由贸易协定进行升级与更新;三是对数字产品的非歧视待遇、源代码和算法保护等未涵盖议题、跨境数据自由流动和数据本地化要求等敏感议题及人工智能、金融科技等新兴技术的规则适用问题作出统一考虑、整体设计,进一步提高中国对外签署的区域贸易协定中数字规则的广度、深度和条款的可预测性与可执行性。

2) 以高标准制定和公开中国的数字贸易规则模板

一是借鉴美国经验,充分运用例外条款、例外弹性条款确保国家安全所必需的国内政策空间;二是借鉴欧盟经验,以个人信息保护、文化例外等为由适度限制跨境数据自由流动或允许计算设施本地化设置;三是参考 DEPA 的模块化方式,在适当保留知识产权例外、补贴或赠款例外、广播例外条款的基础上,在今后签订区域贸易协定或原有自由贸易协定升级版中引入数字产品的非歧视待遇条款。

3) 对数字贸易规则进行压力测试以检验其兼容性

以开放高地为基础进行数字贸易规则压力测试,尤其是在跨境数据流动这一敏感领域,有效提高国内规则与国际规则的兼容性。其具体做法如下:一是以国家级自由贸易试验区(自由贸易港)为平台加快跨境数据分层、分类、分级管理试点,即机密数据禁止流动、重要数据有限制流动、一般个人信息和商业活动中产生的数据允许跨境自由流动;二是在分层、分类、分级管理试点的基础上,尽快在国家层面制定出台更加精细化的数据分类标准和安全评估措施;三是对标 CPTPP、DEPA 及时调整完善我国《网络安全法》《数据安全法》《中华人民共和国个人信息保护法》(以下简称《个人信息保护法》),在确保跨境数据流动监管要求一致性的同时,提高我国国内规则与国际标准的兼容性和可操作性;四是借鉴欧盟经验考虑与部分国家建立"白名单"制度,有效提高跨境数据流动的互操作性;五是加快完善相关反制法律工具,有效应对美国数据"长臂管辖权"在跨境数据流动、全球数字治理领域中的延伸和滥用。

---

① 赵龙跃.统筹国际国内规则:中国参与全球经济治理 70 年[J].太平洋学报,2019(10):47-62.

4）以真正的多边主义应对美国偏向性的多边主义

为充分发挥中国数字贸易规模化、市场化的优势，在 WTO、G20 框架下继续坚持、维护中国和发展中经济体在全球数字治理中的立场和权益；正确认识、妥善处理中美、中欧、发达经济体与发展中经济体在跨境数据自由流动、禁止源代码和算法披露等发达经济体利益集中领域上的分歧，共同推动 WTO 电子商务谈判早日达成共识，形成更加开放包容、公平公正的多边框架；在 RCEP 合作的基础上继续维护 APEC 自主自愿原则，妥善处理 APEC 成员在《跨境隐私规则机制》(CBPR)等方面的分歧，谨防美欧日欲借 CBPR、欧盟《通用数据保护条例》和 CBPR 与 GDPR 的互操作机制排斥中国参与全球数字规则制定的战略意图；继续以"数字丝绸之路"凝聚中国与沿线相关国家尤其是发展中国家在全球数字治理领域中的规则共识。

专栏 3-4　跨境电商发展态势、品牌出海与知识产权保护

2022 年，我国跨境电商逆势增长、发展迅速。海关数据显示，2022 年我国跨境电商进出口(含 B2B)2.11 万亿元，同比增长 9.8%。其中，出口 1.55 万亿元，同比增长 11.7%；进口 0.56 万亿元，同比增长 4.9%。据天津市商务局透露，2022 年，天津市深入推进中国(天津)跨境电子商务综试区建设，并取得了积极成效，全市实现跨境电商进出口额超过 150 亿元，同比增长超过 5%，其中出口超过 110 亿元，同比增长超过 15%，为天津市稳住外贸基本盘作出积极贡献。

跨境电商的稳步发展离不开国家政策支持和各方探索。目前，我国跨境电商综试区已扩至 165 个，覆盖 31 个省份，包括支持海外仓优化市场布局、优化跨境电商出口海外仓监管模式备案、推广跨境电商零售进口退货中心仓、B2B 出口监管模式等举措不断出台，为跨境电商发展创造了良好条件。

此外，跨境电商平台、相关服务商也纷纷推出新服务、新模式，进一步降低企业出海门槛。如近年来兴起的"托管服务"，让商家可以专注研发和供货，复杂的物流、运营、售后等环节都可以交给平台来做。目前国内主流跨境电商平台"出海四小龙"中，全球速卖通、Temu、SHEIN 均推出了类似服务。

在行业总体快速增长的同时，也有外贸企业在发展跨境电商业务中遇到困难，如退换货成本高、物流周期长、缺乏专业人才、开辟市场难度大等。瞄准外贸企业关心的热点问题，相关部门加大了部署力度。2023 年 1 月 28 日召开的国务院常务会议提出，促进跨境电商、海外仓等进一步发展。随后，财政部、海关总署、税务总局相关部门出台支持政策，于 2023 年 1 月 30 日联合发布《财政部 海关总署 税务总局关于跨境电子商务出口退运商品税收政策的公告》，降低跨境电商企业出口退运成本。公告规定，对自公告印发之日起 1 年内，在跨境电子商务海关监管代码(1210、9610、9710、9810)项下申报出口，且自出口之日起 6 个月内因滞销、退货原因原状退运进境的商品(不含食品)，免征进口关税和进口环节增值税、消费税；出口时已征收的出口关税准予退还；出口时已征收的增值税、消费税，参照内销货物发生退货有关税收规定执行。已办理的出口退税按现行规定补缴。

据悉,自 2022 年 2 月 10 日起,跨境电商零售进口商品条码应用在江苏 15 个口岸的 24 个现场全面推广实施,不仅可以提升通关效率,还能在入库理货环节大大提高商品识别准确度与商品分类识别效率,有效降低库存成本。截至 2022 年底,江西省已成功备案了 13 个(9810 模式)出口海外仓,遍布法国、德国、美国等地。2023 年 2 月,昆明市政府表示,将大力发展口岸经济,打好沿边和跨境"两张牌",积极发展转口贸易、跨境贸易、服务贸易,力争跨境电商贸易额达 25 亿元、服务贸易总额达 40 亿元,努力把中国(云南)自由贸易试验区昆明片区、昆明经开区、昆明综合保税区等建设成为开放度更高、便利化更优的创新辐射极。在政策利好和各方探索下,我国跨境电商潜力有望进一步释放,并由高速增长转向高质量增长。

近年来,跨境电商业务蓬勃发展,成为推动外贸发展的重要力量。跨境电商在迎来前所未有的发展机遇的同时,也面临着更多新变化、新难题。如在整个跨境贸易过程中,除了多场景收付款、退税等问题之外,知识产权保护与风险防范需求也给跨境电商这一业态带来了更大挑战。

跨境电商作为一种新型的贸易方式,需要依靠网络平台进行知识产权的使用和交互,相对于传统类型的知识产权问题来说,掺杂了"跨境"和"线上"元素的知识产权会变得更加复杂,而这种"跨境性"和"线上性"也给知识产权保护问题带来新的冲击和挑战。

跨境电商交易商品涉及的知识产权主要是专利权和商标权,还有少量著作权,各种高成本因素使海关在知识产权的保护上很难采用主动保护模式。跨境电商中的知识产权保护问题主要有两类:一是进口商品侵犯本国商品的专利权和商标权,二是出口商品侵犯他国商品的专利权和商标权。国际上各大知名奢侈品牌就因专利问题发生过很多价值稀释、市场份额缩小及利润减少的问题。

国家各政府部门要主动应对不断增长的海外知识产权保护需求,健全涉外知识产权风险防控体系,提升纠纷应对指导服务水平,支持企业海外知识产权布局,帮助企业全面提升国际化经营知识产权保护水平。要切实贯彻落实《国家知识产权局 中国国际贸易促进委员会关于进一步加强海外知识产权纠纷应对机制建设的指导意见》精神和遵守《知识产权保护战略合作协议》,为跨境电商出海保驾护航,积极应对海外知识产权保护和侵权诉讼。

资料来源:

1. 加强知识产权保护 护航跨境电商"出海"[EB/OL]. (2022-07-28). https://society. yunnan. cn/system/2022/07/28/032207910. shtml.

2. 跨境电商知识产权保护的规定有哪些[EB/OL]. (2022-08-29). https://www.toutiao.com/article/7137189476916347426/.

3.4　数字贸易监管政策

依据数字贸易规则进行数字贸易治理,形成常态化管理的数字贸易监管。本节讨论数字贸易监管政策内容、各经济体数字贸易监管政策主要分歧、全球数字贸易监管政策的立场分野和我国数字贸易监管政策因应对策等内容。

3.4.1　数字贸易监管政策及其主要内容

1. 数字贸易监管政策

世界各国和国际组织对数字贸易监管政策的认识并不一致,比较有代表性的观点涉及 OECD 和美国贸易代表办公室的观点。

OECD 等国际组织普遍认为,数字贸易监管规制主要是指除了税收壁垒以外的制度设计透明度和投资者保护等方面存在歧视和阻碍而引起的影响数字贸易自由流动的法律或法规。一般而言,不歧视本国和外国供应商是全球贸易规则中的一项核心原则,若各国监管规制对数字产品与实物商品实施差异化的待遇,对开展数字贸易业务的公司而言就会成为限制其数字产品和服务进入一国市场的重大障碍。因此,从 2014 年开始 OECD 密切关注数字贸易监管规制的识别和衡量问题,并将数字贸易监管规制大致分为 5 个政策领域:第一是基础设施及连通性监管规制;第二是电子交易监管规制;第三是支付系统监管规制;第四是技术和安全等知识产权规制;第五是其他数字贸易规制,包括数据本地化要求等。

除了 OECD 的关注以外,从 2016 年开始美国贸易代表办公室及相关机构也开始关注数字贸易监管规制问题,在评价各国数字贸易及其监管规制发展进程的报告中提出数字贸易监管规制的定义及其分类模式,其界定为包括四个方面的政策因素:第一是互联网服务障碍;第二是数据本地化障碍;第三是安全和技术障碍;第四是其他障碍。

2. 数字贸易监管政策主要内容

根据各国有关数字贸易的法律和政策性文件,综合起来,可以将数字贸易监管政策内容分为四类。

(1) 数据监管类政策,主要是对数据使用的管理,包括数据隐私保护、跨境数据流动、计算机本地化等。

(2) 网络平台管理政策,主要为了规范网络运营商的中介服务,包括网络内容许可和访问、互联网平台(ISP)中介责任、知识产权保护等。

(3) 产品和服务贸易政策,指对线上交易的产品和服务,以及数字技术产品的管理,包括线上销售管理、税收和补贴、政府采购(government procurement)、技术标准等。

(4) 数字企业的本地进入政策,包括投资、市场竞争等。

全球主要数字经济国家,除了包括作为发展中国家代表的中国外,还包括美国、日本、欧盟以及韩国等发达经济体,这些经济体在全球数字经济中占据了较大比重,其数字贸易政策对未来全球政策的走向产生着巨大影响。此外,俄罗斯等发展中经济体的数字贸易政策也值得关注。

3.4.2　典型经济体的数字贸易监管政策及主要分歧

在数字贸易监管政策上,各经济体存在很大差异性,分歧很大的原因在于其数字贸易监管政策反映了本身经济利益的诉求。

1. 美国数字贸易监管政策

美国是全球数字贸易规模最大和最具活力的国家,其数字贸易政策典型特征可以概括为"监管松、准入严",主要表现在以下几个方面。

(1) 美国对数据监管政策相对宽松。美国没有数据隐私管理的全国性法律,近年来,美国开始加强消费者隐私保护。

(2) 美国在网络平台管理上,对数字服务中间商的责任要求相对较为宽松。美国通过设立《ISP 安全港条例》,授予 ISP 中介平台免责条件和反通知权利。美国对于互联网服务提供商责任的界定相对完善,要求"第三方利用平台服务时在合法平台上创建和分享非法信息,平台方不对非知识产权的侵权损害承担责任",即如果网络中介机构如发生侵权行为,只要实施侵权通知和撤除制度,就不承担侵权责任。

(3) 美国对信息通信技术类数字产品贸易设置较多的贸易管制措施。尽管美国基本没有设立数字产品进口的歧视性技术标准,但是数字产品的政府采购壁垒较高,并对包括中国在内的某些国家存在明显的歧视性。

(4) 美国对数字企业的本地进入实行了比较严格的限制政策。美国设立外国投资委员会对外国直接投资进行经济安全审查,审查重点包括:对国内生产的影响;对国内工业的国防能力的影响;对美国关键技术、基础设施的国际领先地位的影响等方面。近期的《芯片与科学法案》更是要求在美设立企业需提供核心技术机密,体现典型的科技霸权主义。

在网络内容监管和中介服务商责任方面,欧盟和美国矛盾较为突出。USMCA 第20.88 条包含建立平台公司安全港、鼓励撤下或删除非法内容、建立"通知即删除"机制,比其他协议增加了 ISP 的义务,并采用了更严格的 ISP"安全港"条款。

2. 日本数字贸易监管政策

日本的数字经济与贸易发展水平非常高,其数字贸易监管政策与美国较为类似,但是在数字产品和服务贸易监管政策方面略有差异。

(1) 日本在数据监管方面的管制水平普遍较低,不存在烦琐跨境数据传输限制,其政策重点主要在数据安全管理方面。

(2) 日本在网络平台监管和网络中介责任及网络内容审查上没有特殊政策要求,而是重点强调知识产权保护。2013 年,日本几家网络公司出资创建"日本知识产权桥"主权专利基金,旨在防止海外实体对日本企业知识产权的侵犯。

(3) 日本在数字产品和服务贸易领域实施较高自由化政策。日本对线上销售的最低免征关税额为 90 美元,允许电子签名,且日本数字产品零关税覆盖率达 99.38%。

(4) 日本在数字企业本地进入政策上较为宽松,没有明确限制电信或信息通信技术的投资,仅设定直接投资提前通知要求。但是,日本对媒体领域外商投资要求比较严格,将外国对广播公司的投资份额限制在 20%～33% 以内。

3. 欧盟数字贸易监管政策

尽管欧盟的数字经济与贸易发展水平与美、日接近,但是,在数据监管和网络平台管理方面,欧盟与美日差别较大。

(1) 欧盟一直重视数据隐私保护,在确保数据安全和隐私保护的情况下推进跨境数据流动,为欧盟内部数字企业提供更广阔的数据市场,其中,以法国和德国数据监管政策最为严格。欧盟已经颁布包括《电子私隐指示》(2002/58/EC)、《611/2013 监管条例》、《通用数据保护条例》等在内的许多数据管理和隐私保护的法律。

(2)欧盟在网络平台监管上对知识产权保护较为严格,出台包括 2001 年《版权指令》(*Directive on Copyright*)、《欧盟专利制度》等相关法律法规。

(3)欧盟在数字产品和服务贸易政策上自由化程度较高。欧盟仅对双重用途的产品出口实行限制政策,包括计算机、电信和信息安全等,对进口产品没有特殊限制。

(4)法国和德国在数字企业本地进入政策上设置较高投资壁垒。例如,法国存在歧视性反收购规定,允许法国公司对不适用互惠条例的外国公司采取反收购措施,包括授予现有股东通过股票购买认股权证方式购买折现股份来增加杠杆的权利。此外,法国和德国的几家电信运营商为终止来自欧盟以外的国际业务而对其收取高于其他贸易企业的费用。

(5)欧盟允许数字贸易监管的自由裁量权。欧盟通过《电子商务指令》(*E-Commerce Directive*,2000)建立网络中介安全港,即只要平台公司对内容是否违反版权不知情或知晓违反版权后立即采取行动,就不对网络内容负责。在"数据单一市场"框架下,2019 年欧盟在《版权指令》中要求平台公司建立"通知—行动"机制,用户可通知中介有关非法内容和行为,但仍保留一些责任例外,而平台公司没有主动监测的责任。

然而,欧盟严格限制平台公司垄断行为,欧盟《数字市场法》(*Digital Market Act*,DMA)将大型平台公司定义为网络平台的"守门人",需要对网络内容承担一定责任。欧盟为惩罚美国谷歌等公司滥用市场势力等垄断行为及其他市场责任问题曾开出上亿美元罚单。

4. 韩国数字贸易监管政策

在新进入的发达经济体中,韩国数字经济与贸易发展程度比较高,其数字贸易监管政策表现出如下特点。

(1)在数据监管上相关政策比较严格。2015 年韩国颁布《促进云计算和用户保护促进条例》《云服务保护指导条例》,要求:"所有为公共机构提供云服务的服务商都必须在国内建立公共数据中心,且其公共数据中心必须与服务公众网络在物理上进行分离。"韩国实行《个人信息保护法》要求:"公司在导出个人数据之前必须征得数据当事人的同意。"

(2)对网络平台监管较为严格,对网络中介提出包括内容、信息管理等较多监管要求。2015 年 3 月,韩国国会通过《云计算发展与用户保护法案》,对云服务提供商(CSP)规定包括向其客户和部长报告信息泄露、不得向第三方提供客户信息或将其用于指定用途以外的其他目的等义务。

(3)对数字产品和服务贸易的监管比较严格。韩国技术标准较高,要求必须对政府采购品进行额外的安全验证,电脑、电气和无线电设备需添加韩国 EK 认证标记。

(4)在数字企业本地进入政策上相对严格。虽然没有建立投资筛选机制,但如果有明确证据表明外国投资对其经济体安全或公共利益构成威胁,政府有权拒绝外国投资。对新闻媒体类互联网运营商和信号传输网络运营商的外国投资,韩国设定了 20% 的投资上限。

5. 俄罗斯数字贸易监管政策

与美、日、欧、韩等经济体比，作为新兴经济体的俄罗斯数字经济与贸易发展水平并不高，但是其数字贸易监管政策因其严苛很具有代表性。

（1）俄罗斯是世界上数据监管程度最高的国家之一。俄罗斯设立严格数据管理要求，要求电信和互联网供应商至少保留数据 12 个小时，以便为俄罗斯联邦安全局提供数据资料。俄罗斯设置数据本地化规定，要求俄罗斯公民数据的记录、积累、储存、修改和检索均使用位于境内的数据库；对数据隐私管理也较为严格，将"被遗忘权"写入《公民隐私权保护条例》，拓宽隐私权的覆盖范围。

（2）俄罗斯对网络平台管理设立了严格的网络内容准入要求。俄罗斯还设立了严格的 ISP 中介责任制，规定了中介责任不到位的惩罚措施，明确了对侵权行为处理时间的要求。俄罗斯对数字产品和服务贸易管制水平也比较高。俄罗斯数字产品的零关税覆盖率为 62.25％，对销售数字产品的外国企业征收 18％的增值税。此外，俄罗斯限制加密技术的电信设备进口，不遵循国际公认的技术认定标准，而是单独制定俄罗斯适用的通信标准。

（3）俄罗斯对数字企业的本地进入设置较高壁垒。例如，俄罗斯对电信、媒体企业的外商投资设限较高。电信服务只能通过许可证制度提供；用户超过 50％的视听服务企业，只允许非俄罗斯公民最多持有 20％股权；媒体企业的外国所有权不得超过 20％。此外，俄罗斯重点关注战略性产业的外商投资，涉及国家战略性产业的企业外国控股权不能获得超过 50％的投票权，外国投资者必须向联邦反垄断局通报任何在经济体战略实体中获得 5％或以上股份的交易。[①]

3.4.3　数字贸易监管政策的比较

通过梳理世界主要国家的数字贸易监管政策，从数据监管、网络平台管理、数字产品和服务贸易政策以及企业本地进入政策等层面进行横向比较，发掘其数字贸易监管政策的异同点，因应需要为提高我国数字贸易监管政策服务。

1. 数据监管政策比较

在数字贸易监管政策之中，数据监管是核心问题，也是全球数字贸易治理关注的焦点，各国差异性主要表现在以下几方面。

1）在数据隐私保护方面，欧盟隐私保护制度最为全面、严格，其他国家对数据保护呈逐步加强态势

欧盟《通用数据保护条例》仍然是当今全球最严苛的个人数据保护制度，其实施原因既是保护人权也是出于自身经济利益考虑。2013 年曝光的美国"棱镜计划"和 2015 年"斯诺登事件"的发酵，引发全世界对美国的高度戒备之心，欧盟必然走向大大提高其公民个人数据保护力度之路。同时，在数字经济与贸易领域，欧盟数字企业竞争力明显落后于美国，而自身庞大的消费市场以及完备发达的互联网基础设施，实施严格数据保护有助于

---

① 余振.全球数字贸易政策：国别特征、立场分野与发展趋势[J].国外社会科学,2020(4)：33-44.

提高欧盟本地数据企业同外国互联网巨头的博弈能力。

2）在跨境数据流动方面，美国强调宽领域、无障碍跨境数据流动，包括金融部门跨境数据流动自由，其自由化程度最高，与其他国家形成鲜明对比

俄罗斯、中国等新兴发展中国家对跨境数据流动采取严格限制措施，而欧盟、日本、韩国等发达经济体也都强调在必须充分保护个人隐私前提下实现跨境数据流动，且多数国家对金融、医疗等服务部门禁止跨境数据流动。

3）在计算机本地化设施方面，美、日、欧盟等没有明确要求，而俄罗斯、中国等新兴经济体对设备本地化或数据本地化有严格要求

发达国家强烈反对数据本地化要求。对于发展中国家而言，强制本地化要求实际上是一种国家安全保护政策，一方面方便司法机构对公共数据实现及时有效的监管和审查，另一方面鼓励外资使用本国设备，可以促进本国数字存储产业以及云计算的发展。

2. 网络平台管理政策比较

关于网络平台管理的政策大致可分为两类国家，一类主要以美、日、欧为代表的自由的网络环境、健全的知识产权体系为特征；另一类以俄罗斯等为代表的限制网络访问、缺乏完善的知识产权保护为特征。

（1）在网络内容许可和访问方面，美国等发达国家倡导自由开放的网络访问空间，以确保公民自由选择权，但俄罗斯等国却设置网络关键词过滤系统，以保护国家信息安全。

（2）在互联网中介责任方面，美国、日本等国均存在 ISP"安全港"制度，即不增加对互联网中介平台额外知识产权保护责任，减轻运营平台的成本负担。发展中国家往往实施多种网络内容的审查措施，加强对网络不良内容的过滤和对传播的管控。

（3）在知识产权保护方面，美国、日本、韩国、欧盟等发达经济体知识产权保护制度和力度较强，知识产权法律体系建立较早，且其国内数字技术均处于国际领先地位，通过建立高标准的产权制度保持技术领先。俄罗斯、中国等发展中国家仍处于不断完善国内立法和加强执法的阶段，适度宽松的知识产权保护环境更符合其长期发展需要。

3. 数字产品和服务贸易政策比较

数字产品和服务贸易涉及对具体产品和服务等贸易对象的监管，近年来，各国的税收壁垒普遍有所下降，但是对技术产品的安全审查壁垒仍广泛存在。

（1）WTO 成员逐渐履行《信息技术协定》（ITA），数字产品的零关税范围不断扩大，美国和日本的零关税范围较高，但是，其他国家零关税覆盖率相对较低，欧盟部分国家还建立了国外数字产品税收制度。从整体上和长期趋势来看，跨境电子商务自由化仍是主流趋势。

（2）大多数国家均存在对技术产品进出口的安全审查要求，但各国标准参差不齐，缺乏统一的国际审查标准。

（3）各国均限制国外产品在公共政府部门的使用，除美国、日本以外，大多数国家均存在"文化例外"和"视听例外"的特点，即限制外国新闻、影视、广播等媒体产品在国内的传播。

4. 企业本地进入政策比较

企业本地进入壁垒在各国均有所体现。美国外资审查的重点在于是否影响到其关键技术或基础设施的国际领先地位，但缺少公开、透明的审查标准。欧盟外商投资限制主要

考虑对本土数字企业利益的影响,其外资政策是为了保护其数字企业的市场份额。俄罗斯等国更加注重外商投资的安全性,存在源代码强制披露、交出加密密钥等要求,限制外商对云服务、金融服务、电信增值业务等领域的投资。[①]

总的来看,各国数字贸易政策的主要分歧在于数据监管和网络平台管理方面,政策之间的调和难度较大。在数字产品和服务贸易政策方面,尽管各国的监管方式和力度有所不同,但多数国家均对数字产品和服务贸易自由化采取积极态度。在数字企业的本地进入政策方面,各国共性内容居多、差异性相对较小,取得协商共识的可能性较大。

3.4.4　全球数字贸易监管政策发展趋势及我国的因应对策

目前,关于数字贸易政策协调的全球性框架尚未形成,世界主要经济体纷纷利用区域性贸易协定进行协调和约定。因此,基于全球主要经济体签订和谈判的区域协定和全球数字贸易监管政策趋势,结合我国数字贸易监管实际,提出因应对策。

1. 全球数字贸易监管政策发展趋势

1) 在数字贸易监管政策上,逐渐加强注重对消费者个人隐私保护

2005 年,美国发起 TPP 中,第 14.7 条"缔约方应当认识到保护消费者免受商业欺诈的重要性,同时,应当建立消费者保护法"和第 14.8 条"鼓励缔约方应当建立和维持保护数字贸易使用者个人信息的法律制度";但是,这仅仅是对保护消费者信息做出倡议性规定,而没有具体实施方案和侵权惩罚措施。2018 年 USMCA 第 19.8(3)条款规定"'个人信息保护'中的主要原则包括限制收集、选择、数据质量、目的规范、使用限制、安全保障、透明度、个人参与和责任",较之前对保护消费者信息的规定更为完善。在其他双边贸易协定中,加强消费者隐私保护的内容普遍存在。例如,《中国—澳大利亚自由贸易协定》和《中国—韩国自由贸易协定》均要求各方应尽可能地为使用电子商务的消费者提供隐私保护,并纳入了电子认证和电子签名要求。《美日数字贸易协定》(2019 年)规定"允许使用电子身份验证和电子签名来进行数字交易,同时保护消费者和企业的机密信息,并确保将可执行保护消费者信息应用于数字市场"。

除了强调加强消费者安全保护之外,各类贸易协定中均出现对国际标准化、普适性保护规则的诉求。USMCA 第 19.8 条规定"在建立保护电子商务用户的个人信息的法律框架时,各缔约方应考虑有关国际机构的原则和准则"。USMCA 制定规则时就考虑了《APEC 隐私框架》和 OECD《关于保护隐私和跨境个人数据流量指南的理事会建议书》(2013 年)规定的协调性。

2) 在数字贸易监管政策上,主要经济体更多地提倡符合条件的跨境数据自由流动

从最新签订的自由贸易协定来看,大部分国家基本已经就推进跨境数据自由流动达成共识,数字贸易自由化的程度不断提高;同时,也规定在商业必要和安全可靠的条件下,数据才能跨境传输。USMCA 第 19.8(3)条款强调"缔约方需确保任何限制'跨境个人信息流动'的措施只是为了保护个人信息且是必要的,并与所提出的风险成比例";USMCA 强化了"跨境数据自由流动"的约束力和执行力。《欧盟—韩国自由贸易协定》第

---

① 余振.全球数字贸易政策:国别特征、立场分野与发展趋势[J].国外社会科学,2020(4):33-44.

7.43 条规定"缔约方应当在保护个人基本权利和自由的前提下,通过合理措施保护个人数据传输"。

多数国家提倡对跨境数据流动进行分类监管,例如,限制金融部门的数据跨境传输,而只有美国极力主张无部门例外的跨境数据流动。从目前数字贸易规则谈判情况来看,美国与其他经济体之间存在较大分歧,欧盟、澳大利亚等提议需考虑个人隐私安全、文化例外等情况,主张有限制的自由移动;美国则坚持将跨境数据流动位于个人隐私保护之上,明确指出本地化规制也应当让位于跨境数据流动,以推动数字经济与贸易发展。

3) 在数字贸易监管政策上,更多地限制使用强制数据本地化和源代码披露的措施

TPP 第 14.13 条强调"协议缔约方不得强制性执行计算设施本地化要求,既不能要求企业在本地成立数据中心,也不可强制其使用本地的数据设施等当地化的数据保护主义方式,来为企业的最佳选择和发展提供保障和基础"。但是,TPP 也包含监管例外和公共安全例外;而 USMCA 则剔除了"监管例外"和"公共安全例外"条款,强化了消除本地化要求的承诺。

此外,知识产权保护范围也会增大。USMCA 第 19.16 条规定,包括银行等金融机构的基础设施软件也被纳入"源代码非强制本地化"的范畴中。

4) 在数字贸易监管政策上,推崇更加自由的网络访问和使用权

各类贸易协定逐渐推行自由开放的网络访问环境,减少对网络供应商服务内容的限制。美国主导的自由贸易协定在网络内容和技术的选择自由方面,表现最为激进。《美国—智利自由贸易协定》(2003 年)和《美国—新加坡自由贸易协定》(2004 年)承诺抛弃文化例外,同意对其视听服务部门做出具体承诺,同时按照美国关于视听服务的要求,同意停止使用现行的用于视听服务的歧视性法规。《美国—韩国自由贸易协定》第 15.7 条要求:"在不被缔约方法律禁止的前提下,消费者拥有自主选择并使用数字产品及服务的权利,允许其自由地将设备接入缔约国的互联网。"

欧盟自加入 WTO 后,长期坚持文化例外、视听例外的立场,但是其态度逐渐发生转变。《欧盟—加勒比海地区自由贸易协定》(2008 年)将文化合作纳入视听合作,在有限的情况下,允许非欧盟公司的文化包括视听产业与欧盟公司享有相同的待遇。在欧盟与加拿大之间的《综合性经济贸易协议》(*Comprehensive Economic and Trade Agreement*,CETA,2016 年)中,欧盟在文化部门开始采用负面清单形式作出承诺。实际上,欧盟在其他章节,如"补贴""投资""跨境服务"等纳入限制市场准入的相关条款,弥补了文化开放的限制政策。

5) 在数字贸易监管政策上,界定更加清晰的 ISP 中介责任

最新的贸易协定中对 ISP 的责任进行明确,并加大 ISP 在知识产权保护方面的责任。

以 USMCA 为例,其采用了更严格的 ISP"安全港"条款,同时也增加了互联网提供商的义务。一方面,USMCA 第 20.88 条增加了互联网服务提供商的限制条款,规定"双方应当认识到促进继续发展作为中介商的合法在线服务的重要性,并以符合 TRIPS 第 41 条的方式强制执行程序,允许权利人有效和迅速地采取行动,各方应建立或维护与互联网服务提供商在线服务相关的'安全港'";USMCA 第 19 章数字贸易章节中,第 19.17(2) 条款首次引入"交互式计算机服务条款",旨在将互联网中介的免责范围扩展至非知识产

权领域,明确豁免了网络平台提供者在内容提供者涉及人权以及隐私等非知识产权侵权中承担连带责任。另一方面,USMCA 第 20.88(6)条款要求"提供商在其能够控制该活动且无直接经济利益的情况下,终止侵权者账号的重复使用"。欧盟《电子商务指令》要求成员国在满足指令规定的条件下,服务提供者在履行传输服务、存储服务、主机服务中不承担责任。2020 年 7 月欧盟法院裁定《隐私盾协议》无效,说明欧盟以保护个人隐私为上,数据提供商符合指令的规定使其责任豁免受到更多限制。

6) 在数字贸易监管政策上,推行更自由的数字产品和服务贸易规则

电子产品和服务贸易自由化趋势不断加强,主要体现在两点:一是要求禁止对电子传输产品征收关税;二是扩大产品和服务的贸易自由化范围。一方面,电子传输免关税方面,美国一直奉行电子产品零关税的宗旨,《美国—约旦自由贸易协定》(2000 年)第 7.1 条要求:"缔约方应努力避免违背在电子传输方面征收零关税的现行措施。"《美国—韩国自由贸易协定》(2007 年,2018 年)第 15.3 条要求:"缔约方不可对来自另一缔约方的数字产品及其提供者实施歧视性待遇。"在其他国家中,《中国—澳大利亚自由贸易协定》和《中国—韩国自由贸易协定》也规定不对电子交易征收关税。但是,这些条款否定了音像广播类内容在非歧视性待遇上的适用性,具有产品和服务自由化范围的局限性。另一方面,自由化数字产品和服务的范围逐渐扩大,突破了视听例外、文化例外。USMCA 则剔除了"广播产品"的例外条款,将"国民待遇"的适用范围扩展到广播服务及广播服务提供者。但是,这与其他国家和经济体(尤其是欧盟)在隐私保护以及监管上的诉求相冲突。

此外,数字贸易政策的未来演变,除了需要关注世界主要经济体的数字贸易政策,也需要关注 WTO 数字贸易领域的相关谈判。2015—2018 年,WTO 成员共提交了 40 多份数字贸易的相关提案。2019 年 1 月,76 个 WTO 成员签署了有关《关于电子商务的联合声明》,正式启动电子商务贸易议题的谈判。从数字贸易政策国际多边协调的角度来看,削减数字贸易壁垒将是 WTO 谈判的核心问题,具体包括:数字贸易规定和制度发展,促进数字贸易自由化、数字贸易便利化和数字贸易透明化等。这需要发达经济体和发展中经济体的共同参与,能否在谈判议题和内容上找到各国(地区)之间的平衡点,尤其是实现主要数字贸易大国的合作和规则引领,将对 WTO 的谈判成果起到关键作用。[①]

2. 我国数字贸易监管的因应对策

基于全球主要国家所签订和正在谈判的贸易协定,可以判断未来全球数字贸易规则发展趋势将会更加注重对消费者隐私的保护、更多提倡有条件的跨境数据自由流动、更多限制使用强制本地化和源代码披露的措施、推崇更加自由的网络访问和使用权、界定更加清晰的 ISP 中介责任、推行更深层次的数字产品和服务贸易自由。未来数字贸易规则必将朝着更加自由、安全、标准的方向发展,我国应当以提高数字经济与贸易竞争力为核心,建设数字贸易大国,同时积极参与国际数字贸易规则的制定,提升在全球数字贸易治理中的话语权。我国在国际数字贸易规则谈判中将面临重大挑战,具体包括缺少完备的网络信息安全检测技术以及完整的信息管理配套方案,知识产权制度需要进一步完善,存在信

---

① 余振. 全球数字贸易政策:国别特征、立场分野与发展趋势[J]. 国外社会科学,2020(4):33-44.

息科技类企业的对外投资面临技术安全问题等。我国应当在做好国内数字基础设施建设的前提下,秉承"求同存异"的态度努力在国际谈判中提出并推行"中式模板"。具体而言,我国应在未来全球数字贸易国际规则博弈中把握以下几个要点。

1) 引入数字产品和服务贸易自由化条款,并施行分类监管措施

我国应当引入关于数字产品和服务的贸易自由化条款,建立对数字产品和服务的分类管理,根据数字产品和服务在国民经济中的重要性进行筛选,明确提出可以将在线咨询、教育服务等数字服务纳入数字贸易章节进行统一管理,而将金融、电信等关键行业单独设列其他章节,从而在保障我国根本经济利益的前提下,分步骤、有节奏地推动数字产品和服务贸易的自由化。

2) 进一步削减跨境数据流动壁垒,推行跨境数据安全自由流动

从全球数字贸易发展趋势以及各国数字贸易政策发展动态来看,为跨境数据流动提供更加自由化的环境将成为大势所趋。因此,我国需要在确保国家经济安全的前提下,为跨境数据流动提供更为自由的环境,具体措施包括:对跨境数据信息实行分级分类监管;建立跨境数据信息的境内备份,在满足司法机关等部门的调查需求的条件下,不再设置其他额外的数据传输限制;与贸易协定方建立共同的跨境数据审核及监管部门,在保证尊重各国数据主权的前提下,授予缔约方对境内主体数据的自由访问权。

3) 转变计算机本地化的监管模式,推动建立国际统一的隐私保护条例

放松对计算机服务设备的本地化要求,将对企业信息管理的要求纳入许可证的批准条件,要求经营主体必须配合我国政府和司法机构的调查工作,对于特定的审查和执法行动或司法程序,应当及时、有效地提供相关信息。

此外,我国还推动建立更大范围的统一的隐私保护条例,对信息的使用目的、收集限制、使用限制、安全保障、透明度等具体内容进行细化。2017年《中华人民共和国国家安全法》要求非常具体,ISP必须确认用户真实姓名,监测和标识非法内容。由于各国的社会文化和经济发展水平不一致,我国可以在数字贸易国际合作中提出相应倡议,即在满足非歧视性和合理性的条件下允许不同国家根据本国实际需求设立特殊的监管要求。

4) 推动建立数字技术支持与合作的国际机构

我国可以在全球多边和区域多边层面,推动建立数字技术支持与合作的国际机构,为相对落后的国家提供技术援助,对未来或者现存的技术困境或技术安全问题提出解决方案。依托该合作平台,各国也可以及时沟通国内出现的网络安全问题,共同识别和减少网络恶意代码的国际传播,及时处理网络安全事件。

专栏 3-5 跨境电商海关监管政策及报关实务

1. 海关对于跨境电商采取监管的政策模式

2012年以来,海关总署秉持"包容、审慎、创新、协同"的监管理念,打造了全国统一的监管信息化平台,开展交易、支付(收款)、物流"三单比对",创新直购进口、一般出口、网购保税进口、特殊区域出口、B2B出口等监管模式,实施清单申报核放、出口简化申报、创新出口退货监管等便利化监管措施,实现全程信息化监管。目前,从海关监管角度,

跨境电商主要分为 B2C 零售进出口以及 B2B 出口两大类。针对 B2C 零售进出口有 9610 和 1210 两种监管模式,9610 适用于一般出口和直购进口,1210 适用于特殊区域出口和网购保税进口;而针对 B2B 出口则为 9710 和 9810 监管模式,9710 适用于直接出口,9810 适用于通过海外仓出口。

2. 9810 监管方式下企业备案内容以及报关流程

1) 备案材料

(1)《跨境电商海外仓出口企业备案登记表》;

(2)《跨境电商海外仓信息登记表》;

(3) 海外仓证明材料:海外仓所有权文件(自有海外仓)、海外仓租赁协议(租赁海外仓)、其他可证明海外仓使用的相关资料(如海外仓入库信息截图、海外仓货物境外线上销售相关信息)等;

(4) 其他海关认为需要的材料。

2) 报关流程

跨境电商企业或其委托的代理报关企业、境内跨境电商平台企业、物流企业应当通过国际贸易"单一窗口"或"互联网＋海关"向海关提交申报数据、传输电子信息,并对数据真实性承担相应法律责任。跨境电商 B2B 出口货物应当符合检验检疫相关规定。海关实施查验时,跨境电商企业或其代理人、监管作业场所经营人应当按照有关规定配合海关查验。海关按规定实施查验,对跨境电商 B2B 出口货物可优先安排查验。跨境电商 B2B 出口货物适用全国通关一体化,也可采用"跨境电商"模式进行转关。海关监管要求详见《关于开展跨境电子商务企业对企业出口监管试点的公告》(海关总署公告 2020 年第 75 号)、《关于扩大跨境电子商务企业对企业出口监管试点范围的公告》(海关总署公告 2020 年第 92 号)和《关于在全国海关复制推广跨境电子商务企业对企业出口监管试点的公告》(海关总署公告 2021 年第 47 号)。

资料来源:跨境电商海关监管实务及当前政策解读[EB/OL].(2022-09-01). https://www.yuyanmcn.com/h-nd-439.html.

专栏 3-6　网络市场数字化监管行动

中国网财经 2020 年 10 月 20 日讯 据市场监管总局网站消息,市场监管总局近日发布关于《网络交易监督管理办法(征求意见稿)》公开征求意见的公告。规范性加强,共五十条,本办法由国家市场监督管理总局负责解释。

因为网络市场的平台化、数字化运营特征,要求对其进行数字化监管的必要性,确保迅捷、实时监控到位。例如,第六条,对网络经营者的一般规定:网络社交、网络直播等其他网络服务提供者为经营者提供经营空间,并提供商品浏览、订单生成、在线支付等与完成交易有关的支持性服务的,在经营者资质审核、商品和服务信息监控、维护消费者权益、保护知识产权、信息数据提供、配合监管执法等方面应当依法履行网络交易平台经营者的责任。第十一条,对个人信息的保护规定:网络交易经营者及其工作人员应当对收集的个人信息严格保密,未经被收集者授权同意,不得向包括关联方在内的任何第三方提供。第十二条,经营者不得利用虚假信息欺骗、误导消费者。第十三条,消费者评价中包含法律、行政法规禁止发布或者传输的信息的,网络交易经营者可以依法予以技术处理。另外,对搭售行为、广告发送、非主动立约等有明确的规定和限制。

广州市市场监管局、杭州市市场监管局就两地加大网络产品质量抽检监督区域合作力度、建立网络消费投诉[进入黑猫投诉]举报信息共享机制、建立网络案件线索共享机制、建立电子取证共享机制、共同研究电商新业态问题、统筹协调监管联动和信息共享工作六大方面达成一致协议。双方本着相互合作、协调一致、形成合力、促进长效的原则,依法确定两地相互协调配合的内容,合作协议将作为今后两地网络市场监管联动和信息共享工作的重要依据和指引。

网络新经济发展迅猛,亟须进一步优化网络市场营商环境。创建全国网络市场监管与服务示范区,烟台市加强组织领导,印发《烟台市创建全国网络市场监管与服务示范区工作方案》,出台《烟台市数字经济发展规划(2022—2025年)》,在原来每年列入本级财政预算40万元基础上,今年追加网络市场监管和服务经费到100万元。同时,拟投资1500万元,加快网络市场监管与服务专业设备、设施配备和第三方网络交易监测平台建设。立足烟台特色推进网络经济蓬勃发展,瞄准烟台苹果、莱阳梨、烟台大樱桃等特色农产品品牌,开通京东烟台地标馆,助推全市农民增收、农业增效、农村发展。2022年全市农产品网络零售额101.7亿元,增长34.2%,总量居全省第一。"良好的网络交易市场秩序,离不开创新的监管方式,为此烟台市开展了网络交易经营主体亮照、亮证、亮规、亮标集中整治行动。"烟台市市场监管局相关负责人介绍。2022年烟台市以监管促规范,以规范促发展,电商平台、自建网站及7258家平台内经营者"四亮"任务完成率100%,实现了应亮尽亮,为实施监管奠定了坚实基础。加大定向监测力度,以强监管促秩序规范。大力推动技术手段与监管业务深度融合,充分运用第三方监测平台等技术手段,加大网络监测力度。2022年全市涉网违法案件线索举报按时核查率达到99.99%。加大跨区域监管协作,通过"红盾云桥"协查涉嫌违法线索51条。

资料来源:

1. 市场监管总局:对网络交易新业态新模式实行包容审慎监管[EB/OL]. (2020-10-20). http://finance.china.com.cn/news/20201020/5399953.shtml.

2. 广州与杭州签订网络市场监管联动与信息共享合作协议[EB/OL]. (2023-04-09). https://cj.sina.com.cn/articles/view/6192937794/17120bb42020020qce.

3. 深耕三大领域!烟台积极创建全国网络市场监管与服务示范区[EB/OL]. (2023-04-06). http://news.10jqka.com.cn/20230406/c646214063.shtml.

关键术语

服务贸易政策　数字贸易政策　数字产品(狭义与广义)　经济自由化　贸易自由化
服务贸易自由化　数字贸易自由化　数字产品贸易自由化　贸易政策体系

本章小结

　　数字经济与贸易的健康发展不仅需要理论支撑,还需要国家政策的支持。数字贸易政策框架包含决策机制、政策体系和政策工具、监督反馈和评价机制等。世界各国的数字贸易政策决策部门和执行部门略有差异,但更大不同在于各主要经济体对数字贸易的规划、财政税收金融政策支持上。美国数字贸易政策偏向于其数字信息技术创新优势的保持和大型互联网公司的自由化贸易,欧盟注重欧盟总体的数字经济与贸易的发展战略布局、发展规划,同时强调保护个人隐私的数据安全和国家安全、文化安全;中国的数字贸易政策重视产业规划、数据安全和产业生态建设,综合运用财政税收金融政策。在数字贸易治理和监管上,美国注重数字技术创新和知识产权保护,欧盟关注个人隐私、文化保护和国家信息安全,中国注重个人、国家信息安全和文化保护。

思考与讨论

　　1. 数字贸易归属于服务贸易或货物贸易的争论的理论基础和原因是什么?

　　2. 数字产品有哪些特征?

　　3. 数字产品贸易模式有哪几种? 数字产品定价模式有哪几种?

　　4. 服务贸易逐步自由化应遵循哪些原则?

　　5. 中国、美国、欧盟对数字贸易政策的立场主要分歧是什么?

　　6. 中国、美国、法国和德国各自数字贸易政策机构及主要职能有哪些?

　　7. 美国、欧盟和中国数字贸易治理模式各有什么特征?

　　8. 美国和欧盟数字贸易监管上的不同及中国努力转变的方向有哪些?

即测即练

案例 3-1　平台合规——跨境电商卖家的难点

案例 3-2　跨境电商政策解读与发展趋势

音频 3-1　我国跨境电商发展现状与趋势

第 **4** 章

数字贸易壁垒

◇◇ **学习目标**
◎ 了解数字贸易壁垒的概念和内涵
◎ 熟悉数字税的概念和内涵
◎ 掌握数字税征收原则、跨境数据流动规则、市场进入规则、数据本地化要求的内容

◇◇ **学习重点、难点**

学习重点
◎ 数字贸易壁垒概念、数字税概念和内涵
◎ 理解数字贸易非关税壁垒的核心要义

学习难点
◎ 数字贸易非关税壁垒概念
◎ 跨境数据流动规则

对于快速发展的数字贸易,各国(地区)从维护本国(地区)利益出发陆续出台相关措施,既有促进数字经济与贸易发展的政策,也有规范数字贸易发展的治理规则和监管标准。由于各国(地区)所处的经济发展阶段、文化意识、产业结构各不相同,因此不可避免地在数字贸易治理和监管方面存在较大分歧。数字税和非关税数字贸易壁垒是数字贸易治理和监管的主要方面,而跨境数据流动、本地化和市场进入又是非关税壁垒或边境内治理和监管的主要内容。本章主要探讨和学习数字税、跨境数据流动、市场进入规则和本地化要求等主要数字贸易壁垒内容,为制定数字贸易政策、规范治理与监管及应对和处理潜在的国家(地区)安全威胁、网络安全威胁、个人隐私泄露、网络犯罪等问题提供依据。

4.1 数 字 税

税收是贸易壁垒的最典型模式,而数字税也必然成为数字贸易壁垒的最重要组成部分。但是,世界各国(地区)对数字税的认识和征收原则却存在很大差别。欧盟国家已经引入数字服务税,部分发展中国家(地区)实行或强烈主张对电子商务征收关税,但这却被多数国家(地区)和美国参与的所有 FTA 所禁止,成为各国(地区)难以弥合的分歧和焦点。本节主要探讨和学习数字税的概念与内涵、数字税征收支持和反对的理由、实施原则及我国对征收数字税的态度和应对策略。

4.1.1 数字税的概念和内涵、征收思想及同数字经济与贸易的关系

1. 数字税的概念

目前国际上对数字税并没有统一的认识，主要存在以下三种认识：一是应对数字经济挑战而产生的匈牙利"广告税"、印度"均衡税"以及欧盟"数字服务税"等说法；二是应对数字经济而征收的一类税收且并非单一的税种；三是认为数字税就是数字服务税，主要针对搜索引擎、社交媒体、在线视频、即时通信等数字服务的收入征税。一般数字税的概念从第三种含义出发，数字税也称数字服务税（Digital Services Tax，DST），是对跨国（地区）企业的特定数字收入来源进行征税，即指一个国家（地区）对本国（地区）境内跨国（地区）公司的境外子公司所销售的数字产品或服务进行征税。这一新税种与许多公司已经缴纳的企业所得税有很大不同，也被大家广泛地称为数字税。[①]

2. 数字税征收思想

征收数字税的思想缘起于欧盟和美国的数字经济（特别是电子商务领域）发展不平衡状况，欧盟开始研究对美国大型互联网企业的数字贸易的征税规则。据欧盟委员会报告，目前全球科技公司平均税率为9.5%，而传统公司为23.2%；数字化公司目前的平均有效税率只有欧盟传统经济实体的一半，且其利用欧洲监管的漏洞将利润转移到低税收的司法管辖区，造成税基侵蚀与利润转移（BEPS）。[②] 2017年以来，法国曾向欧盟委员会提出建立数字常设机构和实施数字服务税两项建议[③]；2018年3月，欧盟委员会发布立法提案，拟调整对大型互联网企业的征税规则。依据这项提案，任何一个欧盟成员国均可对境内发生的互联网业务所产生的利润征税，这打破了依据现行规则互联网企业只需在总部所在地一次性交税的现状。但由于该税种本身争议较大，遭到部分欧盟成员国坚决反对没有继续推进。于是，法国决定先在本土范围内推行数字服务税，2019年7月法国议会两院通过法案要对全球互联网巨头征收数字服务税，美国因拥有全球最多大型互联网公司而税负最重，强烈反对提出反制措施。

3. 数字税征收与数字经济的内涵和外延的关系

数字税能否征收、是否合理，主要在于对数字贸易内涵和外延的统一界定，因为过于宽泛的数字贸易定义是无法确定数字税的课税对象的。从本质上来说，数字税是对数字贸易发生的业务征税，其业务范围和数字贸易内涵与外延紧密关联，表现为各国（地区）对数字贸易理解的差异性下产生不同的数字税征税原则。随着经济全球化和数字化的发展，经济数字化使各国（地区）更难对发生在本国（地区）境内的经济活动征税，并使数字跨国（地区）企业转移利润的能力大大提高，如何应对数字跨国（地区）企业的税收问题已经成为国际税收政策讨论的焦点。从最狭义角度来看，通常一个国家（地区）可能要征收数字税的收入流，主要包括广告、中介服务、数字产品市场和数据传输等方面，而提出征收数字税的直接理由是试图捕获在一个国家（地区）内部产生的、却又被跨国（地区）企业转移

---

① 巴恩斯，罗森布鲁姆，陈新.数字税：我们如何陷入这一迷局，又应如何摆脱困境？[J].国际税收，2020(8)：8-13.

② 李丹.欧盟监管再升级，数字税剑指科技巨头[J].广东通讯技术，2018(10)：32-34.

③ 梁嘉明.法国数字税动因、进展及启示[J].金融纵横，2019(11)：64-69.

到境外的数字贸易收入的利润,即解决税基侵蚀和利润转移问题。[①]

国际货币基金组织认为,数字经济可以从广义和狭义两个方面来理解,广义的数字经济指所有使用数字化开展贸易业务活动的经济形态或经济活动的数字化,这种定义的数字经济是无法征收数字税的,因为它几乎涵盖当前运用互联网数字技术的所有经济部门,其中,在实践中许多经济部门已经按照传统应税条目完成征税,如果再征收数字税就造成重复征税问题;狭义的数字经济与贸易是指在线平台以及在线平台上开展的各项经济贸易业务活动(电子商务),更为狭义的数字经济与贸易特指数字产品生产和销售、数据的收集、整理、传输、分析和接收等业务活动。这里把数字经济与贸易定义为一种活动,征收数字税将是对一种行为征税,从目前征收数字税实践来看,并非把数字经济与贸易作为一种行为税来征收,而主要按照数字经济与贸易狭义定义征收,但在具体操作中却仍存在各国(地区)适用范围相互不一致等情况。

联合国贸易和发展会议《2019 年数字经济报告》把数字经济分为三大组成部分:数字经济的核心或基础部分,包括基础创新、核心技术以及其他基础设施;数字和信息技术(IT)部门,包括数字平台、移动应用和支付服务;更广泛的数字化部门,主要是各种产业、产品和服务的日益数字化。这两种定义通过列举方式对数字经济进行界定,在列举的类别中行业较为具体,适宜选择某些类别作为课税对象。但选择征收数字税类别的行业应能与其他行业清晰区分,不要形成重复征税情况。因此,要探讨征收数字税,首先还是要清晰认识数字税的内涵。

4. 数字税的内涵

从"互联网—电子商务—数字贸易—经济数字化"的发展过程来理解数字税的内涵,至少包括三层含义。

1) 数字税是对电子商务征收的增值税

对作为当今世界最出色的国际贸易形式——包含电子商务的数字贸易来说,多年来国际上并未以单独名义对其征税。

2017 年 OECD 发布 100 多个辖区签署的《国际增值税/货物和劳务税指南》,其基本原则是"跨境交易增值税应在最终消费所在管辖区征收",也即"目的地原则",当涉及数字交易时(如数字媒体流或在线软件销售),应由客户经常居住地税务机关对该贸易行为征税。[②] 据此,在相当长时期内全球免税营运的电子商务氛围被 2018 年欧盟委员会把数字服务纳入增值税立法征收范围而打破,如表 4-1 所示。2018 年,由美国最高法院裁定,允许对互联网销售业务(包括数字服务销售)征收销售税。2021 年 10 月,G20/OECD 发布《关于应对经济数字化税收挑战双支柱方案的声明》,136 个辖区就国际税收制度重大改革达成共识,共同应对经济数字化的税基侵蚀和利润转移问题[③],主要包括以下方面。

---

① 房毓菲. 欧盟征收数字税及欧美博弈对我国的启示[J]. 中国物价,2020(12): 91-94.

② 中国信息通信研究院. G20 国家数字经济发展研究报告(2018 年)[EB/OL]. [2018-12-18]. http://www.caict.ac.cn/kxyj/qwfb/bps/201812/t20181218_190857.htm.

③ OECD 发布应对经济数字化税收挑战双支柱方案的声明[EB/OL]. (2021-10-21). https://www.ccpit.org/a/20211012/20211012ik5g.html.

表 4-1 欧洲征收数字税的国家及内容要求

国　家	时　间	征收数字税的内容
法国	2019 年 1 月 1 日起	对全球年收入超过 7.5 亿欧元,且在法国境内收入超过 2 500 万欧元的数字企业,征收 3% 的数字服务税
意大利	2020 年 1 月 1 日起	对全球年收入超过 7.5 亿欧元且在意大利境内收入超 550 万元欧元的在线广告、数字中介、销售用户数据等数字服务企业,按其在意大利境内取得收入的 3% 征税
奥地利	2020 年 1 月 1 日起	对全球年收入超过 7.5 亿欧元且在奥地利提供在线广告服务的销售收入超过 2 500 万欧元的在线广告服务提供商,按 5% 的税率征收数字服务税
土耳其	2020 年 3 月 1 日起	对全球年收入超过 7.5 亿欧元且在土耳其境内的销售收入超过 2 000 万欧元的数字企业,按 7.5% 的税率征收数字服务税
英国	2020 年 4 月 1 日起	对全球年收入超过 5 亿英镑以及英国用户参与应税活动所带来的收入超过 2 500 万英镑的社交媒体、搜索引擎、在线市场等数字服务企业,按英国用户创造收入的 2% 征收数字服务税
西班牙	2021 年 1 月 16 日起	对全球年收入超过 7.5 亿欧元且来自西班牙的数字服务收入超过 300 万欧元的企业,征收 3% 的数字服务税

资料来源:李蕊,李水军.数字经济:中国税收制度何以回应[J].税务研究,2020(3):91-98.

(1) 数字税征收原则。数字经济与贸易的虚拟性,通常造成难以辨别客户的经常居住地,在数字服务贸易的网上(在线)销售市场中,因消费者信息是由不同数字信息要素组成,包括消费者账单地址、IP 地址(网际协议地址)或手机 SIM 卡(用户识别卡)位置、付款银行账户位置、所附银行账单地址/信用卡账户位置等,基于获取消费者信息的复杂性,各国(地区)在数字服务贸易增值税征收方式、征收对象确定上必然存在较大差异可能性。根据属地征收原则,税务机关需要制定足够灵活的规则来决定何时、何地及对谁征税,在实际执行过程中有较大解释空间而造成各国(地区)存在较大差异性。

(2) 数字税征收方式。目前,通过增值税对数字服务贸易征税的征收方式主要有以下两类:一是由数字服务公司直接缴纳。例如,乌拉圭一小部分非居民数字服务公司直接缴纳税率为 22% 数字服务增值税。二是企业可选择由商业银行或其他中介机构代扣代缴。例如,哥伦比亚对非居民企业提供的数字服务征收税率为 19% 的增值税,可以选择由商业银行或其他中介机构代扣代缴,其适用于在线广告、远程教育、音乐、视频、游戏、电影和其他视听流媒体的数字服务。

(3) 数字税征收对象。由于各国(地区)对数字服务贸易课税对象(包括低价值销售免税方面)的规定也各不相同,因此缺少全球统一标准,归纳起来,主要有以下三种类型。

一是仅对居民在企业国内的在线消费征税。例如,菲律宾已经对其居民在线购买的国内货物和劳务征收税率为 12% 的增值税。

二是对国外非居民的企业在线销售征税。例如,2018 年 1 月泰国发布草案,要求外国数字服务公司销售收入超过 180 万泰铢的企业在泰国注册,并征收税率为 7% 的增值税。2020 年 1 月 1 日起,新加坡对某些特定的数字服务征收税率为 9% 劳务税,如对国外公司提供的游戏和应用流媒体等数字服务征税。

　　三是取消对低价值销售免税政策。2021 年 1 月,欧盟取消低价值交易增值税豁免政策,该政策原来适用于价值 22 欧元及以下的交易。[①]

　　(4)数字税的性质。不管对线上还是线上、线下结合的数字服务贸易,以上各个国家基本已经形成惯例,开始对互联网上的销售业务、电子商务业务等征收增值税,这个税是电子商务层面上的数字税,其性质是流转税。这个层面上数字税是国内税概念,属于一国税收主权范畴,征不征、怎么征、征多少,完全可以由各个国家自主决定。

　　2)数字税就是对经济数字化的运营所得而征税

　　2013 年,OECD 与 G20 发起 BEPS 项目。2015 年,OECD 又启动了应对经济数字化时代的"数字税"理论与规则研究,系列成果之一为《应对数字经济的税收挑战》,就数字经济的挑战及应对展开了详细论述。2019 年 1 月,BEPS 包容性框架的 129 名成员达成了一项基于"双支柱"的政策框架,并推动此问题在其成员范围内于 2021 年达成共识性框架《关于应对经济数字化税收挑战双支柱方案的声明》,对于未来数字经济与贸易的发展将产生深远影响。[②] 在此层面上,数字税涉及跨国互联网公司、数字巨头等创造的巨额利润在不同国家之间的分配问题,因此,该层面数字税属于所得税性质,且是必须通过双边或多边协商来决定的国际税收范畴。

　　3)数字税就是数字服务税

　　数字服务税产生背景是各国(地区)要围绕着新的税收规则重新进行谈判,而其过程注定非常艰难。2013 年 CETA 中单独设置电子商务章节,而《欧盟—日本自由贸易协定》等均规定缔约方之间的电子传输免征关税,与 WTO 零关税措施规定基本保持一致,CETA 电子商务规则决定完全取消电子传输及传输内容的关税,即取消所有数字产品的关税;与 USMCA 数字贸易零关税措施相比,其关税措施主要的不同就是免征收的仅仅是关税,并没有排除其他任何税费。在欧盟数字服务税这个层面上,数字税又重新蜕变回国内税概念,即数字服务税。由于欧盟内部不能达成一致意见,欧盟版数字服务税也被搁置。在此基础上,法国等撇开欧盟率先自己独立开征数字服务税,目的仍然是将美国拉回到 OECD 的谈判桌前。

4.1.2　国际上支持和反对征收数字服务税的理由

1. 支持征收数字服务税的理由

　　通常都将征收数字税或数字服务税归因于保护当地数字企业发展和数字企业与传统企业相比其贡献相对较低这两点,背后含义是数字企业往往并不需要在收入来源国(地区)设立实体机构和雇用人员,但却拿走巨额收益,而且对收入来源国(地区)的税负贡献也不突出。根据国际通行的税制规则,不在一国(地区)设立机构场所会适用较低税率;按照欧盟现行税制规则,数字企业的税负不足传统企业的一半。欧盟委员会调查发现,在

---

　　① 汪成红.【特别关注】对数字服务征税 其实多国早已"动手"[EB/OL]. (2019-09-15). https://www.sohu.com/a/340944249_611489.

　　② Tax challenges arising from digitalisation of the economy-Global Anti-Base Erosion Model Rules (Pillar Two) [EB/OL]. https://www.oecd-ilibrary.org/taxation/tax-challenges-arising-from-digitalisation-of-the-economy-global-anti-base-erosion-model-rules-pillar-two_782bac33-en.

欧盟内部,实体业务较多的传统商业模式的平均有效税率为23%,而数字公司的平均有效税率仅为9.5%。[①]从理论上来讲,国际的多边方案是最优选择,但多边方案的形成需要时间来谈判协调各方利益关系。为此,欧盟委员会2018年提出了数字服务税立法提案。目前,国际上支持征收数字服务税出于以下原因。

1) 解决税基侵蚀和利润转移问题

税基侵蚀和利润转移行为,是指利用税收规则存在的漏洞和不匹配人为将利润转移至仅有少量或没有经济活动的免税或低税地区,导致少缴或者总体上不缴纳公司税的税收筹划安排。

一方面,全球经济数字化使虚拟开展数字贸易业务而不再需要企业实体进入新市场成为可能。在此情况下,传统税收规则规定的属地原则不再适用。属地原则通常要求只有企业在常设机构所在地才有权征税,在数字贸易的跨境在线交易面前属地征税原则无能为力。例如,2020年美国约占全球数字经济的37%,但美国互联网用户只占全球互联网用户的11%,依赖无形资产和用户参与价值创造的数字企业虚拟运营模式,直接导致纳税地点/企业所在地与价值创造地/用户所在地的错配,导致依据现有税收规则,即使用户参与为数字企业创造价值,但用户所在国(地区)对该数字企业仍没有税收管辖权,也无法对其数字贸易的利润征税。[②]

另一方面,存在由来已久的跨国(地区)数字巨头利用主要经济体之间的税制差异采用知识产权转移、特许权使用费等多种方式转移利润的问题。据统计,欧盟每年因跨国(地区)企业避税产生的税收损失估计高达500亿～700亿欧元,而数字经济与贸易领域是其重灾区。[③] 数字税可以使用户所在国(地区)绕开利润核算和常设机构争议问题,直接对跨国(地区)数字企业的数字贸易收入征税,这将成为欧盟这些国家应对跨国(地区)数字企业避税和税基被侵蚀的有力方案。

2) 限制数字跨国(地区)企业在本国(地区)市场的垄断地位

推行数字服务税的国家(地区),其境内在线广告、搜索引擎和社交媒体市场基本被跨国(地区)数字企业所垄断,本地小型数字企业以及其他传统媒体企业的竞争力深受影响。征收数字税有助于限制大型跨国(地区)数字企业在所在国(地区)市场的垄断地位,营造公平的市场竞争环境,有利于扶持本地数字企业发展。

3) 利用公众信息资源的补偿

对一个地区来说,一个国家(地区)互联网上居民信息和其自然资源一样具有排他性的、独一无二的资源特性,这些信息应当被视为国家(地区)资产,数字税支持者将数字税合理化为一种地域性的特殊资源租金(location-specific rent,LSR),数字税可以被视为对特定地点数字贸易平台的收入征税。在现有税制规则下,利用消费者信息而创造的价值被数字企业独占,而征收数字税是数字企业利用公众信息获得增值利润后对国家(地

① 茅孝军. 从临时措施到贸易保护欧盟"数字税"的兴起、演化与省思[J]. 欧洲研究,2019(6):58-78.
② 崔卓群,乔婷婷. 争议中的数字税:为什么征收数字税并非明智之举? [EB/OL]. (2021-04-27). http://finance. sina. com. cn/jjxw/2021-04-07/doc-ikmyaawa8376984. shtml.
③ 每年损失500亿欧元:欧盟出新规打击跨国企业避税[EB/OL]. (2016-01-29). https://world. huanqiu. com/article/9CaKrnJTxM9.

区)和公众的补偿。

2．反对征收数字服务税的理由

目前,国际上反对征收数字服务税主要出于以下几方面原因。

1) 数字跨国(地区)企业或向消费者转嫁成本

探讨征收数字税多出于对双重不征税和跨国(地区)数字企业轻易通过知识产权等手段转移利润的担忧,其讨论都是在企业所得税框架下进行。但是,在目前税制下实施数字税并非对企业所得征税,而是对一组进口消费品征收特定税,类似于关税或消费税,作为间接税的关税或消费税最终都会转嫁给消费者。例如,来自谷歌和亚马逊的证据显示,它们将会提高价格把税收转移给消费者。法国的数字税一般均衡模型显示,税收大约 55％由消费者承担,40％由使用数字平台的企业承担,只有 5％由作为目标的大型互联网公司承担。[①]

2) 或将抑制市场竞争

尽管数字税可能会提高大型跨国(地区)数字企业的成本,但并不能确定这是否会导致它们的市场竞争力下降。同时这种税收还可能抑制竞争,因为跨国(地区)数字企业的潜在竞争对手可能畏首畏尾,以免自己也成为这种特殊税收的针对对象。

3) 资源错配符合比较优势原则,不应当征税

如前所述,支持数字税的理由包括数字企业受益于其所在地和用户的不同所在地的自然地理位置的错配,但反对者却认为,所谓"错配"只是虚拟集聚比较优势的产物,而比起自由贸易,以征收关税方式支持境内产业发展是一种糟糕的政策。在数字产品和服务方面美国具有比较优势,这得益于其高教育水平的劳动力、丰富资本以及对蓝天研究(blue-sky research)的投资,支持数字贸易自由化,以充分利用其比较优势,而不应当征收数字服务税。

4) 用户创造的价值已有对价,不应征税

数字税的支持者认为,数字企业利用消费者数据创造了价值,征税是为消费者回收价值的一种方式。但是,应该注意,如果没有进口数字技术支持,用户(消费者)的数据基本没有价值。一方面,用户(消费者)免费将数据提供给数字企业,事实上作为交换,数字企业免费为其提供服务。这一经济活动可视为以物易物的一种形式,由于没有现金交易,这是一种难以征税的价值交换。另一方面,随着互联网数字信息技术的发展,几乎所有行业都可以借助互联网数字信息技术手段与用户(消费者)联系并提供远程服务,难以出于税收目的将数字经济与贸易单独分离出来。

5) 征收数字税或将违反规定并导致贸易紧张局势

一方面,目前数字税存在违反世界贸易组织相关规定的风险。WTO《服务贸易总协定》第 17.5 款规定,一个成员不能以低于本国(地区)服务和供应商的待遇对待另一个国家(地区)的服务。目前数字税主要针对美国大型数字公司,可能违反世界贸易组织的这一规定。

---

① 崔卓群,乔婷婷. 争议中的数字税:为什么征收数字税并非明智之举?[EB/OL]. (2021-04-07). http://finance. sina. com. cn/jjxw/2021-04-07/doc-ikmyaawa8376984. shtml.

另一方面,征收数字税可能造成国际贸易紧张局势。例如,法国 2019 年宣布数字税后,美国采取强烈反制态度,特朗普威胁要对法国征收高额关税,作为回应,法国同意至少推迟到 2020 年 12 月底实施数字税,条件是美国同意 OECD 的 BEPS 建议。[①]

6) 违反中立原则

违反中立原则主要表现在:一是征收数字税间接废除了数字企业与非数字企业之间的中立待遇;二是通过对企业交易征税而实现对其收入征税,不恰当地损害那些利润率较低的企业;三是收入在税收门槛以下的企业将受益于此项税收,也违反中立原则。

7) 增加合规及管理成本

由于多重征税的风险、对税法的不同解释以及缺乏足够的数据来衡量经济活动而导致税基的不确定性,数字税的实施将增加新的合规和管理成本,据评估,实施数字税的相关费用将超过税收产生的收入。[②]

总的来说,征收数字税并非明智之举,相反,各国(地区)可以积极参与有关国际企业税收改革的多边谈判,以减少税基侵蚀和利润转移,同时,认真考虑重新设计对企业收入征税的方法。这不是针对少数企业崛起的临时应对措施,而是一种更有前景的长期做法,即建立一个更有弹性、能够灵活适应全球趋势的税收体系。

欧盟对于美国的绝对零关税措施持谨慎态度,并认为美国只关注数字贸易免征税延期协议,忽略了其定性问题,而零关税措施延期协议应当与电子商务的定性问题结合起来考虑。此外,欧盟大部分 FTA 的零关税措施规定也不适用于有关视听服务的领域。跨境视听服务不能享受欧盟 FTA 数字贸易规则中的优惠待遇,欧盟跨境数据流动的文化例外原则使其本土视听服务产业受到特殊维护,而美国强调绝对贸易自由,二者的着力点有所偏差反映了美欧间的利益分歧所在。

美欧不同的利益需求反映到各自规制的数字贸易零关税措施有所差异,欧盟并不认为其关税措施不利于国际数字贸易的全面自由发展,认为数字贸易关税措施是保护欧盟成员国自身产业发展的有力手段,也是数字贸易监管的利器,这也是欧盟不赞同数字贸易永久免收关税及其他一切税费做法的主要原因。

4.1.3　数字税的国际征收状况、存在问题和我国对征收数字税的态度

1. 数字税的征收状况

自 1998 年 WTO 成员方就"电子商务免征关税"的暂行约定达成一致意见后,数字税征收已经多次延期。发达国家(地区)大都认同对电子商务免征关税,但部分发展中国家(地区)如印度、南非等却认为,这一规定等同于"赋予数字技术优势国家(地区)免税进入发展中国家(地区)市场的一种优待"。在实践中,印度尼西亚、孟加拉国、墨西哥等国家的税收政策均涵盖电子传输的服务或货物;此外,部分欧洲、亚洲国家公开建议、宣布或已经开始就跨国(地区)公司数字经济活动的营业收入实施单边征收数字服务税,但美国却

① 陈婧.法国终于对美国下手了!数字税大战又起?〔EB/OL〕.(2020-11-27).https://www.163.com/dy/article/FSDFA74V0519DBFP.html.

② 英国首推数字税,多国紧随其后,科技巨头要遭殃了〔EB/OL〕.(2018-10-31).https://www.sohu.com/a/272317944_114731.

认为 DST 不符合现行国际税收政策原则。

迄今为止,实施数字税一般具有非常高的免税门槛,确保税收只适用于被认为在某国(地区)境内赚取大量利润的大型数字跨国(地区)企业,它通常针对美国的 Google、Apple、Facebook 和 Amazon(GAFA),因此又被称为"GAFA 税"(也称"法国技术税")。近年来,数字税受到广泛关注,不少国家(地区)面临征或不征的选择。据不完全统计,到 2020 年底,已有 46 个国家开征或拟开征直接数字税[①]。其中,奥地利、哥斯达黎加、法国、希腊、匈牙利、印度、印度尼西亚、意大利、肯尼亚、墨西哥等 22 个国家通过立法开征数字服务税;比利时、巴西、捷克、斯洛伐克、西班牙和泰国这 6 个国家提出了数字税立法草案或者公共咨询意见;加拿大、丹麦、埃及、以色列、拉脱维亚、新西兰、挪威、罗马尼亚、俄罗斯、南非这 10 个国家颁布了公告和实施意向;芬兰、新加坡、瑞典、瑞士和美国这 5 个国家坚持等待全球性的数字税解决方案;澳大利亚、智利和德国这 3 个国家回避就支持何种改革方案对外表态。此外,全球有 87 个国家通过修改增值税和消费税的方式,对数字经济征收间接税,如澳大利亚、加拿大、智利等。[②]

为了减少矛盾冲突,联合国在 2020 年 8 月 6 日修改了《联合国关于发达国家与发展中国家间避免双重征税的协定范本》(以下简称《协定范本》),新增了数字税条款。其中,第 12A 条款允许来源国通过预提税的形式对数字服务进行征税;第 12B 条款允许对自动化数字服务的所得进行源泉课税。《协定范本》中自动化数字服务包括在线广告、在线中介平台、社交媒体、数字内容、云计算、出售或以其他方式转让用户数据以及标准化在线教育等服务。《协定范本》新增的数字税条款,为联合国成员国提供一个数字税征管的技术性选项,允许成员国通过双边税收协定谈判对数字税征管达成共识。

2. 实施征收数字税存在的主要问题

从以上各国(地区)征收数字税的推进情况看,数字税在世界范围内的广泛实施已是大势所趋。但是,实施征收数字税仍存在诸多问题,主要体现在以下几方面。

1) 征税的法理基础

虽然经过多年探讨和酝酿征收数字税,但由于其一般指向企业使用资源的外部性特点,其法理基础并不扎实。一种理解是"欧盟等研究开征的数字税,其实质是一国政府针对使用本国网络数据资源且获利的市场主体征收的'资源使用金'"。数字税征收的法理基础解释为,在互联网数字信息时代,"数据"自身价值因为数字技术应用而可以创造巨额财富,基于这种财富征税便拥有科学依据,但对数据价值很难进行准确评估,数字税计税依据并不能可靠地确定。

2) 征税管辖权的界定

征税管辖权国际通行属地原则,也有属地和属人原则结合征税的。数字企业的服务内容和方式都是通过虚拟方式实现的,并不需要设立机构场所,或者即便设立了机构场所,其所得来源与机构场所的关联度也难以判定,这对数字税征收管辖权的界定构成

---

①　直接数字税是指以企业营收和利润为税基,税率从 1% 至 15% 不等的新增税,包括数字服务税、数字预提税等。

②　周念利,王达. 数字税的影响、挑战和建议 [EB/OL]. (2021-03-30). https://mp.weixin.qq.com/s/VYoOrQ3xHqTQOMZulEEM3g.

挑战。

3）征税范围和税率的确定

对于数字税的征税范围和税率，不同国家（地区）一般都基于本国（地区）现状出发，制订适合本国（地区）利益的方案。欧盟长期未能达成统一的数字税，也是因为欧盟各国在征税范围和征税税率上的分歧。目前，欧盟成员国已生效的数字税主要存在以下不同分歧：法国确定的数字税征税范围是广告的数字销售和服务收入，依据3%的税率征收。德国的数字税方案尚未生效，但德国准备对外资平台在线广告征收15%的数字税，其数字税的税率在欧盟中较高，但征税范围也相对较小。2020年1月1日，意大利开始向全球年收入超过7.5亿欧元、在意数字服务收入超过550万欧元的科技公司的在意营业额征收3%数字税。英国确定的征税范围是搜索引擎、社交媒体和除在线销售外的数字服务收入，依据2%的税率征收，英国的数字税税率偏低而征税范围广。[①]

3. 我国对征收数字税或数字服务税的态度

目前，我国对数字经济的征税研究尚处于起步阶段，能称得上数字税的，仅仅涉及对跨境电商的一些极小税收。因此，客观地讲，我国确有必要研究对于一些具体的数字经济业务的征税问题，也有必要研究规范互联网企业与传统企业之间的税收一致性问题。对于OECD的经济数字化税收应对方案，也必须加强研究，积极参与谈判，争取最大利益。但是，在欧洲各国力推数字服务税问题上，我国则要从长计议。作为广阔的"蓝海"的数字经济，未来有巨大的成长空间，当务之急我国仍要大力创造条件、优化数字经济与贸易发展的产业生态环境，大力发展数字经济与贸易以促进我国经济转型升级和高质量发展，让各类市场主体在这个数字经济的"蓝海"上继续开疆拓土，扩展更大市场空间。[②]

因此，针对数字税的征管，我国应该注意以下几方面问题。

1）数字税的征税时机及征税力度要综合评估

我国数字经济居于世界领先地位，但其较为依赖国内市场而国际化方面不足，而国外数字企业在我国国内市场的份额较小，并未对国内数字企业构成威胁，因此，数字税征收很可能首先冲击国内数字企业，特别会影响到我国数字企业的国际竞争力。基于此种情况，我国数字税法规制定的原则与法国、英国、印度等国的出发点不同，对于征税时机以及征税力度都需要进行综合评估。

2）立法内容要考虑数字税的税种特征

数字税将是在我国目前税种基础上开征的新税种，其服务内容包括电子商务、搜索引擎和网络媒体等方面，这些都是不同于传统企业业务的新兴业务，因此，其征税对象是可以与其他税种清晰地分开界定的。从税负的转嫁视角看，数字税最终可转嫁给消费者，具有流转税特征，但其税负和转嫁对象难以完全对应，又具有所得税特征。因此，对数字税的法规制定和征收管理都需要打破固有思维。从税种属性看，其作为中央和地方共享税可能较为适宜，既有利于中央整体协调，又有利于调动地方政府支持地方数字企业发展的

① 陈婧.法国终于对美国下手了！数字税大战又起？［EB/OL］.（2020-11-27）. https://www. 163. com/dy/article/FSDFA74V0519DBFP. html.

② 崔卓群,乔婷婷.争议中的数字税：为什么征收数字税并非明智之举？［EB/OL］.（2021-04-17）. http://finance. sina. com. cn/jjxw/2021-04-07/doc-ikmyaawa8376984. shtml.

积极性。在数字税分配比例上,地方政府享受较大比例才更有积极性支持数字经济发展。

3) 积极参与数字税国际规则制定

目前,世界很多国家(地区)已经制定或正在准备制定数字税,在数字税规则的制定上,各国(地区)之间形成博弈均衡。先动国家(地区)的优势是可以形成很多"标准",而后动国家(地区)的优势是可以获得更充分的信息,借鉴先行者的经验和教训。数字税涉及双方甚至多方的博弈,数字服务提供方和接受方利益不同,零和博弈存在争议在所难免。作为提供和接受数字服务的大国,我国积极主动参与数字税相关规则的制定和协调,以期未来制定的数字税法规在符合国际规则下最大限度地维护我国的根本利益。

非关税壁垒是数字贸易壁垒非常重要的、必要的内容,各国(地区)在数字贸易的非关税壁垒的激烈争议甚至大于数字税的争议程度。在学习数字税之后,本章接着讨论跨境数据流动限制、市场准入、本地化等非关税数字贸易壁垒内容。

4.2　跨境数据流动限制

对于数字经济与贸易,数据已经成为新的生产要素和可交易的重要资产,数字贸易催生对跨境数据流动的巨大需求。与此同时,跨境数据流动也对个人信息隐私与商业秘密保护、网络安全、国家(地区)安全等提出更高要求。在互联网数字信息时代,如何促进跨境数据便捷安全有序流动,成为当前数字贸易发展和相关规则谈判的核心议题。本节主要探讨和学习跨境数据流动的概念及各国(地区)跨境数据流动规则体系的特征、一般例外、安全例外和国家(地区)安全例外等条款对跨境数据流动的适用和我国跨境数据流动规则制定需注意的问题及完善措施。

4.2.1　跨境数据流动概念及各国(地区)数据跨境流动规则体系特征

1. 跨境数据流动的概念

数据是一种非竞争性物品,可以被反复使用且不影响其质量,也不会面临自然资源那样供应枯竭的风险。资金的流动是价值增值所必需,而数据流动也是数据增值所必须。正如资金的金融属性是只有资金融通流动起来才能体现真正的价值一样,数据只有流动起来才能体现出数据增值的真正意义。伴随资金流动风险和收益并存,数据流动也存在增值收益和数据信息泄露的安全问题。

经济合作与发展组织对"跨境数据流动"的定义分为两个层次:第一,计算机化(数字化)的数据和信息;第二,该数据或信息在国际上流动;也就是说,跨境数据流动就是数字化的信息跨越关境的传输流动。

在跨境数据流动的经济性质认识上,国际上存在一定争议。对于跨境数据流动是否属于服务贸易的问题,需要考察 WTO 的服务贸易总协定中关于服务部门是否存在数据服务。WTO 成员方依据两种方式定义产品和服务:一是服务部门分类清单(W/120);二是联合国一般产品分类(CPC)。在 W/120 中与 CPC 编码中,计算机与相关服务属于"商业服务"的细分部门,而该细分部门又分为五个分部门,其中数据处理服务和数据库服务涉及数据相关服务,且电信服务中的诸多增值服务均涉及跨境数据流动相关服务。因此,在 WTO 规则中,跨境数据流动属于服务贸易范畴。

2. 世界主要经济体跨境数据流动规则体系特征

对于跨境数据流动规则,一般区分为个人数据和非个人数据来对待,但出于自身利益考虑,不同国家(地区)对相同或不同类型的数据跨境流动限制程度和监管方式差异都很大。

按照惯例和通行规则,根据对跨境数据流动禁止程度的差别将数据分为三大类:一是重要的数据禁止跨境流动;二是政府和公共部门的一般数据和相关行业技术数据有条件地限制跨境流动;三是普通的个人数据允许跨境流动,但是个人数据传输也要满足相关安全管理要求的条件。

下面介绍欧盟、美国等世界主要经济体跨境数据流动的规则体系。

1) 欧盟跨境数据流动规则体系及特征

欧盟数据安全立法起步较早,旨在消除欧盟各国立法分歧。在对跨境数据流动治理和监管上,欧盟始终坚持以高标准保护为前提的跨境数据自由流动。2018 年《通用数据保护条例》①和 2018 年 10 月欧盟《非个人数据自由流动条例》②相继出台,是欧盟对个人数据跨境流动与非个人数据在欧盟境内的流动作出相关规定,二者共同构成涵盖所有数据类型的治理框架,这被称为"欧盟'史上最严'数据保护条例和最具代表性的数据安全立法"。2022 年欧盟《数据法案》草案的出台则显现出欧盟强化自身数据保护和跨境数据流动规则的新动向。

(1)《通用数据保护条例》对跨境数据流动的规制。

一是 GDPR 中将个人数据定义为"与已识别或可识别的'自然人'相关的任何信息"。个人数据遵循保护优于自由流动原则,具有"属地"和"属人"相结合的数据管辖权适用范围,即只要数据处理行为涉及欧盟公民个人信息,无论数据掌控者在与不在欧盟境内设立实体机构,都必须接受 GDPR 的管理,违规者将面临最高 2 000 万欧元或企业上一财年度总营业额 4%的高额罚款。

二是 GDPR 将个人数据依据敏感程度划分为一般数据和敏感数据以区别对待管理。基于"合法性"原则,欧盟成员国间对一般个人数据允许数据自由流动,但要传输到非欧盟以外第三国(地区)则要求"接收方的数据保护水平达到欧盟要求的 GDPR'充分性认证'"的要求,目前仅有 12 个非欧盟国家和地区通过认证③;未获"充分性认证"的国家(地区)则可以选择"通过直接与欧盟签订符合 GDPR 数据保护规定的标准合同条款(SCC)、采用欧盟成员国通过的并经欧盟委员会批准的标准数据保护条款、制定保护个人信息在各环节安全处理的企业规则、获欧盟成员国监管机构颁发的'数据传输认证'"等几种方式来获取数据;另外,较少地适用于数据主体知晓传输风险仍同意传输或因执行合同进行传输等特殊情况。GDPR 严格限制敏感个人数据跨境传输,但有例外情况,包括数据主体明确同意、基于犯罪侦查的需要和维护重大公共安全或国家利益的需求等。政府部门、公共

---

① General data protection regulation[EB/OL]. https://gdpr-info.eu/.

② 欧盟《非个人数据自由流动条例》全文中文翻译[EB/OL]. (2020-07-05). https://www.secrss.com/articles/23613.

③ 12 个国家和地区包括安道尔、阿根廷、加拿大(商业组织)、法罗群岛、根西岛、以色列、马恩岛、泽西岛、新西兰、瑞士、乌拉圭和日本。

机构或企业在涉及处理个人敏感数据时,需要引入数据保护官(DPO)机制以监督机构或企业内部的数据保护的合规性,且其传输前需进行隐私影响评估(PIA)。[①]

(2)《非个人数据自由流动条例》对跨境数据流动的规制。

非个人数据定义为"与已识别或可识别的'自然人'无关的任何数据",如匿名数据等,适用于为欧盟境内用户提供的数据处理服务,不论数据供应商是否在境内设立实体机构。非个人数据在欧盟境内可自由流动,禁止欧盟内部非个人数据本地化限制,已实施数据本地化的成员国须立即废止相关条款,但存在"公共安全"[②]例外。此外,欧盟积极开展数字经济国际合作,确立"欧式"数字治理理念的国际引领地位,并向全球范围推广"欧式"数字治理理念。GDPR 已然成为全球个人隐私保护领域的立法典范,日本加入"白名单"、韩国处于考察阶段,巴西、东南亚等国家和地区的隐私保护立法方面均参照 GDPR 经验。[③]

2) 美国跨境数据流动规则体系的特征

与欧盟相反,美国对于跨境数据流动总体持积极态度,通过制定宽松的监管政策来鼓励跨境数据自由流动以实现其数字贸易的利益最大化。

在国际层面,美国通过亚太经济合作组织 2012 年启动的《跨境隐私规则机制》推动成员内部的数据流动。2022 年 4 月 21 日,美国与加拿大、日本、新加坡等共同发布《全球跨境隐私规则声明》,宣布建立全球跨境隐私规则体系,将其变成一个全球所有国家(地区)都可以加入的体系,进一步扩大了 CBPR 机制的全球影响力。2018 年生效的《澄清合法使用境外数据法》(*Clarifying Lawful Overseas Use of Data Act*,*CLOUD Act*,以下简称《云法案》)扩大了美国执法机构调取境外数据的权力,实现数据领域的"长臂管辖权"。2022 年 6 月,美国参众两院发布《美国数据隐私和保护法案》讨论稿,涉及国会近 20 年来隐私辩论的全方位内容,虽然离正式通过并成为联邦法律还有一定距离,但却反映出数字经济时代美国数据隐私保护的价值理念,欲将 APEC 框架下的 CBPR 体系转变成一个全球所有国家(地区)都可以加入的体系。

在制度设计上,美国既考虑增强个人数据权利的国际趋势,又有很多有利于数据价值释放的内容,如"选择退出"机制、有限的私人诉讼权、数据处理企业的忠诚义务等,这有助于遍布全球的美国大型跨国(地区)数字企业通过跨境数据资源流动创造巨额利益,所以,美国更倾向于利益导向的数据治理模式。

(1) CBPR 跨境隐私规则体系。2004 年通过的《APEC 隐私保护纲领》框架是 CBPR 体系的基础,该框架针对个人信息保护提出了九大原则,如表 4-2 所示。由于框架对各国(地区)没有真正法律效力以及缺乏实际可操作性,为了推进隐私框架实施,APEC 电子商务指导组数据隐私分组于 2007 年提出了探路者(Pathfinder)倡议来构建 CBPR 体系。

[①]　于晓,叶申南.欧日韩数字经济政策、发展趋势及中国策略[J].财政科学,2021(6):135-141.

[②]　公共安全(public security)概念由《欧盟运行条约》第 52 条规定,指欧盟成员国国家内外部安全以及公共安全,危害公共安全行为包括威胁政府机构正常运作、基本公共服务供给、人民生命安全、外交关系及军事利益等。

[③]　于晓,叶申南.欧日韩数字经济政策、发展趋势及中国策略[J].财政科学,2021(6):135-141.

表 4-2　APEC 隐私框架九大原则

序　　号	英　　文	中　　文
1	Preventing Harm	避免伤害
2	Notice	通知
3	Collection Limitation	收集限制
4	Uses of Personal Information	个人信息的使用
5	Choice	选择性原则
6	Integrity of Personal Information	个人信息的完整性
7	Security Safeguards	安全保障
8	Access and Correction	查询及更正
9	Accountability	问责制

CBPR 体系是"规范 APEC 成员经济体中企业个人信息跨境传输活动的、自愿的多边数据隐私保护计划",其规范对象仅限于 APEC 自愿加入的成员经济体的企业中涉及的个人信息跨境传输。

CBPR 体系规范各种规模企业(包括中小企业、大型跨国公司),只要涉及个人信息的收集、存储、加工、传输都在其规范范围之内,而个人信息包括消费者信息、员工信息和健康信息等,CBPR 体系参加国(地区)可以自己选择规制范围。因此,CBPR 体系也可以称为跨境电子商务个人信息保护规则体系。① 其主要规则如下。

一是隐私执法机构。CBPR 体系设定的准入条件是申请国(地区)至少有一个隐私执法机构加入跨境隐私执法安排(Cross-border Privacy Enforcement Arrangement,CPEA)。

二是通过问责代理机构来衡量加入国(地区)认证企业的隐私保护水平。

三是加入国(地区)企业如果想从事跨境电子商务活动,可以自愿向问责代理机构申请对其进行隐私保护认证。

(2) 美国《云法案》。2018 年 3 月 23 日,《云法案》经美国总统特朗普签署后生效。其核心内容分为两个方面:一是为保护公共安全和打击恐怖主义等犯罪,美国政府执法部门通过服务提供者对存储于境外的电子数据的获取,二是其他国家若要调取存储在美国的数据,则必须通过美国的"适格外国政府"审查,其中包含人权等与数据保护无关的标准,"适格外国政府"通过服务提供者获取存储于美国的电子数据。

《云法案》以公共安全为名,对他国数据进行长臂管辖,在数据主权上实行双重标准。在国际关系上,凭借数据优势和制度后盾,美国正在成为全球数据警察。

基于互惠原则,该法案极具特色地规定了外国执法部门可以通过这种方式获取存储于美国境内的数据。不过,这种所谓的互惠并不是绝对的。相应的外国政府将国家主要限制在《网络犯罪公约》的缔约国中,必须与美国之间签署有专门的行政性协议,且该协议需司法部部长认定并经过国会批准,才具有基本适格性。该法案要求这些国家的国内法的内容及法律的执行在隐私、公民权利方面提供充分且实质的程序保护;该外国政府应根据协议的要求而采取适当的程序,将涉及对美国人的信息的获取、留存和散布的程度降

---

① 弓永钦,王健. APEC 跨境隐私规则体系与我国的对策[J]. 国际贸易,2014(3):30-35.

到最低。[①]

（3）美国跨境数据流动相关立法及特点。

一方面,美国推出联邦隐私法案的主要意图在于强化统一立法,向全球推广美国隐私保护理念和争夺数据控制优势权利。

一是美联邦层面因缺乏统一的数据保护基本法,采取各领域分散立法形式,但有为更好保护公民权利从联邦层面推动分散隐私立法走向统一立法的趋势。美国主要是通过行业立法和州立法来保护隐私。行业立法主要用来规范特定行业或特定类别数据的隐私保护,在电信、金融、健康、教育以及儿童在线隐私等领域都有专门的数据保护立法,如电信领域的《电子通信隐私法》、《金融服务现代化法》(GLBA)、《健康保险便携性与问责法》(HIPPA)、《儿童在线隐私保护法》(COPPA)等。随着互联网数字信息时代数据共享利用与隐私权矛盾的日益突出以及州层面立法进程的加快,美国国内对制定联邦统一立法的呼声日益强烈。

二是美国积极推广隐私保护理念,以制衡欧盟 GDPR 在全球隐私保护领域的影响。2018 年施行的欧盟《通用数据保护条例》,对全球个人信息和隐私保护立法产生了深远影响。这样的结果显然不利于美国互联网数字科技巨头的市场扩张和数据汇集,尤其是在跨境数据流动上,GDPR 明确要求他国(地区)应提供与欧盟同等水平的隐私保护,并通过"充分性认定"机制构建包含几千家企业在内的跨境数据流动圈。在这一背景下,美国亟须推动其国内统一的隐私保护立法,将其隐私保护理念推向世界,构建更符合其本国利益的全球数据和隐私保护体系。

三是美国限制个人数据向中国等国流动,目的是在全球数据资源争夺中获取优势。例如,2020 年 8 月,美国政府禁止任何美国人与 TikTok 母公司字节跳动(国际抖音版)以及微信母公司腾讯进行交易,并在应用商店下架或停止更新这两个 App 软件;2022 年 1 月,美国政府对阿里巴巴云存储业务实施审查,重点关注是否收集和存储美国用户数据,及中国政府是否有可能获得这些数据。限制中国等国家获取美国公民数据是近年来美国国会立法的重点内容之一。此外,2018 年美国发布数据安全法案,如《云法案》,意在争夺数据主权,体现了美国数据管辖权的扩张。只要被美国法院认为"与美国有足够联系且受美国管辖"的企业,均适用上述规定。该法案解决了刑事领域的证据跨境调取问题,在内容上分为美国调取域外证据规则和外国(地区)调取美国所控制的数据规则。[②]

另一方面,美国平衡了个人隐私保护和数据价值释放,发挥美国在数字经济与贸易的优势,获取更多利益。

一是美国并未禁止一般个人数据处理活动,而是为个人提供了"选择退出"方式,以促进对个人数据的合理利用。欧盟 GDPR 和中国的《个人信息保护法》都要求个人数据处理活动具有合法基础,除相关法定事由外,在绝大多数情况下数据处理都要事先取得相关个人同意。美国的逻辑是仅要求特定的数据处理活动取得个人同意,但个人可以"选择退

---

① 梁坤.美国《澄清合法使用境外数据法》背景阐释[J].国家检察官学院学报,2018(5):152-176.

② 《美国数据隐私和保护法案》的内容及启示[EB/OL].(2022-09-13).https://new.qq.com/rain/a/20220913A07UKH00.

出"，拒绝企业对其数据的收集、传输和处理。这种"选择退出"模式在美国隐私保护实践和州隐私立法中普遍采用，Facebook、谷歌等一些美国互联网企业在告知用户有权"选择退出"的情况下，收集用户的网络行为数据并用于给用户画像，从而精准投放广告。与欧盟GDPR采取的"选择同意"模式相比，"选择退出"更有利于企业对个人数据的收集和利用，从而促进数据价值释放。

二是增强了个人对其数据的控制，但为避免个人滥用诉讼权利阻碍商业创新，对私人诉讼权作出了种种限制。美国采取了类似GDPR的思路，赋予个人对其数据的访问权、更正权、删除权和可携权，并授权联邦贸易委员会(FTC)在必要时颁布法规，建立个人行使其数据权利的相关程序，以增强个人对其数据的控制；但是，同时对私人诉讼权也设定了限制，该权利在《美国数据隐私和保护法案》施行4年后才可以行使，个人需将提起诉讼的意图告知联邦贸易委员会或所在州的总检察长，由他们在60日内决定是否提起诉讼；若在此期间个人向相关实体索取赔偿，该行为则将被视为恶意；赔偿限定为补偿性损害赔偿金、禁令或声明性救济、合理的律师费和诉讼费。

三是为数据处理企业尤其是大型互联网数字企业设定了多方面义务，但对"忠诚义务"的表述却不够清晰、完整。为保护个人隐私权益，《美国数据隐私和保护法案》为数据处理企业设定了多方面的义务。《美国数据隐私和保护法案》还将大型数据处理企业作为重点规制对象，要求其按年度开展算法影响评估和每两年开展隐私影响评估，且每年向联邦贸易委员会提供遵守本法案的证明。[①] 值得注意的是，《美国数据隐私和保护法案》将数据处理企业视为个人数据的受托人，将企业"忠诚义务"细化为"数据最小化原则、具体的忠诚义务、设计的隐私保护、禁止价格歧视"四大类。[②]

虽然欧盟和美国在跨境数据流动规则上分歧巨大，但是，美国和欧盟也一直尝试建立起跨境数据流动的合作机制，已从《安全港协议》过渡到《隐私盾协议》，但是2020年7月《隐私盾协议》最终因为欧盟认为美国未能提供充分隐私保护而被废止。[③] 欧盟和美国之间在消费者保护与个人隐私保护方面争议较大，美国认为欧盟的相关规定大幅提升了美国数字企业在欧洲运营成本。据统计，截至2018年5月，美国财富500强企业花费在GDPR上的合规成本高达78亿美元。[④] 2020年7月，欧盟法院裁决欧盟与美国之间的跨境数据传输协议(隐私盾)无效，凸显了争议的难以调和。但是，在2022年3月25日，欧盟委员会和美国宣布就新的跨大西洋数据隐私框架达成一致性协议，从而进一步推进了跨大西洋数据流动。从美国和欧盟双方对推动数据跨境流动的不断尝试中，可以看出推动数据在全球范围内跨境流动，以实现数据价值的真正最大化，仍是跨境数据流动的未来趋势。

---

① 《美国数据隐私和保护法案》的内容及启示[EB/OL].(2022-09-13). https://t.cj.sina.com.cn/articles/view/1708813312/65da6c00019013lxg.

② "忠诚义务"被认为是美国学术界关于企业与个人数据处理关系的体现，但《美国数据隐私和保护法案》的规定与之有很大不同，仅列举了四个方面，并未清晰完整地表述企业怎样做才算忠诚履行受托义务，这种分歧将是立法进程中的争议焦点之一。

③ 肖雄. 美欧《隐私盾协议》之无效及中国应对路径[J]. 信息安全与通信保密,2021(7)：76-84.

④ 全球最严个人数据保护法GDPR实施之后[EB/OL].(2018-08-08). https://www.sohu.com/a/245976821_455313.

3）我国数据跨境流动规则体系及特征

当前,我国跨境数据流动治理体系已经初步形成。在国内法律制度层面,《网络安全法》《数据安全法》《个人信息保护法》等法律构建出了跨境数据流动的顶层设计框架,而《地图管理条例》《征信业管理条例》等行政法规织密了对特定行业的数据管理作出具体要求的网格。《网络安全法》第三十七条明确规定个人信息和重要数据的"境内储存、出境评估"制度,为我国跨境数据流动规制规定了明确的原则方向。

（1）《数据安全法》对跨境数据流动的规定。2021 年 9 月 1 日起施行《数据安全法》,该法案的出台规范了我国跨境数据流动规则,依法对我国跨境数据有序自由流动提供有力保护。该法第一章第十一条"国家积极开展数据安全治理、数据开发利用等领域的国际交流与合作,参与数据安全相关国际规则和标准的制定,促进数据跨境安全、自由流动。"确立了跨境数据流动应遵循安全、自由原则;第三章第二十五条、第二十六条和第四章第三十一条、第三十六条等,对跨境数据流动规则进一步完善。

首先,以数据分类、分级保护制度为基础,对不同类型数据制订其跨境流动的安全管理规则。根据《数据安全法》的规定,数据按照重要性程度分为国家核心数据、重要数据和一般数据三类,对应不同重要性的数据,其出境规则不同。

一是"国家核心数据"的跨境流动应遵循更严格的审查规则。《数据安全法》第二十一条规定,"关系国家安全、国民经济命脉、重要民生、重大公共利益等数据属于国家核心数据,实行更加严格的管理制度"。

二是"重要数据"的跨境流动应遵循法律法规确立的出境安全审查规则。依据数据处理主体将重要数据区分为关键信息基础设施运营者收集和产生的重要数据以及其他数据处理者收集和产生的重要数据两大类。

三是"一般数据"的跨境流动在平等互惠等原则基础上可以实行自由流动。对国家核心数据和重要数据之外一般数据的跨境流动,该法并未做明确限定,意味着一般数据基本可以实现跨境自由流动。依据《数据安全法》与《网络安全法》的相关规定,一般数据跨境流动可能受三方面限制。第一,对于自愿参与关键信息基础设施保护体系的一般数据,依据重要数据第一类规则进行审查。第二,一般数据的处理活动如果"影响或可能影响国家安全"也应进行国家安全审查。第三,依据平等原则对一般数据的跨境流动进行限制。

其次,对司法和执法领域的数据跨境流动作出专门规定。《数据安全法》第三十六条规定,"按照平等互惠原则,处理外国司法或者执法机构关于提供数据的请求。非经中华人民共和国主管机关批准,境内的组织、个人不得向外国司法或者执法机构提供存储于中华人民共和国境内的数据。"

但是,由于我国数字经济与贸易迅猛发展,因此凸显出管理滞后和规则的滞后特性,主要表现在以下几方面。

一是数据跨境流动所适用法律的协调问题。《网络安全法》《数据安全法》与《个人信息保护法》对于我国跨境数据流动均有规制,其法律之间存在适用性问题。

二是《数据安全法》《网络安全法》相关规定仍需要不断完善。

根据《关键信息基础设施安全保护条例》第一章之第二条的规定:本条例所称关键信息基础设施,是指公共通信和信息服务、能源、交通、水利、金融、公共服务、电子政务、国防科技工业等重要行业和领域的,以及其他一旦遭到破坏、丧失功能或者数据泄露,可能严重危害国家安全、国计民生、公共利益的重要网络设施、信息系统等。

但是,涉及关键信息基础设施认定,则在《关键信息基础设施安全保护条例》第二章之第八条至第十一条规定。

从以上条款可知,关键信息基础设施认定范围,由第二条规定中涉及的重要行业和领域主管部门、监督管理部门作为保护工作部门,其要结合本行业、本领域实际,制定关键信息基础设施认定规则,并报国务院公安部门备案。

因此,关键信息基础设施认定的细致工作正在推进之中。①

第三,重要数据的概念或范围也不明确。《数据安全法》第二十条规定:"国家建立数据分类分级保护制度,根据数据在经济社会发展中的重要程度,以及一旦遭到篡改、破坏、泄露或者非法获取、非法利用,对国家安全、公共利益或者个人、组织合法权益造成的危害程度,对数据实行分类分级保护。国家数据安全工作协调机制统筹协调有关部门制定重要数据目录,加强对重要数据的保护。关系国家安全、国民经济命脉、重要民生、重大公共利益等数据属于国家核心数据,实行更加严格的管理制度。各地区、各部门应当按照数据分类分级保护制度,确定本地区、本部门以及相关行业、领域的重要数据具体目录,对列入目录的数据进行重点保护。"

第四,法律和行政法规的例外原则有待查明,与已签署和要申请加入的区域贸易协定的规则的一致性协调问题。从我国加入和生效的 RCEP 来看,RCEP 对跨境数据流动的自由原则与《网络安全法》第三十七条规定不一致;但《数据安全法》第十一条对数据跨境流动的原则作出一定调整,"国家积极开展数据安全治理、数据开发利用等领域的国际交流与合作,参与数据安全相关国际规则和标准的制定,促进数据跨境安全、自由流动",已经将安全和流动摆在几乎平等的地位。

(2)《中华人民共和国个人信息保护法》的制定和适用问题。

2021 年 11 月 1 日《中华人民共和国个人信息保护法》施行,其中,第三章规定了"个人信息跨境提供的规则"。第三章之第三十八条规定,个人信息处理者因业务等需要,确需向中华人民共和国境外提供个人信息的,应当具备下列条件之一:一是依照本法第四十条的规定通过国家网信部门组织的安全评估;二是按照国家网信部门的规定经专业机构进行个人信息保护认证;三是按照国家网信部门制定的标准合同与境外接收方订立合同,约定双方的权利和义务;四是法律、行政法规或者国家网信部门规定的其他条件。

中华人民共和国缔结或者参加的国际条约、协定对向中华人民共和国境外提供个人信息的条件等有规定的,可以按照其规定执行。

个人信息处理者应当采取必要措施,保障境外接收方处理个人信息的活动达到本法规定的个人信息保护标准。

对于明显不符合或者不属于需向网信部门等相关部门申报数据出境安全评估的情形,数据出境安全风险自评估可能并非强制性法律义务,但这并不代表企业在向境外提供

---

① 关键信息基础设施安全保护条例[EB/OL]. (2021-08-17). https://www.gov.cn/zhengce/content/2021-08/17/content_5631671.htm.

数据前无须进行任何内部自主判断,因此企业依然可以通过自评估的方式,对于是否满足数据出境安全评估的要求进行自证。

因此,结合我国密集出台和实施的有关数据安全的法律及规定,仍需要在实施过程中予不断完善。①

在国际规则方面,中国于 2020 年正式签署《区域全面经济伙伴关系协定》,与日本、韩国、澳大利亚等国家就数据跨境流动达成了一致协议,为促进区域内数据跨境流动奠定了良好基础。2021 年,中国又陆续申请加入《全面与进步跨太平洋伙伴关系协定》与《数字经济伙伴关系协定》,积极参与全球数据跨境流动规则的制定,不断加快与国际接轨的步伐。

总体而言,我国目前数据跨境流动法律法规体系已形成顶层设计的基础性框架,但仍有待继续完善。例如,数据安全管理方面的《网络数据安全管理条例》正在制定中,尚未出台,而新出台的《数据出境安全评估办法》内容较为精炼,有待于在实践中细化和落实。

3. 世界各国跨境数据流动规制趋势

当前,跨境数据流动的重要性日益显著,越来越多的国家(地区)和国际组织围绕数据治理问题进行整体部署,强化对跨境数据流动和数据主权的掌控,主要表现在以下几个方面。

一是美、欧等发达国家和地区在限制数据出境基础上加强跨境执法,但数据治理理念存在很大分歧。一方面,美国打造符合自身利益的跨境数据流动规则体系,力图建立以其为中心的国际数字生态系统。为了防止行业恶性竞争、隐私泄露和国家安全受到威胁等,美国反对科技巨头互联网平台"双重垄断",对涉及国防和国家安全的数据采取限制性措施;同时,凭借已有数字技术经济和数据市场优势,对全球数据实施基于"自由秩序"、国家利益的"长臂管辖权"。另一方面,欧盟则倾向在保持高度隐私、安全和道德标准前提下,推动单一数据市场的构建。欧盟颁布《通用数据保护条例》《关于非个人数据自由流通的规定》的一揽子全覆盖数据规则,加强欧盟成员国之间的数据共享,平衡数据的流通与使用,以打造欧洲共同数据空间,应对美国的数据的长臂管辖。

二是新兴国家(地区)基于维护国家(地区)自身安全考虑,纷纷开始布局数据本地化政策体系,客观上限制跨境数据流动。面对激烈的数据竞争环境,新兴国家(地区)则通过强化数据本地化政策,守住自有数据控制权来满足自身安全需求。对跨境数据流动的限制性措施主要体现为数据本地化要求。

三是国际组织致力于减少跨境数据流动障碍,构建和谐的数据生态环境。近年来,面对快速发展的经济数字化转型态势,各个国际组织更加重视互联互通和聚焦数据价值释放。2019 年 1 月,世界贸易组织 76 个成员共同签署《关于电子商务的联合声明》,"在WTO 现有协定框架基础上,开展电子商务多边谈判"。2021 年 8 月召开的 G20 数字经济部长会议以及同年 9 月召开的联合国大会,都将数据治理和数据流通作为重点议题之一,各国强烈呼吁国际社会加强数据互联互通,弥合数据流通分歧。2021 年 10 月,七国集团(G7)贸易部长会议发表关于数字贸易宣言,提出可信数据流动的若干原则,不但拓宽了跨境数据流动的含义和监管适用范围,还就管理跨境数据使用和数字贸易原则达成一致意见。

---

① 中华人民共和国个人信息保护法(全文)[EB/OL]. (2021-08-20). https://finance.sina.com.cn/china/2021-08-20/doc-ikqciyzm2663020.shtml.

4.2.2　一般例外、特定例外、安全例外和国家安全例外条款的适用

世界各国强化跨境数据流动规制,通常将矛盾聚焦在针对不同类型跨境数据流动的态度上,特别是关于一般例外、特定例外、安全例外和国家安全例外等条款在自由贸易协定中的运用上,对跨境数据流动自由产生极大的影响,形成了实际的数字贸易非关税壁垒。

1. 一般例外、特定例外、安全例外和国家安全例外条款

在 WTO 规则下,涉及一般例外,首先是 GATT 第 20 条第 10 项、GATS 第 14 条、TRIMs 第 3 条等例外条款。虽然例外条款类型与内容不尽相同,但以 CPTPP、USMCA、RCEP 为代表的区域自由贸易协定往往包含诸如此类一般例外条款,只不过在其"电子商务"或"数字贸易"相关章节的规定之中,是适用 GATT 下的一般例外条款,还是 GATS 下的一般例外条款会有所不同,而且习惯做法是将 GATT 第 20 条和 GATS 第 14 条的内容直接或略做修订后纳入 FTA 例外条款之中。

在 WTO 规则下,安全例外条款规定则在 GATT 第 21 条和 GATS 第 14 条之中。从总体上来看,多数的 FTA 直接继承了 WTO 安全例外条款的内容,有些 FTA 的安全例外条款则对 GATT 第 21 条做适当修改。WTO 安全例外条款对三种例外作出规定:①对披露则会违背其基本安全利益的任何信息的保护;②赋予成员为保护其基本安全利益所必需的任何行动的权利;③赋予成员为履行其在《联合国宪章》项下的维护国际和平与安全的义务而采取的任何行动的权利。在国际法上,WTO 这一堪称先例的多边条约首次明确规定安全例外条款,对此后国际经贸关系的调整具有重大而深远的意义,此后 TRIPS 第 73 条、TRIMs 第 3 条等类似条款也被纳入 GATS 第 14 条之下。安全例外同一般例外一起构成 WTO 例外体系的重要组成部分,但是,没有任何条款比国家安全条款更具政治敏锐性。

FTA 特定例外所保护的往往是合法的公共政策,因而,可以理解为公共政策和公共秩序在选取所采取措施时是有区别的,即公共政策针对的是非基本安全利益,而公共秩序则针对基本安全利益。

2. 一般例外条款在 FTA 中的适用

在 FTA 的例外条款中,通常的做法是对 GATT 第 20 条和 GATS 第 14 条的一般例外条款直接引用或做部分修订。例如:《全面与进步跨太平洋伙伴关系协定》第 29.1.3 条和 USMCA 第 32.1.2 条规定,"电子商务或数字贸易适用 GATS 第 14 条的一般例外条款",但同时也在注释中说明"该款规定不影响电子产品是否应归为货物或服务。"CPTPP 和 USMCA 规定适用 GATS 的一般例外条款,通过注释的方式明确本条款不影响电子产品是否应归为货物或服务,其区别在于 GATS 项目下的一般例外情景明显少于 GATT 项目下的一般例外;而其他则规定同时适用 GATT 和 GATS 的一般例外。

WTO 争端实践表明,成员在 GATT 和 GATS 项下首选的例外情形大不相同。在 GATT 中最常被引用的是保护公共健康和环境的例外,而在 GATS 中最常被援引的是公共道德的例外。另外,仅将电子产品明示出来适用 GATT 的一般例外,似乎暗示"除电子产品之外的电子商务或数字贸易则归属于服务贸易"而应该适用 GATS 的一般例外。[①]

---

① 田翔宇.我国跨境数据流动监管体系的国际法分析——以 GATS"一般例外"条款为视角[J].人民法治,2018 (12X):40-41.

在内容和技术有关的网络接入方面,美国主导的 FTA 在选择自由方面表现最为激进,基本都没有对网络中性的承诺,仅认可网络接入服务和使用需要合理的管理。

在文化视听内容自由化上,欧盟态度较为模糊,相关承诺都比较笼统,缺乏实质性的自由化条款。中国对网络内容和接入管理较为严格,从 2010 年的《中国互联网状况白皮书》开始就列出了大量的违法和不允许进行网络传播的内容。

3. 国家安全例外条款在 FTA 中的适用

利用大数据分析,一国可能对他国的社会状况进行精准画像,并有针对性地开展情报收集和研判等工作,威胁他国国家安全。因而,出于国家安全考虑,各国都或多或少地对跨境数据流动予以限制。在国家安全方面,适用例外条款限制个人信息的跨境传输以及服务器在国外的国家实际上有三种选择:①利用 FTA 中有关电子商务(数字贸易)一章中包含的特定例外;②可以选择适用于整个 FTA 的一般例外;③适用于整个 FTA,它是在适用的国家安全例外情况中寻找解决方案的替代方法。即使选定第一个选择或第二个选择,也有可能同时使用第三个选择作为补充。

尽管在具体内容上可能并不完全相同,但大多数 FTA 复制了 WTO 协定的国家安全例外条款,或明确说明 WTO 协定的国家安全例外条款对其 FTA 的适用性。CPTPP、USMCA、DTA、DEPA、RCEP 等协定均包含有此类安全例外条款。在 RCEP 中,电子商务章节对限制措施的例外适用作出了较为宽泛或适用条件较低的规定,其在电子商务章节中已经含有内容宽泛的国家安全例外条款,导致国家安全例外与特定例外和安全例外同时存在的现状,这也是 RCEP 的一个特点,说明其更加注重对国家安全的保护。相反,CPTPP、USMCA、DTA、DEPA 等对跨境数据流动限制措施伴随着诸多前提条件,反而会导致其援引国家安全例外条款的可能性增加。

通常包含在 FAT 中的国家安全例外也包含与个人数据直接相关的内容。因此,国家安全例外可能会提供针对数字贸易的其他保护措施,尤其是规范个人数据传输和存储设施位置的政府措施。

4. 对三种例外条款进行协调

在数字贸易和个人信息的新时代,例外条款需要在整个贸易协定中重新考虑和协调,而且这方面国家安全例外也需要相应地予以纠正。这种平衡已朝着确保信息传输更多自由的方向发展,因为在 USMCA 和 DTA 中已删除了缔约方政府可以进行管制的原则声明,并已将援引特定例外的条件进行调整以适应一般例外。

在特定例外、一般例外和国家安全例外的适用顺序方面,可以首先尝试援引特定例外。如果特定例外的适用失败,则实际上一般例外适用也非常困难,但是鉴于一般例外规定在贸易协定中的重要地位以及被援引的先例,许多国家还是将尝试对其援引。一般例外保护为公共政策、公共道德、生命和健康(与医疗有关的个人信息)、环境(与消费环境侵权产品有关的个人信息)和自然资源(与有限资源消费有关的个人信息)保护所需采取的措施,因此,其具有适用范围比特定例外和国家安全例外更加广泛的优点。GATT 第 21 条的安全例外并没有其第 20 条所要求的"任意或不合理歧视或对国际贸易的变相限制"的禁止性规定,贸易限制措施的适用方式更为灵活,其在适用方面仍是有优势的。

5. 另行订立有关数字贸易协定

将数字贸易从现有 FTA 中分离出来并缔结专门适用于数字贸易的协定也可以被视为能够解决问题的一种方式。通过新协定来规范数字贸易,DTA、SADEA、DEPA 等就是此方面作出的较好尝试,新加坡和韩国、英国也已启动相关谈判。当然,即使在这种情况下,现有的相关贸易协定仍将适用于与数字贸易有关的一般贸易,因此,仍然存在如何协调这两个协定的问题。例如,新加坡和澳大利亚、新西兰之间是既有 FTA 又有数字经济协定(DEA),而美日两国间也同时有 FTA 和数字贸易协定。

DEPA 则由于是新加坡、新西兰、智利三国间的多边协定,而三国间又没有签订 FTA,因此并无类似条款,仅在第 1.2.2 条规定:如果一缔约方认为 DEPA 的条款与其和至少一个其他缔约方作为缔约方的另一协定的条款不一致,应请求另一协定的相关缔约方应协商以达成双方满意的协议。新加坡和新西兰之间签有 FTA,因此,如果新加坡—新西兰 FTA 的电子商务章节以及与数字经济有关的条款与 DEPA 不一致的话,就会出现如何适用的争议。[①]

4.2.3　我国在跨境数据流动规则适用中需注意的问题及完善措施

1. 我国在跨境数据流动规则适用中需注意的问题

《数据安全法》确立的跨境数据流动规则契合当前我国数据跨境流动的发展趋势,有利于我国应对愈演愈烈的网络安全风险。但在适用跨境数据流动规则时,应注意以下问题。

1)推动安全自由的跨境数据流动,平衡安全与发展的关系

基于对数据自由流动与数据安全价值的不同追求,跨境数据流动规则也不尽相同。我国确立了安全、自由的跨境数据流动原则是更注重维护数据安全,特别是数据安全中的国家安全问题。《数据安全法》颁布后,《网络安全审查办法》扩大了国家安全审查范围,如将"掌握超过 100 万用户个人信息的网络平台运营者赴国外上市"纳入网络安全审查范围,将国家安全风险考虑因素从五项增加至七项,并将"非法出境的风险"作为国家安全风险的考虑因素等。需要注意的是,国家安全风险也有高低、类别之分,对于不同等级、不同类别的国家安全风险应当确立不同的处置方式。对那些可能产生特定国家安全风险的跨境数据流动,应进行严格限定;对大部分的一般数据,应持更开放包容的态度,通过数据安全规则促进跨境数据自由流动和数据产业的发展。

2)合理构建数据分类、分级管理制度

《数据安全法》并未进一步明确重要数据的"重要程度"和"危害程度"标准,而是授权"各地区、各部门"制定本领域内的重要数据目录。虽然这种授权性规定能够发挥各地区、各部门的积极性,但也可能因立法中因地区利益或部门利益而带来诸多问题。

3)需进一步明确司法或执法上跨境数据流动规则

由于司法协助应对互联网时代犯罪的局限性以及数据跨境流动的便捷性,一些国家和地区确立了司法或执法机构直接向境外企业或个人调取数据的做法。我国基于维护司法主权的考虑,原则上禁止境外司法或执法机构直接调取存储于我国境内的数据,这对应

---

① 马光.FAT 数据跨境流动规制的三种例外选择适用[J].政法论坛,2021(5):14-24.

对境外"长臂管辖"具有重要意义,但主管机关在何种情形下应批准境外司法或执法机构直接调取存储于境内的数据,除"一事一议"之外,可借鉴《数据安全法》第二十六条"平等互惠原则"的规定。

随着互联网、电子商务、数字贸易等日渐发展,跨境数据流动的规模正在日益扩大,其对数字经济与贸易发展的驱动力也日益显著。在全球化的大背景下,无论是新兴互联网企业、跨国公司还是传统行业,其开展商业活动都与跨境数据流动息息相关。在数字经济与贸易迅速发展背景下,如何在保护数据安全的同时,推动数据流动、充分发挥数据效用,是我国深入推进数字经济与贸易进军全球市场的现实难题。

2. 我国对数据跨境流动规制的政策方向及其完善建议

1)我国对跨境数据流动规制的政策方向

我国跨境数据流动规制的政策方向主要体现在以下几方面。

(1)明确以跨境数据流动自由为原则,限制跨境数据流动为例外的模式。鉴于我国既是数据大国也是对外投资大国,例外条款的构建可考虑"以跨境数据自由流动为原则,以限制跨境数据流动为例外的"模式。例外条款设计的目的是在保障我国国家安全和保护个人隐私信息安全下促进我国数字经济发展,而不应该阻碍我国数字企业优势的发挥。跨境数据自由流动成为常态,较高保护水准的数据隐私保护要求,以及涉及国家安全、公共道德和公共秩序的内容审查机制均可被纳入例外条款,但只有在符合一定的采纳和实施要件之后才能限制跨境数据流动。我国应该进一步在国际社会上推动该类补救措施的合法化,以维护受损害成员方在 WTO 下权利和义务的平衡。在此方面,RCEP 中的例外条款模式提供了较好的模板,因为其较好地处理了在国家安全等核心诉求方面继续保留较大范围限制的同时,又较好地贯彻了跨境数据流动总体自由的大方向。

(2)在跨境数据流动规则上要关注 FTA 中三种例外原则叠加适用问题。除了RCEP 外,我国缔结的 FTA 中对电子商务作出规定的主要有《中华人民共和国政府和大韩民国政府自由贸易协定》(以下简称"中—韩 FTA")和《中华人民共和国政府和澳大利亚政府自由贸易协定》(以下简称"中—澳 FTA")。因为中—韩 FTA 和中—澳 FTA 均未对跨境数据流动进行规定,所以,这些 FTA 并不存在电子商务章节下的特定例外,当然,从另外一个角度来看,没有对跨境数据流动做出明确的规定,也就没有就此承担相关条约下的义务。因此,也没有必要通过例外条款来对其进行限定。

当前就 FTA 的结构而言,最紧迫的问题是澄清电子商务(或数字贸易)一章中包含的特定例外与适用于整个 FTA 的例外之间的关系。现在,一般例外和国家安全例外适用于整个协定,因此,它们当然也适用于电子商务(或数字贸易)部分。具有不同背景的例外情况并不一定要同时适用多个条款,但是,允许在同一情况下存在多个例外情况的系统,注定会造成混乱。特别是,如果没有像现在这样提及重复适用的可能性,并且没有关于以何种顺序和以何种方式适用这些例外的规定,最终,援引该例外的国家和反对国家之间将会不可避免地出现争议。

(3)互联网信息时代,各国对国家安全不存在统一认识。对我国来说,数据(信息)安全是与政治安全、国土安全、军事安全、经济安全、文化安全、社会安全、科技安全、生态安全、资源安全、核安全并列且相互交错在一起,共同组成综合国家安全体系。俄罗斯在《俄罗斯运输限制措施案》中主张国家有权就采取的措施是为保护其基本安全利益所必要作出决定。对美国而言,GATT 第 21 条(b)项的自我判断性质使争端"不可审理",即认为专家组无权法审查成员援引该条的权利。欧盟、中国、巴西、澳大利亚、日本和其他第三方则认为专家组有权审查此案,不同意对涉及国家安全的争议不可审理的观点。建议对个人信息应采取区分,既警惕将个人信息泄露直接与国家安全联系起来,也要注意把两者完全区别对待。在此方面,网络安全审查办公室于 2021 年 7 月 2 日至 5 日分别对滴滴出行和运满满、货车帮、BOSS 直聘展开的网络安全审查将会提供了一个非常有用的案例。①

从我国缔结的 FTA 文本中不难发现,RCEP 对跨境数据自由流动作出了最开放的规定,尽管如此,RCEP 和 CPTPP 相比跨境数据流动仍受到很大限制。CPTPP 中一般例外和国家安全例外条款的存在和适当运用,将会对我国具有很大启发,或许通过这些条款的援引,可达到跨境数据流动自由和国家安全利益的最佳协调。特别是注意到"对基于基本安全利益所适用的不披露任何信息"这一条款的意义。但与 RCEP 第 12.17.3 条规定任何缔约方不得就电子商务章节下产生的任何事项诉诸争端解决不同,CPTPP 等 FTA 则未将电子商务排除在争端解决之下。这也将是我国加入 CPTPP 时所要解决的问题,即电子商务方面适用 FTA 争端解决机制的问题。

2) 完善我国国内法对跨境数据流动的规制

近年来,我国跨境数据流动治理框架日益形成和完善,有关跨境数据流动的法规标准持续出台。2016 年公布的《网络安全法》,形成了"本地储存,出境评估"制度;2017 年发布的《个人信息和重要数据出境安全评估办法(征求意见稿)》细化了跨境数据流动安全评估操作流程;2020 年公布的《数据安全法》更加强调我国参与国际相关规则的制定以及与其他国家或地区规则体系的衔接;2021 年公布的《数据出境安全评估办法(征求意见稿)》,则为我国跨境数据流动提供了重要的配套落地规则。可以说,我国的跨境数据流动规则体系正在不断完善,虽然如此,与发达国家有关跨境数据流动规则相比,仍存在一定差距和风险,主要表现在以下几方面。

(1) 作为新兴国家中的数据大国,我国尽管在跨境数据流动方面制定了《数据安全法》,明确了数据治理的基准和原则,但相较于美欧推进的全面数据战略和顶层设计,我国跨境数据流动规则体系建设还存在较大差距。

(2) 基于"属地原则"的"数据本地化"政策,虽然最大限度地保障了国家安全、公共安全和个人隐私安全,但同时也对我国通过协议打通与美、欧、日的数据传输通道形成了障碍,存在被发达国家的数字"朋友圈"边缘化的风险。

(3) 美欧等网络技术成熟的发达国家凭借技术优势垄断网络规则制定权,推行体现本国价值理念的数据治理主张,针对我国的竞争和打压持续增强。针对上述情况,我国从制度与立法层面还未作出有效回应,虽然对企业数据有规定,但其可操作性和实践指导性尚有待加强。

因此,建立发展与安全相协调的跨境数据流动规则体系,在统筹好发展与安全关系的

---

① 中华人民共和国国家互联网信息办公室. 网络安全审查办公室: 对运满满、货车帮、BOSS 直聘启动网络安全审查[EB/OL]. (2021-07-05). https://www.163.com/money/article/GE4O9C8200258105.html.

基础上,我国需要尽快提出和推广跨境数据流动规则的系统性"中国方案",切实发挥数据支撑社会经济发展的重要作用。具体而言,应从以下几个方面着手。

一是加强规制顶层设计,完善国内法律制度,构建数据跨境多元治理方案,提高跨境数据流动规则体系的系统性。要加强顶层设计,成立专门的数据保护监管机构,明确跨境数据流动规则体系的主导思想和总体安排。在完善相关立法的基础上,出台专门的顶层设计文件,统筹国内数据治理与跨境数据流动的关系,协调跨境数据流动中安全与发展之间的关系。坚持尊重国家数据主权主张,探索建立安全有效的数据存储体系,完善本地化存储之外的数据保护措施,通过技术创新和机制设计实现数据的安全存储和自由流动,为建立与国际接轨的跨境数据流动体系奠定基础。对国家而言,进一步完善我国数据跨境的有关法律制度是实现跨境数据流动的治理基础。应进一步明确《网络安全法》《数据安全法》规制的数据范围,对于重点数据和个人数据应分类采取不同的规制标准,降低企业合规成本。对行业而言,应加强行业自律,结合我国互联网行业发展水平,建设数据跨境行业指南与标准。对企业而言,则应培育自身数据合规意识,提高数据保护水平,防控风险。

二是坚持合作共赢原则,加强国际合作,构建中国特色全球跨境数据流动规则体系。跨境数据流动规则影响着各国之间的国际贸易,我国应更加主动参与有关国际规则的制定,提出跨境数据流动的中国方案,真正提高我国数字经济的国家竞争力,保障数据主权。全球数字经济迫切需要新的合作机制和规则来保护数字贸易和数据流动自由,我国应加快构建中国特色全球跨境数据流动规则体系,更好应对欧盟、美国跨境数据流动规则的挑战。加强与新兴国家之间的科技合作,利用多边机制的召集力和广泛影响力,达成相关协议。着力推进"一带一路"合作框架下数据流动协议与标准的制定,构建数字空间命运共同体,推动全球跨境数据流动规制形成新局面。

三是融入国际数据治理,主动参与国际数据规则议题谈判和国际协议制定。随着《全面与进步跨太平洋伙伴关系协定》《数字经济伙伴关系协定》、亚太经济合作组织跨境隐私规则机制的建立,各国在数据跨境流动的国际规则制定上博弈加剧。在数据安全可控的前提下,我国需要更为主动地参与国际数据规则议题谈判,将数据跨境流动纳入双边、多边贸易投资谈判内容,加强与欧盟、英国、日本、韩国之间的规制协调,抓住《区域全面经济伙伴关系协定》达成契机,积极与欧洲和亚太地区重要贸易伙伴国达成数据流动认证协定,促进数据合法有序流动。根据域外相关国家和地区的数据保护情况及对等原则,建立动态"跨境数据流动白名单"机制,根据产业类别将部分国家和地区纳入可自由接收数据的目的地清单。

四是加强高新技术研发,提高全流程监管能力和保护水平。法律规则监管能够对事前的风险进行评估,对事后的责任进行追究,但无法对数据跨境全流程进行监管,存在一定的滞后性。针对数据跨境中存在的系列安全风险,应加强高新技术研发,依托区块链、同态加密等技术手段,增强风险防控能力与数据安全事件处理能力,提高跨境数据流动的监管能力和安全保护水平,实现数据安全的可监测、可管控、可追溯。[①]

---

① 马光.FAT 数据跨境流动规制的三种例外选择适用[J].政法论坛,2021(5):14-24.

4.3　数字贸易壁垒主要内容、形式与原因

21世纪随着互联网、大数据、云计算、区块链、人工智能、5G通信等数字信息技术迅速发展及基础设施的完善,"互联网＋"融合渗透传统产业和数据跨境流动使国际贸易标的、企业商业模式和支付(交付)方式等发生深刻变革,与之相关的数字贸易正在成为全球贸易的重要方式和组成部分。但是,国际上尚未形成一套较为完整成熟的数字贸易政策体系,不仅新的数字贸易监管模式对传统贸易模式和国家监管体系造成巨大冲击,而且发达国家正在借助自身政治、经济、科技优势,通过双重标准确立其在数字贸易领域的霸权地位而在数字贸易中攫取巨额利益。为了应对数字贸易带来的挑战,各国均不同程度地对数字贸易设置限制条款,逐步演化为新型数字贸易壁垒。

即使国际组织正在呼吁需要废除数字贸易的保护主义,但世界各国依然存在许多关税和非关税壁垒,对数字贸易发展造成严重阻碍。本节主要学习数字贸易壁垒的概念和内涵、数字贸易壁垒主要内容、数字贸易壁垒的主要形式和数字贸易壁垒形成原因。

4.3.1　数字贸易壁垒的概念、性质和非关税贸易壁垒主要内容

1. 数字贸易壁垒的概念

目前,国际社会对数字贸易壁垒的认识并不统一,因而也没有统一的定义。一般认为,数字贸易壁垒是指在数字贸易过程中,基于维护国内产业发展、保护国家安全等各种原因,一国政府对外国数字产品和服务的生产者或数字产品和服务的提供与销售所设置的具有障碍作用的政策措施。

一般来说,数字贸易壁垒包括两大部分:一是通过征收关税,实施歧视性待遇;二是设置非关税壁垒,即设置限制数字贸易自由发展的障碍,通过提高市场准入门槛等做法,实施市场准入歧视性待遇。

一般认为,数字贸易壁垒属于服务贸易壁垒范畴,但却有别于传统服务贸易的关税和非关税壁垒。本节主要探讨数字贸易非关税壁垒主要内容。在数字贸易发展过程中,数字贸易非关税壁垒有别于传统服务市场准入和投资限制措施,其主要涉及数字贸易环境、数字技术限制措施、数据本地化要求、与数据技术相关的知识产权四个领域,具有典型的"边境后措施"(behind-the-border measures)特征,而表现形式主要有:歧视性待遇、跨境数据流动限制、强制数据本地化要求以及源代码转让要求等。

2. 数字贸易非关税壁垒的特征

一般认为,数字贸易非关税壁垒有三大特征。

1) 多样性

数字贸易非关税壁垒的多样性主要体现在两个方面:一方面,数字贸易非关税壁垒形式多样。数字贸易的发展得益于大数据、云计算、区块链等新型技术的不断升级,因此,数字贸易的内容会随数字技术进步而不断地发展和更新,数字贸易非关税壁垒也会随着数字贸易内容的扩展而不断更新迭代,其形式复杂多样。另一方面,数字贸易非关税壁垒涉及范围广。数字贸易范围广,因而对数字贸易发展造成阻碍的数字贸易非关税壁垒的

范围也随之扩展。从交易对象来看,传统贸易的商品是有实体存在的,但数字贸易交易标的数字产品和数字服务并不需要实体载体,这扩大了其交易范围。从交易方式来看,传统贸易会受到时间和空间的限制,而数字贸易是以数字虚拟形式交易,省略了实体交付的一系列流程并可以随时随地进行,交易方式的发展扩大了数字贸易的普及范围,也使数字贸易非关税壁垒的范围随之扩大。

2) 隐蔽性

大多数措施都有着"国家安全""个人隐私保护"等例外条款的正当理由,但其客观上却构成了数字贸易非关税壁垒,在主观上也难以排除其贸易保护的嫌疑。因此,在实践中难以分辨采取措施的国家是否借着正当理由之名行贸易保护主义之实。

3) 特殊性

数字贸易壁垒的特殊性主要体现在以下两个方面:一方面,数字贸易非关税壁垒的限制对象比较特殊。不同于其他传统贸易,数字贸易以数据流动为基础,其壁垒主要是限制数据跨境流动。在数据作为重要资源及媒介的数字经济时代,跨境数据流动对数字贸易发展来说至关重要。正是因为数字贸易这种特性,数字贸易非关税壁垒的限制对象大多是信息和数据,数字贸易壁垒也多表现为限制跨境数据流动、数据本地化要求、限制互联网的访问和查询、互联网服务壁垒等。另一方面,数字贸易非关税壁垒限制对象涉及多个法律规制的范畴。数字贸易非关税壁垒涉及多个领域,包括个人隐私、国家安全、知识产权、网络安全等领域,可见对数字贸易壁垒的规制涉及多个法域和不同法律保护的价值。

3. 数字贸易非关税壁垒的主要内容

最常见的数字贸易壁垒分类方式是按照政策工具类别分为关税措施和非关税措施两种,而按照政策措施的特性,又可分为专门针对数字贸易的政策措施以及能够影响数字贸易的传统市场准入和投资限制措施,即上面提到非关税壁垒中数字贸易启动环境、技术性限制措施、数据本地化要求、知识产权四个领域,是具有典型"边境后措施"特征的新型贸易壁垒,具体内容如下。

1) 数字贸易启动环境

数字贸易启动环境是确保数字贸易实现运作和交易的前提及保障条件,贯穿制度、技术、税收、基础设施等多个层面。具体而言,这方面的数字贸易壁垒主要内容涉及对数字贸易的歧视性待遇、获取数字产品或服务的障碍以及数字贸易的营商环境等方面。

数字贸易的歧视性待遇是指对以数字方式进行交易的限制和歧视规则,比如完全禁止外国电商平台在本国运营,线下销售的产品禁止通过线上销售等行为。

获取数字产品或服务的障碍是数字贸易启动环境中最为致命的壁垒。因为它从根本上使外国数字产品或服务的提供商丧失了为本国居民提供数字产品或服务的机会,或者是提升了外国数字产品或服务提供商为本国居民提供数字产品或服务的成本,从而降低外国数字企业的竞争力。其典型措施包括:网络过滤和封锁(web filtering and blocking)、网络中立(net neutrality)、网络内容信息审查(censorship)机制、阻止在线服务获取、限制网上广告、云计算限制以及信息聚集费(news aggregation fees)等。

数字贸易的营商环境主要涉及法律、税收以及基础设施三个领域。其中,对外国企业征收歧视性税费是主要的壁垒措施。此外,各国数字基础设施互操作性(interoperability)的缺失、发达国家和发展中国家信息技术发展水平和普及程度的差异(即 digital divide,数字鸿沟)等都会成为数字贸易的障碍。[①]

2) 技术性限制措施

技术性限制措施通常涉及以下内容。

(1) 支付体系。以数字方式完成交易签约及与交易相关的资金流动是数字贸易的典型特征,而限制线上销售使用特定种类的借记卡或贷记卡,阻止那些无法接入特定支付体系的经营者从事电子商务等规定都成为阻碍数字贸易的措施,在线支付许可同样可作为对外国企业进行歧视的工具。

(2) 数据隐私保护。由于社会和文化差异及利益诉求不同,各国数据隐私原则存在巨大差异和分歧,给数字贸易造成了显著障碍;同时,在数据隐私保护过程中所采取的监管措施也会给数字贸易参与主体带来沉重负担。

(3) 源代码等核心技术的使用与转让。由于源代码、算法以及加密数据等涉及互联网企业的核心商业机密和技术秘密,披露上述信息会带来泄露知识产权的风险,从而抑制外国企业进入该国市场。

(4) 标准和合规评估。当一国考虑国家安全或公共政策目标下制定与国际标准不一致的本国技术要求并设定烦琐的评估程序时,这同样也会给外国企业进入该国市场造成严重的障碍。[②]

3) 数据管制、本地化要求和市场准入

(1) 数据管制。数据管制是指对跨境数据流动和使用进行限制。得益于全球数字化的发展,"互联网+"向世界各国各行各业渗透,跨境数据流动不仅会危及个人信息安全,还会对国家和公共安全造成威胁。一国为确保数据安全性对数字设施、服务内容、数据本地化进行规定,具体而言就是政府强制要求数字产品供应商在本国管辖范围内设立企业,通过本地化服务器存储数据或者运用本地网络发送数据,这一要求大大增加了国外运营商的运营和交易成本,不利于数字企业发展,但较好保护了本国数据安全。不同区域内针对数据进行管制各国相继制定了相关政策。

(2) 数据本地化要求(localization requirements)。数据本地化要求是指强制企业在一国境内从事与数字贸易相关行为的措施。按照限制对象不同,数据本地化要求分为数据存储和处理设施本地化以及跨境数据流动限制。这些措施往往以保护国家安全或隐私为理由,但其真实目的是以牺牲跨国公司的利益为代价来保护国内数字产业、产品、服务、知识产权或促进其发展。这类措施在一定程度上会影响企业最优决策,显著提高互联网企业跨国运营成本,从而提高相关产品或服务的消费价格,降低外国数字产品或服务的竞争力,甚至会使以数据流动为前提的跨境服务无法实现。[③]

(3) 市场准入。市场准入壁垒主要包括运用技术壁垒或审查措施限制数字产品贸

---

① 周念利,吴希贤. 美式数字贸易规则的发展演进研究——基于《美日数字贸易协定》的视角[J]. 亚太经济,2020(2):44-51,150.

② 廖靓.非关税壁垒后时代技术性贸易壁垒及其对策研究[J].经济管理,2012(3):13-19.

③ 李海英.数据本地化立法与数字贸易的国际规则[J].信息安全研究,2016(9):781-786.

易。技术壁垒多指对产品的安全认证、加密标准等技术性问题制定标准;审查措施是对互联网内容、平台和数字产品的审核评估,其中不免包含一些歧视性措施。一些国家为了加强本国市场准入壁垒会制定比国际标准更为严格的标准,如中国对电信设备的进口要求就与世界贸易组织不同,中国制定了网络接入许可(NAL)、无线电类型认证(SRRC)、中国强制认证(CCC)三种许可制度,市场准入标准远比世界贸易组织的一种合格判定标准更为严格。印度、韩国等对支付服务数据和俄罗斯、中国等对于由本地企业和客户产生的数据,均有本地存储要求。[①]

4)与知识产权保护有关的措施

知识产权的保护对数字贸易而言是一把双刃剑,对企业知识产权的保护有助于提升创新速度,加大企业的研发投入;相反,当知识产权保护过于严苛时会阻碍数字要素在各国之间的流动,不利于经济体的数字贸易发展。一方面,数字技术的创新使侵犯知识产权变得更加容易,缺乏完备且充分的知识产权体系和保障力度是数字贸易领域知识产权侵权的主要原因;另一方面,知识产权的滥用也会对数字贸易自由化造成障碍,尤其是网络中间商知识产权保护责任的不明晰会给数字贸易带来不利影响。

在数字贸易中,知识产权保护是指对专利、商业秘密、版权等制定保护法律。在知识产权领域的相关规定中,我国知识产权体系还不够完善并具有歧视性行为。总之,各国对知识产权保护的意识正逐渐增强,保护手段也逐渐多样化。但是,这也意味着数字贸易壁垒强度的加大。[②]

4.3.2 数字贸易壁垒的形式和数字贸易壁垒量化指标

1. 数字贸易壁垒的形式

由于美国数字贸易发展较早且规模巨大,其推行数字贸易自由化决心更大,对数字贸易壁垒的认识也更深入。2014 年,美国国际贸易委员会在第二版《美国与全球经济的数字贸易》中定义的数字贸易壁垒有七种形式,表述如下。

一是本地化要求。

二是市场准入限制。

三是个人信息保护。

四是知识产权的侵害。

五是不确定的法律责任。

六是审查措施。

七是海关措施。

另外,美国贸易代表办公室发布 2017 年国家贸易预测(national trade estimate,NTE),将数字贸易壁垒分为四类。

一是数据本地化障碍。

---

① 王开,佟家栋.贸易保护壁垒对出口产品的动态影响效应研究——来自中国对美出口 HS-6 分位产品的证据[J].南开经济研究,2020(2):163-178.

② 李京普.知识产权的数字壁垒及中国应对[J].电子知识产权,2018(2):61-69.

二是技术壁垒。

三是针对网络服务的壁垒。

四是其他壁垒。

USTR发布《2019年全国贸易评估报告》，将印度、欧盟、印度尼西亚、中国和越南列为数字贸易领域壁垒最严重的国家或联盟；2020年国家贸易预测，对于数字贸易壁垒，通过列举方式新增"数字服务税、印度尼西亚对跨境数据流动的限制和数据本地化要求、俄罗斯的本地软件要求、沙特的数据本地化要求、越南对在线视频服务的限制等"几项。

数字贸易壁垒包括关税贸易壁垒和非关税贸易壁垒两大部分，非关税数字贸易壁垒又细分为技术性和非技术性数字贸易壁垒，如表4-3所示。数字贸易壁垒会对数字贸易产生不同的影响，关税壁垒通过直接提高从事数字贸易活动企业的产品价格，导致进口产品数量降低，扭曲贸易；而数字贸易标准、公开源代码、强制使用本地软件和加密或强制性技术转让等从技术层面影响数字贸易，增加企业研发支出；非技术性数字贸易壁垒则与贸易的各种具体要求息息相关，包含诸如数据限制、机构设立限制等，提高对应市场的准入壁垒，增加企业进行数字贸易的门槛成本，降低产品的竞争力，对贸易产生抑制效应，甚至导致企业核心竞争力的丧失[①]，具体影响，如表4-4所示。

表4-3 数字贸易壁垒的类型

类型		解释
关税壁垒	数字产品中的关税壁垒	对数字产品征收关税
	实体货物中的关税壁垒	对实体货物征收关税
非关税壁垒	技术性数字贸易壁垒	
	数字贸易标准	通过互联网实施交易，并借助各自的计算机系统进行支付、交付时所遇到标准化问题，其中支付标准尤为重要
	数字技术法规	主要指规定数字产品特性等有关技术方面的法律、法令、条例、规则和章程等，包括算法规制、公开源代码、强制使用本地软件和加密或强制性技术转让
	数字产品合格评定程序	指任何直接或间接用以确定数字产品是否满足技术法规或标准的程序，包括认证、认可、相互承认三种程序
	非技术性数字贸易壁垒	
	数据限制	主要包括数据跨境流动限制、数据本地化要求、数据下载限制及非中性的在线审查制度
	机构设立限制	主要包括服务本地化及设施本地化要求
	知识产权	对外国人或者公司实行歧视性待遇，对知识产权侵权保护不力
	网络基础设施壁垒	影响网络基础设施的相关壁垒，最典型的是通信基础设施与连接的限制
	电子交易壁垒	是否存在电子商务许可证发放的歧视性条件及非居民进行网上税务登记和申报的可能性，还包含是否存在偏离国际公认的电子合同规则等

资料来源：江涛，王号杰.数字贸易壁垒：一种新型的贸易限制措施[J].国际商贸，2022(3)：66-69.

---

① 江涛，王号杰.数字贸易壁垒：一种新型的贸易限制措施[J].国际商贸，2022(3)：66-69.

表 4-4　不同数字贸易壁垒对贸易的可能影响

类　型			影　响
关税壁垒	数字产品中的关税壁垒		直接提高从事数字贸易活动企业的产品价格,从而降低产品的进出口数量,阻碍贸易或导致贸易扭曲
	传统实体货物中的关税壁垒		
非关税壁垒	技术性数字贸易壁垒	数字贸易标准	为了对接对应标准会提高企业成本,并且可能具有歧视性,即拥有高标准的国家会占据优势,对发展中国家影响更大
		数字技术法规	为了满足技术法规的要求,会增加企业的研发支出,亦会倒逼企业不断提升自身的技术水平,对贸易产生促进效应
		数字产品合格评定程序	各国通常以国家安全为由,禁止有关数字商品或服务的贸易活动
	非技术性数字贸易壁垒	数据限制	经常以保护隐私或安全被合理化,因此可能会限制贸易,阻碍数据流动,从根本上限制数字贸易
		机构设立限制	增加固定成本的投入,阻碍了贸易的进行,尤其是对中小企业而言
		知识产权	因为担忧知识产权泄露或受到不公平的对待,不愿开展数字贸易活动
		网络基础设施壁垒	网络基础设施壁垒会直接阻碍通信基础设施与连接,从而在根本上阻碍数字贸易
		电子交易壁垒	会影响非本国企业从事电子商务活动及相关网上申报纳税

资料来源:江涛,王号杰.数字贸易壁垒:一种新型的贸易限制措施[J].国际商贸,2022(3):66-69.

2. 数字贸易壁垒量化指标

目前,国际上对数字贸易壁垒进行量化的指标主要有两个:一是欧洲智库欧洲国际政治经济研究中心(ECIPE)于 2018 年 4 月发布的数字贸易限制指数,该指标从财政限制和市场准入、企业设立限制、数据限制、贸易限制四个方面考察全球 64 个国家和地区的数字贸易开放度;二是经济合作与发展组织每年编制数字服务贸易限制指数。[①] 该指标从基础设施和联通性、在线交易、支付系统兼容性、知识产权、其他数字贸易壁垒五个方面考察全球 50 个国家(包括 35 个 OECD 成员国、15 个非成员国)的数字服务贸易壁垒指数。

1) OECD-DSTRI 体系

OECD 分发表的 DSTRI 体系包含五个方面的指标,具体内容如下。

指数值介于 0 和 1 之间,0 代表该国数字服务贸易完全开放,1 代表该国数字服务贸易完全封闭,如表 4-5 所示。

表 4-5　OECD—DSTRI 数据库涵盖的政策领域及其具体措施

政 策 领 域	具 体 措 施
基础设施和联通性	授权合法互联;互联价格和情况受监督;互联参考报价公开;必须垂直分离;强制互联网流量管理;细分市场中至少存在一家主导企业;限制使用通信服务(移动终端、移动起源);个人数据免费跨境转移或应用问责制;私人部门保护措施得当时,允许个人数据跨境转移;国家间隐私保护法基本相同时,允许个人数据跨境转移;数据跨境转移需在个案基准上获批,特殊数据强制本土化;禁止数据跨境转移

① 任同莲.中国数字贸易限制评估及国际比较——基于 ECIPE-DTRI 的分析[J].郑州航空工业管理学院学报,2022(4):21-29.

续表

政 策 领 域	具 体 措 施
在线交易	从事电子商务需要许可证或授权；外国商户可在网上进行税务登记和申报；跨境交易的本国合同标准与国际合同标准相背离；法律法规明确保护机密信息；法律法规规定，电子签名与手写签名同样具有法律效用；国家具备解决数字贸易纠纷的争端解决机制
支付系统兼容性	支付结算方式具有歧视性；本国支付安全标准与国际标准相背离；限制网上银行或保险
知识产权	外国公司在商标保护方面受歧视；版权及相关权利受歧视；根据国际规则，版权保护的例外情况受限；可采取司法、行政执法或补救措施；可采取临时性措施；可采取刑事执法程序或处罚
其他数字贸易壁垒	影响跨境数字贸易的绩效要求；对下载和流媒体的限制影响了数字贸易；限制在线广告；提供跨境服务要求商业存在；当商业行为限制了特定市场竞争时，企业可以采取补救措施；其他数字贸易限制措施

资料来源：Digital services trade restrictiveness index regulatory database[EB/OL]. https://qdd. oecd. org/subject. aspx? Subject=STRI_DIGITAL.

在 OECD 发布的 DSTRI 中，数字贸易壁垒突出反映在基础设施和联通性方面，而且发达国家与发展中国家数字贸易壁垒存在显著差异。发达国家对数字贸易的限制相对宽松，也乐于使用财政政策实施数字贸易保护；而发展中国家因为财力有限则偏向于采取更为繁杂的限制措施。例如：在市场准入方面，中国和印度尼西亚都对外资股比限制和歧视性许可作出严苛规定，设置市场准入门槛；发展中国家的网络审查越来越普遍，呈现出不断增加的趋势。[①] 其具体情况如表 4-6 所示。

表 4-6   2014—2020 年各国 DSTRI 分值

国　　别	2014 年	2015 年	2016 年	2017 年	2018 年	2019 年	2020 年
澳大利亚	0.083	0.083	0.083	0.083	0.083	0.083	0.083
奥地利	0.083	0.083	0.083	0.202	0.202	0.202	0.202
比利时	0.162	0.162	0.162	0.162	0.162	0.162	0.162
加拿大	0.162	0.043	0.043	0.043	0.043	0.043	0.043
智利	0.263	0.263	0.263	0.263	0.263	0.263	0.263
哥伦比亚	0.299	0.299	0.299	0.299	0.299	0.299	0.299
哥斯达黎加	0.043	0.043	0.043	0.043	0.043	0.043	0.043
捷克	0.141	0.141	0.141	0.141	0.141	0.141	0.141
丹麦	0.144	0.104	0.104	0.104	0.104	0.104	0.104
爱沙尼亚	0.083	0.083	0.083	0.083	0.083	0.083	0.083
芬兰	0.101	0.101	0.101	0.101	0.101	0.101	0.101
法国	0.123	0.123	0.123	0.123	0.123	0.123	0.123
德国	0.144	0.144	0.144	0.144	0.144	0.144	0.144
希腊	0.144	0.144	0.144	0.144	0.144	0.144	0.144

---

① 周念利，包雅楠. 数字服务贸易限制性措施对制造业服务化水平的影响测度：基于 OECD 发布 DSTRI 的经验研究[J]. 世界经济研究，2021(6)：32-45.

续表

国　　别	2014 年	2015 年	2016 年	2017 年	2018 年	2019 年	2020 年
匈牙利	0.166	0.166	0.166	0.166	0.166	0.166	0.166
冰岛	0.148	0.148	0.148	0.267	0.267	0.267	0.267
爱尔兰	0.144	0.144	0.144	0.144	0.144	0.144	0.144
以色列	0.180	0.180	0.180	0.180	0.180	0.180	0.180
意大利	0.126	0.126	0.126	0.126	0.126	0.126	0.126
日本	0.064	0.064	0.064	0.064	0.064	0.064	0.064
韩国	0.141	0.123	0.123	0.123	0.123	0.145	0.145
拉脱维亚	0.104	0.104	0.104	0.223	0.223	0.223	0.223
立陶宛	0.104	0.104	0.104	0.104	0.104	0.104	0.104
卢森堡	0.083	0.083	0.083	0.083	0.083	0.083	0.083
墨西哥	0.300	0.101	0.101	0.101	0.101	0.101	0.101
荷兰	0.104	0.104	0.104	0.104	0.104	0.104	0.104
新西兰	0.180	0.180	0.180	0.180	0.180	0.180	0.180
挪威	0.083	0.083	0.083	0.083	0.061	0.061	0.061
波兰	0.184	0.144	0.263	0.263	0.263	0.263	0.263
葡萄牙	0.184	0.145	0.145	0.145	0.145	0.145	0.145
斯洛伐克	0.101	0.101	0.101	0.101	0.101	0.101	0.101
斯洛文尼亚	0.104	0.104	0.083	0.083	0.242	0.242	0.242
西班牙	0.123	0.123	0.123	0.123	0.123	0.123	0.123
瑞典	0.144	0.144	0.144	0.144	0.144	0.144	0.144
土耳其	0.083	0.163	0.202	0.202	0.202	0.264	0.264
英国	0.083	0.083	0.083	0.083	0.083	0.083	0.083
美国	0.083	0.083	0.083	0.083	0.083	0.083	0.083
阿根廷	0.361	0.340	0.281	0.281	0.321	0.321	0.340
巴西	0.227	0.227	0.267	0.267	0.267	0.267	0.245
中国	0.267	0.467	0.488	0.488	0.488	0.488	0.488
印度	0.239	0.239	0.304	0.304	0.343	0.343	0.343
印度尼西亚	0.307	0.307	0.307	0.307	0.307	0.307	0.227
哈萨克斯坦	0.228	0.228	0.268	0.506	0.567	0.647	0.647
马来西亚	0.126	0.126	0.126	0.126	0.126	0.126	0.126
秘鲁	0.242	0.242	0.242	0.242	0.242	0.242	0.242
俄罗斯	0.241	0.281	0.281	0.300	0.300	0.319	0.341
沙特阿拉伯	0.206	0.206	0.206	0.206	0.386	0.386	0.405
南非	0.342	0.342	0.342	0.342	0.342	0.342	0.342
泰国	0.300	0.300	0.300	0.300	0.300	0.300	0.300

资料来源：Digital services trade restrictiveness index regulatory database[EB/OL]. https://qdd. oecd. org/subject. aspx? Subject＝STRI_DIGITAL.

2) ECIPE—DTRI 体系

2018 年欧洲国际政治经济研究中心发布《全球数字贸易限制指数报告》，测度了全球 64 个国家对于数字贸易的限制。该数字贸易限制指数包括一级指标 4 项、二级指标 13

项、具体指标 100 项。其指数取值范围为 0～1,而取值越接近 0 代表开放程度越高。其中,构成数字贸易限制指数一级指标包括财政和市场准入限制、机构成立限制、数据限制和贸易限制。

其具体内容如表 4-7 所示。

表 4-7　数字贸易限制指数构成内容

一级指标	二级指标	具 体 内 容
财政和市场准入限制	关税和贸易保护	对 ICT 产品及其投入是否施加关税和贸易保护
	税收和补贴	对数字产品和在线服务是否施加税收和补贴政策
	政府公共采购	在采购数字产品和服务上限制外资企业参与,或者是政府在某些领域只允许向本地特定企业进行采购,源代码算法和商业秘密强制性披露等
机构成立限制	国外投资	对外资占股比例额的限制措施、对管理层的限制措施、投资与并购过程中的审查措施
	知识产权	专利、版权、源代码、商业秘密等方面的保护政策和限制措施
	竞争政策	外资企业是否能与国内企业进行公平竞争
	业务流动性	对劳动力流动限制
数据限制	数据限制政策	对数据出境的限制政策、数据隐私主体的权利以及管理要求
	中介平台责任	避风港原则、通知与删除条款复杂性、对违规内容的平台惩罚措施
	互联网内容访问	网络内容的审查和过滤、歧视性的宽带和网络政策
贸易限制	贸易数量限制	数字产品和服务进出口限制,如禁止和配额,以及过于限制性或不透明的进口许可证制度和程序,数字产品和服务的本地含量要求
	标准	数字产品安全测试认证标准、通讯电信标准、产品审查与测试要求、加密要求
	在线销售与交易	交易实现障碍、域名注册要求、在线销售的消费者保护法执行力度

资料来源:欧洲国际政治经济研究中心. 全球数字贸易限制指数报告[R].2018.

当前,数字贸易飞速发展,国际贸易规则面临变革,与互联网管理、网络安全相关的政策成为各国博弈焦点。欧洲国际政治经济研究中心提出"数字贸易限制指数",试图夺得国际数字贸易规则的话语权,其研究成果在国际上产生了一定影响力,但其有明显不足之处,特别是对中国的评价存在较多谬误。根据其报告中的 DTRI,中国是全球数字贸易限制最严的国家,俄罗斯、印度、印度尼西亚、越南紧随其后。ECIPE 还将中国称为"异类"(outlier),指中国不但贸易开放度最低,且贸易限制度得分为 0.7 分(0 分为完全开放,1 分为完全限制),远远超出第 2 名俄罗斯的 0.46 分,这一评价直接将中国推向了数字贸易的"风口浪尖"。该报告还认为,中国在数字贸易的所有领域均实施了"彻底、严格"的监管措施,包括数字产品和服务、信息和通信技术投资、数据流动、ICT 专业人员等。

对比 ECIPE—DTRI 体系一级指标(财政和市场准入限制、机构成立限制、数据限制和贸易限制)和 OECD—DSTRI 体系一级指标(基础设施和联通性、在线交易、支付系统兼容性、知识产权和其他数字贸易壁垒),可以发现,ECIPE—DTRI 更侧重体现各国在数字贸易政府监管政策方面的差异,较少涉及其他决定数字贸易发展的内外部环境,而

OECD—DSTRI 则更加聚焦于数字贸易的发展环境和限制数字贸易发展的壁垒具体形态。[①]

该报告认为,数字贸易不仅可以提高企业的生产力、提升消费者福利,还有利于新技术扩散,有助于新兴经济体和发展中国家经济可持续发展。

4.3.3　数字贸易壁垒产生的原因

1. 保护国家和公共利益安全

一方面是出于保护公共利益安全,限制跨境数据流动、要求数据本地化有其存在的合理性和必要性,客观上却形成数字贸易壁垒。在大数据时代,数据量快速增长,连接设备越来越多,在给消费者提供更加便捷服务的同时也对通信网络快速稳定提出了更高要求。因此,出于维护公共利益安全需要,对数据公司运营中服务器设置、存储数据等提出本地化要求,实质上是一定程度上形成数字贸易壁垒。另一方面是保护国家安全和打击恐怖犯罪需要。如一些国家出台的要求数据服务器必须在本国领土内作为服务当地市场的先决条件的相关政策;要求包含本地内容和技术的政策;以及政府采购偏好和有利于本地公司的技术标准等。本地化的数据管理要求有利于打击恐怖犯罪和保护国家安全,形成实质上的数字贸易壁垒。

另外,公开源代码要求和限制使用加密,给出的理由多为数据隐私和保护。政府以"安全"为幌子实行数据保护,事实上贸易壁垒正变得越来越普遍,特别是针对中小企业实施的负担较重并且不确定相关要求隐私保护的措施等。

2. 保护和扶持本国数字产业发展

美国大型数据公司具有突出的竞争优势,且其获得巨额利润的同时却没有交数字服务税。因此,世界上很多国家已经或正在制定针对美国大型数字贸易公司征收数字服务税。除了税收因素的数字贸易关税壁垒,在数字经济与贸易发展上,广大发展中国家设置非关税贸易壁垒,更多出于保护本国数据产业发展要求,虽然形式上表现为保护个人信息或公共信息安全的需要。世界上许多国家实施诸如《信息安全法》《数字安全法》用于保护本国数据和个人数据安全,例如,欧盟通过实施《通用数据保护条例》用以保护个人信息免受侵害,实质上形成了数字贸易壁垒。

当前,数字贸易成为国际贸易新的增长点,对全球经济的拉动效果是极为明显的。中国是仅次于美国的全球第二大数字经济大国,但数字产业化规模不高,中国信息通信研究院 2021 年 4 月发布的《中国数字经济发展白皮书》中显示,2020 年我国数字经济规模达到了 39.2 万亿元,但数字产业化规模只有 7.5 万亿元,占数字经济的比重为 19.1%。[②]数字产业规模化程度不高,在很大程度上是我国自主性、原创性的知识产权数量不足所致。更为重要的是,发达国家通过知识产权来巩固其技术优势所构筑的数字壁垒,在国际贸易活动中限制了发展中经济体的参与度,发展中国家难以突破数字壁垒,限制了自身贸易

---

① 齐俊妍,强华俊. 数字服务贸易壁垒影响服务出口复杂度吗——基于 OECD-DSTRI 数据库的实证分析[J]. 国际贸易,2021(4):1-18.

② 中国信息通信研究院. 中国数字经济发展白皮书[EB/OL]. [2021-04-26]. http://www.caict.ac.cn/kxyj/qwfb/bps/202104/P020210424737615413306.pdf.

能力。

3. 保护知识产权的需要

在知识产权的有效保护之下,知识经济充分发挥作用,提升企业创新能力、增强政府动力、提升政府管理效果,营造出企业经营的良好经济生态环境。但是,知识产权保护需要符合一定的标准,超过合理范围就会产生由知识产权保护而带来的贸易壁垒,阻碍知识共享和经济溢出效应,难以激发市场活力,对国际贸易产生不利影响。

有关知识产权数字壁垒产生的缘由有以下几方面。

(1) 出于发达国家对知识产权保护的滥用。法律赋予知识产权的专有性就意味着知识产权上的财产权和技术权能够被权利人所独占,没有法律或权利人的许可,任何人不得使用。在数字经济背景下,全球价值链分工体系日渐细化,数据作为生产要素的地位更加突出。这种专有性提升了权利人在国际贸易中的优势,知识产权的过度保护,阻碍数据跨境流动,数字经济与贸易的发展受到抑制。

一方面,发达国家会通过知识产权专有制度来维持其技术优势。发达国家通过国内法和国际条约进一步强化了知识产权的专有性,由此借助其国内数字企业技术创新力强和贸易覆盖面广的优势来抵消发展中经济体在人力资源方面的优势,进而为发展中经济体在全球价值链地位上的攀升设置了障碍,从而加剧了知识产权壁垒效应。另一方面,发达国家会通过知识产权专有制度来维持其服务贸易优势。服务业领域知识产权比较密集,特别是高新技术服务业更是如此。发达国家主张提升知识产权保护标准,多是着眼于高新技术服务领域,以进一步巩固其优势地位。

(2) 发达国家为巩固其数字技术优势的措施。发达国家通过数字知识产权布局及数字贸易国际规则的制定,强化其数字技术优势,形成由知识产权保护带来的技术壁垒。虽然数字技术具有无边界特性,但知识产权保护阻止了知识和技术的溢出效应。发展中国家数字产业发展水平不高,自主性、原创性的知识产权不足,在国际贸易活动中参与度低,难以突破数字壁垒。

(3) TRIPS体系所形成的规则统一的使用惯性。TRIPS是一种较高保护水平的国际标准,这种标准除了最不发达国家有例外规定之外,对其他所有发达成员和发展中成员统一适用。实际上,有很多发展中国家国内知识产权保护水平无法达到 TRIPS 的标准及要求,给这些成员方带来了很多现实的困境,而发达国家凭借该条约在国际贸易中实现了知识产权保护的利益最大化。由此,TRIPS 统一适用的惯性,给发达国家提供了进一步提升知识产权保护标准并不断扩大这些规则适用范围的动力。

(4) 发达国家为了贸易保护的需要。随着多边、区域、双边贸易规则的不断完善,关税壁垒等传统贸易壁垒受到的制约逐渐增多,对一国国内市场的保护手段较为有限。在数字经济背景下,知识产权、数据流动、数据存储等各个方面的要求和措施均可能会构成新的贸易壁垒,因多边谈判的滞后,现有的 WTO 货物贸易和服务贸易相关规则无法规制这些新型壁垒,且这些新型壁垒具有更强的隐蔽性和更高的技术色彩,受到发达国家的青睐。[①]

---

① 沈洁. 数字贸易壁垒的界定与评估:标准、结果和驱动因素[J].学术研究,2022(4):96-104.

4. WTO 未能尽责破除数字贸易壁垒

在数字贸易自由化问题上,作为世界最权威的贸易问题协调管理机构 WTO 未能推动成员方就破除数字贸易壁垒达成一致意见。

一是 WTO 没能统一性地消除数字贸易壁垒的非歧视性待遇标准,不同成员方在实践中适用的待遇标准有所差别。

二是 WTO 的法律体系之下并没有针对降低数字贸易市场准入门槛的特别条款,却在实践中形成了区域自由贸易协定的新数字贸易壁垒。

由于数字贸易壁垒极大地阻碍了数字贸易的发展,USMCA 主张对数字贸易壁垒进行规制,从数据跨境流动、数字产品的非歧视待遇、互联网中介责任豁免三类规则上,从数据、数字产品、数字平台三个领域对数字贸易壁垒进行系统性规制,从而约束其他国家采取限制性措施,最终实现数字贸易自由化;但其规制具有双面性,一方面在一定程度上能减少数字贸易壁垒和促进经济发展;另一方面也给滥用规则约束其他国家监管政策提供了机会。[①]

4.4　市　场　准　入

在市场准入方面,数字贸易所涉数字产品或服务的市场准入,取决于成员在《服务贸易总协定》和区域双边及多边贸易协定中作出的承诺。目前,数字产品非歧视待遇、服务市场准入承诺等被重点关注。本节主要探讨数字贸易市场准入的概念、公平规制实践争议及市场准入壁垒表现形式。

4.4.1　市场准入壁垒与公平规制实践及争议

1. 数字贸易市场准入壁垒的概念及内涵

所谓数字贸易市场准入壁垒,即对数字贸易市场设置准入门槛的措施,是指在外国数字企业进入一国市场经营时,必须符合其一定的准入条件,这些限制条件可能妨碍数字贸易在国际市场的自由开展,例如,限制跨境数据自由流动、数据本地化要求、共享源代码要求等方面。

1) 限制跨境数据自由流动

数字经济与贸易的发展要求数据资源自由流动,但基于主权管理原则,各国对跨境数据流动实施各自的监管措施。限制跨境数据自由流动,可能阻碍数字资源的共享,对跨境电子信息流动造成不必要的壁垒,形成事实上的市场准入门槛。欧盟致力于更高水平的个人数据保护和对数据跨境流动更为严格的监管。欧盟 2016 年通过的《通用数据保护条例》确立了大数据时代数据跨境流动规则框架,目的是使数据主体在欧盟享受到的保护水平不因数据跨境流动而降低。[②]欧盟近乎过度的数据保护规则一定程度上妨碍跨境数据自由流动,形成事实上的市场准入门槛。

① 陈静娴. USMCA 数字贸易壁垒规制措施研究[D]. 重庆:西南政法大学,2020.
② 刘文杰. 美欧数据跨境流动的规则博弈及走向[J]. 国际问题研究,2022(6):65-78,136.

2）数字本地化要求

数字本地化要求是指缔约方要求所涵盖的人以使用当地计算设施或将计算设施设置于该国境内作为在其境内从事经营的条件。为了规避数据本地化造成数字贸易壁垒，同时考虑到成员方对计算机的使用拥有各自的监管要求，禁止数字本地化规则通常采用"原则＋例外"的立法模式。美国坚决反对数据存储本地化的正当性，认为数据本地化实质上是一种市场进入壁垒。因此，美国主导的 USMCA 直接规定禁止数字本地化要求作为市场准入条件，"禁止任何一方将要求'所涵盖的人'使用该国境内的计算设备或将计算设施置于该国境内作为在该国境内从事经营的条件。"新兴经济体大都从数据主权、网络安全日益关切的立场出发制定相关法律法规，其对跨境数据流动的限制性措施主要包括：一是要求跨国企业在本国开展业务或提供服务时须在本国境内建立数据中心；二是对数据存储和服务器地址提出本地化要求。一些新兴经济体将跨国公司在境内建立数据中心作为市场进入的条件之一。①

3）共享源代码要求

共享源代码要求缔约方强制另一方公开软件源代码作为进入市场经营的前提条件。市场准入强制转让源代码可能造成商业秘密的泄露，也可能造成数字贸易壁垒。USMCA 禁止共享源代码，禁止缔约方强制要求在进入对方市场时与政府或商业经营者共享源代码。俄罗斯等国更加注重外商投资对本国安全性的威胁，存在源代码强制披露、交出加密密钥的要求，限制外商对云服务、金融服务、电信增值业务等领域的投资。

2. 数字贸易市场准入的公平规制实践及争议

《跨大西洋贸易和投资伙伴关系协定》成为欧美角力数字贸易市场准入的战台，其自 2013 年 6 月启动以来，目前已经完成了多轮谈判。在打造公平竞争的市场环境方面，规则谈判既包括对电信通道、互联网、大型互联网平台等数字基础设施的公平使用，又包含平台责任、打击市场垄断、建立包容性的技术创新环境等内容。未来制定数字基础设施的技术标准等也会成为国际合作的重要内容，其他可能引起争议的市场准入问题还包括数据隐私和跨境数据流动问题。在这两个问题上，美国和欧盟适用的是截然不同的法律制度。欧盟法律规定，仅在公司同意遵守《欧盟隐私法》的某些原则的情况下才允许欧盟公民将数据传输至欧盟成员国外。然而，美国在数据自由流动方面的立法则较为宽松。2014 年 1 月 16 日美国国会推出的《2014 年国会两党贸易优先法案》，就跨境数据流动和数字贸易，该法案规定要求贸易谈判方确保政府允许跨境数据流动，不得要求数据的本地存储或处理，禁止对数字贸易设置与贸易有关的障碍。但是，欧盟则明确表示，任何协定都不能影响"对个人数据传播和处理过程中的隐私保护，以及对个人记录和账户的机密性保护"。这恰好呼应了 GATS 中的相关规定，同时表明欧盟与美国在此问题上截然相反的态度。②

就目前 TTIP 谈判的进展而言，双方还处在建立对话机制就相关的监管问题展开讨

---

① 张茉楠. 跨境数据流动：全球态势与中国对策[J]. 开放导报，2020(2)：44-50.

② MISHRA N. The role of the Trans-Pacific Partnership Agreement in the Internet Ecosystem：Uneasy Liaison or Synergistic Alliance[J]. Journal of international economic law，2017，20(1)：31-60.

论的阶段,主要议题包括对"互相承认对方向公众发行的电子签名证书,以及跨境认证服务便利化问题""中介服务提供商在信息传输或存储方面的责任问题"以及"电子商务中的消费者保护问题",以最大限度降低市场准入的壁垒。[①]

4.4.2　数字贸易市场准入壁垒的表现形式

数字贸易市场准入壁垒在实践中的主要表现在以下几方面:①数字技术手段上的限制进入;②数字贸易平台的监督和管理的壁垒;③数字贸易多元主体之间的技术壁垒。这些数字贸易市场准入壁垒有的已经存在很长时间,例如,行业内部需要遵守的准则或是规章,平台的监督和管理等。除了上述所提及的类型之外,现阶段还存在许多歧视性的手段,包括数字贸易主体资格的限制、权利的拥有等。

1. 数字技术手段市场准入壁垒

数字技术手段市场准入壁垒是现阶段比较常用的一种市场准入壁垒形式,指国家制定数字技术标准,只有符合标准才可以进入本国的市场。

2. 数字贸易市场准入的本地认证要求

存在数字贸易市场准入的本地认证要求。例如,如果出口商或是运营商想要在哥伦比亚地区当地出售较高风险的数字产品,那么他们事先就应当得到当地政府的一致认可,经过认证后,才可以进入当地市场。但是,直到现在,当地政府还是没有明确具体的认证标准。

3. 政府不能形成有效沟通形成事实上的准入壁垒

政府各部门之间缺乏有效沟通,对运营商和出口商不断重复提出各种要求及文件,没有明确的参照依据和执行标准,以及经常性地改变现有的规则都限制了其他国家和地区的产品进入。在数字市场领域,很多时候政府会要求这些企业提供源代码,但是,并非所有的国家和地区都已经形成完整的知识产权保护制度和法律体系,如果政府一味要求交换核心技术,就会在很大程度上打击外来企业的积极性,不利于本国(地区)经济的发展。

4. 互联网规则方面的准入壁垒

互联网规则方面壁垒也是市场准入壁垒的一个方面。现阶段,互联网技术运用已经成为各国新的竞争点,希望以注重对数据的运用来提高国家的竞争力。其中,互联网对于言论自由权利的行使提供了一个绝佳的平台。但是,言论自由的内容在互联网世界中却引发了争议。每个国家和地区都有着不能逾越的底线。但是,通过对比不同国家实践经验可以发现,世界上很少有国家完全依靠公权力的力量来监督言论自由的在线行使,一方面是没有精力,另一方面也是受到技术的限制。因此,在很多国家和地区,政府都会选择和搜索引擎相合作。2011 年,Google 出具了一份报告,其中明确列举了政府要求其删除的在线言论的内容的种类,而且发现政府的这些请求自从 2011 年之后就呈大幅度上升的趋势。在政府内部,也会采取一些手段来保障在线言论自由的行使合法性,一般政府会直接阻止内容的访问,如关闭某个网站。[②]

---

① Congressional Research Service. Digital Trade and U. S. trade policy[R/OL]. (2019-05-21). https://fas.org/sgp/crs/misc/R44565. pdf.

② McKinsey Global Institute. Digital globalization: the new era of global flows[EB/OL]. (2016-02-24). https://www. mckinsey. com/business-functions/mckinsey-digital/our-insights/digital-globalization-the-new-era-of-global-flows.

综上所述,世界上所有事物的发展都会遵循一定的规律,只有按照规律合理地、正确地发展才会存续。基于此,虽然数字贸易壁垒的存在具有一定的原因,但是,尽量消除不必要的数字贸易壁垒才是亟待解决的问题之一。

4.5　数据本地化

在数字贸易非关税壁垒当中,数据本地化措施成为各国立法和国际规则制定中的重要议题之一。本节主要讨论数据本地化的概念和内涵、各国的规则争议及我国的应对举措。

4.5.1　数据本地化的概念及内涵

1. 数据本地化的概念

目前,学术界对"数据本地化"没有统一的定义。一般认为,广义上的数据本地化是指对跨境数据流动所采取的各种类型的限制,包含从附加条件的跨境数据流动到完全禁止跨境数据流动;狭义上的数据本地化是指要求将数据的储存和处理放在数据来源国境内的数据中心与服务器。根据对跨境数据流动控制的不同松紧程度,在实践中通常将数据本地化要求分为:①仅要求在当地有数据备份而并不对跨境数据流动提出过多限制;②数据留存在当地,且对跨境提供有限限制;③数据留存在境内的自有设施上,不得出境提供;④要求特定类型的数据留存在境内等。

2. 数据本地化的内涵

从网络治理到数字贸易规制,从国家安全到数据监管再到透明度原则,数据本地化涉及主题具有广泛性、多样性和复杂性的特征。要充分地认识和理解数据本地化的内涵,需要从多维视角观察和进行事实判断与价值判断。

广义的数据本地化主要包含三层含义,分别为服务本地化、设施本地化和数据本地化。①服务本地化要求服务提供者在东道国领土内设立办事处、设立企业或者成为其居民;②设施本地化是指以使用东道国领土内的计算设备或将设施置于其领土之内作为从事经营的条件;③数据本地化是要求将数据存储在数据来源国本国的数据中心。

因此,狭义的数据本地化包括数据中心本地化和数据存储本地化,而数据中心本地化指一国政府要求在本国设立数据中心作为商业存在的前提,数据中心本地化为数据存储本地化奠定基础。因此,数据本地化的内涵有两个含义:第一,它是一项政策,即各国(地区)政府强迫互联网主机在本国(地区)政府管辖范围内的服务器上存储有关国家(地区)互联网用户的数据(即本地化数据托管);第二,它是一种策略,即各国(地区)政府强迫联网服务提供商将位于其管辖范围内的互联网用户之间发送的数据包路由到位于其区域的网络(即本地化数据路由)。

数据本地化措施是主权国家对跨境数据流动采取的一种国内监管措施,不包括完全禁止数据流动。此处的数据本地化措施,既包括限制跨境数据流动的法律法规,也包括对数据传输和存储环节采取的行政措施。具体而言,设施本地化要求使用东道国境内的计算设施存储和处理数据,或者将设施置于领土内作为经营活动的前提;而存储本地化要求境内外的服务提供者,将在东道国产生的数据存储于其境内。另外,设施本地化和存储本地化两者之间既相互联系又相互区别,东道国要求成员方在其境内设立相关设施,建立相关设施则会进一步导致存储本地化,但是存储本地化并不必然要求设施本地化,东道国可以要求其存储在指定的设备中。

数据属于新兴生产要素,其地位随着数字经济与贸易的发展不断变高,各个政府对其关注度也越来越高,将其看作重要资源,实施相应的扶持手段。数据本地化发展也被提上议程,在国际规则以及立法之中被广泛关注。

3. 国际机构和政府组织对数据本地化的不同认识

各国际组织和政府机构对数据本地化的认识不尽相同。欧洲国际政治经济研究中心认为数据本地措施仅是对商业市场的本地内容要求。经济合作与发展组织对数据本地化的定义为"直接或者间接规定在特定管辖区内以独占或非独占的方式存储或者处理数据的强行法或者行政性规定",这一定义内涵是数据本地化是一种强制要求和规定,但也可以基于一般实施行政管理实践,而且强调无论是对个人还是非个人的任何类型数据都受到数据本地化要求约束;在特定管辖范围内,既包含独占方式,也包含非独占方式存储或处理的数据。

美国贸易代表办公室定义数据本地化"包括在特定管辖区内存储数据设置不必要限制或要求在本地设置计算设施以及对跨境数据流的完全禁止",并称对于寻求从集中位置管理数据处理和网络管理功能的美国运营商而言,保护其免受本地化法律的影响至关重要,它以列举负面清单的形式规定了数据本地化措施,即禁止"将数据存储于一个法域内或者将计算机设施置于当地"。

全球互联网治理委员会支持的观点是,数据本地化按照从严至宽的程度可以分为以下四种主要类型:一是数据导出的地理位置限制;二是数据本身的地理位置限制;三是基于许可的法规;四是基于标准的法规。

但是,过于宽泛的定义势必会混淆一些有价值又被单独谈论的问题。UMSCA 强硬地规定:任何一方均不得要求"所涵盖的人"使用该缔约方领土内的计算设施或者将设施置于该缔约方领土之内,并以此作为在该缔约方领土内进行商业行为的条件,且没有进一步的例外或限制规定。在《全面与进步跨太平洋伙伴关系协定》《区域全面经济伙伴关系协定》和新加坡—澳大利亚《数字经济协议》(DEA)中,虽各有例外规定,但在同样的问题上几乎都使用了类似的语言。[①]

4.5.2 世界主要国家对数据本地化措施规则要求的差异性

目前,世界有 30 多个国家和经济体已经制定或者正在考虑制定数据本地化立法,既包括发达国家,也包括发展中国家。下面主要介绍美国、欧盟、中国以及其他代表性国家的数据本地化措施规则要求的差异性。

---

① 范婴. 数据本地化的内涵分化与模式选择[J]. 情报杂志,2022(6):86-91.

1. 美国对外主张数据自由流动,只对关键行业采取数据本地化措施

美国对跨境数据流动管理采取双重标准,对内在涉及国家安全的关键行业实施数据本地化措施;对外提倡跨境数据自由流动,通过区域贸易协定消除贸易壁垒,促进贸易自由化。

美国的数据本地化措施主要包含在以下立法和行政协议中,主要体现在以下几方面。

首先,对国防技术数据要求设施本地化。美国《国际军火交易条例》(*International Traffic in Arms Regulations*,ITAR)规定了有关军火出口的数据信息要求。

其次,监管云服务用户的数据传输。关于云计算服务中的数据是否属于技术和软件的出口问题,美国负责出口管制的机构在2009年发布的报告中称,跨境数据传输属于"出口",但是云服务提供者不是出口商,而是将云服务用户作为EAR管制的出口者。

最后,对电信关键行业进行限制。美国对电信业的并购法案审核后,通常会要求收购方和安全审查机构签署安全协议。美国日益加剧的双重标准,实则是一种数据霸权的体现。一方面,其坚持的贸易保护主义损害其他成员方的利益,冲击国际贸易规则;另一方面,将他国和经济体的数据本地化措施视为贸易壁垒,并且在各种场合中予以指摘和批评。由此可知,尽管美国国内对关键行业也采取数据本地化措施,但是美国政府却指责包括我国在内的其他国家的数据本地化措施违反了GATS规则,是服务于各自经济发展的目的。

美国支持数据自由跨境流动,不主张数据本地化存储,与多数国家都有一定分歧。USMCA第19.8条第3款要求,"缔约方除了公共目标之外,都必须确保任何限制跨境个人信息流动的措施只是为了保护个人信息且是必要的,并与所产生的风险成比例",强化了跨境数据自由流动的约束力和执行力。

从总体上来看,美国在贸易协定中倡导充分利用数据自由流动的商业价值,禁止采取数据本地化措施。该理念深受"网络中立"理论影响,旨在确保数据信息不受限制地自由流动。美国在主张数据自由流动的同时,反对贸易成员方采取数据本地化措施。具体而言,美国不仅认为其他国家采取的单边数据本地化措施是贸易保护措施,而且将其视为一种"数字贸易壁垒",违反国际贸易规则。

2. 欧盟采取区别对待措施,注重个人数据保护

在欧盟内部,数据本地化是一个争议问题。一些成员(如法国和德国)推动数据本地化的相关政策,而其他成员(如瑞典)则推动跨境数据自由流动。欧盟对跨境数据流动的规制立法主要包括以下几方面:①为了保护各种活动中产生的公民的个人数据,制定了《通用数据保护条例》;②针对非个人数据,颁布了《非个人数据自由流动条例》(*Regulation on the Free Flow of Non-personal Data*),简称《非个人数据条例》。

首先,通用数据保护条例是欧盟数字单一市场(digital single market,DSM)形成的重要标志,强化了个人数据的控制能力以及数据市场的内部运作,具有明显的功能主义的立法特征。总之,GDPR对各种活动可能产生的个人数据原则上要求本地存储,需要满足严格的标准才允许出境。

其次,非个人数据自由流动条例。欧盟强调主权国家对数据的自治权,不能对数据自由流动毫无限制,因此,《非个人数据条例》是欧盟对非个人数据控制的强烈表现之一。

此外,为了侦查刑事犯罪,该条例设置了公共安全例外条款,将公共安全作为数据本地化政策要求的理由,此处的公共安全包含两层含义:一是内部和外部的国家安全;二是社会公共安全。因此,欧盟对于例外情景较美国更具弹性,主张考虑个人隐私安全、文化例外等情况,支持有限制的数据自由移动;但欧盟只允许数据转移至 12 个被认可的数据保护标准相当的国家,而且美国由于没有联邦层面的数据保护和消费者保护法,不在12 个国家名单之上。

3. 中国注重网络安全的数据本地化措施

目前,《网络安全法》《数据安全法》《个人信息保护法》明确规定原则上数据应存储在境内。对于重要数据和达到一定数量的个人信息,如因业务需要确需出境,要经过安全评估。现有法规也未明确重要数据目录、必须评估的个人信息数量上限以及"因业务需要"确需出境的情形,给了监管机关较大的裁量空间。此外,我国提出了数据分类、分级的管理理念,但未与跨境数据流动联系起来,监管机关在处理数据出境问题的实践中可能面临诸多困难。

因此,目前我国构建了以《网络安全法》为主、规范性文件为辅的数据本地化立法体系。以时间为轴线,我国现行的数据本地化立法可以划分为两个阶段。

第一阶段,2011—2016 年,以规制国家重要行业的数据提供者为主,分散在金融业、保险业、征信业、互联网地图服务业、网络出版业和网约车行业等。此阶段我国数据本地化立法措施的兴起与互联网在我国的发展密切相关。该阶段的数据本地化措施主要表现为设施本地化和存储本地化,以规范性文件为主,且法律效力较低。2016 年以来,中国采取了一系列数据保护措施,如因公司的业务需要应该向境外提供信息,就应当按照国务院有关部门制定的办法进行安全评估。此外,若征信机构在中国境内采集信息并对其进行加工,则需要在境内进行保存。若该机构需要将此数据传输到外籍组织或个人,则应当按照法定程序进行相应的评估手续。只有在国际规则和国内立法上统一达到协同的情况下,才能从数字贸易发展中得到更大收益。

第二阶段,2017 年以后,《网络安全法》第一次跨行业对数据本地化作出原则性规定。该法不仅是全面规范网络空间安全方面的基础性法律,而且也在我国网络空间法治上具有里程碑意义。同时,该法立法宗旨确定了网络空间主权原则,回应了大数据和云计算的发展对数据占有权的削弱。

综上所述,我国规范性文件针对的数据类型是金融、保险和互联网地理数据以及其他互联网行业运行中产生的个人数据,而《网络安全法》中将需要本地存储的数据限定在"个人信息和重要数据",实际上包括规范性文件立法中重要行业产生的数据。此外,我国数据本地化立法中也存在一些豁免条件,即如果满足一定条件,那么允许数据出境。其一,公权力机关进行裁量。根据央行 2011 年出台的有关个人数据保护的相关规定可知,央行有权决定个人金融数据的跨境流动。其二,满足相应的条件,征得数据主体的同意。《网络安全法》规定,如果个人信息确需出境,则要经过评估。《个人信息和重要数据出境安全评估办法(征求意见稿)》第七条明确规定:网络运营者应在数据出境前,自行组织对数据出境进行安全评估,并对评估结果负责。

总之,我国数据本地化立法在不同的时间段表现为不同的强度,与我国经济发展状况相契合。

中国 2017 年开始实施《网络安全法》，限制部分境外网站接入，要求网站内容存储本地化，特定内容的服务器必须存放在中国，经批准方可转移。此外，如果外企提供云服务，中资股权需占 50%。并且，中国也在探讨观念相同的国家之间的数据转移方案。

中国等其他发展中国家正处于数字贸易发展的起步阶段，对于跨境数据流动的国内规制处于谨慎和积极尝试的阶段。特别是"棱镜门"事件警醒了各国"主权国家的网络可能随时处于被监听的危险之中"。故而，为了维护国家安全和公民隐私，中国等发展中国家制定了数据本地化政策，使得该政策的产生具有正当性。具体而言，虽然互联网信息技术的兴起打破了数据资源的地域性，但是主权国家仍然拥有对其境内数据的管辖权和控制权。

我国等发展中国家完善数据本地化立法措施主要集中在以下方面。

一是自从 2017 年中国的《网络安全法》生效后，有关部门积极向社会各界征求意见，抓紧配套立法的制定。其中，《关键信息基础设施安全保护条例（征求意见稿）》阐明关键信息基础设施的范围，《个人信息和重要数据出境安全评估办法（征求意见稿）》细化了个人信息出境的细则，《个人信息安全影响评估指南（征求意见稿）》完善了量化的评估标准，上述配套立法以国内现有规定为出发点，具有较强的可操作性。

二是印度也在加强对个人数据的保护，在 2018 年公布印度的《个人数据保护法（征求意见稿）》中，尝试建立细化的个人数据保护标准，按照个人数据的重要程度，将个人数据分为一般、敏感和关键三种类型，要求一般和敏感数据在本地留存个人信息副本，关键数据直接在本地存储。总之，中国等发展中国家持保守的态度，建立和完善数据本地化措施，在保证合法政策目标实现的情况下，促进数据有序流动。

于是，美国将中国、俄罗斯和印度等国家采取的数据本地化措施视为数字贸易壁垒，并认为其会对国际投资造成一定负面影响。考虑到我国巨大的互联网市场，美国也高度关注我国的数据本地化立法措施。美国在 2017 年向 WTO 提交的文件中，坚持认为中国的数据本地化立法违反了在 GATS 下的市场准入和国民待遇义务，要求中国承担相关责任。

此外，USTR 在 2020 年 3 月发布的《国家贸易评估报告》中称"中国奉行的是限制外国服务提供者进入市场的产业政策，伴随着数字贸易在全球范围内的发展，中国等其他国家与美国对'数据本地化措施是否构成贸易壁垒'持有不同的看法使得该争议措施极有可能引发贸易争端"。[①]

4. 其他代表性国家本地化措施

根据前面讨论的数据本地化措施的表现类型，将代表性国家的立法分为"设施本地化"和"存储本地化"（包括满足一定条件允许数据跨境传输的情形）来分析。

第一，设施本地化强调的是使用东道国境内的计算设施，或者将设施置于领土之内作

① HILLMAN J E. The Global battle for digital trade: the United States, European Union, and China back competing rules[EB/OL]. [2018-04-13]. http://www.csis.org/blogs/future-digital-trade-policy-and-role-us-and-uk/global-battle-ditigal-trade.

为经营活动的前提,强调数据来源国对本国数据的控制。例如,俄罗斯 2015 年颁布的《个人数据保护法》要求收集俄罗斯公民个人数据必须使用其本国的数据库,哥伦比亚、印度等国家也作出了类似的规定。此外,印度尼西亚和越南要求网络巨头(Google 和 Facebook 等公司)在本国设立数据中心。从技术角度来讲,尽管云计算为跨境数据提供了高效的解决方案,支撑了服务贸易的发展,但是在投资东道国境内建立数据中心的要求,在某种程度上,会增加企业建设和运营的成本,提高了市场准入的门槛。

第二,存储本地化是数据本地化措施最广泛的表现形式。首先,各国国内的数据本地化措施适用的义务主体是国内外的数据提供者。其次,存储本地化针对的主要是个人数据,尚未有国家要求所有的电子数据都在本地存储,多数国家选择在有限的范围内划定需要本地存储的范围。最后,各代表性国家数据存储本地化的严苛程度存在差异,主要分为以下三个层次:第一层次,在东道国境内存储数据的副本,与此同时,数据可以在境外存储、处理和访问。例如,俄罗斯的电信数据、印度的商业数据等有此类要求。第二层次,要求数据的存储只能在境内进行,数据需满足一定的条件才能出境。例如,阿根廷、马来西亚等国的个人数据有此类要求。第三层次,数据的存储、处理和访问都在境内进行。例如,澳大利亚的医疗数据有此类要求。

综上所述,为了维护国家安全、保护个人隐私和便于国内执法,各国和经济体普遍采取数据本地化措施来限制跨境数据自由流动,不过在规制的义务主体、严苛程度方面存在差异,如表 4-8 所示。与此同时,数据本地化监管措施会使企业成本提高、运营效率降低,进而对贸易造成一定程度的阻碍。此外,由于中国等其他实施数据本地化的国家与美国对于数据本地化措施的不同态度,即对于"数据本地化措施是否构成贸易壁垒"存在争论,所以,该措施未来仍可能成为贸易纠纷的导火索。

表 4-8　全球数据本地化立法情况

数据本地化措施强度	国家和地区
严格限制:明确要求数据必须存储在国内的服务器上	文莱、中国大陆、印度尼西亚、尼日利亚、俄罗斯、越南
事实上的限制:法律对数据跨境转移设置较大障碍,事实上构成数据本地化要求	欧盟
部分限制:广泛的措施,包括适用于特定域名以及个人数据出境前需征得数据主体同意的规定	白俄罗斯、印度、哈萨克斯坦、马来西亚、韩国
轻微限制:在特定情况下限制数据跨境转移	阿根廷、巴西、哥伦比亚、秘鲁、乌拉圭
特定部门:针对特定部门,包括医疗保健,电信,金融和国家安全	澳大利亚、加拿大、新西兰、中国台湾、土耳其、委内瑞拉
无:没有已知的数据本地化法律	其余国家和地区

资料来源:Albright Stonebridge Group(ASG). Data localization: a challenge to global commerce and the free flow of information[R]. Washington DC, 2015.

4.5.3　数据本地化要求对社会经济的影响

1. 数据本地化要求的缘由与影响

一些国家重视数字贸易中隐私保护等情况而采取本地化措施,但这一措施在保护本国数据安全的同时也会产生一定负面影响。由于在线业务在出口的过程中会收集大量的个人隐私数据,可以进行个人识别,因而认为出口国存在对个人数据的流动施加限制的动机。据此,政府考虑到各国之间隐私法规存在的差异会破坏国内监管目标,以及出于对本土行业或者企业的保护,防止受到国外企业的冲击,会实施数据的本地化措施。另外,在国家安全泄露事件发生之后,一些国家出于保护隐私或者维护系统安全等正当安全问题,以及对于本国的经济效益的正向效应的考虑,会选择本土化的措施,要求所有的公司必须按照政策要求将数据服务器本土化,这样会对跨境数据流动造成一定的负面影响。从成本角度分析,在进行数字贸易过程中,数据本地化的成本分为国内成本与国际成本,数据本地化会提高访问和使用数据的成本,这样会损害数字贸易的收益,对数字贸易产生负面影响。

数据中心的建立需要依赖相关设备,对技术的要求比较高。提升数据本地化程度能够尽可能降低外汇数量,本地企业并不需要向外国企业支付相关费用,这笔费用能够节约下来,无疑使得成本更低,数据能够在海外得到有效托管。但是,从数据中心运营商的角度出发,它们会利用本地数据向本地互联网企业等收取较高的费用。这使得数字贸易企业成本有所提升,经济效率变得更低,不利于其提高竞争力而使其处在不利地位。数字化使生产效率变高,企业以及政府的成本都得到节约,而数据本地化又使得生产成本变高,为企业以及政府带来消极的影响。

2. 国际机构对数据本地化影响效应的研究

欧洲国际政治经济研究中心 2017 年发表了关于数据本地化成本的报告。该报告提出,数据本地化立法对 GDP 增长率产生一定的消极影响,二者间联系较为密切。在该报告中指出,数据本体化提案或立法能够对国家生产总值产生较大的影响,如中国(−1.1%)、欧盟(−0.4%)和巴西(−0.2%),而这些变化对于许多国家经济复苏来说是非常不利的,也可能会使生产率变低,而经济的提升与社会稳定通常会联系比较大。[①] 如果国家对数据本地化措施进行大幅度运用,那么各个国家的生产总值的损失会越来越多。经过调查,数据本地化要求和限制跨境数据流动所带来的消极影响也是比较大的。经济全球化程度的加深使得单边贸易危害显现出来,国家亏损变多。从长远角度来看,强制数据本地化等举措也不具有合理性,其目的是排除外国竞争者,会产生消极影响,综合来看,其收益比经济损失要低。

数据本地化措施限制了数据的跨境流动,从而影响了数字贸易自由化。具体而言,从外商投资的角度看,数据本地化措施要求外商在东道国境内设立数据中心或者存储数据,对原本自由流动的数据设置了一定的要求,使得外商进入本国市场的成本提高。对于全球互联网巨头来说,这种宏大的投资计划相对来说问题不大,但对于提供区域性服务的中小公司来说,将是很高的一个门槛,会使国内的投资减少,从而影响该国 GDP 增长。

---

① 周宇.跨境数据流动障碍在哪里,成本是什么?[EB/OL].(2017-06-10).https://www.sohu.com/a/147677154_353595.

关键术语

贸易壁垒　数字贸易壁垒　数字税或数字服务税　税基侵蚀和利润转移行为　跨境数据流动　数据本地化　市场准入

本章小结

在数字经济与贸易发展过程中,出于保护自身利益的要求,世界主要经济体在不同程度上形成对数字贸易征税和实施边境内的非关税壁垒,本章主要从数字贸易税的内涵出发,探讨数字贸易税征收的原因和影响,支持和反对征收数字贸易税的原因,征收中的问题;接着对边境内非关税壁垒的跨境数据流动规则及例外条款、市场进入壁垒、数据本地化要求等主要内容展开分析。在跨境数据流动规则上,美国坚持商业目的的跨境数据流动自由化原则,只对技术创新、知识产权保护(在跨境数据流动上不要求源代码提供以保护知识产权)作出规定;欧盟《通用数据保护条例》则是世界上最严苛的个人和国家数据安全保护条例,强调个人信息的隐私性必须得到优先保护,以文化例外、国家安全例外等原则限制跨境数据流动,与美国形成针锋相对原则冲突;中国在跨境数据流动上既强调国家安全、文化例外和个人信息保护,也积极推动跨境数据流动的自由化。在市场准入条款上,美国推崇贸易投资的自由,而欧盟、中国等多数国家和地区都有不同程度的市场准入条件,显示出美国在数字经济与贸易,特别是数字技术创新和专利的优势地位及美国大型互联网数据公司的超强竞争力。在数据本地化要求上,美国坚持推行不作出限制数据本地化要求,而除美国以外的其他国家或多或少有数据本地化要求。

思考与讨论

1. 谈谈你对数字税或数字服务税(内涵与外延)的认识。
2. 简述国际上支持或反对征收数字税或数字服务税的理由。
3. 目前国际上征收数字税或数字服务税中存在哪些主要问题?
4. 我国对数字税或数字服务税持什么样的态度?
5. 简述世界主要经济体跨境数据流动规则体系的特征。
6. 简述目前世界跨境数据流动规制的趋势。
7. 谈谈你对一般例外原则条款在 FTA 中适用性的认识。
8. 谈谈你对国家安全例外条款在 FTA 中适应性的认识。
9. 我国在对待跨境数据流动规则适用性中需要注意哪些问题?
10. 比较 OECD 和欧洲"国际政治中心"关于数字贸易壁垒指标体系中关注点存在的差异性。
11. 数字贸易壁垒产生的主要原因有哪些?
12. 市场准入壁垒主要包含哪些内容?
13. 简述数据本地化的三层含义。
14. 美国、中国、欧盟对数据本地化要求有什么异同?

15. 数据本地化要求对于数字贸易有哪些影响？

即测即练

案例 4-1 综合保税区（园区）发展跨境电商实践

音频 4-1 OECD"关于应对经济数字化税收挑战双支柱方案的声明"

音频 4-2 国际社会需要警惕国家安全例外适用的泛化

第 5 章

数字贸易规则与惯例

◇◇ **学习目标**

　◎ 了解数字贸易规则与惯例含义

　◎ 熟悉 RECP、CPTTP、DEPA、WTO 缘起和发展

　◎ 掌握 RECP、CPTTP、DEPA、WTO 中数字贸易规则

◇◇ **学习重点、难点**

　学习重点

　◎ 数字贸易规则与惯例的含义

　◎ 理解各区域贸易协定中数字贸易规则的核心要义

　学习难点

　◎ 数字贸易规则的差异及比较

数字贸易规则与惯例涉及从 WTO、TPP 到 CPTPP、RECP 和 DEPA 的不断演进与数字贸易规则相关内容的细化和专门化的发展过程。本章分别介绍 WTO、CPTPP、RECP 和 DEPA 中的数字贸易规则,并进行一定程度上的比较分析。

5.1　RCEP 数字贸易规则

《区域全面经济伙伴关系协定》是目前建立的全球最大规模的区域自由贸易关系协定,其中,RCEP 关于数字贸易规则具有多元性、灵活性和包容性等特点。本节从 RECP 的缘起及拓展过程开始,主要介绍和学习 RECP 的数字贸易规则及我国加入 RECP 的影响。

5.1.1　RCEP 的缘起及我国加入 RECP 的影响

1. RECP 的缘起

2008 年由美国次贷危机引发的金融危机、经济危机席卷全球,导致世界经济持续低迷、增长乏力。为应对危机,美国、欧盟、日本等发达经济体纷纷出台再工业化战略、工业 4.0 项目等促使实体经济回潮,通过推行各种贸易限制措施强化本地市场保护,去全球化、单边主义和贸易保护主义现象越加明显,而亚洲地区的广大发展中国家则身处贸易保护主义影响的核心地带,频繁受到来自发达国家的贸易调查与限制。美国自特朗普总统执政以来,大搞单边主义和执行贸易保护主义政策,世界原有生产网络和全球价值链的正

常秩序被打破,亚洲地区的经济繁荣受到严重威胁。

在这一大背景下,《区域全面经济伙伴关系协定》经过成员方多年艰辛谈判与协商于2020年11月15日正式签署,标志着全球规模最大的自由贸易协定正式达成。RCEP由"东盟"成员国于2012年11月20日在柬埔寨金边发起,邀请澳大利亚、中国、印度、日本、韩国和新西兰6国共同参加,期望缔约方之间在现有经济联系的基础上扩大并深化本地区经济一体化,强化缔约方经济伙伴关系,寻求建立清晰、互利的贸易与投资规则,推进经济合作以创造新就业机会,提高生活水平和改善各国(地区)人民的普遍福利,促进经济增长和公平的经济发展。因此,在当今世界经济形势复杂多变的背景下,签署RCEP之目的是致力于共同打造一个跨区域、宽领域、高质量的贸易和投资环境,也是亚洲经济体危中寻机、主动作为,参与各方以亚洲发展中经济体为主,即建立以东南亚为主体,维护东盟在区域经济合作中的中心地位,沿用"东盟方式"合作原则,以消除关税和非关税贸易壁垒、促进贸易自由化与投资便利化为重要目标,通过构建RCEP坚定支持自由贸易和多边贸易体制,对美国贸易保护主义和单边主义行动作出有力回击。[①]

2. 我国加入RECP对区域经济与贸易发展的影响

2022年1月1日,全球涉及人口最多、经贸规模最大、最具发展潜力的自贸协定《区域全面经济伙伴关系协定》签订生效,即在文莱、柬埔寨、老挝、新加坡、泰国、越南6个东盟成员国和中国、日本、新西兰、澳大利亚4个非东盟成员国生效。中国是非东盟国家中首个正式完成核准程序的成员,彰显出中国以实际行动推动经济全球化朝着更加开放、包容、普惠、平衡、共赢的方向发展和维护多边贸易体制、推动区域经济一体化进程的坚强决心。作为成员中最大的经济体,中国加入RCEP或将充分释放自身制度红利,提供自身庞大市场空间和产业体系支撑,从而为促进全球经济复苏和亚太地区繁荣贡献中国智慧和经济力量。

作为世界第二大经济体,中国加入RECP必然会给区域经济与贸易发展带来巨大影响,主要体现在以下几方面。

1)促进区域经济共同繁荣,对抗渐浓的单边主义和贸易保护主义

由于RCEP涵盖关税减免、贸易便利化、服务投资开放等广泛领域,其协定签署生效将推动亚太区域强化产业链协作和优化供应链布局,有助于各成员间以产业链、供应链为纽带的经济深度融合,促进生产要素自由流动和优化配置,提高整体经济效率。作为世界第二大经济体,中国的加入,在RCEP促进区域一体化大市场的形成过程中,必然进一步激发各成员在不同领域的合作潜力,缓解世界逆全球化冲击带来的压力,向世界释放共享市场、共同繁荣的互利共赢红利,为自由贸易和多边主义注入全新活力。

2)提高区域经济自由化和贸易便利化程度

RCEP是全球经济规模最大的区域性自由贸易协定,其成员总人口、经济总量和出口总额均约占全球总量30%,蕴含着巨大的贸易发展空间。在RCEP的15个成员范围之内,中国经济占RECP成员经济总量的58%,通过RCEP协定其他国家或地区能够更方

---

① 中国自由贸易区服务网.区域全面经济伙伴关系协定(RCEP)(全文)[EB/OL].[2020-11-17](2023-06-04). http://www.china-cer.com.cn/guwen/2020111710002.html.

便地进军中国市场,分享"中国增长"的溢出效应,提高区域经济一体化水平。

在 RCEP 框架下,中国和日本首次实现自贸协定安排的零关税。按照协议,我国将对日本大部分电子电气、集成电路、汽车零部件、氟橡胶等化工品和各类轻工品实施零关税,而日本将对中国全部机电产品、仪器仪表、纺织服装、水产品、蔬菜等实施零关税;结果是日本出口至中国约 86% 的产品实现零关税,同时中国出口到日本约 88% 的产品享受零关税。[①]

3) 促进亚洲及周边区域经济一体化

RCEP 生效有力促进了成员间经贸合作和区域经济一体化。RECP 的生效,从关税减让、原产地累积规则、贸易便利化等规则上,使各成员提高了贸易水平、增加了投资机会,企业获得切实利益,也有利于维护地区供应链稳定和形成一个协调、完整的区域经济合作生态环境。在不断攀升的不确定性世界发展格局中,作为一个稳定、有序的区域经济一体化自贸区(RCEP)成员,中国必将与各方携手前进,推动我国形成更高水平开放型经济新体制。

4) 促进数字贸易便利化

RCEP 有专门的电子商务的章节,如无纸化贸易和通关便利化措施,对于在 RCEP 范围内从事电子商务的跨境电商从业者和消费者来说,都将受益。

RCEP 在货物贸易、服务贸易、投资和知识产权保护规则等各个领域的开放水平均显著高于我国在 WTO 中承诺的开放水平。在货物贸易方面,我国超过 1/3 的对外贸易将实现零关税;服务贸易的开放部门从加入世界贸易组织时的 100 个部门增至 122 个,还提高了其中 37 个部门的承诺水平;在投资方面,各成员都采用负面清单对非服务业投资领域开放作出承诺;在知识产权保护规则方面,新增电子商务、政府采购、竞争等议题,提高了知识产权等议题的承诺水平。[②]

5.1.2　RECP 关于数字贸易规则条款

1. RECP 总规则及特征

RECP 是基于 1994 年 4 月 15 日在马拉喀什签署的《马拉喀什建立世界贸易组织协定》,以及东盟成员国与其自由贸易伙伴,即澳大利亚、中国、日本、韩国、新西兰之间现有的自由贸易协定项下各自的权利和义务;顾及缔约方之间不同的发展水平,对适当形式的灵活性的需要,期望通过 RECP 深化本地区经济一体化,促进经济增长和公平的经济发展,以创造新的就业机会,提高生活水平,改善各国(地区)人民的普遍福利;寻求建立清晰且互利的规则,以便利贸易和投资,包括参与区域和全球供应链;建立良好的治理以及可预期、透明和稳定的商业环境,为实现合法的公共福利目标而进行监管的权利;可持续发展的三大支柱是相互依存、相互促进的,以及经济伙伴关系能够在促进可持续发展方面发挥重要作用,促进建立开放、贸易自由和以规则为基础的多边贸易体制。

① 李嘉扬.《区域全面经济伙伴关系协定》生效后将有哪些机遇? 这四方面带你解读[EB/OL]. (2021-12-30). https://news. hangzhou. com. cn/gnxw/content/2021-12/30/content_8132584. htm.

② 中国国际商会. RCEP 生效后将有哪些机遇? 这四方面带你解读[EB/OL]. (2021-12-30). https://www. 163. com/dy/article/GSG6AMKG0514AN1F. html.

RECP总则体现了"和而不同、互惠互利"的原则,灵活处理不同发展水平国家(地区)加入RECP应该承担的权利和义务,期望通过加入RECP推进区域经济一体化、贸易自由化和各经济体可持续的、公平的经济发展和人民福祉的增加。

2. RECP关于数字贸易的相关规则及解释

关于数字贸易,一般定义里面,强调建立"区域全面经济伙伴关系"的自由贸易区与《1994年关税与贸易总协定》第24条和《服务贸易总协定》第5条相一致的基础上,特此依照本协定条款。涉及数字经济与贸易的规则主要与下列条款有关:(七)GATS指《WTO协定》附件1B所含《服务贸易总协定》;(二十九)《TBT协定》指《WTO协定》附件1A所含《技术性贸易壁垒协定》;(三十一)《贸易便利化协定》指《WTO协定》附件1A所含《贸易便利化协定》;(三十二)《TRIPS协定》指《WTO协定》附件1C所含《与贸易有关的知识产权协定》,等等。RECP中关于数字贸易规则主要体现在以下几方面。

1) RECP对数字经济与贸易的相关界定

除了RECP第12章"电子商务"中,讨论与电子商务有关的跨境数据传输、数据存储本地化、贸易便利化等问题,不单独设立有关数字经济与贸易的条款。

2) 关于电子传输税费征收的要求

RCEP要求,根据WTO相关要求,缔约方之间的电子传输暂时免征关税,但允许缔约方保留根据WTO决议对电子传输关税进行调整的权利。

3) 关于网络接入的要求

RCEP要求,未明确规定网络自由接入的权利,且仅在电子商务对话中提及考虑在源代码领域开展对话。

4) 关于数字产品非歧视性待遇

由于多数国家对文化领域开放较为慎重,RCEP并未纳入数字产品的非歧视性待遇内容,仅在"电子商务对话"条款中提及,考虑在数字产品待遇领域开展对话。

5) 尽可能保障跨境数据自由流动

跨境数据流动是数字贸易规则的核心。RCEP明确规定,允许为进行商业行为而通过电子方式跨境传输信息,且不得将计算设施本地化作为在境内进行商业行为的条件。对于不符措施的情况,RCEP要求对于合法公共政策的必要性,由实施不符措施的缔约方决定。此外,RCEP还允许基于保护基本安全利益而采取措施限制跨境数据流动,且其他缔约方不得对此类措施提出异议。

6) 电子商务章节适用范围

RCEP要求,电子商务章节不适用协定争端解决机制。对于相关内容的分歧,RCEP要求缔约方首先进行善意的磋商,如磋商未能解决,则提交至RCEP联合委员会。但RCEP也规定,未来将对这一问题进行审议,审议完成后,协定争端解决在同意适用电子商务领域的缔约方之间适用。

另外,在经济技术合作方面,RCEP将注重成员方能力建设和技术援助,并通过相关条款保障协议有效实施和落实。关于中小型企业的专门章节将为投资项目提供政策框架,以提高中小型企业经营能力并获得更多商业机会。

数字贸易是人工智能、大数据、云计算等数字化底层技术与经济社会发展深度融合的结晶。近年来,数字贸易发展迅猛,日益成为重塑全球供应链的核心力量。中国等 15 国 2021 年签署的《区域全面经济伙伴关系协定》以更加开放的态度推动数字贸易发展,将为区域内数字贸易的新发展注入强大动力。[①]

3. RCEP 的突出特征及其在数字贸易方面的表现

1) RCEP 注重多元性和灵活性

RCEP 充分考虑到亚洲地区的特征,特别是不同经济体各异的发展水平,不以过高市场开放为单一标准。《RCEP 谈判的指导原则和目标》中明确了"承认参与国家个体差异和所处不同环境",并强调"RCEP 将采取一些适当的灵活形式,为最不发达成员国提供特殊和差别待遇,并为之附加额外的灵活性"。

2) RCEP 采取以东盟为中心的嵌套式结构体系

从结构角度看,RCEP 以东盟为"中心"的 5 个"东盟+1"FTA 为基础,对既有的承诺与规则条款进行整合,并对协议内容做进一步的扩展和提升。这种模式突出了东盟在亚洲区域经济一体化中的重要作用,并以嵌套式规则体系作用于不同成员经济体。东盟与中国、日本、韩国、澳大利亚、新西兰、印度六国签订的"东盟+1"FTA 构成了基础合作层级,而这种基础层级构成了各成员方之间稳定的基础利益关系。

基础层级的升级与扩张并不对原始层级的固有规则进行颠覆性改变,而是充分尊重现有的规则体系。RCEP 以东盟和"东盟+"为中心,整合多重 FTA,有助于获得东盟的认可和支持,并最终推动广域范围的一体化进程。因此,RCEP 承认各成员方在经济与文化上的异质性,从满足成员方的浅层次一体化协议开始逐步扩展,一方面,通过贸易投资便利化措施和经济技术合作等,简化和融合多重贸易规则,降低了交易成本,改善亚洲地区的发展环境;另一方面,在原有不同的关税削减安排或贸易规则基础上,进行整体性的谈判和安排,可以取得全部成员方集体行动的单一目录或规则,有助于大幅推进亚洲地区一体化进程。

3) 倡导"开放地区主义"与渐进性原则

RCEP 并不以建立封闭的排他性贸易集团为目的,而是在保证亚洲区域成员的可控数量的同时,坚持高标准的适度性、非歧视性与包容度,倡导"开放地区主义"。RCEP 的开放性体现在多个方面,例如,RCEP 本身欢迎其他外部成员在适当时候加入该协定;RCEP 最为强调的贸易投资便利化、经济技术合作等措施,一旦实施,其效果也不会局限于成员经济体,政策的外溢效应将会非常显著;RCEP 有望采用渐进的方式,不断升级市场准入和规则,保证贸易协定的开放性和高质量。

从外形上看,CPTPP、USMCA、DTA、DEPA、SADEA、RCEP 都倡导跨境数据自由流动,同时也对其留有例外,只不过因为这些例外条款实际上很难满足其要求。但 RCEP 对跨境数据自由流动增加了基本安全利益之例外规则,削弱了基于合法公共政策采取必要措施的权利,并且非缔约方不得对缔约方采取必要措施的认定权提出异议,这就使得此

---

① 课题组. RCEP 核心数字贸易规则及其影响[J]. 中国流通经济,2021(8):18-29.

条款适用起来相对简便。换言之,RCEP 条款最显著的特点是给各缔约方留足了规制空间。①

5.1.3　加入 RECP 为我国数字贸易发展带来的挑战与机遇

1. 加入 RCEP 为我国数字贸易发展带来的挑战

RCEP 基本建立在 CPTTP 基础上,但对数字贸易条款的实质性内容进行了删减变更、条件限定及效度削减。RCEP 并未坚持 CPTPP 那样的高标准、高要求,存在一定先天缺陷。面对国际形势诸多不确定性因素,加入 RCEP 也会给我国数字贸易带来诸多挑战和风险。

第一,数据利用与信息安全将遭遇前所未有的挑战。首先,RCEP 机制旨在解决区域内国家、地区间数字鸿沟问题,实现对发展中成员技术援助与能力建设的政策目标,这对数字经济发展具有比较优势的我国来说并不利。其次,随着贸易开放程度的加深,涉及国计民生、敏感行业等方面的关键数据将频繁流动,数据泄露风险加大,同时存在外国政府调取、截取数据、干涉运营等诸多风险,数据安全问题凸显。最后,受产业发展水平、数据保护程度等因素的影响,不同国家、地区对跨境数据流动持不同态度并采取不同的保护措施,在很大程度上为数字贸易的发展设置了障碍。②

第二,RCEP 的数字贸易监管及争端解决机制力度有限,对我国数字贸易的发展提出了新挑战。一方面,RCEP 缔约方为了保证本国(地区)数字经济管理的自主性,并未让渡权力至 RCEP 机制,RCEP 对缔约方间数字贸易监管力度将受到国家(地区)权力的制约。另一方面,RCEP 规定的争端解决条款及其效力较弱,它要求缔约方将磋商不成的纠纷提交 RCEP 联合委员会处理。

第三,RCEP 对我国参与国际贸易规则的制定提出了更高要求。从外部环境讲,RCEP 的诞生必然加剧一些国家在贸易领域对我国的排挤、敌视,我国在多边贸易体制内遭遇的斗争将变得更加尖锐。

2. RCEP 为我国数字贸易发展带来的机遇

数字贸易内含数字产品贸易和数据流本身产生的贸易,数字特性形成的独特的制造能力、创新能力和服务能力,为数字贸易发展带来颠覆式创新。加入 RCEP 也为我国数字贸易发展带来前所未有的机遇,主要表现在以下几方面。

第一,数字贸易将赋能新型数字企业,加入 RECP 使我国更多数字产品更快地嵌入区域供应链,增强区域经济带动力,提高我国数字经济与贸易的发展水平。

第二,数字贸易将带动更多中小微企业的转型发展,加入 RECP,助推我国小微企业依托数字经济与贸易从东南亚走向世界市场。

第三,数字贸易将推动全球供应链同时向区域化和全球化方向发展。数字技术创新促进全球供应链分工的深度和广度进一步延展,制造业将趋向于区域化;生产性服务业

---

① 陈颖. 数字服务贸易国际规则研究——基于 CPTPP、EU-JAPAN EPA、USMCA 和 RCEP 的比较分析[J]. 全球化,2021(6):90-101.

② 沈伟,方荔. 比较视阈下 RCEP 对东道国规制权的表达[J]. 武大国际法评论,2021(3):1-18.

则更倾向于国际化。RCEP 将积极带动与货物贸易相关的仓储、运输、金融结算、保险、融资等服务贸易快速增长，带来巨大的贸易投资增长与贸易创造效应。我国应围绕"一带一路"规划构建合作创新网络，着力打造新服务、新产业的高端孵化区，积极构建面向全球的服务领域的产业链、供应链。[①]

3. 借力 RCEP 推动我国数字贸易发展的建议

第一，发挥我国数字经济的比较优势，积极推动数据要素市场建设。首先，数字贸易较发达的长三角、珠三角区域等应率先启动数字贸易协同发展机制，加大核心技术研发，着力实现数据互通、数字经贸合作，积极对接区域数字贸易发展。其次，围绕数据生产、加工、定价、交易等关键环节，探索解决数据确权与认证问题的新途径，提升区域内数字战略合作互信，构建跨境数据流动新机制，推动跨境数据的自由流动。最后，开展跨境数据存储与传输、数据分析与挖掘、数据运维与管控等业务，推动数据要素借助市场功能转换成应有的价值，持续不断地打造高质量数字产品，尤其是将金融数字产品全面嵌入全球供应链。

第二，积极参与并主导包括数字贸易在内的国际贸易规则制定。在构建全球数字治理体系进程中，我国应积极参与全球数字贸易规则体系构建，对接高标准经贸规则，积极考虑加入 CPTTP，建设有益于我国数字贸易发展的国际营商环境。在此过程中，密切关注世界局势变化可能带来的影响，抓住各种有利时机，积极参与制定相关贸易规则。[②]

第三，积极制定并实施相关的国内法律法规，优化国内营商环境。首先，依据 RCEP 规定的诸如原产地累计等规则，选择重点领域分行业制订实施方案，各省市可结合自身优势，积极推出支持经济发展的产业政策，支持企业的数字化转型，为协定生效实施提前做好预备与保障工作。其次，结合 RCEP 规则，我国应主动探索制度创新，支持地方先试先行，特别是通过过渡性条款的先行先试，充分发挥压力测试作用，为高效执行 RCEP 数字贸易条款提供可复制、可推广的经验。最后，在《中华人民共和国民法典》《个人信息保护法》《电子商务法》等与数字贸易密切相关的法律文本基础上，着重探索与 RCEP 有效对接的问题，营造对境内外企业成长和发展友好的法律环境。[③]

专栏 5-1　RECP 关于电子商务规则创新

RCEP 共有 20 个章节，涵盖货物贸易、服务贸易、投资和自然人临时移动四个方面的市场开放。其核心在于增强货物贸易、服务贸易、投资以及人员流动方面的市场开放，尤其在关税上取得重大突破，给予"渐进式"零关税政策。其主要成就体现在以下四个方面：一是规定参与方之间 90% 的货物贸易将实现零关税；二是全面提升区域内整体知识产权保护水平，为本区域知识产权的保护和促进提供了平衡、包容的方案；三是拓宽了对服务贸易和跨境投资的准入，实施统一的原产地规则，允许在整个 RCEP 范围内计算产品增加值；四是增加了电子商务便利化和电子商务的税收新规则。

在 RECP 中，从提高贸易便利化水平，创造有利的电子商务环境、促进跨境电商的发

---

① 洪俊杰，陈明.巨型自由贸易协定框架下数字贸易规则对中国的挑战及对策[J].国际贸易,2021(5)：4-11.
② 全毅.CPTPP 与 RCEP 服务贸易规则比较及中国服务业开放策略[J].世界经济研究,2021(12)：30-41,85,132.
③ 李鸿阶.《区域全面经济伙伴关系协定》签署及中国的策略选择[J].东北亚论坛,2020(3)：115-126,128.

展与合作以及构建电子商务对话与争端解决机制几个方面做了详细规定。其中,对电子商务的税收规则规定如下。

第十一条海关关税

一、每一缔约方应当维持其目前不对缔约方之间的电子传输征收关税的现行做法。

二、第一款所提及的做法是根据 2017 年 12 月 13 日世贸组织部长会议关于电子商务工作计划的部长决定(WT/MIN(17)/65)。

三、每一缔约方可在电子商务工作计划框架下,根据世贸组织部长会议就电子传输关税作出的任何进一步决定而调整第一款所提及的做法。

四、缔约方应当根据世贸组织部长会议关于电子商务工作计划的任何进一步决定对本条款进行审议。

五、为进一步明确,第一款不得阻止缔约方对电子传输征收税费、费用或其他支出,条件是此税费、费用或其他支出应以符合本协定的方式征收。

资料来源:区域全面经济伙伴关系协定(RCEP)【全文】.[EB/OL].(2020-11-17)[2020-11-17]. http://www.china-cer.com.cn/guwen/2020111710002.html.

5.2　CPTPP 数字贸易规则

本节主要介绍 CPTPP 的缘起及发展态势及 CPTPP 中的数字贸易规则。

5.2.1　CPTPP 的缘起及发展态势

1. CPTPP 的缘起

2015 年 10 月,美国、日本及加拿大等 12 个国家达成《跨太平洋伙伴关系协定》,这一自贸协定被认为是奥巴马执政期间的重要成果之一,而 2017 年 1 月 23 日,美国总统特朗普上任后签署行政令,正式宣布美国退出 TPP,TPP 因此无疾而终。2017 年 11 月 11 日,日本经济再生担当大臣茂木敏充与越南工贸部长陈俊英在越南岘港举行新闻发布会,两人共同宣布除美国外的 11 国就继续推进 TPP 正式达成一致,即《全面与进步跨太平洋伙伴关系协定》(也被称为 TPP11)。2018 年 12 月 30 日,该协定正式生效。[①]

2. CPTPP 的发展态势

CPTPP 是从 TPP 发展而来,11 个成员国的经济总量合计占全球 GDP 的 13.4%,约为 13.5 万亿美元,使 CPTPP 成为与欧洲单一贸易协定、USMCA 等比肩的占全球 GDP 比重最大的自由贸易区市场之一。

2018 年 11 月 15 日,越南交存加入文件,该协议于 2019 年 1 月 14 日在越南生效。2021 年 1 月,韩国政府宣布,将寻求加入 CPTPP。2021 年 7 月 21 日,秘鲁交存了加入文

---

① 全面与进步跨太平洋伙伴关系协定(CPTPP)(中英对照文本全文)[EB/OL].(2021-09-26).https://www.waizi.org.cn/law/98146.html.

件,该协议于 2021 年 9 月 19 日在秘鲁生效。2023 年 7 月 17 日,英国正式加入 CPTPP,成为第一个加入 CPTPP 的非创始国,成为继日本之后的第二大 CPTPP 经济体,其加入具有促进高标准规则出台的巨大潜力。2021 年 9 月 16 日,中国正式申请加入 CPTPP。

5.2.2　CPTPP 与其他主要区域贸易协定就数字贸易规则的区别

下面介绍 CPTPP 中有关数字贸易的有关规则,并且与 RECP、USMCA、DEPA、WTO 框架下电子商务谈判要求等数字贸易规则进行比较。

1. CPTPP 贸易规则

CPTPP 序言载明了该协定的目标,有两个方面值得关注:第一是重申基本原则,即促进经济一体化,使贸易和投资更加自由,促进经济增长和社会福利,创造就业机会,提高生活水平,减少贫困和推动可持续发展。这些目标与 WTO 的理念基本相同,即 CPTPP 在 WTO 理念基础上建立,其目标是促进经济发展。第二是强调社会进步,特别强调环境保护和劳工权利等方面的内容。在此意义上,CPTPP 被称为"进步"(progressive)协定。

CPTPP 是一个开放程度高、涵盖领域广、参与国家多、地域范围大的区域性自由贸易协定,在多方面代表了高水平国际经贸规则的方向。

2. CPTPP 中关于数字贸易规则

1)明确规定数字产品定义

CPTPP 明确数字产品是包括电脑程序、文本、视频、图像和声音记录,以及其他以数字进行编码和制作用于商业销售或分销,且可通过电子方式进行传输的产品;并给予数字产品非歧视性待遇,即缔约方给予另一缔约方数字产品的待遇不得低于给予其他同类数字产品的待遇,且上述同类数字产品也涵盖非缔约方的同类数字产品。

2)关于电子传输的要求

CPTPP 明确规定不得对电子传输包括以电子方式传输的内容征收关税。

3)关于网络接入的要求

CPTPP 允许消费者在遵守合理网络管理的前提下,自由选择接入和使用互联网可获得的服务和应用,允许将不损害网络的终端设备接入互联网并拥有获得网络管理信息的权利;同时重视对软件源代码知识产权的保护,要求缔约方不得将转移软件源代码作为在其境内销售或使用该软件的条件。

此外,CPTPP 还设置了数字贸易的三条例外条款:一是上述软件限于大众市场软件,不包括关键基础设施所使用的软件;二是允许商业谈判合同中包含关于源代码的条款和条件,允许要求修改软件源代码;三是不得影响专利申请或授予的有关要求,包括司法机关关于专利争端的命令。RCEP 要求,由于多数国家对文化领域开放较为慎重,RCEP 并未纳入数字产品的非歧视性待遇内容,仅在"电子商务对话"条款中提及,考虑在数字产品待遇领域开展对话。

4)尽可能保障跨境数据自由流动

跨境数据流动是数字贸易规则的核心。

CPTPP 规定,当出现不符措施的情况时,一是不得构成任意或不合理的歧视,或对贸易构成变相限制；二是不得施加超出实现目标所需要的限制。

5）电子商务章节适用范围

CPTPP 规定,要求电子商务章节适用协定解决机制,但 CPTPP 也给予部分缔约方一定灵活性,对于数字产品非歧视性待遇、通过电子方式跨境传输信息和计算设施的位置等条款适用协定争端解决机制,给予马来西亚和越南 2 年过渡期。

此外,有关贸易文件的制定、认证和签署的数字化减少了文件的传输时间和海关的审查工作,降低了贸易成本和风险,提高了贸易往来的效率。

USMCA、CPTPP 都是高标准的协定,其缔约方数字经济发展水平较高,而 RCEP 的缔约方大多是出于数字经济竞争弱势的国家,可以看到,不同国家(地区)对数字贸易壁垒规制的态度是由各自电子商务的发展水平决定的。RCEP 要求各国(地区)以更加开放的姿态推动数字贸易发展,并限制了成员对数字贸易施加的影响。因此,RCEP 大幅降低了各类企业参与国际贸易的门槛,为跨境电商等贸易新业态及中小微外贸企业创造了更多参与国际合作的机会。

5.2.3 中国加入 CPTPP 的机遇和意义及其可行性

1. 中国加入 CPTPP 的机遇和意义

加入 CPTPP 有利于中国有效参与全球贸易、投资和新规则体系的构建,有利于缓解中美经贸摩擦,有利于进一步推进国内改革开放。中国加入 CPTPP 的机遇和意义较为显著,主要体现在以下几个方面。

一是有利于中国有效参与全球贸易投资新规则体系的构建。

二是有利于推进亚太区域一体化发展,缓解中美经贸摩擦。

三是有利于进一步推进我国国内改革和对外开放。

2. 中国加入 CPTPP 的可行性

中国加入 CPTPP 具有切实的可行性,体现在以下几个方面。

一是在价值层面,共同的价值理念为我国加入 CPTPP 打下了良好的基础。CPTPP 的核心价值理念包括"自由贸易""公平竞争""现代治理""可持续发展",这四个价值理念与我国"坚定支持全球化"和"建设人类命运共同体"的理念与价值基础是一致的。

二是在规则层面的共识。CPTPP 绝大部分条款符合我国改革方向,随着改革开放的深入推进,我们对高标准国际经贸规则的接受能力也明显提升。加入 CPTPP 是完善国家治理体系和提升国家治理能力的重要途径之一。

三是在利益层面的共识。我国加入 CPTPP 在货物、服务、投资和政府采购市场的开放方面都是相互的,这不仅是我国单方面开放,实际上我国也获得了进入 CPTPP 的 11 个成员市场的机会,这将有助于我们获得更大的国际市场。此外,规则需要所有成员遵守,共同遵守的规则也将为我国的产品和企业提供一个公平竞争的环境。①

---

① 中国法学会 WTO 法研究会 CPTPP 课题组. 加入 CPTPP,中国需要做什么[J]. 武大国际法评论,2021(5)：1-26.

┌───┐

专栏 5-2　CPTPP 的特征及中国加入的意义

CPTPP 是在 WTO 理念基础上建立的,其目标是促进经济发展、强调社会进步,特别是对环境保护和劳工权利等方面。

CPTPP 的主要内容有:其一,在货物、服务、投资领域,实现了高水平的贸易自由化和宽领域、深层次的服务和投资市场开放。其二,在规则领域,提出了比 WTO 及其他自由贸易协定更为严格的纪律,在新的领域和议题上制定了全新规则,涉及电子商务、政府采购、竞争、国有企业、劳工、环境等。其三,在合作和便利化领域,注重发展、加强政府间合作。其四,在一般法律条款方面,就定义管理机制、争端解决等问题作出了完整的规定,该项内容安排意义重大,实际上有机统一了实体章节。

从内容可以归纳出 CPTPP 的五个特点:一是贸易投资规则一体化;二是通过"负面清单"模式全面扩大市场准入,推动服务贸易和投资自由化;三是边境后措施成为新规则体系中的一个重要领域;四是消除电子商务及数字贸易壁垒;五是通过劳工、环境和竞争等纪律更加强调"公平贸易""公平竞争"和"可持续发展"。

中国加入 CPTPP 的机遇意义显著:一是有利于中国有效参与全球贸易投资新规则体系的构建。中国作为全球第一大贸易国和第二大经济体进入新一代经贸规则体系内,将确保中国的参与权、平等权、话语权和规则制定权。二是有利于推进亚太区域一体化发展,平衡中美经贸摩擦。中国的加入将加强亚太区域经济一体化的合作与发展,有利于结交更多的亚太朋友,有利于消除中美经贸摩擦,也为中国未来的地缘政治和外交提供一个新的平台。三是有利于进一步推进国内改革和对外开放。以 CPTPP 为代表的国际经贸新规则,绝大部分与中国自身改革开放的方向是一致的,与中国长远战略目标和利益是一致的。启动加入谈判有利于中国对标 CPTPP 规则,以开放促改革,深化重点领域改革,完善市场机制。

资料来源:中国法学会 WTO 法研究会 CPTPP 课题组. 加入 CPTPP,中国需要做什么[J].武大国际法评论,2021(5):1-26.

└───┘

5.3　DEPA 数字贸易规则

DEPA 是一个专门针对数字贸易达成的协定,相对来说比较简洁。但是,DEPA 相关数字经济与贸易的内容又非常丰富。本节主要学习 DEPA 的缘起、数字贸易规则及我国加入 DEPA 的意义。

5.3.1　DEPA 的缘起

1. DEPA 产生的背景与组织协定属性

1) DEPA 产生的背景

一方面,全球数字经济与贸易迅速发展。2021 年在全球数字经济大会上发布的《全球数字经济白皮书》显示,2020 年全球数字经济规模达到 32.6 万亿美元,同比名义增长

3.0％,占 GDP 比重为 43.7％。从规模来看,美国数字经济居世界第一位,规模达到 13.6
万亿美元,中国位居世界第二,数字经济规模为 5.4 万亿美元。德国、日本、英国位居第三
位至第五位,但德国、日本、英国、美国数字经济在其国民经济中占据主导地位,占 GDP 比
重超过 60％,而我国同比增长 9.6％,增速位居全球第一位。[①] 世界经济进入数字经济时
代,数字贸易成为全球国际贸易的主流。

另一方面,数字经济与贸易发展的全球规则制定困难。以世界贸易组织为核心的多
边贸易体制因其滞后性无法满足数字贸易发展的需求,美国、欧盟、中国分列数字经济规
模前三位,也代表主导全球数字经贸规则的三种力量。这三种力量分别代表的美国"数据
转移自由化模式"、欧盟"强调个人信息隐私安全模式"和中国"数字主权治理模式",被称
为数字贸易治理领域的"不可能三角",三大数字经济体在数字贸易方面的不同诉求为打
破区域协定之间的藩篱设置了诸多障碍。

在 21 世纪互联网数字经济时代,无论是投资还是贸易,都越来越多地以数字化形式
呈现。据美国布鲁金斯学会测算,2020 年全球数据跨境流动对全球 GDP 增长的推动作
用已超过贸易和投资。所以,数字领域国(地区)与国(地区)之间规则安排的重要性就愈
加凸显。由此产生的数据跨境流动、数字本地化存储、数据安全、隐私、反垄断等一系列问
题,需要规则和标准来协调。所以,数字经济与贸易在当前全球和区域经济规则安排,以
及全球经济治理体系中越来越重要。

在此背景下,DEPA 类有关单独设置数字经济与贸易规则的区域性数字贸易协定的
产生有其必然性。

2) DEPA 的属性

《数字经济伙伴关系协定》,由新西兰、新加坡、智利三国于 2019 年 5 月发起、2020 年
6 月 12 日线上签署的全球首份数字经济区域协定,旨在加强三国间数字贸易合作并建立
相关数字贸易规范。

2. DEPA 的主要特点

DEPA 是一项全面且具有前瞻性的协定,可以解决数字经济中的关键问题,主要内容
涵盖跨境贸易和商业中使用电子文档、个人信息保护、网络安全、在线消费者保护、数字身
份、人工智能等。

1) 单独的数字经济协定

DEPA 成立的目的很明确,是致力于打造助推全球数字经济国际化发展潮流的重要
载体,即促进数字贸易便利化、自由化、国际化。DEPA 从成立之初就致力于发展便利化
无缝的端到端数字贸易(facilitate seamless end-to-end digital trade),允许可信任的数据
流动(enable trusted data flows),构建数字系统的信任(build trust in digital systems),以
电子商务便利化、数据转移自由化、个人信息安全化为主要内容,并就加强人工智能、金融
科技等领域的合作进行了规定。它有一个非常重要的特点,即它代表了一个趋势是在现
有贸易和投资协定之外,单独提出关于数字经济的协定,这是全球第一个关于数字经济的

---

① 中国信息通信研究院. 2021 全球数字经济白皮书[EB/OL]. (2021-10-12). https://max.book118.com/
html/2021/1012/6110115131004023.shtm.

重要规则安排。DEPA 的发起国——新加坡、智利、新西兰,并不是传统意义上的数字经济大国,但是它们的倡议代表了未来世界经济发展的趋势和方向,并且以实际行动签署并达成了 DEPA,建立数字贸易问题的新方法和合作,提升不同制度之间的互操作性,解决数字化带来的新问题。

2) 开放性和灵活性

DEPA 是一个开放性协议,这意味着该协议的成员可能会继续增加。DEPA 对能够达到其标准的世界贸易组织成员开放。

DEPA 最大的特点和创新点之一就是它的模块化构成及局部灵活可选加入模式,其优势在于其开放性和灵活性,其内容被设计成模块化的多边贸易协定,方便成员国选择适合其特定情况的特定模块加入,而非一定要完整地加入全部协议。DEPA 的内容本身也可以随着贸易政策和电子商务样式的发展而修改。DEPA 的开放性设计让其有了与数字经济的进步共同发展的潜力,促进该监管领域的国际合作。

5.3.2 DEPA 的数字贸易规则

1. DEPA 的基本构成

DEPA 协定由十六个主题模块构成,包括:初步规定和一般定义、商业和贸易便利化(Business and Trade Facilitation)、数字产品及相关问题的处理(Treatment of Digital Products and Related Issues)、数据问题(Data Issues)、广泛的信任环境(Wider Trust Environment)、商业和消费者信任、数字身份、新兴趋势和技术(Emerging Trends and Technologies)、创新与数字经济、中小企业合作、数字包容、联合委员会和联络点、透明度、争端解决、例外和最后条款。

2. DEPA 的主要内容

下面介绍 DEPA 主要模块和条款。

1) 商业和贸易便利化

DEPA 对数字经济国际化的关键核心领域,如电子商务和贸易便利化,做了清晰可行的界定及规范。

DEPA 第 2.1 条无纸化贸易,要求各国及时公布电子支付的法规,考虑国际公认的电子支付标准,从而促进透明和公平的竞争环境。

DEPA 各缔约方应履行 WTO《贸易便利化协定》中建立或维持单一窗口的义务,促进有关贸易管理文件的数据交换,且应开发相互兼容、开放和可互操作的信息交换系统。

在物流方面,DEPA 第 2.4 条要求各缔约方认识到跨境物流高效运作的重要性。

在电子支付方面,DEPA 第 2.7 条要求各缔约方促进电子支付法规等方面的透明和创造公平竞争的环境,发展高效、安全、可靠的跨境电子支付,促进支付基础设施的互操作性和互联,鼓励支付生态系统中的有益创新和竞争。

DEPA 同意促进金融科技领域公司之间的合作,促进针对商业领域的金融科技解决方案的开发,并鼓励缔约方在金融科技领域进行创业人才的合作。

2) 数字产品及相关问题的处理

针对数字产品,DEPA 第 3.2 条规定,各缔约方不应对电子传输和以电子传输的内容征收关税,且 DEPA 第 3.3 条要求缔约国确认企业将不会面临数字产品的歧视问题,并承诺保障数字产品的国民待遇和最惠国待遇。

3) 数据问题

数据是数字贸易和经济的核心。DEPA 对数据安全制定了一系列高效可行的规则及制度规范。数据问题始终涉及个人信息保护(personal information protection)、通过电子手段进行的跨境数据流动(cross-border transfer of information by electronic means)、计算机设施的位置(location of computing facilities)等众多复杂情况。

针对数据问题中的个人信息保护问题,DEPA 第 4.2 条强调了关于个人信息保护的重要性,明确了加强个人信息保护的原则,包括收集限制、数据质量、目的规范、使用限制、安全保障、透明度、个人参与和问责制,要求各缔约方依据这些原则建立法律框架来保护个人信息。

针对跨境数据流动和计算机设施位置等问题,DEPA 第 4.3 条和第 4.4 条规定,各缔约方对跨境数据流动和计算机设施都可以有自己的要求,应允许通过电子方式跨境传输信息,不得强制要求计算机设施的位置。

4) 广泛的信任环境

为建设广泛的数据经济的信任环境,针对网络安全及相关合作事宜,DEPA 第 5.1 条和第 5.2 条规定,网络安全是数字经济的基础组成部分。更广泛的信任环境需要建设一个安全和可靠的网络环境,以支持数字经济。

5) 新技术规则

DEPA 新兴趋势及技术在数字经济国际化中的规范化发展也得到了比较充分的体现,并作出了可行性较高的相应规范制定与建章立制。新兴趋势和技术涉及金融技术合作(financial technology cooperation)、人工智能、政府采购、竞争政策合作(cooperation on competition policy)。DEPA 采用道德规范的“AI 治理框架”,要求人工智能透明、公正和可解释,并具有以人为本的价值观;确保缔约方在“AI 治理框架”上和国际上保持一致,并促进各国在司法管辖区合理采用和使用 AI 技术。

5.3.3 我国要加入 DEPA 的缘由及 DEPA 对我国经济发展的影响

1. 中国为什么要加入 DEPA

DEPA 对于企业引进来、走出去,进行全球化布局具有重要意义。目前,我国依然是世界经济增长主要引擎,锲而不舍大力推动全球化战略,越来越多中国企业大量在海外布局,数字经济都是一个绕不开的话题。一方面,需要加强中国企业在海外布局的合规指引;另一方面,也需要维护中国企业在海外的数字经济相关利益,而 DEPA 在数字产品、跨境数据流动、数据创新等方面都进行了规定,是一个现实的数字经济与贸易规制的详尽版本,依托于 DEPA 有利于维护我国进军海外发展的数字化企业利益。如我们所熟知并持续关注的腾讯、抖音等我国数字经济头部企业,平台在海外被一些国家以安全理由进行封杀、制裁、调查等,但我国企业“走出去”时不我待、刻不容缓,加入 DEPA 有利于我国积极探索和完善数字贸易相关规则,企业以法治化、制度化、规则化的规范标准合规,尽量以此规避此类现象的再次发生。①

加入 DEPA 这一创新性组织,不仅是数字经济国际共享共建力量的壮大,也有助于我国吸收和学习已有先进经验;从另一方面说,也有助于扩大我国在数字贸易治理领域中的话语权,打造数字治理的中国样板。

2. 加入 DEPA 对中国数字经济与贸易发展的影响

我国是数字经济大国。根据《中国互联网发展报告 2021》,2020 年中国数字经济规模达到 39.2 万亿元,占 GDP 比重达 38.6%,保持 9.7% 的高位增长速度,成为稳定经济增长的关键动力。然而,从国际主导权来看,我国的数字经济规模与其在全球数字贸易中的影响并不相当。例如,跨境电商领域仍然被亚马逊等国外平台垄断,国内虽然近些年也建立了一些数字贸易金融平台,但对全球的行业影响力仍很薄弱。②

我国也在不断尝试参与全球数字经贸规则制定。本次中国申请加入 DEPA,是我国加快数字贸易领域改革开放需求的体现。

总之,中国是数字经济大国,有必要向全球提出数字经济规则的中国建议。中国申请加入 DEPA,是具有前瞻性的举动。这一方面能够促进我国吸收新加坡式的数字经济治理规则和有益经验,另一方面也能够进一步夯实我国在全球数字经济治理领域中的影响力和话语权,为全球数字经济发展注入持久动力。

专栏 5-3　DEPA 是否为数字化的 WTO? DEPA 魅力何在?

1998 年,WTO 第 2 届部长级会议通过《全球电子商务宣言》,倡议对电子传输免征关税。此后由于 WTO 各方分歧严重,直到 2017 年,71 个 WTO 成员在布宜诺斯艾利斯部长级会议上才同意就电子商务贸易相关方面展开谈判,并发布了电子商务联合声明(JSI)。2019 年 1 月,包括中国在内的 76 个 WTO 成员签署了电子商务联合声明,寻求在 WTO 现有协定和框架基础上建立高标准的电子商务多边规则。参加各方纷纷提交相关提案和讨论文件,提出各自对电子商务规则的具体主张,观点较为一致的议题主要集中在贸易便利化、增强消费者信心和透明度及达成合作和发展等浅层次规则上,而出于不同的利益诉求,各成员在跨境数据流动和本地化措施、源代码保护、电子传输免关税永久化等议题上分歧较大。

近年,数字经济为世界经济发展增添新动能。但是,数字贸易不同于商品贸易,过去的资本贸易、服务贸易涉及数字信息贸易的比较少,比如说知识产权、电影版权、著作权等,这些既为数字形式,又表现为有价值的信息;对以上内容进行加工产生价值的数字产品正是数字贸易的主要内容。以往 WTO 的电子商务是归属于货物贸易还是服务贸易,不同 WTO 成员对其认识不同,难以达成一致意见。

DEPA 的创新之处在于规则方面的设置采用模块化框架,具有高度开放性,允许成

---

① 赵龙跃,高红伟. 中国与全球数字贸易治理:基于加入 DEPA 的机遇与挑战[J]. 太平洋学报,2022(2):13-25.

② 通信信息报.《中国互联网发展报告 2021》发布:互联网引领数字经济新发展[EB/OL].(2021-07-14).https://mp.weixin.qq.com/s/0fyjUn3awG7GgZ6W8_Gzag?.

员在必要时根据当地情况调整规则,为数字经济发展创建和谐规范框架开启良好开端。参与国可以选择加入 DEPA 某一主题模块而无须一揽子同意,这种创新符合数字经济时代扁平化、分布式的政府组织协作模式,具有较强的时代活力。在贸易便利化方面,DEPA 创新地设置一系列数字贸易互操作性规则,旨在协调各缔约方数字贸易技术标准和监管的差异以促进端到端的数字贸易。

因此,一定程度上说,DEPA 是 WTO 专门关于电子商务或者数字贸易的规则协定。它源于主要世界经济体难以在 WTO 框架下就数字贸易关键领域达成一致意见状况下,以模块化单独就某一问题协商一致意见而通过的"即插即用"模式的创新。

例如,DEPA 模块二"商业和贸易便利化"共 7 条规则,除了第 1 条"贸易便利化相关概念定义"和第 3 条"国内电子交易框架的原则性要求"外,其他规则主要涉及包括无纸化贸易、物流和快递、电子发票和电子支付等主要内容。模块七"数字身份内容"强调在个人或企业数字身份方面展开合作,以增强区域和全球互联互通,一定程度上也有助于贸易便利化的发展。

DEPA 数字贸易便利化规则的主要特点:一是强调技术和规则的互操作性,服务利益对象更关注中小企业;二是注重前沿性议题的合作。此外,DEPA 对数字贸易监管框架进行了创新,DEPA 较 USMCA 监管更为广泛,且仅限数字贸易领域的约束性规则更为广泛,但协定约束力稍弱。DEPA、CPTPP 和 USMCA 均支持禁止计算设施本地化,但 DEPA 和 CPTPP 将"实现合法公共政策目标"作为例外,而 USMCA 则没有设置任何例外条款。在源代码以及移动支付服务的国民待遇和市场准入方面,DEPA 协定也并未涉及,而 CPTPP 和 USMCA 则均制定了较高标准的承诺。DEPA 中并没有对知识产权进行相关承诺,欧盟坚持"视听例外"原则,强调知识产权的高标准。中国参与的 RCEP 将"必要性下的合法政策公共目标"以及"基本安全利益"作为计算设施本地化等规则的例外,强调缔约方如果以合法公共政策目标来限制流动,其他国家(地区)不可以提出异议,DEPA 中的缔约方如果以公共目标限制流动,其他缔约方若不认同就可以进行上诉。中国更强调各国(地区)政府有权为维护国家和公共安全实施必要的监管措施,同时需考虑各国(地区)数字贸易发展阶段的差异,制定循序渐进的跨境数据自由流动目标。

资料来源:

1. 王瑛,李舒婷,张劭鹏.《数字经济伙伴关系协定(DEPA)》的特点、影响及应对策略[J]. 广西财经学院学报,2022(2):33-42.

2. 曹和平. DEPA:数字版 WTO? [J].中国外资,2022,10(上):18-19.

5.4　WTO 数字贸易规则

不管是 WTO 的前身 GATT,还是 WTO 本身,都是为削减关税、降低贸易自由化的障碍而成立的谈判协商机制和机构。伴随互联网数字信息技术创新,21 世纪数字经济与贸易迅猛发展,使其成为 WTO 谈判协商制定治理和监管规则的重点领域。在 WTO 框架下进行数字贸易规则谈判,可以充分利用现有的平台和机制,有助于加快推进数字贸易谈判的进程,加快数字贸易国际规则的制定,助力数字贸易的发展。但是,数字贸易国际规则的制定涉及方方面面,数据是各成员的核心机密,这关系到各成员的商业机密、商业利益以及网络安全、国家安全。面对数字贸易带来的国际纠纷,各成员方都意识到建立数字贸易规则的重要性,就建立国际数字贸易规则的必要性达成了一致立场。本节主要学习和讨论 WTO 的缘起、WTO 主要职责功能和 WTO 规则下的数字贸易规则及其建立的困难性,特别是 WTO 框架下电子商务的谈判目标和统一的数字贸易规则的建立。

5.4.1　WTO 的缘起及主要职责功能

1. 世界贸易组织的缘起及中国重返 GATT 和加入 WTO 的旅程

1947 年,在联合国贸易及就业会议上,各国签署《哈瓦那宪章》同意成立世界贸易组织,而后来由于美国反对,世界贸易组织未能建立;同年,美国发起拟订 GATT 作为推行贸易自由化的临时契约。

世界贸易组织 1995 年 1 月 1 日正式开始运作,总部设在瑞士日内瓦莱蒙湖畔,1996 年 1 月 1 日,它正式取代 GATT 临时机构。WTO 是一个独立于联合国的、具有法人地位的永久性国际组织,负责管理世界经济和贸易秩序,在调解成员争端方面具有更高的权威性。与 GATT 相比,WTO 涵盖货物贸易、服务贸易以及知识产权贸易,而 GATT 只适用于商品货物贸易,其只是作为 WTO 中商品货物贸易规则部分。

中国是 1947 年 GATT 建立之初 44 个成员国之一,1972 年中华人民共和国恢复联合国合法席位,1982 年 11 月中国获得 GATT 的观察员身份,1986 年中国决定正式申请重返 GATT,到 1995 年之后申请加入 WTO,经过 15 年艰苦谈判,2001 年 12 月 11 日,中国正式加入世界贸易组织。[①]

专栏 5-4　中国加入 WTO

2001 年 12 月 11 日,中国成为 WTO 的第 143 个正式成员。这是中国改革开放史上重要的里程碑。中国"入世"为经济全球化进一步发展注入新的生机和活力,中国以自身的发展带动了世界经济的发展。中国"入世"的意义,也体现在中国作为新兴经济体的代表,促进了不合理、不公正的国际经济秩序改变和全球经济治理的演变。世界正经历"百年未有之变局",民粹主义抬头,经济霸凌主义不断恶化。此时此刻的中国挺身而立,成为全球多边贸易体制的坚定维护者。

资料来源:加入 WTO[J].中国经济周刊,2019(50):155.

---

2. WTO 成立的宗旨、基本职能、目标、基本原则和权力机构

下面主要了解一下世界贸易组织的宗旨、基本职能、目标、基本原则和权力机构,有利于学习数字贸易争端及解决机制。

---

① 石广生.世界贸易组织基本知识:中国加入世界贸易组织知识读本(一)[M].北京:人民出版社,2011.

1) WTO 成立的宗旨及其内涵

按照世界贸易组织官方文件,其宗旨为:提高生活水平,保证充分就业和大幅度、稳步提高实际收入和有效需求;扩大货物和服务的生产与贸易;坚持走可持续发展之路,各成员方应促进对世界资源的最优利用、保护和维护环境,并以符合不同经济发展水平下各成员需要的方式,加强采取各种相应的措施;积极努力确保发展中国家(地区),尤其是最不发达国家(地区)在国际贸易增长中获得与其经济发展水平相适应的份额和利益;建立一体化的多边贸易体制;通过实质性削减关税等措施,建立一个完整的、更具活力的、持久的多边贸易体制;以开放、平等、互惠的原则,逐步调降各成员关税与非关税贸易障碍,并消除各成员在国际贸易上的歧视待遇。

2) 世界贸易组织的基本职能

世界贸易组织成员包括发达国家(地区)成员、发展中国家(地区)成员、转轨经济体成员和最不发达国家(地区)成员四类,其基本职能是:组织实施、管理和执行共同构成世界贸易组织的多边及诸边贸易协定;作为多边贸易谈判的讲坛,为各个成员提供多边贸易谈判场所,并为多边谈判结果提供框架;寻求解决成员间发生的贸易争端;对每个成员的贸易政策与法规进行定期审议,监督各成员贸易政策,并与其他和制订全球经济政策有关的国际机构进行合作,协调与国际货币基金组织、世界银行的关系。

3) 世界贸易组织的目标

世界贸易组织的目标是建立一个完整的,包括货物、服务、与贸易有关的投资及知识产权等内容的、更具活力、更持久的多边贸易体系,使之包括 GATT 贸易自由化的成果和乌拉圭回合多边贸易谈判的所有成果。与 GATT 相比,世界贸易组织管辖的范围除传统的和乌拉圭回合确定的货物贸易外,还包括长期游离于 GATT 外的知识产权、投资措施和非货物贸易(服务贸易)等领域。世界贸易组织具有法人地位,它在调解成员争端方面具有更高的权威性和有效性。

4) 世界贸易组织的基本原则

世界贸易组织遵循的基本原则是非歧视贸易原则,包括最惠国待遇和国民待遇条款;可预见的和不断扩大的市场准入程度,主要是对关税的规定;促进公平竞争,致力于建立开放、公平、无扭曲竞争的"自由贸易"环境和规则;鼓励发展与经济改革。

5) 世界贸易组织的权力机构

部长级会议是世界贸易组织的最高决策权力机构,一般每两年举行一次会议,讨论和决定涉及世界贸易组织职能的所有重要问题,并采取行动。世界贸易组织成员资格有创始成员和新加入成员之分,创始成员必须是 GATT 的缔约方,新成员必须由其决策机构——部长会议以 2/3 多数票通过方可加入。[①]

5.4.2　WTO 框架下的数字贸易规则

数字贸易规则包含在 WTO 的服务贸易、知识产权、投资措施等领域的规则之中,也是世界贸易组织成立之后多边谈判的主要关注对象和协议谈判的成果。

---

① 薛荣久.世界贸易组织知识读本[M].北京:中国对外经济贸易出版社,2001,6.

世界贸易组织框架下的传统贸易协定将产品分为货物与服务两类,如果将数字产品的法律属性定性为货物,则与数字产品相关的贸易问题将适用 GATT 货物贸易规则;如果将数字产品的法律属性定性为服务,则应适用《服务贸易总协定》服务贸易规则。然而,数字产品兼具货物与服务的特征,既可以依托实物载体进行流通,也可以通过互联网进行交易,所以很难根据现行贸易规则将其法律属性直接确定为货物或服务中的任何一类,那么若是将数字产品定性为货物和服务之外的新型产品,则有可能对其单独立法进行规制。

1. WTO 规则下将数字产品定性为货物属性的理由

服务的特性是生产和消费同时进行,生产的一瞬间就消失了,不能储存。但是,数字产品的生产和消费并非同时进行的,并且可以永久贮存于实物载体中,具有非易逝性、不可破坏性、易于复制和分享,因而符合货物的某些特征。美国等部分 WTO 成员坚持将数字产品的法律属性定性为货物并适用 GATT,在现有 WTO 框架下,不在数字贸易领域设置新的贸易壁垒,有利于其追求最大限度的数字贸易自由化。

2. WTO 规则下将数字产品定性为服务属性的理由

数字产品大多以电子方式在线传输,具有无形性和虚拟性,符合服务的一般特征。部分 WTO 成员如欧盟主张将数字产品的法律属性定性为服务并适用 GATS,认为 GATS 所有条文,不论是一般性义务,如最惠国待遇、透明度、国(地区)内监管、竞争、支付和转让等,还是具体承诺,如市场准入、国民待遇或附加承诺,抑或是一般性例外,如 GATS 第 14 条所规定的一般例外等,均可适用于电子交付(electronic deliveries)。

由于数字产品在很大程度上涉及数据的安全性和隐私性,适用 GATS 可以使 WTO 成员通过援引该例外,作为不遵守 GATS 下国民待遇、最惠国待遇等相关规则的依据。反对者则认为,GATS 并非规制数字产品的最优模式;相反,如果可以将数字产品定性为货物并适用 GATT,且电子传输关税征收可以被永久豁免,将是最好的结果,数字贸易领域的自由化亦将成为主流趋势。[①]

3. WTO 规则下数字产品知识产权属性的分歧及其实践

与数字产品的货物属性和服务属性之间的严重分歧不同,虽然 WTO 成员之间关于数字产品知识产权保护的范围和程度有所差异,但绝大部分成员对数字产品知识产权属性的存在价值是认可的。数字产品凝结着开发者的智慧,数字知识产权保护已经成为美国等数字贸易大国在国际经贸谈判中的重要关切点。但是,各方在数字知识产权领域也有较大分歧。

(1)在数字知识产权领域 WTO 成员的分歧。在数字贸易治理中,数字知识产权保护一直是国际社会重要的利益关切点,美国更将强化数字知识产权保护视为捍卫其数字经济世界第一大国地位的重要手段。美国虽然指责中国的网络入侵行为对其商业经济发展构成严重威胁,但同时"棱镜门"事件又暴露出美国对其他国家持续实施监听和网络入侵,难免有双重标准之嫌疑。[①]

---

① 刘佳奥. WTO 规则下数字产品的法律属性研究[J]. 国际法学刊,2022(1):98-118.
② 朱瑞卿."棱镜门"十周年:美国"监听瘾"越来越重[EB/OL]. (2023-06-06). https://news. cnr. cn/native/gd/20230606/t20230606_526277877. shtml.

（2）关于数字产品知识产权保护的实践。为实现各自的数字经济利益，WTO 主要成员已经开始尝试在区域贸易协定和 WTO 提案中提出关于数字知识产权保护的主张，主要有以下形式。

一是美国倡导的"WTO＋数字知识产权规则"。随着数字贸易的深入发展，WTO 框架下的《与贸易有关的知识产权协定》已经无法满足以美国为首的发达经济体对数字知识产权保护的要求。因此，美国开始在区域贸易协定中积极探索"WTO＋数字知识产权规则"模式，以维护其数字贸易大国的经济利益。

二是在 WTO 成员提案中列出"数字知识产权保护条款"。WTO 成员提案中对数字知识产权保护的建议主要包括以下三方面内容。

首先，原则上"禁止强制披露包括源代码和算法等在内的商业秘密"。例如，美国、日本、欧盟、加拿大等成员认为，关于披露源代码和算法的要求实际上是一些国家加设的贸易壁垒。

其次，禁止强制性技术转让。美国的提案认为，"将转让技术作为市场准入的条件，阻碍了外国投资公平进入他国市场以及他国国民获得世界级数字服务的机会，数字产品贸易规则应禁止强制转让技术、商业秘密或其他专有信息。"

最后，禁止歧视性技术要求。美国的提案认为，"市场需求导致的各种技术解决方案之间的竞争是数字经济的核心优势，将使用该国家技术标准作为市场准入的条件，将不可避免地削弱此种优势，因此，数字产品贸易规则应禁止强制使用该国家技术标准。"

4. 中国关于数字产品法律属性定性问题的因应之策

近年来，世界经济增速放缓，全球化和贸易自由化进程中的风险和不确定因素增多。在此背景下，国际社会关于数字贸易议题的讨论越来越多，然而，这些讨论主要是探索性的，正式机制下的实质性讨论尚未启动。作为电子商务第一大国、数字经济第二大国，中国应抓住数字技术快速发展的机遇，探索针对数字产品法律属性定性问题的因应之策。

（1）数字产品法律属性问题对中国的影响。中国数字技术发展迅速，数字贸易发展潜力巨大，但相关法律规则的完善程度仍明显落后于发达国家，数字产品法律属性的定性结果将对中国数字经济发展产生重要影响。

（2）中国关于数字产品法律属性问题的应对方案。

① 中国数字产品的法律规制现状和存在的问题。2018 年 8 月 31 日，第十三届全国人大常务委员会第五次会议通过《电子商务法》，这是中国首部关于电子商务的全面化专门立法。但是，《电子商务法》将"电子商务"界定为"通过互联网等信息网络销售商品或者提供服务的经营活动"，这比 WTO 电子商务谈判的"电子商务"范围要窄很多。[①]《数据安全法》获审议通过，标志着中国在互联网法律规制领域再次取得重大突破。同时，中国也积极参与区域贸易协定中数字产品法律规则的谈判，如前所述，中澳和中韩 FTA 都有专门的电子商务章节，在吸收"美式模板"相关经验的基础上又结合了国内数字产业发展

---

① 夏显力，李晓静. 中国电子商务发展的空间关联网络结构特征及其驱动因素分析[J]. 贵州社会科学，2021（2）：132-140.

现状。2019 年在大阪二十国集团峰会上,中国就数字经济、数据流动、人工智能等问题与其他成员展开讨论,以期共同推进区域数字贸易规则的构建。①

② 构建中国数字产品法律体系的因应之策。

一是在 GATT 和 GATS 模式的选择方面,偏向于 GATS 模式。如前所述,GATS 模式更有利于维护中国的经济主权和利益。首先,GATS 自由化程度低于 GATT,能更好地照顾到不同成员的数字贸易发展水平,允许发展中成员通过具体承诺对来自发达成员的数字产品加以市场准入和国民待遇方面的限制。其次,GATS 模式允许发展中成员以其数字产品市场开放程度作为换取发达成员技术支持的筹码。中国数字产品市场广阔但技术发展程度尚不及美国等发达成员,GATS 模式更有利于中国在多边贸易体制框架下"以市场换技术",赢得数字贸易发展新机遇。最后,GATS 模式符合中国对数字内容和网络安全的监管需要。从规则角度看,GATS 模式下成员只对服务贸易承诺表列明的部门承担市场准入和国民待遇义务,为成员实施数据监管提供了操作空间,例如欧盟就以保护文化多样性为理由坚持不对视听服务作出承诺。

二是在数字知识产权保护方面,审慎区别对待。首先,源代码和算法的规制已成为美、欧等发达成员在数字贸易谈判中的关注焦点和核心争议,这些成员曾多次在提案中提及此议题,但中国于 2019 年 4 月向 WTO 递交的关于数字贸易的提案回避了此议题。其次,美国《301 调查报告》发布后,针对美国的强制技术转让指责,中国颁布了《中华人民共和国外商投资法》,并对《中华人民共和国技术进出口管理条例》和《中华人民共和国行政许可法》进行修订,明确外商投资过程中政府应基于自愿原则引导双方开展技术合作,不得利用行政手段强制转让技术。中国应考虑到某些发达成员的合理诉求,进一步完善数字知识产权保护制度,坚定实施创新驱动发展战略,推动数字贸易朝公平化、技术化、国际化方向迈进。

三是在数字产品法律体系方面,加快立法及强调维护自身利益和与国际接轨并重。在国内层面,应加快完善数字产品相关立法。首先,应明确相关定义,避免实践中经常出现的数字产品和数码产品概念混淆的情况。其次,应注意贯彻"文化例外"原则,在数字产品进出口贸易中采取必要的文化保护措施。最后,应注意法律规则的预见性,适当吸收美、日等数字贸易大国关于数字产品的前沿规则。总之,建立一套完善的数字产品国内法律规范是一项艰巨而必要的任务。在国际层面,应积极参与 WTO 框架下和区域贸易协定中数字产品法律规范的制定与谈判,利用好"一带一路"沿线经济带为数字贸易提供的广阔市场和发展土壤,探索符合我国数字贸易长远利益的"中式模板"。

5.4.3　WTO 服务贸易规则对数字贸易的规制

1. WTO 服务贸易规则

《服务贸易总协定》为 GATT 第八轮谈判"乌拉圭回合"达成的、第一套有关国际服务贸易的、具有法律效力的多边协定。

---

① 易小丽,黄茂兴.中国积极参与 G20 建设并推动全球经济治理改革的实践变化[J].经济研究参考,2019(24):27-36.

该协定共包括序言、6个部分共29个条款、8个附录、8项部长会议决定,其核心是最惠国待遇、国民待遇、市场准入、透明度及支付款项和转拨资金的自由流动,适用于各成员采取的影响服务贸易的各项政策措施,包括中央政府、地区或地方政府和当局及其授权行使权力的非政府机构所采取的政策措施。该协定列出服务行业包括以下十二大部门:商业、通信、建筑、销售、教育、环境、金融、卫生、旅游、娱乐、运输、其他,具体分为160多个分部门。从狭义的数字贸易定义来看,与数字贸易相关的条款包含在通信领域;而从广义的数字贸易定义来看,与数字贸易相关的条款几乎涵盖所有服务领域,甚至扩展到第一、二产业的生产与服务领域。

2. 电子商务问题

在1998年5月WTO第2届部长级会议上,世界贸易组织各成员通过了《全球电子商务宣言》,这是WTO第一次尝试规范电子商务。[①] WTO总理事会成立了综合工作组,负责审查所有与贸易有关的涉及电子商务的问题,包括各成员所提出的问题。另外,该宣言引人关注的是,各成员还同意"目前继续不对电子传输征收关税的做法"。WTO总理事会于1998年9月根据该宣言通过了《电子商务工作计划》(*Work Programme on Electronic Commerce*)[②],其中,"电子商务"的定义广泛,涵盖"以电子方式生产、发行、销售,或交付货物及服务",此外,还在其范围内包括"与发展电子商务基础设施有关的问题"。同时,WTO成员以此就WTO规则对电子商务的适用性进行了广泛而深入的探讨,如表5-1所示。

表5-1　1998年WTO《电子商务工作计划》的授权讨论事项

部　门	负　责　内　容
总理事会	持续审查电子商务工作计划;考虑任何与贸易有关的问题
服务贸易理事会	范围;保护隐私、公共道德和防止欺诈;最惠国待遇;市场准入承诺;透明度;电信附件;增加发展中成员的参与;国民待遇;国内规制;海关关税;竞争;分类问题
货物贸易理事会	电子商务相关产品的市场准入;电子商务相关标准问题;估价问题;原产地规则问题;进口许可证问题;分类问题;关税和其他税费
知识产权理事会	版权及相关权利的保护和执行;商标的保护和执行;新技术和获取技术
贸易和发展理事会	对发展中成员贸易和经济前景的影响,特别是对中小企业;促进发展中成员参与电子商务的挑战和路径;发展中成员运用信息技术融入多边贸易体制;对物理产品的传统分销方式可能带来的影响;对发展中成员金融的影响

自1998年《电子商务工作计划》通过后,WTO电子商务议题正式启动。由服务贸易理事会、货物贸易理事会、知识产权理事会、贸易和发展理事会四个常设机构具体推进WTO电子商务议题,并向总理事会汇报进展情况。

21世纪是互联网数字信息时代,数字经济与贸易深刻改变全球经济发展模式,而WTO电子商务规则谈判无疑将对国际贸易产生深远影响,它已经成为国际经贸新规则谈判和世界贸易组织现代化改革的热点议题,也是进入21世纪20多年来WTO电子商

---

① WTO. Declaration on global electronic commerce[R]. WT/MIN(98)/DEC/2,1998:1.

② WTO. Work programme on electronic commerce[R]. WT/L/274,1998:1-3.

务讨论取得的重大进展。因而,WTO 电子商务规则谈判深受包括美国、日本、欧盟、俄罗斯、中国等各方高度关注,各方围绕 WTO 框架下电子商务规则制定权展开激烈争夺。

1) 数字贸易发展亟须 WTO 解决的问题

互联网数字贸易时代,贸易政策要纳入数据流动、数字连接和数据系统互操作性等因素,这些新问题急需 WTO 电子商务谈判作出回应。

第一,跨境数据流动规则是 WTO 电子商务谈判的最大挑战。跨境数据流动是数字贸易的基础和数字全球价值链的组织方式,特别是,全球数字贸易快速增长得益于互联网使用越来越以云计算为基础,数字贸易更加离不开跨境数据流动。联合国贸易与发展会议估计,所有交易服务中近 50%份额是由信息通信技术支持的服务,包括通过跨境数据流动实现的。

第二,数字技术和经济数字化对 WTO 电子商务谈判提出新问题。数字贸易是由数字技术催生的新贸易方式。随着数字技术的广泛应用,制造业与服务业相互交叉融合而又相互依存,数字贸易表现为越来越多的货物数字化和服务数字化融合的跨境提供方式,即服务作为货物的组成部分以数字化方式进行国际贸易,给 WTO 分别规范货物贸易和服务贸易的现有法律框架带来强烈挑战与巨大冲击。

第三,数字平台经济和数字贸易平台化是 WTO 电子商务谈判面临的新情况。按市值计算的全球八大公司中有七家都是使用基于平台的商业模式,而数字贸易平台带来的避税造成的税基侵蚀和利润转移问题,引发国际社会高度关注。尽管避税并不是数字贸易平台所独有,但其固有特征无疑为避税提供了便利,即无形资产比重大且容易在全世界转移、相当部分价值来源于数据但很难确定价值在哪里产生。WTO 电子商务谈判仅涉及数字税中的关税规则,即电子传输免关税是否应当永久化,对此,不同参加方的立场严重对立。

2) WTO 电子商务谈判主要参加方有关利益诉求的差异性

在《电子商务联合声明》发布之后,WTO 电子商务谈判参加方纷纷提交相关提案和讨论文件,提出各自对电子商务规则的具体主张。根据利益诉求的不同以及愿景水平的高低,可以将主要参加方分为三类。

第一类以美国为首,包括澳大利亚、日本、新加坡等发达成员。美国数字产品和服务在全球市场占据绝对优势,其主张代表着保护与促进数字贸易的最高标准,包括跨境数据流动、禁止数据本地化、禁止网页拦截、数字产品免关税和非歧视待遇、保护源代码、禁止强制技术转让、加密技术、促进互联互通服务、竞争性电信市场以及低值免税额等方面。对于电子商务的便利化问题,美国认为 WTO《贸易便利化协定》已经覆盖电子商务便利化规则,无须再耗费谈判资源。[①] 但是,日本有关跨境数据流动、禁止数据本地化等主张与美国高度一致,却明确提及贸易便利化议题。[②]

①　WTO. Communication from the United States, joint statement on electronic commerce initiative[R]. JOB/GC/178 (INF/ECOM/5),2018: para. 8. 1.

②　WTO. Proposal for the exploratory work by Japan, joint statement on electronic commerce initiative[R]. JOB/GC/177 (INF/ECOM/4),2018: 1-5; Communication from Japan, joint statement on electronic commerce initiative, list of the key elements and ideas on electronic commerce[R]. JOB/GC/180 (INF/ECOM/7),2018: 1-2.

第二类以欧盟为代表。在数字贸易领域重点集中于两个领域:一是营造有利于电子商务发展的环境,包括电子合同、电子认证、消费者保护、电子传输免关税永久化等[①];二是开展修改 WTO 电信服务规则的探索性工作,分别提交了 WTO 电子商务谈判文本的建议案以及修订《电信参考文件》的建议案。[②] 欧盟与美国一直在跨境数据流动规则上存在严重分歧,近期欧盟态度出现明显改变,建议允许跨境数据流动并禁止数据本地化要求。但是,仍"可以采取和维持其认为适当的保护措施,以确保对个人数据和隐私的保护,包括通过采取或适用个人数据的跨境传输规则",这一例外规则的适用可能会导致跨境数据流动的承诺无效。[③] 特别是,欧盟还将个人数据和隐私保护定性为基本权利,反映其一贯高度重视隐私保护的政策、做法和观念。欧盟对美国的态度看似改观,但并非真实意图。

第三类以新兴经济体为代表。俄罗斯指出"探索性工作应当基于审查和分析电子商务相关 WTO 协定与该领域现有障碍之间的差距",并将电子商务议题分为两类:一类是在 WTO 框架下但需要针对电子商务的特殊性进一步澄清的事项,如关税征收、海关估价、知识产权保护、GATS 承诺的适用等;另一类是现有 WTO 规则未涵盖但与电子商务相关的事项,如电子签名的认证和承认、电子支付、个人数据保护、消费者保护、安全数据流动等,俄罗斯并未就何为"安全数据流动"做进一步说明,此外,俄罗斯还专门针对消费者保护原则提交了提案。印度尼西亚是 2019 年《电子商务联合声明》发布后新加入成员,其明确反对将电子传输免关税永久化,并认为这一问题超出了财政收入层面,会引发诸如对国家主权的担忧,因此,对此需要一定程度的灵活性,建议"维持目前不对电子传输增收关税的做法,但不包括电子传输的内容"。[④]

中国是电子商务大国,但优势主要在电子商务支持的货物贸易领域,谈判应充分考虑发展中成员面临的困难和挑战,着重讨论互联网支持的跨境货物贸易,以及相关的支付和物流服务,同时关注服务贸易的数字化趋势;考虑到数据流动、数据储存、数字产品待遇等问题的复杂性和敏感性,以及各成员之间的意见分歧,在提交 WTO 谈判前需要更多进行探索性的讨论。[⑤]

总体而言,各主要参加方在 WTO 电子商务谈判中达成一定共识,但仍存在明显分歧,且各方共识主要反映在浅层次规则上,而各方分歧主要反映在深层次规则上,焦点集中在跨境数据流动、数据本地化、源代码保护、电子传输免关税永久化等问题,协调各方立

① WTO, Communication from European Union, joint statement on electronic commerce, establishing an enabling environment for electronic commerce[R]. JOB/GC/188(INF/ECOM/10),2018:1-4.

② WTO. Communication from the European Union, joint statement on electron-ic commerce - EU proposal for WTO disciplines and commitments relating to electron-ic commerce; revision of disciplines relating to telecommunications services[R]. INF/ECOM/43,2019:1-5.

③ FEFER R F. Internet regimes and WTO E-commerce negotiations, congressional research service R46198 [EB/OL]. [2020-02-03]. https://crsreports. congress. gov/product/pdf/download/R/R46198/R46198. pdf.

④ Indonesia joins WTO E-commerce talks despite opposition to permanent moratorium[EB/OL]. (2019-12-13)[2020-02-05]. https://insidetrade. com/daily-news/indonesia-joins-wto-e-commerce-talks-despite-opposition-permanent-moratorium.

⑤ WTO. Communication from China, joint statement on electronic commerce[R]. INF/ECOM/19,2019: paras. 2. 4;4. 2.

场将是谈判的重中之重。

3）WTO《电子商务联合声明》谈判争议的核心议题

在 WTO《电子商务联合声明》谈判中，对电子传输免关税永久化、数字产品非歧视待遇和跨境数据自由流动与数据本地化等问题，欧美之间的争议最为尖锐，甚至可以说是决定其谈判的走向。

（1）跨境数据流动与数据本地化。在 WTO 电子商务谈判中，美国坚决主张"跨境数据自由流动和禁止数据本地化"，将"跨境数据流动的限制和数据本地化要求"视为数字贸易主要非关税壁垒，以欧盟为代表的中间派坚持"严格保护个人数据和隐私"下的跨境数据流动，而以俄罗斯、中国为代表的成员则主张采取数据本地化措施。

迄今为止，只有《全面与进步跨太平洋伙伴关系协定》、USMCA 和《美日数字贸易协定》包含具有法律约束力的跨境数据自由流动和禁止数据本地化条款，即"通过电子方式跨境传输信息"和"计算设施位置"条款。至于"计算设施位置"条款，除了 CPTPP 第 14.13 条第 3 款做了公共政策保留之外，USMCA 第 19.12 条和《美日数字贸易协定》第 12 条都仅仅规定"缔约方不得要求涵盖的人在其领土内使用或放置计算设施来作为在其领土内开展业务的条件"。可见，在这两个协定中禁止数据本地化是不容置疑的义务。[①]

在 WTO 规定中早就有对公共政策保留，但却极富争议地集中于何为"实现目标所必需"，即"必要性测试"，这是为能否成功援引公共政策而保留的条件。

必要性测试是 WTO 平衡自由贸易与境内监管之间关系的核心要素，因此，对必要性作出解释是 WTO 争端解决的关键步骤。[②] 从美国 337 条款案[③]、泰国-香烟案等[④]运用"最低贸易限制"（least trade-restrictive）进行解释，到韩国-牛肉案、欧盟-石棉案等引入"比例原则"[⑤]，专家组和上诉机构报告对必要性测试的解释经历了一个司法发展的过程。如果 WTO 电子商务谈判达成跨境数据流动规则，即使隐私、数据安全、网络安全被纳入合法政策目标范畴，数据本地化措施的必要性也将面临相当大的挑战。[⑥]

由于服务贸易是电子商务的支柱，而境内规制措施是服务贸易的主要非关税壁垒，必要性测试又是 GATS 境内规制谈判的关键问题，有关电子商务的境内监管权之争必然更加复杂。WTO 成员对境内规制原则一直存在重大分歧，集中体现在是否将必要性测试纳入 GATS 第 6.4 条境内规制谈判上。美国、加拿大、巴西曾联合提交提案表示反对，认为必要性测试可能过度侵蚀监管权这一主权，威胁到监管者必须维持的使其能够充分考量管辖范围内合法政策目标的至关重要的自由裁量权。[⑦]

---

① 李墨丝. WTO 电子商务规则谈判：进展、分歧与进路[J].武大国际法评论,2020(6)：55-77.

② WTO. Committee on Trade and Environment, GATT/WTO dispute settlement practice relating to article XX, paragraphs（b）,（d）and（g）of GATT, note by the secretariat[R]. WT/CTE/W/53,1997：para. 23.

③ United States. Section 337 of the Tariff Act of 1937（US-Section 337）[R]. L6439-36S/345,1989：para. 5. 26.

④ Thailand-Restrictions on importation of and internal taxes on cigarettes（Thai-Cigarettes）[R]. DS10/R-37S/200,1990：para. 75.

⑤ Korea-measures affecting imports of fresh, chilled and frozen beef（Korea-beef）[R]. WT/DS161/AB/R, WT/DS169/AB/R, 2000：para.179.

⑥ 安佰生. WTO"必要性测试"规则探析[J].财经法学,2015(2)：97-99.

⑦ 李墨丝. WTO 电子商务规则谈判：进展、分歧与进路[J].武大国际法评论,2020(6)：55-77.

（2）数字产品的非歧视待遇。数字产品非歧视待遇条款虽然起初出现在自由贸易协定中，却是 WTO 电子商务谈判和争论中长期悬而未决的问题。数字产品非歧视待遇是美式电子商务规则的标准条款之一，有的直接规定为"数字产品的非歧视待遇"条款，有的涵盖在"数字产品"条款下。与之相反，欧盟的电子商务规则均未写入数字产品非歧视待遇条款。这反映了美欧之间在数字产品非歧视待遇问题上的巨大分歧。①

数字产品非歧视待遇条款通常规定，"数字产品或其创作者、所有者等享有的待遇，不得低于其他同类数字产品的待遇。"关于这一条款的适用，主要争议有两项。

第一，数字产品的归类和分类。数字产品究竟属于货物并适用于 GATT，还是属于服务并适用于 GATS，一直是《WTO 电子商务工作计划》的最大问题，使得其他事项的讨论停滞不前。

对于数字产品的归类，长期以来，美国支持在数字产品领域适用 GATT 比适用 GATS 更能促进电子商务的贸易自由化②，而欧盟基于"文化例外"的一贯主张，坚持视听产品属于服务并适用 GATS，对视听部门不做承诺即排除了 GATS 的适用。③

对于数字产品的分类，争议主要围绕特定服务属于计算机服务还是电信服务的问题展开，尤其是云计算、社交媒体、搜索引擎等新兴服务的合理分类。美国明确主张将云计算（数据存储、数据托管、数据处理）和数据库服务纳入计算机及相关服务（CPC84）中④，中国则认为，并非云计算的所有组成部分都具有计算机及相关服务的性质，基于网络的云计算服务在许多情况下具有电信服务的性质。④产生这种分歧的原因是计算机及相关服务的开放程度远远大于电信服务，如果把云计算定性为计算机及相关服务，则许多 WTO 成员的云计算市场将门户大开，数据安全性受到极大威胁。①

第二，何为"类似"数字产品？如何确定类似产品，在 GATT 框架下一直富有争议，在 GATS 框架下则引发了更多的问题和更大的不确定性。⑤ 正如美国赌博案⑥和中国视听产品案所确认的，市场准入承诺意味着有权通过所有方式提供服务，包括以非物理形态特别是电子方式提供服务，除非成员的承诺表另有规定。⑦ 大量传统贸易从线下走向线上，意味着"类似产品"的认定会以缔约方意想不到的方式打开市场。⑧

---

① 李墨丝. WTO 电子商务规则谈判：进展、分歧与进路[J]. 武大国际法评论，2020(6)：55-77.

② WTO. Submission by the United States, work programme on electronic commerce[R]. WT/GC/16，G/C/2，S/C/7；IP/C/16，WT/COMTD/17,1999：5.

③ WTO. Communication from the European Communities and their member states, electronic commerce work programme[R]. S/C/W/183,2000：3.

④ WTO. Committee on Special Commitments, Report of the meeting held on 2 june 2015, note by the secretariat[R]. S/CSC/M/71,2015：para. 1. 7.

⑤ COSSY M. Determining"likeness"under the GATS：squaring the circle？[EB/OL]. [2020-02-15]. https://www. wto. org/english/res_e/reser_e/ersd200608_e. pdf.

⑥ United States-measures affecting the cross-border supply of gambling and betting services（US-gambling）[R]. WT/DS285/R,2004：para. 3. 29；Appellate body report，US-gambling[R]. WT/DS285/AB/R,2005：para. 215.

⑦ China-measures affecting trading rights and distribution services for certain publications and audiovisual entertainment products（China-audiovisuals）[R]. WT/DS363/R,2009：para. 4. 218；Appellate body report[R]. WT/DS363/AB/R,2009：para. 412.

⑧ 李墨丝. WTO 电子商务规则谈判：进展、分歧与进路[J]. 武大国际法评论，2020(6)：55-77.

（3）电子传输免关税永久化。WTO《电子商务工作计划》的唯一可见成果是电子商务免关税宣言,但对此的争论从未停止。WTO 部长级会议每两年一次对免关税宣言进行延期,仍有成员坚持反对意见。

电子传输免关税永久化的争议缘由主要在其存在诸多不确定性,体现在以下几方面。

一是免关税宣言并未对电子传输的概念准确界定。争论之一免关税是对电子传输行为本身,还是包括电子传输的内容以及电子传输是货物还是服务的定性。一些成员认为电子传输被归为服务时可以免征关税,但其有形载体跨境交付时则要征收关税,这与GATS 技术中立原则不符。争论之二是关税能否适用于电子传输形式。一些成员认为关税征收不适用于服务而适用于电子传输认定为货物才成立;但其他成员则认为关税也可以适用于服务,确需要澄清关税适用于电子交易的含义。

二是关于电子传输免关税适用范围究竟应该有多大。从理论上来看,电子传输免关税与可数字化的产品相关。可数字化产品是可能被数字化并以数字方式跨境提供的有形货物,如 CD、书籍、报纸、电影胶片、视频游戏、计算机软件等。随着数字技术发展和广泛应用,越来越多的产品被数字化。原来经过海关的有形货物趋于向线上转移,从而减少政府从可数字化产品中获得的关税收入。但是在实践中,一部分可数字化产品可能仍然保留了有形货物形式,而数字技术也可能会催生更多的可数字化产品,因此,电子传输免关税的适用范围难以预测,无法准确计算潜在财政收入损失,导致发展中成员不同意对电子商务永久化免关税。[①]

三是对电子传输征收关税在技术上是否可行。电子传输无须跨越有形海关监管边境,而是采取跨境数据流动方式,打破传统关税征收是对跨境有形货物征收的模式,但无论是电子传输的载体,还是电子传输的内容,对其征收关税都存在海关估价和申报等困难。例如,2018 年印度尼西亚修改法律,将可数字化产品纳入关税产品目录,新增第 99章涵盖了软件、数字产品等无形货物,目前税率为零。[①]欧盟要对跨境在线销售货物和服务征收的增值税(VAT),澳大利亚、新西兰等对服务和数字产品的进口征收商品服务税(GST),但都并非关税而属于自主征收的国内税。[①]

4）WTO《电子商务联合声明》谈判推进路径

弥合各方差距,寻求折中性、包容性的解决方案,为各方参与者创造机会而获益,特别是为最不发达成员和中小微企业发声,成为 WTO 电子商务谈判工作目标。同时,通过WTO 电子商务谈判,形成包容性解决方案,其可行路径还包括以下几方面。

一是形成开放式的诸边协定。开放式协定更加契合电子商务的全球属性,在最惠国待遇规则下实施能够惠及各方,包括 WTO 成员非参与方,有利于 WTO 电子商务谈判实现其"进一步增强企业、消费者和全球经济从电子商务中获益"的宗旨。

二是采用更为灵活的承诺架构。美国坚持 WTO 电子商务谈判达成高标准协议,反对适用特殊和差别待遇;但参加各方发展程度、技术水平和监管能力参差不齐,不可能同意美国的高标准要求,谈判采用灵活承诺架构才可行。双轨制是谈判中分为深层和浅层两类规则,各参加方选择承诺。"点菜式"源于东京回合的诸边协定谈判,各参加方可以挑

---

①　李墨丝. WTO 电子商务规则谈判:进展、分歧与进路[J].武大国际法评论,2020(6):55-77.

选其愿意接受的条款。双轨制更有利于维持谈判框架的相对统一,又不失灵活性,易于达成协议。① 出于利益交换需要为了推动谈判顺利进行,中国可以考虑接受电子传输免关税永久化。

三是达成高标准软法规范。软法是相对硬法而言的,是对法律化的三要素,即义务、精确度和授权的弱化。软法有多种表现形式,常指缔约方承担的义务不具有法律约束力,一直因缺乏执行力而受到批评,却普遍存在于国际法中,不仅是作为硬法的过渡安排,也是因为软法更容易形成,在对国家主权造成挑战的问题上尤其如此,常见于环境、人权等具有高度国际共识却又极度敏感、存在相当多立法"瓶颈"的领域。在 WTO 电子商务谈判中,跨境数据流动也属于此类问题,因其涉及网络安全等问题而具有相当的敏感性和复杂性,但对其重要性又有着广泛共识。坚持达成有约束力规则很有可能导致谈判僵局甚至走向破裂,此时软法规范不失为可行的选择。

四是提供较为充分技术援助。缺乏相应执行能力,是发展中成员和最不发达成员缔结贸易协定的障碍。《WTO 贸易便利化协定》是多边贸易体制历史上首次写入技术援助条款的协定,为发展中成员和最不发达成员的能力建设提供帮助和支持。在电子商务规则中,电子签名和认证、无纸贸易、在线消费者保护、个人信息保护等都要求缔约方具备相匹配的执行能力,而发展中成员和最不发达成员在与此相关的国(地区)内法律法规制定、执法机构组建以及执法机构之间的国际合作等方面尤为欠缺,构建共存的、包容性解决方案才可行。

数字技术正在改变国际贸易的主体、对象和方式,数字贸易(电子商务)越来越成为全球贸易和增长的重要驱动力。企业特别是数字贸易平台不断寻求创新并提供满足各领域需要的产品和服务,也使促进电子商务和数字贸易的需求变得更加突出。但是,围绕电子商务的国际规则的构建仍然是不成熟的,严重滞后于实践。

我国是电子商务大国。虽然我国的优势主要在货物贸易领域,并且互联网企业的市场主要在国内,但是在已经白热化的电子商务国际规则制定权争夺中,我国必须争取主动权和话语权,也要为产业发展特别是企业国际经营预留政策空间。因此,我国应当积极参与 WTO 电子商务谈判,在维护自身利益的前提下,有效利用双轨制承诺框架、高标准软法规范等路径,主动推进谈判取得成果。同时,我国应当加快调整和完善电子商务相关立法,包括与个人信息保护、跨境数据流动、网络安全有关的法律法规及实施细则,形成一套完备的电子商务法律体系中国方案,促进电子商务国内立法与国际规则的良性互动。

5.4.4　WTO《与贸易有关的知识产权协定》中与数字贸易有关规定

2017 年 1 月 23 日,WTO 公布《与贸易有关的知识产权协定》。下面以此为蓝本文本,介绍和学习其中有关数字贸易的规定。

1. 修订目的

对"1994 年马拉喀什 GATT 的基本原则和有关国际知识产权协定或公约的适用性,

---

① U. S. participation in e-commerce initiative tied to ambitious outcome[EB/OL]. (2018-12-28)[2020-03-02]. https://insidetrade.com/daily-news/us-participation-e-commerce-initiative-tied-ambitious-outcome.

与贸易有关的知识产权的效力、范围和使用，规定适当的标准和原则，实施与贸易有关的知识产权规定有效和适当的手段，同时考虑到各国法律制度的差异，在多边一级防止和解决政府间争端规定有效和迅速的程序，旨在最充分地分享谈判结果的过渡安排"进行修订。

2. 保护成员资格和保护范围

为符合《巴黎公约》(1967 年)、《伯尔尼公约》(1971 年)、《罗马公约》和《关于集成电路的知识产权条约》规定的保护资格标准的自然人或法人，假设所有 WTO 成员均为这些公约的成员提供保护。

3. 与数字贸易有关的主要修订内容

第一，国民待遇原则。第 3 条规定，除原有条约给予的权利外，特别修订指出，就表演者、录音制品制作者和广播组织而言，这一义务仅适用于本协定规定的权利。因此，互联网下的数字贸易涉及以上数字产品，适合国民待遇原则。但在第 14 条规定，表演者、录音制品制作者和广播组织有权利将其具有知识产权的内容固定为数字产品，并且可以在计算机上就细节修订，其版权保护自广播播出的日历年年底计算，应至少持续 20 年。

第二，最惠国待遇原则。在第 4 条目下，特别列出最惠国待遇的知识产权例外，包括：本协定项下未做规定的有关表演者、录音制品制作者以及广播组织的权利；自《WTO 协定》生效之前已生效的有关知识产权保护的国际协定所派生，只要此类协定向 TRIPS 理事会作出通知，并对其他成员的国民不构成任意的或不合理的歧视；以上两条的义务不适用于在 WIPO(世界知识产权组织)主持下订立的有关取得或维持知识产权的多边协定中规定的程序。因此，这里有许多争议之处，以此提出数字贸易的例外原则。

第三，对有关数字贸易的计算机程序和数据汇编，第 10 条规定：计算机程序，无论是源代码还是目标代码，应作为《伯尔尼公约》项下的文字作品加以保护；数据汇编或其他资料，无论机器可读还是其他形式，只要由于对其内容的选取或编排而构成智力创作，即应作为智力创作加以保护。该保护不得延伸至数据或资料本身，并不得损害存在于数据或资料本身的任何版权。

第四，在第 11 条出租权和第 12 条保护期限规定：至少就计算机程序和电影作品而言，一成员应给予作者及其合法继承人准许或禁止向公众商业性出租其有版权作品的原件或复制品的权利；除摄影作品或实用艺术作品外，只要一作品的保护期限不以自然人的生命为基础计算，则该期限自作品经授权出版的日历年年底计算即不得少于 50 年。这是对数字产品的生产、复制和版权等经济权力保护问题提出的规定。

第五，第 35 条规定：对集成电路的布图设计(拓扑图)(本协定中称"布图设计")提供保护；第 36 规定，"为商业目的进口、销售或分销一受保护的布图设计、含有受保护的布图设计的集成电路，或含有此种集成电路的物品的非法"；第 37 条又规定，"不知道且无合理的根据知道其中包含此种非法复制的布图设计，则任何成员不得将从事该条所指的任何行为视为非法"。在该人收到关于该布图设计被非法复制的充分通知后，可对现有的存货和此前的订货从事此类行为，但有责任向权利持有人支付自愿达成的许可协议应付的合理使用费。

总之，对于如何建立数字贸易国际规则，各成员方纷纷提出了自己的主张：美国强调信息和数据的自由化,在数字产品的流通过程中各成员应实施非歧视性待遇原则,禁止数字基础设施本土化,保护源代码,支持各成员的数据自由流动等。欧盟则强调信息和数据在有效监管下的自由化,提高对个人资料和隐私的保护力度。俄罗斯强调跨境数据流动安全为基本取向,要求信息和数据在当地储存。中国建议加快数字贸易谈判的进程,在WTO现有协商和框架的基础上重点讨论货物贸易和服务贸易,打造安全、便利、规范的网络交易平台,支持各成员自主储存相关数据,并加大对发展中成员数据权益的保护力度。

关键术语

数字贸易规则与惯例　RECP　TPP　CPTPP　DEPA

本章小结

数字贸易规则与惯例是随着数字贸易的飞速发展而不断加深认识、丰富内容的过程。1994年《马拉喀什建立世界贸易组织的协定》是数字贸易规则衍生的基础,特别是WTO中关于电子商务章节条目是后来各方出于自身利益起草数字贸易规则和惯例的直接依据。但是,各方衍生出的对数字贸易规则和惯例的观点却存在较大争议,在某些关键领域其观点难以调和。因此,在数字贸易规则制定和治理上,出现区域性自由贸易协定有其必然原因,也成为流行趋势,但是未来建立一个数字贸易的自由贸易规则还是很有必要的。TPP、CPTPP、RECP均是出于自身利益诉求和地缘经济要求建立的区域自由贸易协定,但是,在数字贸易规则和惯例的制定上,TPP更多体现出美国强推其数字贸易自由化的理念,支持跨境数据流动、市场准入限制较低和不对数据本地化有更多要求,美国在TPP后推出的CPTPP更强调全面社会进步,但关于数字贸易规则和惯例很多仍然延续TPP的理念,是数字贸易规则较高要求的版本。RECP是目前世界上覆盖经济面最大的自由贸易协定,但对数字贸易规则与其总原则一致,充分考虑东盟国家经济发展水平差异和对自由贸易诉求的不同。DEPA的产生是在各区域自由贸易协定之间存在较大争议又难以调和的数字贸易规则下,专门以模块化方式加入来适应各国对数字贸易规则的要求,达到"求同存异",追求共同利益最大化。

思考与讨论

1. 中国加入RECP对区域经济与贸易有何影响?
2. RECP关于数字贸易有什么突出特征和具体数字贸易规则内容?
3. 中国加入CPTPP面临什么机遇和挑战?
4. RECP与CPTPP在数字贸易规则上有什么不同?
5. DEPA产生的主要背景是什么?
6. 与其他的自由贸易协定相比,DEPA在数字贸易规则上有什么优势?
7. 中国为什么要求加入DEPA?
8. 在WTO规则下数字产品法律属性问题,属于货物还是服务的争论,其主张的主要理由有哪些?

9. WTO 中关于数字贸易的规则有什么特点？

即测即练

案例 5-1　对标高标准国际经贸规则，促进数字贸易高质量发展

第 6 章

数字贸易市场格局

◇◇ **学习目标**
  ◎ 了解数字贸易市场的概念和内涵
  ◎ 熟悉国际数字贸易发展概况
  ◎ 掌握发达国家、发展中国家数字贸易市场格局

◇◇ **学习重点、难点**

学习重点
  ◎ 数字贸易市场概念和内涵
  ◎ 理解数字贸易市场的核心要义

学习难点
  ◎ 数字贸易市场内涵

进入 21 世纪互联网数字经济时代,数字经济与贸易飞速发展,各种相关协定规则的签订促使全球数字贸易市场格局逐步成型,但其中发达国家(地区)处于优势地位,而发展中国家(地区)处于相对劣势,中国、印度的数字贸易发展态势逐渐走强,在新数字贸易规则制定中努力发出自己的声音。

6.1 全球数字贸易市场发展状况

6.1.1 全球数字经济与贸易规模化发展与不平衡态势

进入 21 世纪,数字技术不断创新,大数据、云计算、区块链、AI 等领域的研究不断深化,催生数字经济与贸易的新产业、新业态、新模式如雨后春笋般出现和增长,但全球数字经济与贸易发展呈现出规模化和不均衡态势,数字鸿沟在拉大。

1. 全球数字经济与贸易和传统产业及生产、生活深度融合,呈规模化扩张

互联网数据中心(Internet Data Center,IDC)数据显示,2020 年全世界创造了大约 64 ZB 的数据,而到 2025 年,全球数据总量将达到 180 ZB,其中企业占比将达到 60％以上。[①] 伴随数据量迅猛增加,全球数字经济规模持续扩大,2020 年数字经济增加值达到 32.61 万亿美元,占世界 GDP 比重上升到 43.7％,其中,发达国家数字经济规模达 24.4 万亿美

---

① 申耀的科技观察.西部数据:推动 OptiNAND 技术快速落地,持续释放数据红利新价值[EB/OL].(2021-12-04).https://www.163.com/dy/article/GQD5QQ370511CQ8L.html.

元,而美国数字经济规模更是达到 13.6 万亿美元,占世界数字经济总规模的 41%,多年居世界第一位;中国数字经济与贸易发展迅猛,其规模达到 5.4 万亿美元,占世界总数字经济规模的 16.5%,居世界第二位。[①] 在总量规模扩张的背后,进入 21 世纪以来,大数据、云计算、区块链、人工智能等数字技术不断创新推动数字经济与传统产业深度融合,推动了数字经济化和经济数字化双向发展。例如,美国通用电气公司打造了工业物联网数字化平台 Predix,我国徐工集团"徐工工业云"开启了"'互联网'+'云技术'+'智能制造'"新制造模式;亚马逊、阿里巴巴、京东、易贝、乐天、拼多多等迅速成为世界性和区域性的电子商务贸易平台,影响着全球几十亿人的购物和消费模式;优步、来福车、滴滴出行、曹操专车等出行数字平台服务改变传统出行模式,降低客人时间成本与提高出行效率;德邦物流、菜鸟、货拉拉、闪送、中储智运等数字化物流平台提高了物流速度;优兔、脸书、推特、TikTok、QQ、优酷、爱奇艺、抖音、快手、微信、微博等平台或 App 为人们提供丰富的交流和视听资源;谷歌、百度等搜索平台连接海量信息资源;贝宝、支付宝、微信钱包、京东白条等金融互联网平台提升了金融普惠性;抖音直播带货引发中国数字贸易的爆发式增长。互联网、数字技术全面渗透进传统经济,新产业、新模式、新业态全面助推全球数字经济与贸易规模化发展。

2. 全球数字经济与贸易不平衡发展状况凸显

全球数字经济发展成效显著,深刻改变人们的生产、生活方式,日益成为经济发展的重要引擎,但数字经济与贸易发展却越发呈现不平衡态势。许多国家征收数字税,因为数字平台"一点接入、服务全球",数字经济发达国家获取的收益是来自全球的收益,理应缴纳服务收益税。《数字经济蓝皮书:全球数字经济竞争力发展报告(2020)》显示,2019 年美中两国占据了全球 70 个大型数字平台市值的 90%,美国的微软、苹果、亚马逊、谷歌和脸书以及中国的腾讯和阿里巴巴公司巨头占据了全球市场总价值的 2/3。[②] 根据联合国贸易和发展会议 2019 年 9 月发布的《2019 年数字经济报告》,发达国家互联网普及率约为 80%,而在部分落后地区仅有 20% 的人口使用互联网,非洲和拉丁美洲拥有的数据中心仅占全球的 5%。[③] 据全球移动供应商协会(GSA)报告,目前全球已有 38 个国家的 92个运营商推出了 5G 商用网络,但依然有许多地区在使用 2G 和 3G 网络,部分落后地区甚至无法接入互联网。[④] 数字运营商和互联网数字基础设施的差异成为国家和地区间数字经济与贸易发展差异的主要原因。

3. 数字技术创新强,发展速度快,正在成为数字经济与贸易发展的强劲动力

数字经济技术创新活跃,成为引领社会和经济发展的强劲动力。《麻省理工科技评论》评选出的 2021 年"十大突破性技术"包括 GPT-3、多技能 AI、TikTok 推荐算法、数据

① 前瞻网. 2022 年"中美日"数字经济实力较量 中国增速持续领跑[EB/OL]. (2022-03-23). https://www.163.com/dy/article/H3563B8A051480KF.html.

② 王振,惠志斌,徐丽梅,等. 数字经济蓝皮书:全球数字经济竞争力发展报告(2020)[M]. 北京:社会科学文献出版社,2021.

③ 联合国:2019 年数字经济报告[EB/OL]. (2019-09-12). https://blog.csdn.net/r6Auo52bK/article/details/100788231.

④ GSA 官网公布:全球商用 5G 网络数量已达 92 个[EB/OL]. (2020-08-12). https://digi.china.com/digi/20200812/20200812578090.html.

信托、远程技术、超高精度定位、数字接触追踪、mRNA(信使核糖核酸)疫苗、锂金属电池、绿色氢能,其中,大多数与数字经济相关联。在 2020 年全球研发经费排行榜中,研发投入前 5 名都是数字经济企业,而前 10 名也有 7 家是数字经济企业。数字经济公司的研发和创新投入形成的新技术不仅带来数字产业化的飞速发展,还带动整个社会的产业数字化,推动人类向数字化、智能化加速前行。据麦肯锡公司的技术预测,移动互联网、云计算和物联网等信息产业到 2025 年将形成 5 万亿~10 万亿美元产值;埃森哲公司预测,到 2025 年各个行业的数字化转型有望带来 100 万亿美元的社会及商业潜在价值。①

4. 数字贸易正在成为主流国际贸易形式

互联网的普及以及数字技术发展为国际贸易改革和创新提供源源不断的动力,传统国际贸易方式的数字化转型已取得突破性进展,数字贸易逐渐发展成国际贸易的潮流形式。据统计,2020 年全球数字服务贸易规模达 3.17 万亿美元,在服务贸易中的占比从 2011 年的 48% 提升至 2020 年的 63.55%,2020 年一年就提高了 11.6%。在跨境货物贸易方面,利用数字化平台进行商品交易的比例也已经超过 12%。根据欧睿国际的测算结果,截止到 2020 年年底,全球跨境电商交易量实现 24% 的增长率,其交易总额突破 1 000 亿美元的大关。②

6.1.2 经济发达地区数字贸易发展优势显著

在认识到数字经济的重要作用之后,各国纷纷加快了数字经济的战略部署,为推动数字经济的大力发展,出台了加强数字基础设施建设和刺激竞争与创新等政策措施,并积极调整监管制度,并在发展数字经济的同时积极实施新的数字贸易发展规划。

2020 年,发达经济体数字经济总量占全球数字经济总量的 74.7%,而发展中经济体数字经济所占的比重仅为 25.3%。③通过数据资料可以看出,发达经济体仍然是推动全球数字经济发展的主体,而发达经济体数字经济发展迅速主要是因为这些经济体本身数字经济基础设施比较完善、拥有较为发达的数字技术、产品及服务的较强竞争力。2020 年全球数字经济占全球 GDP 的比重达到了 43.7%,其中发展中经济体的数字经济占其 GDP 的比重较之全球平均水平低了 16.1%,发达经济体的数字经济占 GDP 的比重约是发展中经济体的 1.98 倍。其中,美国的数字经济规模为最大,其数字经济规模已达到 13.6 万亿美元,占其 GDP 的比重超过 60%。③

6.1.3 发展中经济体数字贸易的市场地位不断提升

UNCTAD 的统计数据显示,2011—2020 年 10 年间发展中经济体的数字服务出口规模占世界数字服务出口规模的比重由 19.5% 提升至 23.1%,数字服务出口从 0.42 万亿

---

① 麦肯锡发布决定 2025 年经济的 12 大颠覆技术[EB/OL]. (2019-02-24). https://www. sohu. com/a/297350787_120065805.

② 前瞻产业研究院. 2020 年全球数字服务贸易行业市场规模与发展趋势分析 发达经济体优势明显[EB/OL]. (2021-01-22). https://www. sohu. com/a/446115779_473133.

③ 中国信通院:2021 年全球数字经济白皮书(附下载)[EB/OL]. (2021-09-22). http://www. 199it. com/archives/1314722. html.

美元扩张至 0.73 万亿美元。然而,发达经济体数字服务出口规模占世界数字服务出口规模的比重由 80.5% 降至 76.9%。[①] 从中长期来看,由于发展中经济体的技术水平处于加速追赶发达经济体的状态,并且发展中经济体具有庞大的市场和消费群体,因此,发展中经济体在发展数字贸易方面具有较大潜力。以中国为代表的新兴经济体在跨境电商领域已经排名世界前列位置。随着全球数字贸易的发展,新兴经济体有望实现产业转型升级,并借此机遇实现弯道超车。据统计,2011 年全年中国跨境电子商务的交易额还不到 6 万亿元,而 2020 年已达到 37.21 万亿元,且我国跨境电商交易额在进出口总额占比升至39%。[②] 与此同时,我国在数字服务领域已经实现了净出口。

6.1.4　数字贸易平台居于数字经济与贸易的主导地位

据中国信息通信研究院监测,到 2020 年末全球总共有 76 家市值过百亿美元的数字平台企业,其市场价值总额达到了 12.5 万亿美元,与 2019 年相比有 57% 的增速。从2020 年全球市场价值排行榜中位居前十的企业来看,其市值总和达到 8.4 万亿美元,同比增长 33.3%,其中包含如微软、苹果、腾讯等 7 家典型的数字平台企业。随着数字技术的发展,数字平台占据了主导地位,成为数字贸易的主要载体。《全球数字贸易与中国发展报告 2021》统计资料显示,全球十大跨境电子商务企业的电子商务零售额占全球电子商务零售额的比重为 46.5%。[③] 从数字商务交付的角度看,数字平台企业在社交媒体、搜索引擎、云计算、移动支付、数字游戏等领域占据了主导地位,引领了该行业的发展趋势。

专栏 6-1　全球数字贸易发展态势和中国积极推进数字贸易举措

数字贸易正在为全球经济发展注入新动能。2022 年服贸会期间,多位专家认为,数字经济对产业链、供应链产生深远影响,正在重塑贸易方式和贸易格局,推动国际贸易加快转型升级。

一是数字技术促进贸易量增长。国务院发展研究中心对外经济研究部与中国信息通信研究院联合发布的《数字贸易发展与合作报告 2022》提出,全球跨境数字服务贸易为促进全球经济稳定复苏注入新动能。数据显示,2021 年,全球跨境数字服务贸易规模达到 3.86 万亿美元,同比增长 14.3%,在服务贸易中的占比达到 63.3%,在服务贸易中的主导地位日益稳固。据世界贸易组织预计,到 2030 年,数字技术将促进全球贸易量每年增长 1.8%~2%。国务院发展研究中心对外经济研究部副部长罗雨泽认为,近年来,世界主要国家均高度重视数字经济,多措并举加快推动数字贸易创新发展。数字贸易的发展受到广泛关注,对产业链、供应链、价值链和创新链产生深刻影响,重塑贸

---

① 联合国:2019 年数字经济报告[EB/OL].(2019-09-12).https://blog.csdn.net/r6Auo52bK/article/details/100788231.

② 2021 中国跨境电商交易规模数据 2021 年中国跨境电商行业发展趋势[EB/OL].(2021-09-06).https://it.chinairn.com/news/20210906/134058860.html.

③ 加快推进数字贸易发展[EB/OL].(2021-06-02)https://www.360kuai.com/pc/9f3d4174750042e40?cota=3&kuai_so=1&tj_url=so_vip&sign=360_57c3bbd1&refer_scene=so_1.

易方式和贸易格局,成为国际贸易新的增长引擎,为经济全球化注入新动力,同时也成为全球经济合作的一个新的重要纽带。在2022年服贸会上,广东展区、上海展区、浙江展区均打出"数字贸易"名片。多家数字贸易领域企业纷纷亮相,展示数字服务贸易平台、多式联运全自动化码头建设方案、国际物流数字化服务等成果。数字化转型和绿色转型既是服务贸易发展的动力,也是服务贸易发展的趋势。其中,在数字化转型推动下数字服务贸易增长最为强劲。数字贸易正在强劲地引领全球复苏,加快数字服务贸易发展,为我国经济长期中高质量发展提供新的动力。在世界经济复苏以及中国经济增长过程中,数字贸易已成为重要的引擎和动力源,这是一个非常鲜明的特点。在全球经济相对低迷的情况下,数字贸易的引擎功能在不断增强。数字贸易在服务贸易中的比重,以及服务贸易在整个贸易中的比重,都将不断提升,发展空间巨大。

二是数字贸易成为国际合作纽带。作为数字技术和国际贸易深度融合的产物,数字贸易正成为全球数字经济开放与合作的重要纽带,有力推动数字技术创新、产业数字化转型。据联合国贸易和发展会议统计,2020年,上海合作组织成员可数字化交付的服务贸易规模达到5 931.2亿美元,同比增长4.9%。数字贸易作为数字经济的重要组成部分,正在成为贸易增长新引擎、制度创新新高地、国际合作新焦点。过去几年中,上海合作组织各成员紧抓数字化发展大势,在智慧城市、远程医疗、智能制造等数字领域不断深化区域经济合作,取得了积极成效。数字贸易领域的互利合作将助力在上海合作组织空间打造共商共建共享的氛围,促进地区安全稳定和可持续发展,为共同践行全球发展倡议等多边理念开辟更广阔前景。随着数字信息技术蓬勃发展,数字贸易逐渐成为全球经济增长的重要驱动力量,也将成为上海合作组织成员经贸合作的广阔蓝海。我国已出台多项举措大力发展数字贸易,并积极开展数字贸易国际合作。2022年服贸会期间,多位来自"一带一路"相关国家的参会人士表示,数字化为全球服务贸易发展带来机遇,期待未来与中国在更多领域开展合作。疫情导致全球范围内前所未有的供应链中断,但也成为全球企业通过数字网络显著加快服务供应的催化剂。数字化正促进服务业的新一轮创新,为世界经济增长带来巨大机遇。

三是积极对接高标准国际经贸规则。商务部数据显示,2021年,中国数字服务贸易2.33万亿元人民币,同比增长14.4%;其中数字服务出口1.26万亿元,增长18%。2022年上半年,中国数字服务贸易1.2万亿元人民币,同比增长9.8%;其中数字服务出口6 828亿元,增长13.1%。在数字贸易快速发展的同时,中国也表现出与高标准国际数字规则兼容对接、拓展数字经济国际合作的积极意愿。比如,我国加入《数字经济伙伴关系协定》工作组已正式成立。申请加入DEPA并积极推动加入进程,有利于推动我国数字贸易领域扩大开放,与其他成员建立起规则相通、标准相容的一体化数字贸易市场。从全球来讲,数字贸易的规则体系是不完善的。传统商品贸易的规则体系已经成熟完善,得到普遍认同,而数字贸易的规则还在形成过程当中,还没有取得大家完全认同的框架体系。我国应积极参与数字贸易规则制定的国际合作,加强在数据交互、业务互通、监管互认、服务共享、降低数字贸易壁垒等方面的国际交流与合作,积极参与跨境数据流动国际规则制定,推动建立数据确权、数据交易、数据安全和区块链金融等方面的标准与规则,积极推动国际数字贸易规则的制定。不同国家数字经济竞争力不一样,对数字贸易规则制定的诉求也不一样,需要加强国际合作与协调。此外,我国还应建立和完善数据跨境安全流动的监管体系和相关规则。

　　资料来源:数字贸易蓬勃发展 助力全球经济复苏与国际合作[EB/OL].(2022-09-07).https://finance.sina.com.cn/jjxw/2022-09-07/doc-imqqsmrn8135524.shtml? finpagefr=p_115.

6.2　发达国家和地区数字经济与贸易状况

　　总体来看,发达国家和地区在数字技术方面存在巨大的优势,并且数字基础设施建设更加完善。根据全球各个国家和地区数字经济与贸易发展进程,主要国家和地区的数字贸易发展情况呈现梯次分级,美国一家独大,欧盟、日本等经济体属于第二梯队。

6.2.1　美国的数字经济与贸易发展历程状况及政策特点

1. 美国的数字经济与贸易发展历程状况

　　美国是最早发展数字经济的国家,早在克林顿—小布什执政时期,就开始重视并大力发展信息技术。1993 年 9 月,克林顿政府颁布了《国家信息基础设施行动计划》,推动建设先进信息基础设施。小布什依旧鼓励和支持发展数字经济,1998 年,美国商务部发布《浮现中的数字经济》报告,正式揭开美国数字经济的发展序幕。此后,其相继发布《新兴的数字经济》《数字经济 2000》《数字经济 2002》《数字经济 2003》等年度报告,为数字经济赋能,高度重视发展数字信息技术产业。奥巴马时期加大对数字战略的推进力度,先后布局云计算、大数据、先进制造、5G、量子通信等前沿领域,推动移动互联网、人工智能、区块链等为代表的新一代信息技术快速发展,同时也加快了数字技术的应用进程。2010 年,美国联邦通信委员会向国会提交了《连接美国:国家宽带计划》[1],通过促进市场竞争和有效分配与管理政府资源,推动宽带在不同地区的普及,加强宽带在教育、医疗等公共部门的应用,大大提升了美国宽带的普及度和应用度。2017 年美国数字经济总量约为 11.50 万亿美元,居全球首位,占美国 GDP 的比例为 60%左右。[2] 此时,欧盟、日本、中国均加快建设数字基础设施,提升数字产业竞争力,优化数字经济发展战略布局。为此,2019 年特朗普政府采取全面对抗策略,以维护美国数字技术和产业全球领先地位为重点,将人工智能、量子信息科学、5G、先进制造四大科技应用领域列为国家"未来产业",加大对人工智能、5G、物联网、云计算、区块链等新兴技术的投资力度,使美国在全球数字贸易中持续保持领先地位。[3]

---

　　① Connecting America:the National Broadband Plan[EB/OL].(2020-07-11).https://www.zhangqiaokeyan.com/ntis-science-report_pb_thesis/02071120207.html.

　　② 中国信息通信研究院.G20 国家数字经济发展研究报告(2018)[R].北京:中国信息通信研究院;2018.

　　③ U.S. Executive Office of the President. Maintaining American leadership in artificial intelligence[EB/OL].(2009-02-14)[2021-05-18]. https://www.federalregister.gov/documents/2019/02/14/2019-02544/maintaining-american-leadership-in-artificial-intelligence.

2019 年美国的数字经济总量达到 13.1 万亿美元,占其 GDP 比重达到 61%。2022 年,从规模看,美国数字经济规模蝉联世界第一,达 17.2 万亿美元,中国位居第二,规模为 7.5 万亿美元。从占比看,英国、德国、美国数字经济占 GDP 比重均超过 65%。从增速看,沙特阿拉伯、挪威、俄罗斯数字经济增长速度位列全球前三位,均在 20% 以上。① 同时,美国也是当今全球数字贸易规则的重要设计者,在推动全球贸易变革和重塑世界贸易格局中都扮演着关键角色。美国是最早将数字贸易从数字经济中分离出来的国家,这一系列"先天"的优势造就了如今美国在全球数字贸易发展中的绝对领导地位。②

2. 美国数字经济与贸易发展特点

一是从数字服务进出口来看,美国数字化服务在其进出口服务总额中占据较高的比例。美国数字贸易及相关基础设施产品和服务全球领先,对其服务贸易出口和就业贡献巨大。全球最大的互联网公司和数字服务提供商均为美国企业,美国宽松的监管环境促使科技公司超速发展,美国占据全球五大头部互联网公司的四家,美国亚马逊云科技(AWS)一家公司即拥有全球几近一半的云计算能力。2019 年美国 ICT 商品货物出口占美国出口总额的 8.7%,其中,半导体出口位居全球第一。2020 年美国半导体行业收入在全球市场占比高达 48%。数字贸易对美国服务业拉动作用显著,2020 年美国 ICT 服务和 ICT 赋能服务出口合计占同期服务贸易出口总额的 78%,增速超过 ICT 货物贸易出口,其中 ICT 赋能服务贸易出口金额是 ICT 服务贸易的 6 倍以上。2023 年 1—8 月,美国服务贸易总额为 11 314.65 亿美元,同比增长 6.3%。其中,服务出口金额为 6 579.87 亿美元,同比增长 8.1%;服务进口金额为 4 734.78 亿美元,同比增长 3.8%。③ 另据美国商务部统计数据,2016 年以来美国数字化服务出口占美国服务出口的 54%,数字化服务进口占所有服务进口的 48%,数字服务贸易产生的顺差达 1 595 亿美元,占美国服务贸易顺差总额的 64%。④

二是从数字经济与贸易市场规模变化来看,10 余年来,美国数字经济增速超整体经济增速,数字贸易市场规模逐年增加。美国商务部经济分析局(BEA)统计数据显示,2010 年到 2019 年,美国数字经济实际产值年均增速为 6.1%,超过年均 2.2% 的整体经济增速。2019 年,美国数字经济产值超过 2 万亿美元,约占 GDP 的 9.6%,其中半导体、计算机、软件和电子商务占据较大份额,B2C 电子商务增速最快,数字经济产值中 ICT 服务贸易和货物贸易比例为 2∶1。2010—2019 年,美国数字贸易规模年均增速达到了 13%,高于美国同时期的货物贸易和服务贸易出口的增速。

三是从国内生产总值和就业来看,数字贸易对美国经济增长和就业产生的正效应明显。美国商务部经济分析局统计数据显示,美国数字经济行业支持了 770 万个就业岗位,

① 全球数字经济白皮书(2023 年)发布[EB/OL]. (2024-01-17). https://www. 360kuai. com/pc/91f38c5c0322427eb?cota=3&kuai_so=1&sign=360_57c3bbd1&refer_scene=so_1.
② 胡微微,周环珠,曹堂哲.美国数字战略的演进与发展[J].中国电子科学院学报,2022(1):12-18.
③ 【外贸】2023 年 8 月美国货物贸易逆差 1 018 亿美元 同比收窄 11.0%[EB/OL]. (2023-10-06). https://xueqiu. com/5296061618/262533416.
④ Digital government: building a 21st century platform to better serve the American people[EB/OL]. https://obamawhitehouse. archives. gov/sites/default/files/omb/egov/digital-government/digital-government. html.

占 2019 年美国就业总额的 5%,其中软件行业创造了 330 万个工作岗位;而美国国际贸易委员会数据显示,2010 年以来,数字贸易有效提高了生产效率并明显降低了贸易成本,带动美国 GDP 增长 3.4%~4.8%,真实工资水平增长 4.5%~5.0%,同时创造了 240 万个就业岗位。[①]

四是从国家战略角度来看,美国已经把发展数字贸易和数字经济提升到国家发展战略层面。近年来,美国政府不断推出数字经济与贸易的相关议程和战略文件,并将数字贸易相关议题纳入全球贸易谈判当中。2015 年,美国商务部颁布了《数字经济议程》,把发展数字经济作为实现繁荣和保持竞争力的关键;2018 年,美国商务部经济分析局发布了工作文件《数字经济的定义和衡量》,为美国未来数字经济与贸易的发展制定了新的内涵和标准。

五是从世界范围内来看,美国依然是全球数字贸易发展的积极推动者和倡导者。为巩固自身在国际数字贸易发展领域的领先地位,并引领全球数字贸易未来发展,一直以来,美国从不同层面致力于推动全球数字贸易规则谈判。云计算服务是大多数数字贸易活动的基础,美国拥有全球最大的云服务供应商市场,并拥有亚马逊、谷歌和微软等能够提供云服务的全球互联网巨头公司。

美国是当前全球数字贸易发展最成熟的国家,利用本身的数字技术领先优势及其在国际贸易中的影响力来引领全球数字贸易发展方向,在国际贸易规则制定中,美国具有很强的话语权。一直以来,美国政府从多层面入手,始终致力于打造代表其自身发展需要的贸易规则新体系,以巩固并扩大其在全球数字贸易领域内的竞争优势和领先地位,这主要体现在近几年美国政府实施的数字贸易政策之上。

3. 美国数字贸易政策特点

一是美国数字贸易政策的核心议题从未改变,即消除数字贸易壁垒,推进数字贸易自由化。自奥巴马政府以来,美国在其数字贸易政策上的核心立场基本一致——致力于消除数字贸易壁垒,推动数字贸易领域内的贸易开放性及其自由化发展。近年来,在涉及多边、区域、双边以及国家层面的多轮贸易规则谈判中,美国多次表明其数字贸易政策的基本立场,其核心议题主要围绕"数字产品免征关税""跨境数据和信息的自由流动""数据传输与消费者隐私保护""禁止数据存储本地化要求""知识产权保护""数字贸易市场准入""非歧视性待遇"以及"数据源代码开放"等问题展开。其中,"跨境数据和信息的自由流动"是美国所有议题中最核心的议题。

二是美国借助不同层面的贸易谈判协定来表达其数字贸易政策诉求。尽管美国已于 2017 年正式退出《跨太平洋伙伴关系协定》,但美国通过各层面的贸易政策协定谈判来表达其数字贸易政策主张的方式依旧没有改变:①在多边层面,2018 年 4 月,美国政府向 WTO 总理事会提交的对联合声明的新议案中明确提出了包括"信息自由流动"和"数字产品的公平待遇"等在内的 7 项议题;②在区域层面,2018 年 10 月,美国与墨西哥、加拿大达成了 USMCA 协定加入"消减数字限制措施""保护消费者隐私"以及"保证数据的跨境传输和自由流动"等议题;③在双边层面,2019 年 1 月,美国政府公布的《贸易谈判摘

---

①　张雪春,曾园园. 美国数字贸易现状与中美数字贸易关系展望[J]. 南方金融,2022(4):3-13.

要》在"美国—欧盟"谈判中明确要求,欧盟必须向美国开放跨境数据流。[1]

展望未来,全球数字贸易壁垒不断增加,美国数字贸易出口前景存在不确定性,这也是美国热衷于国内与国际数字贸易规则制定的重要原因。

6.2.2 欧盟的数字经济与贸易状况及政策特点

1. 欧盟的数字经济与贸易状况

一是欧盟数字经济发展的紧迫感和危机感不断上升,一方面,密集出台助推数字经济与贸易发展的政策;另一方面,不断加密制定数字经济与贸易规则。根据世界银行提供的数据,2019年欧盟经济总量约占世界的15.77%,而数字企业市值占全球数字企业总市值的比例不到4%。2019年德国和英国数字经济占GDP比重分别为63.4%、62.3%;德国产业数字化占比超过90%,产业数字化水平全球第一。据欧洲知名智库布鲁塞尔研究所统计,截至2019年9月,美国拥有194家独角兽企业,欧盟仅有47家。德国产业数字化占数字经济比重连续多年高于美、中、日、韩4国,2022年达到92.1%。[2] "数字欧洲"项目从2021年开始实施,预计到2027年完成。在首次获得批准的3个工作计划中,投资规模最大的计划总投资金额为19.8亿欧元,其中13.8亿欧元在2022年年底前投向人工智能、云技术和量子通信基础设施等领域。[3] 欧盟重视数据安全与数字经济立法保护等,2018年正式实施《通用数据保护条例》,2020年12月又连续出台《数据治理法案》《数字服务法案》《数字市场法案》,通过法案构建开放的和有规则的欧洲数字市场。2020年欧盟紧锣密鼓地发布《塑造欧洲的数字未来》《欧洲新工业战略》《欧洲数据战略》《人工智能白皮书》等,扩大其数字主权。《欧洲数据战略》规定,2021—2027年在共同数据空间和云基础设施领域启动40亿~60亿欧元的投资;《人工智能白皮书》提出,未来10年内欧盟每年将投入200亿欧元用于人工智能技术研发和应用。[4]

二是数字经济与贸易在明显推动欧洲经济快速发展的同时,也促使欧洲生产率快速增长。近年来,欧盟委员会为加强数字经济建设,致力于消除数据本地化壁垒,并从发展战略角度出发,把数字贸易作为欧盟经济发展的重要战略任务之一,主要体现在以下两方面。

第一,数字经济引领下的数字贸易带动欧盟经济快速发展。欧盟国家数字经济在其国内生产总值中的占比很高,数字贸易额显著增加,欧盟已成为欧洲数字贸易市场上的绝对领导者。另外,近年来欧盟的数字产品和服务出口额在不断增加,从2014年的6670亿欧元到2017年增加到8000亿美元,增幅达到3.4%,这有力地推动了欧洲贸易和经济的快速发展。2017年,欧盟委员会发布《欧盟数字单一市场中的一个公平有效的税收制度》;2020年末,欧洲议会又推出《数字服务法》,进一步加强数字平台在打击非法内容等

① 张雪春,曾园园. 美国数字贸易现状与中美数字贸易关系展望[J]. 南方金融,2022(4):3-13.

② 《全球数字经济白皮书(2023年)》发布 主要国家数字经济发展持续提速[EB/OL]. (2023-07-10). https://www.cnii.com.cn/gxxww/rmydb/202307/t20230710_485462.html.

③ 欧盟推进数字化建设[EB/OL]. (2022-03-16). http://www.ciedata.com/News/202203/1741591c-a270-41ac-9a4b-68f6d4de0283.html.

④ 谢兰兰. 欧盟数字贸易发展的新动向及展望[J]. 全球化,2020(6):72-80.

方面的责任,《数字市场法》建立了统一、明确的数字规则框架,对"守门人"大型在线企业加强监管。2021 年,欧盟正式启动欧盟数字化发展中心,目标为扩大对伙伴国家数字化转型的投资。[①]

第二,欧盟将发展数字贸易提升到了战略高度。数字贸易发展潜力很大,而其所产生的正向经济效益已被数字贸易发展的典型事实所证明,发展数字贸易已成为欧盟各国普遍的共识。互联网基础设施建设较为完善、数字技术比较先进的国家早已将数字贸易提升到国家发展的战略高度,欧盟各国也不例外。欧盟高度重视并加强数字经济与贸易建设,致力于消除数据本地化壁垒,建立单一的数字市场,分别于 2015 年和 2017 年出台了《欧洲数字单一市场战略》和《数字贸易战略》,其中《数字贸易战略》加快出台相关政策来确保跨境数据和信息的自由流动。

2. 欧盟的数字贸易政策及其发展特点

一是欧盟着力打造欧洲数字单一市场。欧盟继 2010 年在推出的《欧洲数字议程》中提出要打造数字单一市场的战略首要目标后,又于 2015 年公布《欧洲数字单一市场战略》,提出要打破数字市场壁垒,全力构建以"为消费客户和企业提供更好的数字产品和服务""为欧洲数字网络和服务繁荣发展创造良好的发展环境"和"促使欧洲数字经济增长潜力实现最大化"为三大发展支柱的欧洲数字单一市场。

二是就数字贸易重点议题欧盟坚持明确的政策态度。为了尽早建立欧盟数字贸易战略并促进跨境数据和信息的自由流动,2017 年 11 月欧盟委员会通过了《数字贸易战略》报告,其中明确表示反对各种形式的数字贸易保护,确保消费者应有的个人权利以及禁止强制要求数据本地化的各种措施,同时强调要加强公民隐私和个人信息保护。

三是欧盟部分数字贸易政策仍未达成一致。由于欧盟各成员国的数字贸易利益诉求以及在数字贸易规则上都存在差异,因此,在"数字产品和服务的征税"议题上,欧盟内部一直存在异议,至今仍悬而未决。

6.2.3 日本的数字经济与贸易状况

一是日本拥有支撑其数字贸易发展的强大数字经济。数字经济已成为日本经济发展的主要推动力量,《2017 中国数字经济发展报告》显示,2016 年,日本数字经济占其 GDP 的份额高达 6.4%。日本已成为继中国之后数字经济规模居亚洲第二位的国家。在此基础上,日本数字贸易市场潜力不断提升。日本数字贸易发展迅速。目前,在亚洲乃至全球跨境电子商务市场上日本占有一定的比重,数字贸易在日本也产生了可观的经济效益。2018 年,日本经济产业省汇总的《通商白皮书》(2018 年版)草案中估算,2014—2018 年,日本跨境网络交易用户从 3 亿人次增至逾 9 亿人次,数字贸易市场规模也将从 2 360 亿美元增至 9 940 亿美元;报告同时指出,日本数字贸易市场发展如此迅速的最大动力来自中国,交易骤增的主要原因在于数字贸易领域本身的不断扩大以及交易平台业务范围的拓展。博鳌亚洲论坛 2023 年 12 月 21 日发布的《亚洲数字经济报告》显示,2022 年,中国

① 欧盟数字化转型的进展与挑战[EB/OL].(2022-08-24). http://finance.sina.com.cn/jjxw/2022-08-24/doc-imizirav9494658.shtml.

数字经济发展遥遥领先,规模达到 7.47 万亿美元;日本数字经济规模位居亚洲第二,为 2.37 万亿美元,数字经济已成为亚洲经济发展的重要动力源。[①]

二是日本高度重视数字经济与贸易发展。日本对数字经济与贸易的重视,主要表现在以下方面。

第一,日本政府将发展数字贸易提升到战略高度,重视数字技术创新。2009 年,日本提出《I-Japan 战略 2015》,明确了日本在数字经济发展新时代的一系列政策措施,提出构建电子政府、健康、医疗、人才和教育等领域信息化发展的战略目标,旨在发展电子商务、促进产业升级和加强数字网络基础设施建设等,并以实现打破数字壁垒、建立安全的数字化社会为目标。日本政府已把发展数字贸易纳入国家发展战略中,2009 年,为应对全球金融危机冲击、抢占全球数字领域发展制高点,日本政府又推出了《ICT 鸠山计划》。2012 年,在《日本复兴战略》中指出,通过数字信息技术与产业相互融合发展来振兴日本经济。在日本《通商白皮书》(2018 年版)概要草案中指出,数字贸易时代已经来临,并强调这将是日本企业发展的良机,提出"确保公平竞争的贸易环境""保护消费者"和"反对贸易保护主义"等议题。

第二,在不同层面数字贸易规则谈判中日本立场明确。在 WTO 成员所提出的数字贸易议题中,日本议题主要涉及"电子传输免关税""提高政策透明度""非歧视性原则""数据跨境自由流动""保护关键源代码""在线消费者保护"以及"网络安全"等。

第三,日本加快与其他国家进行数字贸易合作和谈判。2019 年 9 月,美日签署的《美日数字贸易协定》中以创造数据自由流动的环境为出发点,提出并明确了"跨境数字产品销售不征关税""不强制设置数据存储服务器"以及"政府不要求企业公示源代码"等议题。该协议的目的在于主导全球数字贸易规则的制定和亚洲数字贸易市场。

6.3 发展中国家和地区的数字贸易状况

6.3.1 中国的数字经济与贸易状况

中国尽管起步较晚,但伴随着国内电子商务和数字经济共同发展以及庞大的市场规模,中国的数字贸易发展势头非常快。近年来,顺应全球经贸形势发展的需要,中国的对外开放进程持续推进,对数字贸易的重视程度也在不断提高。庞大的数字贸易市场,较为完善的数字基础设施,使未来数字贸易市场潜力加快发展。麦肯锡统计数据显示,2017 年中国数字贸易交易额已占到全球数字交易总额的 40% 以上,而中国数字贸易市场已吸引全球目光,在新一轮全球贸易变革中,中国将扮演重要的角色。2023 年 5 月 30 日,中国社会科学院金融研究所、国家金融与发展实验室、中国社会科学出版社联合发布《全球数字经济发展指数报告(TIMG 2023)》,该报告指出,中国数字经济发展指数排名第八。中国在数字市场和数字基础设施领域优势较大,分别排名全球第二位和第三位。

---

① 亚洲数字经济报告:中国数字经济规模遥遥领先[EB/OL].(2023-12-23).http://finance.people.com.cn/n1/2023/1223/c1004-40145256.html.

2022 年,中国数字经济规模居于世界第二位,达到 7.47 万亿美元。[①]

与美国等发达国家的数字贸易发展相比较,我国数字贸易类别尚未发展成型,对数字贸易的统计资料匮乏、统计制度不完善。但是,我国数字贸易发展潜力巨大,特别是互联网、通信数字技术的进步和普及,为数字贸易发展奠定了基础。同时,我国的百度、腾讯和阿里巴巴等世界级互联网平台企业,为我国数字贸易发展提供了重要的基础设施。

除此之外,我国高度重视数字贸易的发展。2017 年 10 月,党的十九大报告提出"推动互联网、大数据、人工智能和实体经济深度融合"的发展理念,2019 年政府工作报告中,两次提及跨境电子商务发展,并将跨境电商作为对外贸易发展新的增长点,数字贸易再次受到高度关注。同时,近年来我国"一带一路"倡议、自由贸易试验区建设等重大(倡议)战略的实施,使中国与各国之间的联系进一步加强,并将进一步带动中国与"一带一路"合作伙伴之间数字贸易持续增长。

我国数字贸易发展呈现以下特点。

一是我国数字经济蓬勃发展,已成为我国国民经济的核心增长极之一。根据中国信通院发布的 2020 年、2021 年《中国数字经济白皮书》数据,我国数字经济增加值规模由 2005 年的 2.6 万亿元扩张到 2019 年的 35.8 万亿元和 2020 年的 39.2 万亿元;数字经济占 GDP 比重从 14.2％升至 38.6％,在国民经济中的地位进一步凸显,数字经济的发展成为推动我国国民经济增长的关键动力。我国的数字贸易发展速度在不断加快,数字贸易规模也表现出不断扩大的趋势。通过国际比较发现,我国数字经济规模排名全球第二位,仅次于美国;但从数字经济占 GDP 比重这一相对指标看,我国依然低于德国、英国、美国、韩国、日本、爱尔兰、法国、新加坡。[②] 在 IMD(瑞士洛桑国际管理学院)世界数字竞争力排名中,我国被排在 22 名,该项数字竞争力排名分析一国(地区)在多大程度上采用和开发引领政府实践、企业模式、社会发展的数字技术。排名方法中考虑到了知识、科技、未来准备程度三种因素。

二是电子商务在我国发展尤为迅速。2016 年开始,我国电子商务从超高速增长期进入相对稳定的发展期,但跨境电子商务继续保持高速增长态势。2019 年我国电子商务交易额达 34.81 万亿元,网上零售额 10.63 万亿元。根据海关总署统计数据,2018 年中国跨境电子商务进出口商品总额为 1 347 亿元,同比增长 50％。其中进口 785.8 亿元,增长 39.8％;出口 561.2 亿元,增长 67％。[③] 2019 年我国跨境电商进出口商品总额达到 1 862.1 亿元,已是 2015 年的 5 倍(年均增长 49.5％),当年同比增长 38.3％;其中出口为 944 亿元,进口为 918.1 亿元,出口量首次超过进口量。[④] 中国互联网络信息中心的数

---

① 全球数字经济发展指数报告 TIMG 2023:中国排名位列第八[EB/OL].(2023-05-31).https://www.360kuai.com/pc/9de3c3985ea965faf? cota=3&kuai_so=1&sign=360_57c3bbd1&refer_scene=so_1.

② 中国信通院:全球数字经济新图景(2020 年)(全文)[EB/OL].(2020-10-15)https://www.100ec.cn/detail--6573387.html.

③ 2018 年全国跨境电商零售进出口总额 1 347 亿增长 50％[EB/OL].(2019-08-30).https://global.lianlianpay.com/article_other/20-2312.html.

④ 雨果网.海关:2019 年跨境电商零售进出口总值 1 862.1 亿元,增长 38.3％[EB/OL].(2022-03-01).https://chuhaiyi.baidu.com/news/detail/33884407.

据显示,截至 2022 年 6 月,中国网络购物用户规模达 8.41 亿,占网民整体的 80%。[①] 中国电子商务研究中心发布的《2023 年中国电子商务市场数据监测报告》显示,2023 年上半年,中国电子商务交易额 13.35 万亿元,同比增长 27.1%。其中,B2B 市场交易额 9.8 万亿元,网络零售市场交易额 3.1 万亿元,生活服务电商交易额 0.45 万亿元。[②] 我国是十大电子商务国家和地区中唯一一个发展中国家,与此同时,我国也在全球跨境电子商务领域有着突出的表现,不管是零售出口量还是零售额(B2C)我国均位列全球第一。2020 年,我国网络商品销售零售额达到 11.76 万亿元,较之 2019 年增长了 10.9%,实物商品网络零售额达 9.76 万亿元,比 2019 年增长 14.8%,占社会消费品零售总额的比重接近 25%。2020 年我国跨境电商进出口增加了 31.1%,达到 1.69 万亿元,其中,出口达到 1.12 万亿元,进口增加 16.5%,达到 0.57 万亿元。从数字化贸易的角度来说,我国数字化贸易规模早在 2017 年就已经超越了 2 000 亿美元的大关,并于 2019 年实现了 152.9 亿美元的数字化贸易顺差。[③]

三是我国数字服务贸易规模扩大,但总量较小。根据商务部统计结果,2020 年中国的数字服务贸易规模为 2 947.56 亿美元,占服务贸易总额的比重为 44.54%,数字贸易规模持续扩大。[④] 我国数字化服务贸易顺差也出现了扩大的趋势,目前该顺差已达到 155.36 亿美元。与此同时,我国的数字化贸易结构呈现出不断优化的态势。我国数字服务贸易规模虽然在持续增大,但从总量上来说仍属于偏小的。根据 UNCTAD 的统计结果,随着中国数字服务贸易的发展,其与美国数字服务贸易之间的差距正在逐渐缩小。从统计数据来看,2019 年,我国数字服务贸易总额占美国数字服务贸易总额的比重为 32.2%、数字服务贸易出口量占美国数字服务贸易出口量的比重为 26.9%,数字服务贸易进口量占美国数字服务贸易进口量的比重为 41.3%;2021 年,中国数字服务贸易出口规模为 1 948.45 亿美元,占世界数字服务贸易总出口额的 5.11%;作为发达国家,美国数字服务贸易出口规模为 6 130.12 亿美元,占世界数字服务贸易总出口额的 16.08%。ICT(信息、通信和技术)服务逐渐成为中国数字服务贸易出口的新动力源,2021 年 ICT 服务出口占中国服务贸易出口额的 39.51%,其他商业服务出口占比从 75.15% 下降至 48.05%[⑤],可以看出我国数字贸易总量占美国数字服务贸易的比重还比较小,中国数字服务贸易的发展水平与其相比还是居于弱势地位。

四是我国数字贸易基础设施较为完善,数字贸易利好政策不断。中国在信息通信技术有良好的发展基础,发展数字贸易具有较大优势。近年来,数字经济在我国经济中的地位不断提升。截至 2021 年 9 月,我国 5G 基站数量超过 100 万个,占全球总数的 70% 以

① 2023 电子商务行业市场全景调研与发展前景预测[EB/OL].(2023-02-15).https://www.chinairn.com/hyzx/20230215/155959404.shtml.

② 2023 上半年中国电子商务交易额分析[EB/OL].(2023-03-24).https://www.renrendoc.com/paper/252615790.html.

③ 网络零售市场规模再创新高 2020 年全国网上零售额达 11.76 万亿[EB/OL].(2021-01-25).http://caijing.chinadaily.com.cn/a/202101/25/WS600e1318a3101e7ce973c62a.html.

④ 中国新闻网.商务部:2020 年中国数字贸易额增至 2 947.6 亿美元[EB/OL].(2021-09-03).https://www.chinanews.com.cn/cj/shipin/cns-d/2021/09-03/news900032.shtml.

⑤ 王可.中美数字服务贸易国际竞争力及影响因素比较研究[D].济南:山东财经大学,2023.

上；5G 手机终端连接数量超过 3.92 亿，占全球的比重达到 80%。① 根据 CNNIC（中国互联网信息中心）发布的第 48 次《中国互联网络发展状况统计报告》，我国网民规模达 10.11 亿，互联网普及率达 71.6%；网络购物用户规模达 8.12 亿，渗透率达 80.3%。截至 2021 年 9 月底，全球有超过 830 家独角兽公司，估值最高的 40 个独角兽企业有 20 个来自美国，10 个来自中国。② 2021 年上半年，我国移动互联网接入流量已达到 1 033 亿 GB，网上零售额达 11.8 万亿元，居全球首位。中国信通院发布的《中国数字经济发展白皮书》（2021 年）把数字经济分成四个部分：数字产业化、产业数字化、数字化治理、数据价值化，2019 年我国数字经济对 GDP 增长贡献率达 67.7%，产业数字化增加值占整个数字经济的比重高达 80.2%。③

2017—2021 年，中国数字贸易市场规模逐年上升。2021 年中国数字贸易市场规模达到约 42.89 万亿元，较 2020 年增长 9.5%。④ 作为数字经济表现突出的贸易模式，数字贸易在推动国家经济结构优化、经济发展转型方面有着重要的意义。因此，我国政府对数字贸易的发展高度重视，陆续出台了一系列支持政策，给予数字贸易良好的发展环境。近年来，国内多地先后开设跨境电子商务综合试验区。这些综合试验区的设立运行，不仅有利于区内企业跨境调动资源，适应国际贸易业态更新趋势，从供应链、价值链和资源链上构建跨境电子商务综合服务体系，并有效应对疫情对外贸的冲击，也有利于各综合试验区探索改善营商环境、创新发展，从而带动我国跨境电商高质量发展。

五是我国数字贸易相关法律制度与监管措施不够完善。从我国数字贸易相关法律制度和监管措施来看，我国主要在三个方面存在一定的欠缺：其一，我国在数据流动及监管方面缺乏具体法律规制。例如，数据的流动包括收集、整理、传输、存储、使用以及监管等多个步骤，但是我国的相关法律却未对跨境数据流动这些方面作出详细的规制，而是仅在《网络安全法》中确立了基本规则。其二，数字贸易方面缺乏系统性的法律。通关、商检、消费者权益保护是数字贸易推进过程中必须涉及的，而我国在这几个方面并未形成系统的法律规定，仅是通过《中华人民共和国对外贸易法》《中华人民共和国海关法》等不同法律来对此进行管理。其三，我国在个人信息和知识产权保护方面的法律法规并不完善。例如，我国在电子签名、电子认证、信用体系等方面未形成统一标准。另外，由于数字产品具有容易复制、修改和传播便利等特性，知识产权保护的难度较大，而我国现行知识产权保护法尚未完全涉及，需要进一步完善。可喜的是，《数据安全法》的出台，使我国个人信息和知识产权保护方面的法律法规向前迈出一大步。

中国对数字贸易始终采取严格的限制措施，DSTRI 分值在 50 个国家中位居第二，仅

① 我国建成 5G 基站超过 100 万个 占全球的 70% 以上[EB/OL].(2021-11-15).https://digi.china.com/digi/20211115/20211115925071.html.

② 全球独角兽观察：中美占据全球七成独角兽，旧金山北京领跑全球独角兽城市[EB/OL].(2022-10-08). https://new.qq.com/rain/a/20221008A045Y800.

③ 中国信通院.2021 年中国数字经济发展白皮书（全文）[EB/OL].(2021-04-28).http://www.100ec.cn/home/detail--6591053.html.

④ 2022 年全球及中国数字贸易行业现状、市场竞争格局及发展趋势[EB/OL].(2023-01-17).https://m.163.com/dy/article/HR9ANP8R0552SV13.html.

次于哈萨克斯坦,2014 年和 2015 年均为 0.467,2016 年及以后均为 0.488。从政策领域看,基础设施和联通的 DSTRI 分值为 0.238,电子交易的 DSTRI 分值为 0.043,电子支付方式的 DSTRI 分值为 0.055,知识产权保护的 DSTRI 分值为 0.043,其他数字贸易壁垒的 DSTRI 分值为 0.109。[①] 不难发现,基础设施薄弱和联通不畅、其他数字贸易壁垒较多是导致中国数字贸易壁垒 DSTRI 值较高的关键因素。

6.3.2　印度互联网经济发展特征及趋势

印度数字经贸探索了一条异于传统的发展路径,越过了重工业和轻工业发展阶段,直奔数字经济的核心软件业,并使之成为国民经济的支柱产业,成为全球离岸服务外包最大承接地,也是位居全球前列的数字经济和数字贸易国家。随着"数字印度"战略的深入实施,创新和数字转型成为驱动其经济发展的新动力,加速重构经济发展新业态、新模式,加速推进印度经济社会数字化变革。

一是印度数字经贸发展位居全球前列,数字经济规模位居全球第 8 名。根据中国信息通信研究院测算数据,2020 年,印度数字经济规模达到 5 419 亿美元,位列全球第 8 名。自 2018 年以来,印度数字经济规模保持在 5 000 亿美元以上。从数字经济占国内生产总值比重来看,2020 年,印度数字经济占比仅为 20.2%,仍有较大发展空间。[②] 印度在数字经济领域建立起颇具特色的优势地位,如给予信息技术产业较大发展自由度,实施"零税收"等一系列优惠政策,印度软件业发展迅速,信息技术及业务流程管理(IT-BPM)业务发展优势明显,成为全球服务外包最大承接国,成就了"世界办公室"的美誉。

二是数字服务出口位居全球第 5 名。数字服务出口规模持续扩张。根据联合国贸易和发展会议可数字化交付服务统计口径,印度数字服务出口规模由 2005 年的 373.64 亿美元增加到 2020 年的 1 547.75 亿美元,年均增长 9.94%。印度数字服务出口占全球数字服务出口比重在波动中呈现上升态势,由 2005 年的 3.11% 提升到 2020 年的 4.89%。数字服务贸易在印度服务贸易中占据重要地位,自 2005 年以来,印度数字服务出口占印度服务出口比重保持在 70% 左右。2020 年,印度数字服务出口占印度服务出口比重大幅跃升为 76.15%。与此同时,印度数字服务进口规模也不断扩大,2020 年达到 776.65 亿美元,排名全球第 11 位。

在重点领域,印度互联网经济(数字经济)发展体现出如下特点。

一是信息技术服务发展迅猛,软件服务业尤为突出。印度是全球最大的信息技术及业务流程管理基地,是承接离岸服务外包规模最大的国家。印度积极利用发达国家以节约成本为目的进行大量离岸服务外包的契机,大力发展信息技术服务产业,目前在信息技术和业务流程管理领域处于全球领先地位。印度 IT-BPM 主要包括软件产品与服务,软件产品主要包括系统软件、企业应用软件和垂直应用软件,服务细分领域主要由 IT 服务、BPM(业务流程管理)、工程研发和产品开发构成。根据全球统计数据库 Statista,2021 年,印度 IT-BPM 创造的总营收超过 1 950 亿美元,大规模离岸外包是推动 IT-BPM

---

① OECD-DSTRI data[EB/OL]. https://qdd.oecd.org/subject.aspx? Subject=STRI_DIGITAL.

② 李西林,游佳慧,张谋明. 印度数字经济:回顾与展望[J]. 服务外包,2022(6):60-64.

保持增长态势的重要因素。IT-BPM 产值大约占印度 2020 财年国内生产总值的 8%。印度 IT-BPM 行业已培育出一批全球知名的企业,如塔塔(Tata Consultancy Services)、印孚瑟斯(Infosys Technologies)、威普罗(Wipro Technologies)等公司,在全球 80 个国家设立了 1 000 多个交付中心。

二是数字内容以游戏、在线点播、数字广告为主,发展迅速。2020 年印度数字媒体和娱乐服务产业快速发展。根据毕马威(KPMG)的报告,新冠疫情导致电影、报刊、电视等传统媒体收入大幅下滑,而在线视频点播、移动游戏、数字广告等基于互联网的媒体和娱乐服务产业快速发展。在在线视频点播领域,2020 年,印度互联网电视平台(OTT 平台)视频订阅量达到近 6 200 万,比 2019 年底增长 1 倍;OTT 订阅收入达到 5 300 万卢比,是 2019 年的 5 倍。预计到 2025 年,OTT 用户数将达到 4.627 亿。在移动游戏领域,根据波士顿咨询公司的数据,2019—2021 年,印度游戏市场规模年均增长率达到 30%,其中移动游戏占比达到 90%。数字技术的应用提升了游戏的视觉和语音效果,使得玩家的体验感不断优化。印度游戏公司还将用户生成内容(UGC)、流媒体直播等新兴领域与移动游戏不断融合,提高玩家的参与度。在数字广告领域,毕马威发布的报告指出,2020 年,印度数字广告发展迎来了重要转折点,数字广告支出超过了一贯占据主导地位的电视广告支出。随着数字技术的快速发展,印度数字广告的互动性显著增强,与内容的融合效果也不断提升。

三是电子商务快速发展。近年来,印度电子商务快速发展,已经成为印度经济的重要组成部分和经济增长的重要推动力。根据 eMarketer 的数据,2021 年,印度零售电商消费者额预计达到 667.6 亿美元,同比增长 27%,在未来几年将继续以 20% 以上的速度增长。2022 年 9 月 8 日,咨询公司 Redseer 预计,以亚马逊和 Flipkart 为首的在线零售商 2022 年印度假日购物季总销售额将达到 118 亿美元,比 2019 年的 50 亿美元高出两倍多。[①] 印度品牌资产基金会(IBEF)发布的报告显示,2020—2025 年,印度电子商务市场规模将从 462 亿美元增长到 1 880 亿美元,年均增长 32.4%;到 2034 年,印度将超过美国成为全球第二大电子商务市场。印度电子商务的飞速发展得益于在线消费者数量增加、技术及商业模式创新、政府政策支持等因素。疫情加速了消费者行为模式的改变,2020 年,印度在线消费者数量达到 1.4 亿,已成为仅次于中国和美国的第三大在线消费者群体。数字支付、超本地物流、数字广告等技术创新和应用改变了电子商务的运营模式,显著提高了交易效率。政策方面,印度政府取消了允许电子商务 B2B 领域的外资股比限制,允许外商在该领域成立独资企业,也允许外商在仓储、支付等领域提供服务,为外商投资印度电子商务领域创造良好条件。

四是数字经济的多产业渗透进实体经济。可穿戴技术、远程医疗、基因组学、虚拟现实(VR)、人工智能等新一代医疗技术正在改变印度医疗体系的格局,高效率、综合性的数字医疗体系加速建立。根据 India Health 发布的《印度数字医疗 2020》报告,远程医疗技术的应用可以通过优化医患匹配减少患者等候时间,从而帮助印度每年节约 40 亿～

---

① Redseer:2022 年印度假日购物季电子商务销售额将达到 118 亿美元[EB/OL]. (2022-09-08). https://znwulian.cn/posts/6898.

50亿美元；人工智能技术可以通过分析健康数据，提高日常健康管理效率。印度在国内和国际上都在大力推进数字医疗议程。2022年，印度政府还推出了数字公共产品的概念，其重点是在国家层面上利用和扩展解决方案。尽管在网络连接有限的印度农村管理大规模临床研究和数字项目等面临挑战，但印度继续在数字卫生部门取得进展。例如，在远程医疗中，人工智能驱动的工具Genie可以帮助进行多语言的医疗咨询和监测。[①] 印度数字医疗市场的迅速扩大带来该领域初创企业的蓬勃发展。截至2021年底，印度数字医疗领域共有近5 000家初创企业，吸引了超过5亿美元的投资。这些初创企业遍布印度主要城市，在建设数字基础设施、提供数字化健康记录、优化临床护理服务等方面为患者和医院提供数字化解决方案。

五是互联网金融科技蓬勃发展。近年来，印度金融科技蓬勃发展。根据普华永道的数据，2021年，印度金融科技领域共吸引投资46亿美元，几乎是2020年吸引投资额的3倍。截至2021年底印度有超过2 100家金融科技公司。印度金融科技发展存在众多亮点，且潜力较大。在互联网金融安全方面，印度银行已应用指纹识别、声音识别、虹膜识别、移动技术等生物识别技术提升用户体验。在智能投顾方面，传统经纪商已将BigDecision等智能投顾应用于共同基金、保险计划、养老计划等诸多领域。在数字支付领域，得益于"废钞令"的实施和统一支付界面（UPI）、全国电子收费系统、国家综合账单缴费系统（BBPS）等新型支付产品的推出，印度数字支付实现井喷式增长。根据普华永道的数据，2016年"废钞令"实施后，印度数字交易规模增长了56%，2020年达到1.98万亿卢比，预计2025年将达到2.94万亿卢比。

六是互联网应用提高印度"智慧农业"水平。在农业领域，数字化工具的应用帮助印度农民解决了融资和保险方面的难题，让农民能够方便快捷地掌握土壤、天气、农产品市场相关信息，有效提高了农业生产效率，增加了农民收入。在融资和保险方面，数字银行账户的普及使印度农民可以更快地获得利率更低的银行贷款；孟山都旗下气候公司（Climate Corporation）利用天气数据提供创新性的农业保险产品，无须农民提出赔付，也避免了烦琐的作物损失估价工作。数字化工具还促进了精准农业（precision agriculture）的发展。政府和企业基于观测到的土壤条件、天气、农作物周期等相关数据，利用算法得出需要的农业投入以及可能产生最大利润的农作物组合，基于此向农民提供建议。美国美盛公司在印度推出CropNutrition.com，为当地农民提供土壤肥力和作物营养相关信息和建议。此外，农产品电子交易平台的应用使农民可以获得全国农产市场的价格和供应信息，从而使农产品在全国范围内流通，有效提高了农民收入。根据麦肯锡公司2019年发布的报告，印度政府已经在全国16个邦的585个市场推出了国家电子农业市场平台（eNAM），帮助农民收入提高15%。

七是互联网与物流融合"智慧物流"水平明显提高。数字技术的应用有效帮助印度物流行业实现降本增效。根据麦肯锡公司的数据，运用数字技术使印度物流成本降低了25%。在物流行业应用最广泛的数字技术包括平台化技术和远程信息处理技术。平台化

---

① 印度的数字医疗创新［EB/OL］.（2023-08-15）. https://www.163.com/dy/article/IC76D0N60511AFKC.html? spss=dy_author.

技术将物流交易的所有环节转移到线上进行,显著提高了交易效率。BlackBuck 和 4TiGO 等印度初创公司创建在线平台,帮助匹配运货商和卡车司机,双方可以在平台上商谈价格并进行交易。远程信息处理解决方案有助于提高车队管理效率。车队管理人员可以利用该技术实时监控车辆和货物,优化驾驶路线,确保驾驶员的行车规范,从而降低车辆油耗和维护成本。此外,印度政府和企业正在探索将分布式记账技术应用于物流行业。通过该项技术,物流供应链中的所有参与者可以同步获得交易中的所有信息并进行实时交流,显著提升了物流供应链的透明度。

随着"数字印度"战略深入实施,印度正在向数字化和知识经济社会转变,印度数字经济和数字贸易还将进一步深化发展。数字经济和数字企业在印度经济社会的重要性更加凸显,本土初创型数字企业备受资本市场青睐,大型跨国数字企业也纷纷布局印度。印度数字贸易总额不断增长,数字贸易发展呈现迅速增长的态势。2017 年印度数字贸易总额达到 1 588.85 亿美元,是 2005 年的 3.23 倍。从数字贸易出口角度看,2017 年印度数字贸易出口额达到 1 069.83 亿美元,较 2005 年提高了 3.37 倍,与数字贸易总额的变化趋势基本相同,平均年增速为 11.47%。Google、Bain 和 Temasek 联合发布报告,2022 年印度互联网经济的价值约在 1 550 亿元到 1 750 亿美元之间。印度互联网经济预计在现有价值的基础上会再增加 6 倍,2030 年可以达到 1 万亿美元。[①] 2022 年是电商行业腾飞的一年,全球各个电商市场都呈现爆发性发展,印度的电商市场规模也不容小觑,印度的电子商务快速发展带动了印度的互联网经济发展,有数据显示,2020 年,印度的互联网经济突破 2 500 亿美元,有 4.6 亿网民,网络渗透率 46%。[②] 印度跳过 PC 时代,直接进入移动互联网时代。印度国家改革发展委员会负责人指出,到 2025 年,印度数字经济将创造高达 1 万亿美元的经济价值。[③]

6.4　数字经济与贸易未来发展趋势

全球化趋势不可逆转,数字化发展更是一种潮流。全球化和数字化是数字贸易产生和发展的主要动因,拓展数字贸易发展空间已成为全球化和数字化发展的必然要求。虽然全球数字贸易发展还不成熟,但随着创新数字技术的出现和互联网基础设施建设的逐步完善,新型数字技术在数字贸易中的广泛应用推动数字贸易发展边界向外延伸,其所产生的溢出效应直接表现为:增加与拓宽数字贸易产品和服务的种类与范围,为满足客户个性化需求提供更多可供选择的空间,同时进一步拓展了数字贸易发展市场。

---

① 总值 1 万亿美元! 电商推动印度互联网经济崛起[EB/OL].(2023-06-13).https://www.hicdf.com/hangyezixun/7879.html.

② 印度互联网经济规模有望达到 2 500 亿美元 贝索斯巴菲特下大注[EB/OL].(2018-08-31).https://www.baijing.cn/article/18621.

③ 李西林,游佳慧,张谋明.印度数字经济:回顾与展望[J].服务外包,2022(6):60-64.

6.4.1　经济全球化继续发展将拓展数字贸易空间

近年来,"逆全球化"思潮重新抬头,但经济全球化发展大势不会改变。数字贸易的形成和持续发展主要得益于全球相对自由开放的贸易环境、良好的国际贸易市场竞争以及各种创新技术在国际贸易中的广泛应用。然而,这都离不开经济全球化的推动,因为数字贸易发展是经济全球化发展的题中之义也是应有之义,经济全球化要求数字贸易相关技术、信息和资本等要素在全球范围内自由流动并实现资源的有效配置,进而推动数字贸易相关要素、数字产品和服务走向国际市场,这必然要求数字贸易参与主体要面向全球市场,并服务于世界范围内的贸易客户。因此,在全球化推动下,数字贸易企业为了在数字产品和服务市场发展中赢得先机,必将面向全球客户并拓展其业务范围,此时受数字贸易红利的驱动,企业不断增加与扩大数字贸易产品和服务领域范围,抢占数字贸易市场,以此来促使国际贸易市场份额的增加。另外,受数字贸易低贸易成本、高经济效益和低市场准入等特性的驱动,除了跨国公司等大型贸易企业外,将会有更多的中小数字贸易企业参与全球贸易活动,这既增加了贸易参与主体的类型和数量,也使满足客户对数字产品和服务的多样化需求成为可能。

6.4.2　企业数字化发展是数字贸易的基本动力

企业走数字化发展道路的关键目的在于最大限度地满足客户需求,以便在日趋激烈的市场竞争环境中赢得一席之地。2016—2022 年,中国数字经济持续快速增长,年均复合增长率为 14.2%,是同期美、中、德、日、韩 5 国数字经济总体年复合增速的 1.6 倍。在数字技术与产业领域,全球 5G 快速发展。截至 2023 年 3 月,全球 5G 网络人口覆盖率为 30.6%,同比提高 5.5%;全球 5G 创新应用中,产业数字化占比达到 60.5%,其中工业互联网融合应用达 29.4%;我国建成 5G 基站 264.6 万个,占全球总数超过 60%;全球 5G 用户达到 11.5 亿,我国占比达 58%,成为全球 5G 发展的重要贡献者。2022 年,全球人工智能市场收入达 4 500 亿美元,同比增长 17.3%。[①] 这表明企业走数字化发展道路已成为全球潮流。数字贸易的形成和发展都离不开数字技术的支撑,数字化时代要求数字贸易发展必须拓宽其发展空间。数字技术的不断创新与进步必然要求贸易企业作出相应的变革。企业不仅要变革旧的业务模式和运营流程,同时还要将数字技术应用于产品研发、产品生产、供应链和交易支付等众多业务系统中。对于贸易企业来说,数字技术的应用将会简化企业贸易流程,提高企业贸易效率,丰富数字产品种类,提升贸易服务的多样性。另外,数字化促使消费者需求发生巨大的变化。在数字化时代,消费者个性化和多样化需求愈加旺盛,单纯的线下服务已无法满足客户的个性化需求,"线上+线下"的服务组合更能满足客户预期的个性化体验。为满足客户个性化和多样化需求并在全球贸易市场竞争中脱颖而出,贸易企业势必走数字产品差异化和服务多样化发展道路,这将促使贸易企业增加与扩大数字产品的种类和数字服务的范围。

---

① 全球数字经济白皮书发布! 这些话题被带火[EB/OL]. (2023-07-05). http://field. 10jqka. com. cn/20230705/c648610833. shtml.

6.4.3　数字贸易内容将继续拓展

随着各国对数字贸易的关注度不断提高,数字贸易基础设施建设不断完善,数字贸易发展迅速,其发展所涉及的领域、范围和数字贸易市场都在持续扩张,而大数据、云计算、物联网、人工智能、3D 打印技术和区块链等先进数字技术以及互联网技术的不断进步,在推动数字贸易蓬勃发展的同时,也在不断扩大数字贸易发展空间,并持续释放全球数字贸易发展潜力。

1. 全球互联网基础设施

互联网基础设施是数字贸易形成和发展的基础,主要包括陆海光缆、光纤网络、高宽带网络和 5G 移动互联网络。互联网基础设施在数字贸易的产生、形成和发展中具有不可替代的重要作用。近年来,全球互联网基础设施建设发展迅速,其所覆盖的范围也在不断扩大,这为全球数字贸易快速发展并走向成熟提供了必备的外部条件。

2. 视频

数字贸易范围内的数字视频主要是指电视广播、电影、体育赛事转播、音乐视频和用户拍摄的视频内容。随着云计算技术的不断进步,新视频将会更多地借助社交媒体进行传播,而像 Facebook、Twitter 和微信等众多社交媒体的不断出现,使得新视频媒体的传播渠道选择更多、传播方式更加便捷,这种社交媒体平台的存在,在数字视频供应商和客户之间搭建了一个可供相互选择的桥梁。另外,智能手机的更新换代日新月异,现代智能手机容量越来越大并都已具备强大的视频存储、处理和分析功能,这更能满足消费者对数字视频的个性化和多样化需求。

3. 游戏

从全球范围来看,手机游戏在数字视频游戏领域占据主导地位。随着数字技术创新和发展,当前新开发的手机游戏采用更新的技术增强了游戏的真实性,备受全球广大玩家的喜爱,同时,更多的消费者也已成为电子游戏潜在的玩家。驱动数字游戏行业发展的因素多种多样,它不仅受数字化消费者需求的拉动,而且受在线游戏(移动终端游戏)市场的推动。

4. 云计算

搭建云计算平台、创建云服务体系已成为工业 4.0 时代全球发展的大趋势,云服务已被各国(地区)、企业广泛认同并应用于各个行业的众多领域。全球云计算市场发展规模巨大,美国、亚太和欧洲的云服务市场占据了全球云计算服务市场的主要部分。受美国供应商大规模云计算投资的驱动,美国已拥有全球规模最大的云计算服务市场。相比之下,亚太和欧洲地区的云计算公司正在试图提升云计算市场上的投资,而像中国、俄罗斯和印度等新兴经济体国家在云服务市场上的投资份额相对较小,但其在云服务上的投资却随着时间的推移在不断增加。

关键术语

数字贸易市场　市场结构　数字贸易未来趋势

本章小结

　　进入21世纪,全球数字经济和贸易规模化发展与不平衡态势明显,发达国家(地区)处于数字经济与贸易的优势地位,而发展中国家(地区)处于相对劣势。美国数字经济与贸易规模占到世界总量的40%,多年居世界第一位,作为发展中的大国,中国数字经济与贸易规模占到世界的1/6,居于世界第二位。数字经济与传统产业深度融合趋势明显,越是发达经济体数字经济对其传统产业的渗透率越高,数字技术嫁接于传统产业并向着平台化方向发展,形成各种云平台,以工业互联网、物联网为基础的"云制造"和数字贸易平台化为生产和贸易节约交易费用、柔性化生产和个性化精准供应;在出行、医疗、教育、文化娱乐交际、政府管理等各方面提供线上与线下结合的云服务。但是,在数字经济与贸易的繁荣背后,不可避免地出现与经济发展水平密切相关的数字鸿沟。美国、中国、欧盟、日本等主要数字经济与贸易大国(地区),频繁出台促进数字经济与贸易的政策措施,同时积极推进数字经济与贸易规则的制定和谈判协商。发展中国家(地区)的数字经济与贸易的市场地位不断提升,数字经济与贸易平台化、虚拟化越发突出。未来全球数字经济与贸易发展将更加趋于加强数字信息基础设施建设、发展数字内容性产品(如视频、游戏等),更加注重云计算和人工智能的创新发展。

思考与讨论

　　1. 全球数字贸易市场发展有哪些特征?
　　2. 美国数字贸易发展的突出特点有哪些?
　　3. 欧盟有哪些发展数字贸易的战略举措?
　　4. 日本重视数字贸易的发展有哪些表现?
　　5. 我国数字贸易发展的特点有哪些?
　　6. 数字贸易市场发展的未来趋势是什么?

即测即练

案例6-1　巴西数字经济与贸易发展状况及中巴合作

案例 6-2　电子商务企业"走出去"行动

第 7 章

数字贸易典型应用场景

◇◇ **学习目标**
  ◎ 熟悉大宗商品数字贸易
  ◎ 掌握传统服务贸易数字化转型
  ◎ 掌握众包的类型和流程
◇◇ **学习重点、难点**
  学习重点
  ◎ 大宗商品数字贸易
  ◎ 众包的流程
  学习难点
  ◎ 众包

7.1 大宗商品贸易数字化

7.1.1 大宗商品的定义及类别

大宗商品(commodities)是指可进入流通领域,但非零售环节,具有商品属性,用于工农业生产与消费使用的大批量买卖的物质商品;同时,具有金融属性,也可以作为期货、期权等金融工具的标的来交易。在金融投资市场,大宗商品指同质化、可交易、被广泛作为工业基础原材料的商品,如大豆、原油、煤炭、天然气、铁矿石、铜精矿、铝土矿、铅矿、锌矿、金矿、银矿等上游产品,成品油、合金、化纤、橡胶等中游产品。[①]

大宗商品主要包括三个类别,即能源商品、基础原材料和农副产品,构成了我国各行各业的基础和源头。其中,化工产品 5 种,包括天然橡胶、原油、取暖用油、无铅普通汽油、丙烷。金属产品 10 种,包括金、银、铜、铝、铁、铅、锌、镍、钯、铂;农副产品超过 20 种,主要包括茶叶、棉花、小麦、苹果、玉米、大豆、稻谷、燕麦、大麦、黑麦、猪腩、活猪、活牛、小牛、大豆粉、大豆油、可可、咖啡、羊毛、糖、橙汁、菜籽油、鸡蛋等,以及大豆、玉米、小麦这三大农产品期货。[②]

---

① 上海艾瑞咨询有限公司.中国大宗商品产业链智慧升级研究报告:2020 年[R].艾瑞咨询系列研究报告,2020:352-359.

② 肖磊,章骁俊,袁匡济.多重因素影响下大宗商品主要品种走势分化[J].中国外汇,2022(24):74-75.

7.1.2　大宗商品数字贸易的特点

1. 与 B2B 电子商务的区别

和 B2B 电子商务相比,大宗商品数字贸易具有如下特点。

(1) 从价格变化看,大宗商品数字贸易的价格波动幅度较大且较为频繁,只有商品的价格波动较大,有意回避价格风险的交易者才需要利用远期价格先把价格确定下来;供应量大且需求量也大,大宗商品市场的功能是以商品供需双方广泛参加交易为前提发挥的,只有现货供需量大的商品才能充分竞争。而普通电子商务的商品价格波动不太显著。

(2) 服务方面,大宗商品数字贸易平台不仅可进行现货交易,还可进行远期现货贸易,大宗商品数字贸易平台的主要特点是整合现货中远期、现货延期和现货即期等多种交易模式,支持 B2B、B2C 等多种现货交易,包括网上商城、网上超市、团购等交易模式,同时支持实物与虚拟交易,且这些贸易均由网络实现。此外,由市场展开物流服务,以合约形式定仓储,通过银行进行仓单质押融资。而普通电子商务是线上联系、线下交易,自由分散物流,电商平台与银行共建信用融资服务。[①]

2. 与期货市场的区别

(1) 期货交易是在现货交易的基础上发展起来的,主要是场内交易,通过在期货交易所买卖标准化的期货合约而进行的一种有组织的交易形式,受期货交易所和中国证监会的监管;数字贸易则主要受商务部门的监管。

(2) 期货交易所不需要开发客户资源。期货用户指的是在商品期货交易中的一些参与人,大部分是个人投资者,少部分是机构;客户不能直接与期货交易所进行交易,流程是客户通过期货公司的席位在期货交易所进行交易,交易所收取期货公司手续费,当出现爆仓、逼仓、违约等交易风险时,由经纪公司分担、处理风险,交易所面临的压力较小。大宗商品数字贸易平台为生产商和销售商大宗商品买卖提供了线上交易、行情分析平台,通过平台实现大宗商品的挂牌、撮合、订单、竞买、竞卖、招标等多种交易处理。平台将线上交易、线上支付、物流管理、行情分析等功能集成。大宗商品数字贸易是交易中心直面客户,且需开发客户资源,虽然促进了各方交流,但交易中心也会面对比较大的风险。

(3) 期货合约都有期限,当合约到期时,所有未平仓合约都必须进行实物交割。期货交易实物交割比较少,投机多。因此,不准备进行交割的客户应在合约到期之前将持有的未平仓合约及时平仓,以免予承担交割责任。大宗商品数字贸易一般采用实物交割制度,投机者少于期货市场。虽然最终进行实物交割的订单合约的比例非常小,但正是这极少量的实物交割将大宗商品数字贸易市场与现货市场联系起来,为大宗商品数字贸易市场功能的发挥提供了重要的前提条件。

7.1.3　大宗商品数字贸易平台

1. 基本内涵

大宗商品数字贸易平台,通常指一个专门用于大宗商品交易的电子商务平台。大宗

---

① 李俊. 大宗商品电子商务的特点及流通模式研究[J]. 财经界,2022(6): 38-40.

商品数字贸易平台作为一种新型的贸易方式,已经成为大宗商品贸易的主要渠道之一。

大宗商品数字贸易平台为企业提供了一个集中管理从上游零部件采购到最终产品分销的供应链服务(supply chain services)平台,包括设计、计划执行、控制和监控、采购、生产、配送、仓储和售后等环节,同时,还可以赋能渠道提升业务处理效率和客户体验,构建大宗商品数字贸易,提升供应链效率,进一步增强企业品牌的影响力。

大宗商品数字贸易平台适用于各类企业,特别是跨地区和跨国企业。在以下场景中尤为适用:多供应商和多品类的全链条采购协同管理;多厂制离散型企业和复杂生产流程的协调管理;多基地数字化生产管理;多渠道和多地区的全生命周期销售渠道管理;多种售后服务和维修保养的管理。

大宗商品数字贸易平台可以助力企业通过整合行业上游供应链资源,将交易、结算、物流、金融整合在一起,促使企业实施更加规范化、系统化的运营管理流程。

通过大宗商品数字贸易平台,企业可以利用其强大的资源整合构建虚拟供应链,在全球范围内组织生产、采购和交付。

2. 数字贸易平台在构筑大宗商品信用系统方面的作用

传统的现货交易,为以追逐利润为目的的假冒伪劣商品的出现创造了一定的便利条件,而在现货数字贸易当中,由于买卖的是标准化合同,而标准化合同代表的是规定质量标准的现货商品,同时这些现货商品在进行注册的时候要由指定的质量检查机构进行检查,不与买卖双方发生利益冲突,因此,能够保证现货商品的质量,保护交易双方的利益。

数字贸易平台在大宗商品线上交易过程中引入第三方金融监管服务,由金融机构或银行发布企业信用审核规范,线上交易双方需通过网上信用信息审核,取得授信资质之后才能进行大宗商品的线上交易活动,这使得交易双方的可靠性更强,由第三方进行交易资金结算,能有效避免违约情况的发生,提高商品交易量和有效交易率。

数字贸易平台为买卖双方提供资金在线结算服务,有利于避免企业的"三角债"问题。在网上开展集中竞价交易,由交易市场进行统一撮合,统一资金结算,保证现货交易的公开、公平、公正。交易成交后,市场为买卖双方进行货款结算、实物交收、现金入账,保证买卖双方的共同利益。

专栏 7-1　"陆港商"大宗商品数字供应链产业服务平台

2022 年 7 月,山西大宗商品交易集团有限公司建设的"陆港商"大宗商品数字供应链产业服务平台正式上线运营。

数字化与煤焦、钢材、石化等大宗商品产业的加速融合,期货和现货结合,现货和衍生品交易一体化,内贸和外贸一体化,使企业发展不断提速、营业收入不断增长。2022 年 1 月至 7 月,公司累计实现营业收入 20.86 亿元,平台交易额累计 308.2 亿元。

2022 年,公司组建国际贸易事业部,通过平台的资源整合和技术支持,加速线上、线下场景的融合,顺利开展第一单大宗商品进口业务——塞拉利昂进口铁矿粉。

这项业务依托的正是该公司大宗商品数字供应链产业服务平台运营及第四方物流功能服务两大优势,搭建了平台化的业务场景,提升用户体验和增加商业价值,打造从境外铁矿粉原产地到境内终端客户企业的智能管理一站式物流供应链业务品牌。

资料来源：刘瑞强.山西大宗集团：大宗商品供应链数字化服务平台上线启动［N/OL］.山西日报，2022-09-05［2023-08-23］.http://www.shanxi.gov.cn/ywdt/sxyw/202209/t20220905_7068995.shtml.

专栏 7-2　中国(山东)自由贸易试验区青岛片区搭建大宗商品现货交易数字化平台

大宗商品现货交易数字化平台为大宗商品交易结算、交收物流、风险管理、线上交易一体化云服务等在线数字化服务提供可靠的应用场景，实现交收服务线上化、可视化功能，与数字仓库和数字仓单系统进行数据交互，促进信息流、资金流、货物流、票据流合一。

数字化大宗商品现货交收仓库经过挂牌、入库审批、入库验收、仓单制作、摘牌等一系列流程，可以进一步打通贸易商与交收机构之间的系统障碍，完成仓库出库。

贸易商可根据不同时间、不同仓库的采购需求自主建立远期订单合约，助力生产企业"以销定产，合理备货；提前备货，批量锁价"，优化产业供需发展。

大宗商品现货交易数字化平台与上海清算所业务对接，交易和交收的资金可以通过"大宗商品清算通"清算，有效解决贸易企业货款划付财务成本高、货款划拨的执行缺乏时效、合同履约风险高等问题。通过银行间支付清算体系对接多家银行，实现秒级的钱货实时兑付，将资金划付时效提升到秒级到账，大幅减少企业财务成本。

资料来源：山东自贸试验区青岛片区打造新型大宗商品现货交易数字化平台［EB/OL］.(2022-08-18).http://qdtb.mofcom.gov.cn/article/zonghsw/202208/20220803341906.shtml.

---

3. 大宗商品数字贸易平台的主要特征和优势[①]

在期货和现货结合的交易中，大宗商品的报价具有标准、波动起伏交收(资金收入和支出)个性化的特点。对此，大宗商品数字贸易平台能够比较迅速地进行点价，也能够进行个性化的交收。其中，点价又称作价，指以某月度的期货价格为计价基础，在期货价格基础上，加上或减去升水/贴水，由此确定双方交易现货商品的价格，值得注意的是，升水或贴水需要双方协商一致。

大宗商品数字贸易平台的电子签章服务最重要的特点在于，区块链产品加持，严格遵守《电子签名法》的要求，合同签署区块链全程存证记录，签署完成后无可篡改。除了线上订立的合同以外，买卖双方对合同约定的商品所有权办理转移手续，以及交收流程的各种单据、结算单，全部可以在线上平台完成，通过平台的电子契约、电子签章等功能解决在线上订立契约的法律效力问题。

大宗商品线上交易的资金结算普遍涉及大额资金运作事项，对此，大宗商品数字贸易平台会为企业提供大额贸易资金结算的服务。实践中，经由银行的多级账户体系都能够实现银行的回单、异地的跨行等资金结算。

---

① 数商云—全链数字化业务协同系统产品及企业数字化解决方案提供商［EB/OL］.［2023-08-23］.https://www.shushangyun.com/?bd_vid=12764765405383575486.

在大宗商品数字贸易平台上,第三方物流相关服务的商务在线采购及监管,交易商商品物权交割,在线交易以及相关的物权监管,动产(大宗商品)质押,物流流程及活动任务的执行分配和监管,这些都是集成的;可以实现大宗商品交易的相关单据、物流相关活动、货物所有权状态可视化全程监管,保障货物安全和货物所有权清晰。

7.1.4 大宗商品贸易区块链服务平台

大宗商品贸易区块链服务平台通常是由大宗商品贸易公司、银行和区块链公司等共同成立的大宗商品区块链联盟,搭建基于区块链技术的大宗商品数字化服务平台,助力金属、能源、化工等大宗商品产业客户进行业务拓展和创新,并逐渐形成产业价值再创造生态体系。服务平台覆盖多种功能,如订单管理、仓储管理、配送管理、物流全程可视化管理等。

基于大宗商品竞价撮合电子交易系统的应用实践,大宗商品贸易区块链服务平台给企业提供更好、更全面的服务,通过业务、技术、应用与集成的创新,提升现货交易市场的整体运营效率和综合竞争力,适用于建材、煤炭、钢材、水泥等大宗贸易行业的中大型企业。

基于区块链技术的大宗商品贸易平台,以网络为基础、平台为中枢、数据为要素、安全为保障,通盘考虑供应商端的人、机、料、环、法、测等因子[1],根据订单优先级、成本优势,结合供应商产能利用率等,给供应商的智能设备搭载了神经网络,输出最优排产,实现生产流程与物料储备计划的可控可管,使整体的生产运营更加精益。此外,平台还可以基于客户的需求,智能模拟态势,快速实现决策辅助,运用其中枢作用,数据驱动智能决策,全局调控客户排产详情。

在传统运行方式下,产业链上下游信息相对屏蔽,供应链之间生产计划与排程(master planning and scheduling,MPS)信息无法互通,存在众多障碍,运用互联网、大数据等技术,能够打破供应商之间的"信息孤岛",提高数据透明度,开创供应链协同的新模式。上线后,服务平台不仅可以实现工厂内部从生产车间到决策层的纵向互联,也可以实现工厂、供应商、客户、合作伙伴间的上下游企业的横向互联。此外,服务平台还有利于提高供应商的生产运营效率、物料供应能力以及库存周转率,优化产业链的资源整合,推动产业链的智能化转型,以实现生态圈的协同共赢。基于区块链技术的大宗商品贸易服务平台的应用场景见表7-1。

表7-1 基于区块链技术的大宗商品贸易服务平台的应用场景

主 体	核 心 价 值	功 能
贸易商	提高单据流转效率,解决货物所有权不清晰问题	缩短卖家收款周期,提升资金周转率并降低由于价格巨变导致的违约风险; 帮助中间贸易商加快贸易流通速度,快捷完成流程; 大幅度缩短在途融资时间

---

[1] 质量管理中的六要素(人、机、料、环、法、测)。人,指的是管理人员、技术人员和操作人员,负责质量管理活动;机,指的是机器设备;料,指的是组织中的原材料;环,指的是组织中的环境因素;法,指的是组织中的法律法规;测,指的是组织中的测量技术。

续表

主　体	核　心　价　值	功　　　能
船公司	解决无单据货物放行问题	降低无单据货物放行风险； 单据全生命周期管理； 直接对接内部管理系统,节省内部运行成本
港口	关联仓单,确认货物所有权	在离岸货物贸易中,通过仓单关联提单确认货物所有权,增强在岸货物流动性即扩大融资空间
银行	解决单据造假、一批货物多笔融资问题	解决单据造假问题,确保单据真实唯一； 降低一批货物多笔融资风险； 追溯提单源头真实性； 实时监控提单的货物运输信息

资料来源：全球产业链供应链数字经济大会组委会.GISDEC：2022 产业链供应链数字经济创新应用示范案例集[EB/OL].(2023-02-07).https://www.waitang.com/report/457906.html.

7.2　传统服务贸易数字化转型

7.2.1　服务贸易的定义及方式

服务贸易是一国(地区)的法人或自然人在其境内或进入他国(地区)境内向外国(地区)的法人或自然人提供服务的贸易行为。

根据世界贸易组织在 1994 年签署的《服务贸易总协定》,服务贸易的提供方式主要有四种：一是跨境交付,指服务的提供者从某一成员方境内向任何其他成员境内提供服务；二是境外消费,指在某一成员方境内向任何其他成员的服务消费者提供服务；三是商业存在,指某一成员方的服务提供者在任何其他成员境内以商业存在提供服务；四是自然人流动,指某一成员方的服务提供者在任何其他成员境内以自然人的存在提供服务。

其中,服务包括：商业服务,通信服务,建筑及有关工程服务,销售服务,教育服务,环境服务,金融服务,健康与社会服务,与旅游有关的服务,娱乐、文化与体育服务,运输服务等。

7.2.2　传统服务贸易数字化转型的机制与路径

1. 数字化转型颠覆了服务贸易发展模式

数字化转型对传统服务贸易的影响是颠覆性的。数字化转型打破了传统服务产品生产和消费的时空限制,使服务贸易产品生产和消费可以是不同步、不同时、可储存的。同时,数字化转型使服务产品可以远距离贸易。尤其重要的是,数字化转型打破了传统服务贸易相对低效的规律。传统服务贸易的主要问题是劳动生产率较低,而数字化转型能够推动服务贸易实现由低效到高效的转型,重构传统服务贸易的发展模式。

这主要表现在下列各个方面：一是数字化转型能够提升服务贸易决策效率。数字化转型可以使传统服务贸易利用数字技术收集、处理、分析消费者需求信息,提高生产率,进而优化资源配置进行生产和交易,极大提高服务贸易决策效率。二是数字化转型能够优化传统服务贸易业务流程。服务贸易可以利用数字技术整合已有资源,实现智能化服务,减少不必要的流程,降低失误率。三是数字化转型能够提高供给效率。数字技术使得服务产品生产商、中间商和终端更为一体化,促进供给效率的提升,及时满足境内外市场需求。

2. 形成以消费者为中心的服务模式和业态创新

随着消费方式和消费观念的转变,消费者需求发生了明显变化,诉求由传统的物美价廉向差异化、高质量转变。在数字化转型背景下,消费者逐渐向社交、分享、虚拟等体验性诉求转变。在这样的条件下,生产者和消费者的地位发生了较大变化,这就要求生产者具备核心服务能力。服务模式和业态的创新是服务贸易的关键,把握了服务模式和业态的创新趋势,就把握了传统服务贸易的发展方向。

在数字化转型背景下,数字技术将现实市场和虚拟市场紧密联系起来,极大地拓展和延伸了传统服务贸易的成交范围,为传统服务贸易模式和业态的创新提供了更广泛的渠道,使传统服务贸易不断出现模式和业态的创新。维护消费者权益和改善消费者体验是传统服务贸易模式和业态创新的关键。[1] 如果充分利用新一代数字技术,深度挖掘和对接消费者差异化的需求与无形需求,提高消费者需求的供给效率,那么必将有利于提升消费者的体验。

3. 规范传统服务贸易领域的数据使用秩序

数据要素是传统服务贸易数字化转型的关键。我国在消费端的数据要素具有显著的比较优势。一是体现在数量上。数量庞大的消费者群体、智能手机的较高普及率以及互联网用户的较高活跃度,这些都构成了数据资源库的坚实基础。二是体现在消费数据的类别上。我国传统服务贸易体量大、类别齐全,与数据产业相关的网络直播、短视频等新业态的创新不断涌现,为数据产业提供了丰富的种类。对于这些优势,如果充分利用,那么必将为传统服务贸易的数字化转型创造有利条件。但是,消费端互联网平台较容易形成垄断,隐私泄露等损害消费者权益的现象极容易发生,阻碍了传统服务贸易的数字化转型。因此,有必要加强数据要素市场建设,不断规范数据要素使用的秩序,包括:加强数据保护,推进数据安全立法,完善数据资源产权、交易流通和安全保护的规则,优化数据分级分类保护法律法规。[2]

7.2.3　传统服务贸易数字化发展机遇

1. 企业数字化转型激发服务贸易发展潜力

企业数字化转型,即数字化管理工具与传统业务管理相融合有助于降低跨境服务贸易成本,将对服务贸易产生重要推动力。数字技术广泛渗入生产、流通、消费环节,推动服务供给端数字化创新和需求端数字化消费,大幅提高服务的可贸易性。通过数字指挥调度平台的使用,实现调度可视化,物联监测实时数据助力高效决策,管理人员之间的沟通时间将随之减少,沟通和调度效率成倍提升。

①　李辉,梁丹丹.企业数字化转型的机制、路径与对策[J].贵州社会科学,2020(10):120-125.
②　郭克莎,杨倜龙.制造业与服务业数字化改造的不同机制和路径[J].广东社会科学,2023(1):36-46.

尽管在人员跨境流动受到阻碍的情况下,传统服务贸易受较大冲击,但依托互联网数字手段(如电子沙盘)提供的跨境服务能够得到更大发展,降低对商业存在和自然人移动模式的依赖。一张电子沙盘,涵盖项目施工布置和多种业务数据及要素分布,单击要素时触发联动交互;通过应用参数化建模和进度跟踪,计划及进度统计周期将缩短;按照设置好的漫游路径行走如身临检查现场。

2. 数字交付、数字金融拓宽服务贸易发展前景

以数据为生产要素,数字交付、数字金融为主要核心的数字贸易正在成为全球贸易新形态。如果发展中国家(地区)全部采用数字技术服务,促进旅游、运输、建筑等行业开展数字化改造,支持签发区块链电子提单,其在全球服务贸易中的份额将大幅度增加。

以建筑服务贸易为例,一方面,可以将施工方作为核心客户,通过其与供应商之间在工程建造过程中实时产生的贸易及履约数据,利用核心客户相对高的信用优势和真实交易为依托,搭建并输出建筑产业供应链金融风险控制模型,为其上下游中小型企业提供高效、简洁、便利、低成本的融资服务。另一方面,可以将建设方作为核心客户,打通建设方—施工总包—供应商全链条,通过施工总包与供应商在工程建造过程中实时产生的贸易及履约数据完成供应链金融风控模型验证并放款。基于项目本身的成本、进度、质量、安全、采购等数据可为工程项目进行增信,并穿透至各参与方的主体信用,真正实现数据增值,为客户提供更加全面、优质的服务。

3. 产业数字化、数字产业化为服务供给方式创新创造条件

产业与数字融合加速,服务数字化和外包化、制造服务化进程加快,新业态及新模式不断涌现,为服务贸易加快发展提供强大动力。

产业数字化是以数据为关键要素,以价值释放为核心,以数据赋能为主线,对产业链上下游的全要素数字化升级、转型和再造的过程。数字产业化是指为产业数字化发展提供数字技术、产品、服务、基础设施和解决方案,以及完全依赖于数字技术、数据要素的各类经济活动,即数字经济核心产业。

产业数字化,指利用数字技术后,造成了产出和效率的上升;通常情况下这些产业原本已经存在。产业数字化提高了智慧物流、线上支付、在线教育、线上办展、远程医疗、数字金融与保险、智能体育等领域服务贸易的质量和效率,促进服务贸易与货物融合发展,提升了货物贸易的"嵌入式"服务质量。

数字产业化,通常是数字技术带来的产品和服务,如互联网产业、软件服务业、信息通信业和信息制造业等,普遍是先有数字技术,后出现产业。数字产业化催生新业态及新模式,丰富了跨境服务贸易内涵与外延。

专栏 7-3　　数字化、智能化建筑服务贸易的发展趋势
在建筑服务行业"一高两低"(中间交易成本高,劳动生产率和产品性价比低),实现降本增效的突出问题上,有没有行之有效的解决方案? 　　为探索如何帮助建筑企业突破经营难点、开源节流,一些建筑企业抓住数字化转型风口,将数字化服务应用到建筑行业工作场景,通过数字赋能,为行业合规避险,助力企

业降本增效。

数字交易生态服务体系与建筑智能化

利用云计算、大数据、区块链、可视化、AI、物联网、BIM(建筑信息模型)、互联网金融等关键技术,围绕公共资源交易"服务、交易、监管、决策",基于"产品＋服务＋运营"的理念,构建产业、行业平台,形成公共资源交易大数据创新产品和完整的产业链条,建立企业主体、市场导向的交易数据信息协作体系与行业生态。

以安全管理数字化为切入点,在一个项目试点先行;成功后,推广到所有项目,再逐步应用到劳务、质量、生产、技术等模块,实现项目管理层数字化;利用数字技术,建立起总公司-公司-项目的三级管控平台,将项目、企业的各条线打通,从而实现纵向的价值链整合,完成企业资源的协同优化和配置,实现企业的数字化全面转型。

应用建筑巡检智能硬件替代人工深入危险区域,接受远程自动巡检任务的下达和启动控制;面向房建施工场景全景移动视频 AI 巡检系统。在建筑工地,工作人员佩戴安装有 360°全景相机的安全帽进行巡检或作业,系统后台将接收到全景相机传输回来的视频数据,通过 AI 技术将视频拼接处理完成三维全景图,从而实现对施工全过程的便捷、实时、完整记录。

数字化解决方案,服务客户

建筑全生命周期的系统性数字化解决方案,通过数字化智慧工地平台对施工现场进行全面感知,实现对施工现场的实时监控、安全管理、质量管理、进度管理、劳务管理等,从而使工地技术智能、工作互联、信息共享,实现作业升级,达到"绿色工地、智慧工地、文明工地"的目标。

(1) 掌控一线:管理一体化、纵向到底。

(2) 多方协同:数据打通、横向到边。

(3) 业务追溯:全局纵横、决策分析。

(4) 方式:围绕工程项目,以"可视化数字项目集成管理平台"为核心支撑。

(5) 效果:为建造各方提供可视化数字咨询服务,将多方协同和项目监管有机结合。

(6) 结果:达到施工现场实时感知;围绕业务精细管理;智能决策全面掌控。

分别面向建设方和施工企业的精细化管理诉求,以企业成本数据积累与应用的闭环打通为核心,赋能企业数据资产化、作业高效化、决策智能化,助力实现精细化的成本管理目标。

在数字设计方面,新型的数字化设计平台与造价和施工平台相结合,实现设计造价施工的一体化,是完整的设计行业数字化解决方案,能够全方位服务客户,助力设计企业高质量发展,让设计创意无限传承。

新型的数字建设方案是利用数字化技术为企业提供数字地产解决方案,增强工程总承包和全过程工程咨询服务能力,助力企业实现数字化转型目标,具有代表性的建设方智慧工地管理系统围绕建设方工程管理核心场景,打造智慧模块,甲乙联动、AI 赋能,助力房地产企业工程建造精益化管理。

此外,一些建筑企业还通过"扩链补链",培育线下建筑服务贸易园区,通过要素聚集、集采优选、科技研发、低息贷款、税务筹划等功能,吸收上下游供应商和合作伙伴入驻。

线上线下一齐发力,线上入平台,线下入园区,通过科技手段推动建筑行业数字化升级,不断提高建筑企业的行业竞争水平。同时,不断优化营商环境和包装项目(包括且不限于片区开发、建筑产业服务贸易园区、建筑主题楼宇),以资源、政策吸引建筑业头部企业、发展实体产业,形成项目带投资、投资换产值的良性循环。

资料来源:解决方案-广联达科技股份有限公司——数字建筑平台服务商,让每一个工程项目成功[EB/OL].[2023-08-23]. https://www.glodon.com/solution.html.

专栏 7-4 市场采购贸易方式

应引导市场采购经营者利用数字贸易平台加强数字营销,推动市场采购贸易实现由传统线下采购逐步向线上下单、履约、收款、结汇的数字化转型,扩大规模和需求。此外,还应注重本土特色品牌建设,坚持"集群制造、集聚出口"导向,推动"专精特新"产品市场采购贸易,建立"专精特新商品和服务＋市场采购"供应链。

市场采购贸易方式,能够为国际采购商提供便利条件,使其在中国境内专业市场采购小商品的过程中,享有简化办理出口手续的待遇。2014 至 2022 年,全国共设立了 31 个试点,市场商户、采购商、外贸公司这些主体,备案数量已经超过 26 万家,为推动市场采购贸易的健康发展作出积极贡献。2021 年,市场采购贸易方式出口达 9 304 亿元人民币,2022 年前 8 个月这种方式出口 5 813 亿元人民币。

市场采购贸易需要条件成熟的市场集聚区作为试点区域。大规模坐商式市场,即通常所称的"专业市场",以现货批发为主、在特定场所集中交易某一类商品或若干类具有较强互补性、替代性商品,成为试点的重要平台。

与一般贸易相比,市场采购贸易有三个特点。

第一,海关监管更便利。市场采购贸易设立单独的监管代码(1039),对这个项下申报出口实行简化申报。

第二,税收征管更简单。对用市场采购贸易方式出口的货物免征增值税,不需要增值税发票正规报关出口,也不办理出口退税。

第三,跨境结汇方式更灵活。允许多主体收汇,从事市场采购贸易方式的境内和境外个人,包括市场商户、采购商、委托代理公司,在符合条件的情况下,可以通过个人外汇账户办理结算。市场采购贸易方式比较适合小规模、多品种的小商品整柜-拼箱出口,即使是不具备国际贸易能力的中小微商户也可以在不深度参与实质性外贸环节的情况下采用。

资料来源:

1. 国务院政策例行吹风会:支持外贸稳定发展有关情况[EB/OL].(2022-09-27). http://www.china.com.cn/zhibo/content_78435469.htm.

2. 解读! 市场采购贸易方式政策解读[EB/OL].(2021-08-24). https://www.dg.gov.cn/dgsmch/gkmlpt/content/3/3593/mpost_3593301.html? ivk_sa＝1024320u♯3594.

7.3　服务外包数字化和高端化

7.3.1　服务外包的定义及内涵和外延的变化

1. 定义和业务内涵

服务外包是指企业将价值链中原本由自身提供的具有共性的、基础性的、非核心的IT业务和基于IT的业务流程剥离出来以后,外包给企业外部专业服务提供商来完成的经济活动。因此,服务外包应该是基于信息网络技术的,其服务性工作(包括业务和业务流程)通过计算机操作完成,并采用现代通信手段进行交付,使企业通过重组价值链、优化资源配置降低成本,并增强了企业核心竞争力。

业务内容包括信息技术外包(ITO)、业务流程外包(BPO)和知识流程外包(KPO)。其中,信息技术外包指软件开发服务、网站建设服务、商业尽职调查、异地市场研讨、供求配对平台、网络资讯服务等,信息技术外包的类别包括信息技术研发服务、信息技术运营和维护服务、新一代信息技术开发应用服务;业务流程外包指注册管理服务、电话代接、电话代转、办公室租赁服务、异地商务秘书、会计报税代理等,业务流程外包的类别包括内部管理服务、业务运营服务、维修维护服务;知识流程外包指专业策划服务、知识产权服务、专业培训服务、政策法规调研、企业文化建设、人力资源规划等,知识流程外包的类别包括商务服务、设计服务、研发服务。[①]

根据服务外包动机,将服务外包分为策略性外包、战略性外包和改造性外包;根据服务外包形式,将服务外包分为产品或组件外包和服务项目外包;根据服务外包转包层数,将服务外包分为单级外包和多级外包;根据服务外包承包商数量,将服务外包分为一对一外包和一对多外包。

2. 数字化转型下服务外包内涵和外延的变化

中国商务部服务外包调查制度的统计范围包括离岸服务外包、在岸服务外包、境外服务外包。我国企业为境外企业提供外包服务视为离岸服务外包;我国企业为境内企业提供外包服务视为在岸服务外包;我国企业的境外分支机构(拥有 50% 以上的股权)为境外企业提供外包服务且未向我国境内企业转包的,视为境外服务外包。

合同服务模式包括三种,分别是:委托模式,指传统契约合作购买服务模式;授权,指依托云计算技术提供的租用服务模式,"即服务"模式;战略合作,指长期的、框架性的合作模式,接发包双方共担风险、共享利益。

在数字化转型的推动下,服务外包的内涵和外延发生了较大变化,服务交付方式更加多样,供需双方的合作更加紧密,面向最终客户共担风险、共享利益,服务外包的价值实现能力进一步提升。服务外包的商业模式逐渐走向风险分担、利益共享,服务提供商与需求方共同面向最终用户。外包涉及的服务由中间服务向最终服务环节延伸。为推动传统产业的数字化转型,服务提供商需密切关注行业需求,由传统信息技术向数字技术转变,通

---

①　商务部.服务外包统计调查制度[EB/OL].[2022-03-31].http://images.mofcom.gov.cn/fms/202204/20220428083158336.pdf.

过云交付服务替代一次性购买信息基础设施,将服务融入需求方内部,逐渐成为需求方团队的一部分。企业对外部资源的整合不再局限于节约成本,也不仅是非核心业务和一次性的契约合作,而转向为推动数字化转型。[①]

为体现上述变化,商务部 2022 年修订的《服务外包统计调查制度》定义表述为:服务外包是服务提供商根据企业、政府、社团等组织委托、授权或双方合作,完成组织内部服务活动或服务流程,共同创造价值、提升价值的一种生产性经济活动。

修订主要体现在两个方面:一是取消专业服务提供商的限定,反映服务提供商不断多元的发展现状;二是充分考虑服务外包合作模式的变化,取消"以契约方式定制"的限定。

7.3.2　众包

1. 众包的定义和商业模式

众包,通常指企业利用互联网将工作分配出去、发现创意或解决技术问题,也可以表示一个公司或机构把过去由员工执行的工作任务,以自由自愿的形式外包给非特定的(而且通常是大型的)大众志愿者的做法。[②]

从外包视角看,众包是企业为合理组织资源而进行的多维度外包[③];从"交互式价值创造"(interactive value creation)视角看,众包可以区分为两种方式:大规模定制和开放式创新;从组织结构视角看,众包是介于市场和企业之间的第三种组织,是与网络对应的组织形式,其特征是利用网络突破资本专用性,实现资源共享和配置,同时强调网络节点的能动性和创造性,实现平台和节点的有效互联。

一方面,"众包"商业模式是指一个公司或机构把过去由员工或者承包商完成工作任务,以自由自愿的形式外包给非特定的而且通常是大型的大众或社区,扩大资源范围,统筹运行内外各要素,形成高效率的具有独特核心竞争力的运行系统。另一方面,众包是公司或者机构的一种整体的运作方案,发包者是公司或者机构,发包的任务是公司或者机构生存和发展必须去做的部分,若大众参与的任务与企业运作无关,例如第三方平台本身没有众包行为,仅仅是众包行为的市场组织者,仍不属于此处探讨的众包商业模式。

2. 众包的基本特征及优势

众包作为一种分布式的问题解决机制,采用公开的方式召集大众,众包任务通常是计算机难以单独处理的问题。大众通过协作或者独立的方式完成任务。

总的来说,众包是一种开放的面向互联网大众的分布式问题解决机制,它通过整合计算机和互联网上具有相应技能的群众来完成计算机难以单独完成的任务。通过网络控制,这些组织可以利用志愿员工的创意和能力——这些志愿员工具备完成任务的技能,愿意利用业余时间工作,满足于对其服务收取小额报酬,或者满足于未来获得更多报酬的前景。由于众包平台将可以提供创意的用户聚集在一起,形成一个连接紧密的社区,由用户

---

①　商务部服务贸易和商贸服务业司.中国服务外包统计操作指引(2022 年)[EB/OL].[2023-08-23].http://software-export.gzoutsourcing.cn/upload/article/202210/ee93dca4-4be3-46ee-b0e6-1857b1beec45.pdf.

②　豪.众包:大众力量缘何推动商业未来[M].牛文静,译.北京:中信出版社,2009.

③　姜奇平.《众包》——外包 2.0 版[J].互联网周刊,2009(12):81.

贡献创意、自发向亲友传播,影响力随之向外辐射到一般大众。众包对公益营销的创新式运用,解决了公益营销的核心问题——信任。对于某些类型的行业而言,这提供了一种组织劳动力的全新方式。

3. 众包类型

众包依托互联网技术作为基础架构,相较于传统经济特定分工模式,众包以其独有的模式减少了传统经济中附属的加工费用以及管理费用。众包经济的涉及范围几乎包括任何行业。基于互联网的众包平台作为一个开放的系统,重塑了个人的价值体系,它不再以单纯的专业能力作为衡量标准,每个人不再属于某一固定的封闭系统的知识资产。

根据参与众包的不同形式,众包被分为协作式众包和竞赛式众包。协作式众包主要体现为数据类众包,通过收集数据类型完成调查问卷来获取报酬。竞赛式众包主要表现为技术众包、测试类众包、设计类众包和数据类众包。其方式大多数是以一定的或特定的产品交付为标志,多数人根据发包者需求提供一定的劳动产品,而发包方作为某项零工任务或特定工作任务解决方案的需求方(买方),在众包商业模式架构中,根据所需,向众包活动参与者(接包方)支付特定劳动产品的报酬。[①]

(1) 技术众包。通过让收包者出让自己的技术,完成企业要求并且获利。

(2) 测试类众包。通过发布测试任务,要求收包者寻找漏洞支付报酬。

(3) 设计类众包。通过发布设计任务,遴选优秀设计稿,支付报酬生产商品。

(4) 数据类众包。发布数据要求,获得原始数据,支付报酬给收包者获得利益。

4. 众包工作流程

传统的众包参与主体包括任务请求者(requester)、完成任务的志愿员工(worker)、中心化众包平台(platform)。任务请求者和志愿员工通过中心化的众包平台联系在一起。任务请求者使用众包系统来完成他的需求时,需要以下几个步骤。[②]

(1) 设计任务:任务请求者根据自己的需求,对任务的内容、任务的要求、任务的目标以及完成的方式进行预定义,最后结合市场价格以及任务难度设定合适的激励机制。一个清晰并且激励合理的任务往往更容易得到高质量的结果。

(2) 发布任务:将设计好的任务发布到众包平台上,等待志愿员工提交答案。

(3) 任务结果质量评估:任务请求者审核评估志愿员工提交的答案,选择接受与否。

(4) 整合答案:整合所有志愿员工提交的答案,得出任务的最终结果。

而对于志愿员工来说,使用众包所包含的步骤如下。

(1) 选择任务:志愿员工从众包平台上浏览、查看与自己专业技能相契合以及感兴趣的任务。

(2) 接受任务:志愿员工选择合适的任务并接受任务。

(3) 执行任务:志愿员工按照任务描述执行任务。

(4) 提交答案:志愿员工将自己得出的任务答案提交到众包平台。可以看出,无论是对任务请求者还是志愿员工而言,他们的直接交互对象都是众包平台,众包平台在整个

---

① 邱伟力,翁怡,吴向红.企业众包模式探讨[J].合作经济与科技,2019(9):20-23.

② 李玉,段宏岳,殷昱煜,等.基于区块链的去中心化众包技术综述[J].计算机科学,2021,48(11):12-27.

流程中扮演了一个可信的第三方角色。按照时间顺序,众包流程分为三个阶段:任务准备阶段、任务执行阶段、任务答案整合阶段。

专栏 7-5 离岸数据中心

离岸数据中心是指在特定区域内(具备"境内关外特点")利用相应的机房设施,通过专用国际通信信道出入口与互联网络直接进行信息交互,以外包出租的方式为非境内用户(仅仅限于法人)的服务器等互联网或其他网络的相关设备提供放置、代理维护、系统配置等管理服务,以及提供数据库系统或服务器等设备的出租及其存储空间的出租、通信线路和出口带宽的代理租用和其他应用服务。

数据中心的互联是数字生态的钥匙,数据中心的定向互联是支撑数字业务和数字生态系统的基础,是信息技术体系结构在数字优势方面构建动态比较优势,是连接全部人员、位置、云和数据的能力。

离岸数据中心的业务特点主要以下几点:建设在特定区域内;数据源在境外,应用服务对象在境外;上联链路与国际通信信道出入口直接对接,网络连接与境内网络完全隔离;运营主体希望基本实现数据信息来去自由。

根据离岸数据中心定义以及其服务对象、服务内容的差异,离岸数据中心存在多种服务提供模式,包括以下几种。

企业自用数据中心或备份中心,适用于大型跨境生产、制造企业为数据安全考虑,在全球部署数据中心进行安全备份。

企业后台数据处理中心,适用于大型跨境服务企业,利用全球资源进行数据处理,降低运维成本。

企业业务直接提供点,适用于中小型企业,利用在岸数据中心的机房资源直接向全球用户提供服务。

企业外包数据处理中心,适用于服务外包企业,利用在岸数据中心资源处理发包企业数据,并提供给用户。

传统互联网数据中心,适用于传统在岸数据中心服务提供企业,面向用户租用机柜、服务器等资源。

企业云计算服务提供中心,适用于成熟的大型云服务提供商。

资料来源:周倩.我国离岸数据中心业务开放优劣势浅析[J].现代电信科技,2013(5):63-66.

7.4 跨境电商综合试验区

7.4.1 跨境电商综合试验区的政策背景

自 2015 年 3 月国务院发文批复杭州建立中国首个跨境电商综合试验区以来,我国政府在 2016 年、2018 年、2019 年、2020 年和 2022 年先后七批设立 165 个国家级跨境电商综合试验区。

跨境电商综合试验区是一种加强数字贸易顶层设计的政策实践,旨在实现并保障跨境电商便利化和规范化发展。通过建设一批跨境电商综合试验区,建立健全数字贸易治理体系,加快建立数据资源产权、交易流通、跨境传输、安全保护等基础制度和标准规范,不断提升跨境电商制度创新、服务创新和管理方式创新等能力,实现制度体系、贸易体系和产业水平的提升。

2017 年 10 月,商务部等 14 部门正式印发《关于复制推广跨境电子商务综合试验区探索形成的成熟经验做法的函》,将第一、二批设立的 13 个跨境电商综合试验区形成的成熟做法向全国复制推广(表 7-2)。①

表 7-2　各个跨境电商综合试验区探索形成的成熟经验做法

序号	经　　验	主　要　做　法
1	建设线上综合服务平台,打造信息枢纽	跨境电商的线上综合服务平台是监管和服务创新的集中体现,通过对监管部门和各类市场主体集成在线通关、物流、退免税、支付、融资、风险控制等多种功能,实现"一点接入、一站式服务、一平台汇总"
2	建设线下产业园区,实现协调发展	线下园区建设为跨境电商发展提供了产业基础,园区提供跨境电商的全产业链服务,汇聚制造生产、电商平台、仓储物流、金融信保、风险控制服务等跨境电商各类企业,实现生产要素和产业集聚,促进跨境电商与制造业融合发展,推动传统产业提质增效、创新升级
3	发展海外仓,推动 B2B 出口	便捷、高效的物流服务是跨境电商产业链的重要组成部分。通过地方财政配套中央外贸发展资金支持海外仓建设,鼓励企业自建或租用海外仓,加强售后服务、现场展示等功能,拓展境外营销渠道
4	创新金融支持模式,提升金融服务水平	金融服务创新能有效降低企业运营成本,各综合试验区开发融资、保险等金融产品,提升中小跨境电商企业交易能力
5	简化通关手续,提升通关便利化水平	关、检、税、汇等便利化措施是监管部门制度创新、管理创新和服务创新的集中体现。通过简化通关手续、创新检验检疫监管,提升出口退税效率、便利外汇交易结算,可以极大地降低成本,为跨境电商的发展营造了良好的环境
6	创新检验检疫监管模式	
7	提升出口退税效率	
8	便利外汇交易结算	
9	建立统计监测体系	统计检测体系是跨境电商发展的重要保障,建立健全跨境电商统计监测体系,在三单标准、B2B 认定等方面先行先试,依托数据建设综合数据处理中心
10	鼓励商业模式创新	商业模式创新是跨境电商发展的重要动力。各综合试验区坚持"发展中规范、规范中发展"原则,允许跨境电商在商业模式上大胆创新
11	打造跨境电商品牌,促进提质增效	品牌培育是提升外贸竞争力的重要手段,跨境电商通过智能推送、信息宣传等多种技术手段和商业模式,支持培育自主品牌,扩大优质产品出口,助力"中国制造"向"中国智造"转变

① 韦大宇,张建民.中国跨境电商综合试验区建设成果与展望[J].国际贸易,2019(7):18-24.

续表

序号	经　　验	主　要　做　法
12	加大人才培育力度,完善跨境电商生态圈	人才培育是跨境电商生态圈建设的重要支撑。各综合试验区加强政、校、企合作,跨境电商人才培养力度加大

资料来源:14 部门联合发函推广跨境电商综试区探索形成的 12 方面成熟经验和做法[EB/OL]. (2017-12-01) [2023-08-23]. http://swt.sc.gov.cn/sccom/bwxx/2017/12/1/495ee8ef82034576a1196828dd905d01.shtml.

国务院各部门也出台一系列相关政策,在跨境电商进出口税收、海关通关监管、商品检验检疫、收付汇等方面营造有利发展环境,培育数字贸易新业态、新模式,积极支持数字产品贸易,持续优化数字服务贸易,稳步推进数字技术贸易,积极探索数据贸易;帮助中、小、微型企业拓展国际市场,参与国际贸易,培育数字贸易龙头企业,推动传统外贸和制造业向数字化转型发展;加快贸易全链条数字化赋能,提升贸易数字化水平。各级地方政府在建设跨境电商综合试验区过程中,对于以数据为关键生产要素、数字服务为核心、数字订购与交付为主要特征的数字贸易,会在产业合作、资金补贴、所得税收减免、物流仓储补贴、优惠贷款、办公用房优惠、人才引进政策上进一步加大政策支持力度。

7.4.2　跨境电商综合试验区的集聚效应

跨境电商综合试验区的集聚效应(combined effect),是指与跨境电商有关的各种产业和商业活动在空间上集中产生的商业效果以及吸引商业活动向综合试验区靠近的向心力。"线上综合服务平台信息系统＋物流通关渠道＋金融增值服务"产生的综合竞争力是导致跨境电商综合试验区形成和不断扩大的基本因素。

跨境电商综合试验区的规模集聚效应可以为集聚区的企业带来以下利益。

1. 由于规模经济与范围经济效应带来的外贸供应链低成本优势

企业在跨境电商综合试验区内相互临近,或者同时处于外贸供应链的某一个环节而分工不同,从而降低了成本,如交易费用、库存费用、运销费用;部分电商企业以互联网＋供应链生态系统的商业模式为全球跨境电商企业提供综合服务,推出出口服务平台,帮助传统企业数字化转型,为广大制造企业、贸易企业提供一站式综合物流服务,从而降低了信息成本和销售成本。集聚效应形成的成本优势是客观存在的,如何识别、确定和发挥这些成本优势取决于企业的认识程度。作为客观存在的成本优势,在发挥其效率上,企业应与竞争对手相比较。

2. 知识外溢效应

知识外溢效应是产业协同集聚的主要正效应。跨境电商综合试验区有着显著的知识外溢效应,这是因为跨境电商综合试验区的产业集聚使数字产品服务业得到发展,数字产品服务业逐渐集聚起来,向外输出人力资本与知识资本,这又促进了数字贸易的发展。科技服务业与数字产业协同集聚存在知识外溢,数字要素驱动产业和数字化效率提升,从而使产业间更容易产生知识外溢。对跨境电商产业链和生态链的上下游产业而言,知识外溢普遍存在。知识溢出提高数字产品制造企业创新能力,提升企业员工能力,数字技术应用产业协同集聚对劳动力共享有正向促进作用,对科技创新和数字资源利用效率也有显著的正向促进作用。

3. 促进分工与协作

从产业集群视角看,市场与分工相互影响产生的内生的竞争优势具有更为普遍的意义,竞争的结果将主要取决于资源使用的效率。在跨境电商综合试验区内集聚,能够更好地发现各个企业的动态比较优势,从而形成纵向与横向的协作,促进规模经济发展和数字化转型,从而提高数字要素资源的利用效率。

4. 享有综合试验区的品牌优势

由于跨境电商综合试验区在特定方面或特定品牌表现得相对突出,从而能够提高整体的知名度和企业形象,商品和服务需求者会由此主动向该综合试验区的企业购买商品,同时综合试验区集聚的诸多便利条件,也会吸引资本流入。跨境电商企业集聚具有明显的"线上集成＋跨境贸易＋综合服务"特征。集聚区集聚效应的发挥依赖于企业间的网络的健全及其密度。

7.4.3 跨境电商综合试验区的主要类型[①]

1. "多式联运"驱动型

国际多式联运是采用两种或两种以上不同运输方式进行联运的运输组织形式。这里涉及的至少两种运输方式可以是海陆、陆空、海空等。国际贸易意义上的多式联运,不仅要包括这样的前提,而且要包含"多式联运提单",即"多式联运"合同。

"多式联运"驱动型的主要特征是:以多式联运综合物流为基础,完善铁路物流基地布局,优化管理模式,加强与综合货运枢纽衔接,推动铁路场站向重点港口、枢纽机场、产业集聚区、大宗物资主产区延伸;以互联网信息技术为支撑构建物流多式联运数据交易平台,完成通关、交易、支付、物流、退税和结汇等业务;推进多式联运"一单制",应用集装箱多式联运运单,推动各类单证电子化;与关联方实现数据互联互通、智慧物流,为用户提供便利化的多式联运的解决方案。

这种类型的主要优势在于:有序推进专业性货运枢纽机场建设,强化枢纽机场货物转运、保税监管、邮政快递、冷链物流等综合服务功能;借助信息技术的多式联运使各种运输工具高效衔接与整合,大幅度提升效率,摆脱跨境电商的物流困境;发展与重点枢纽机场联通配套的轨道交通;依托国家物流枢纽、综合货运枢纽布局建设国际寄递枢纽和邮政快递集散分拨中心。

2. "工业互联网＋大数据应用"驱动型

"工业互联网＋大数据应用"驱动型的主要特征是,以大数据为驱动,重塑制造业竞争优势。依靠数字化、网络化、智能化形成的巨大的云空间、网络平台,使之与制造业进行融合、嫁接、创新,最终改变制造业、提升制造业、创新制造业。

在工业数字化转型方面,通过推动工业互联网、大数据、人工智能和实体经济深度融合,扩大企业上云数量,打造工业互联网应用场景;在利用互联网企业催生大数据产业方面,通过大数据的分析处理技术挖掘潜在客户以及具有消费需求潜力的行业;利用大数据更精准的监管、预警与服务,推动跨境电商产业的持续健康发展,继而带动产业的外贸

---

① 王坤,吴崑.基于扎根理论的跨境电商综合试验区发展模式研究[J].电子商务,2020(9):25-28,30.

发展。

这种类型的主要优势在于：通过运用互联网、移动互联网、工业以太网、物联网、云计算和大数据等先进技术，建立起集个性化、数字化和智能化于一体的生产销售模式。

3."自贸区＋保税区＋综试区"政策叠加驱动型

"自贸区＋保税区＋综试区"政策叠加驱动型的主要特征是：利用自由贸易试验区准许外国商品豁免关税自由进出，实质上是发挥自由港政策的关税隔离区的优势；发挥保税区具有的进出口加工、国际贸易、保税仓储商品展示等功能，享有"免证、免税、保税"政策优势；结合跨境电商综合试验区在跨境电商交易、支付、物流、通关、退税、结汇等环节的技术标准、业务流程、监管模式和信息化建设等方面先行先试，打造跨境电商完整的产业链和生态链，从而达到三区联动。

这种类型的主要优势在于：政策环境的特征既有动态性、多样性，又有交叉性，同时与其他地区相比具有先行先试的优势。这种类型的难点在于对相关政策的理解与运用。

关键术语

应用场景 大宗商品贸易 服务贸易 服务外包 众包 跨境电商综合试验区

本章小结

由于数字科技仍在不断进步，数字贸易的应用场景和业态还在不断演进。本章介绍了大宗商品贸易数字化、传统服务贸易数字化转型、服务外包数字化高端化和跨境电商综合试验区等数字贸易的典型应用场景。加快构建与产业发展、经济建设和市场需求等高度契合的多元化应用场景，有利于促进数字科技推广应用，培育新动能，塑造新优势，推进贸易高质量发展。

思考与讨论

1. 数字贸易平台在构筑大宗商品信用系统方面有什么作用？
2. 简述传统服务贸易数字化的发展机遇。
3. 众包的商业模式是什么？
4. 跨境电商综合试验区主要有哪些类型？

即测即练

案例 7-1　A 公司"云运维外包服务"商品介绍

第 8 章

数字贸易服务平台

◇◇ **学习目标**
  ◎ 熟悉数字贸易主流服务平台
  ◎ 掌握跨境电商独立站运营与推广
  ◎ 了解数字贸易公共服务平台
◇◇ **学习重点、难点**
  学习重点
  ◎ 数字贸易主流服务平台
  学习难点
  ◎ 跨境电商独立站建设与运营的策略

8.1　数字贸易主流服务平台

8.1.1　以社交服务为主要内容的数字服务平台

1. 社会性网络服务

社会性网络服务,专指旨在帮助人们建立社会性网络的互联网应用服务。在社会性网络里,用户、广告主、平台提供者共同组成广告生态圈。社会性网络广告效应的发挥,主要依赖于平台用户成员的忠诚度和网络化的人际传播,以及创造的有效到达率。社会性网络具有的新兴媒体价值,为广告这种盈利模式提供了价值基础。

社会性网络服务的另一种常用解释是"社交网站"或"社交网"。社会性网络营销,通过即时传播,提高企业产品和服务的影响力与知名度,具体表现在社交网站上通过广告、口碑传播等进行产品推销、品牌推广等活动,有时候也可以指利用社交网络建立产品和品牌的群组、举行商业推广,利用社会性网络分享的特点进行病毒营销、口碑营销等活动,即利用公众的积极性和人际网络,让营销信息扩散,营销信息被快速复制,并在短时间内向更多的受众传播。这是一种随着网络社区化而兴起的营销方式,已经成为备受广大用户欢迎的一种网络交际模式。

2. 社交网络服务的商业模式

(1) 广告收入模式,通过互联网广告获取收益。通过用户的登录习惯、发言内容、发言频率,加上海量数据的挖掘,决定对哪些用户投放广告。

(2) 向用户收费的模式,直接向用户收取利用网站的服务费。交付的产品包括视频、音频、图文、直播、活动、社群、问答、商城等内容付费形式。从互联网内容产业的内容展现方式看,其可以区分为文图(如网络文学、资讯、漫画)、影音(如网络游戏、长短视频、直播等)、音频(如音乐、有声平台),多样的产品体验,催生多种向用户收费的方式。

(3)游戏模式,研发游戏的设计厂商在社交网站构筑平台,内置购买机制,除了为本企业搭建收益渠道外,也提供社交网站盈利的途径。通常情况下,游戏运营是在游戏的生命周期里,将一款游戏推上线,有计划地实施产品运作策略和营销手段,促使玩家了解游戏、入驻游戏,并最终付费的过程,以达到获取商业收益的目的。

8.1.2　以搜索引擎为服务内容的数字服务平台

1. 搜索引擎服务

搜索引擎服务,指为推销商品或提供服务,整合各种与搜索引擎相关的项目,为实现在搜索引擎上的特定展示效果,有目的、有计划、连续地围绕搜索引擎,开展专业化、系统化并能够给客户带来更多核心价值服务的商业活动。

搜索引擎优化,指利用搜索引擎的规则,提高网站在有关搜索引擎内的自然排名,也可以指以搜索引擎为平台,通过分析搜索引擎的排名规律,以搜索引擎中的展示位置为目标,利用搜索引擎的算法,将自己公司或产品的排名前移,或者使用相关的技术手段将关键词推至搜索引擎中的目标位置,吸引更多的用户访问网站。其目的是获得品牌收益,从而占据行业内的领先地位。

搜索引擎传播的基本形式可以分为分类目录的搜索引擎和网络蜘蛛型搜索引擎。前者主要指在分类目录合适的类别中进行网站的登录,后者包括关键词推广、固定排名、竞价排名、基于内容定位的广告等不同方式。

从品牌渗透看,以搜索引擎为平台,以搜索引擎用户的浏览习惯为依据,在满足用户基本需求的前提下,利用媒体公共关系的核心信息梳理方式,将关键词与信息热点组合,搜索引擎广告的相关性较高,在传播针对性方面,更能够达到吸引搜索引擎用户眼球以及点击搜索结果后所展现内容的信息传达、口碑建立的双重目的。

2. 智能搜索服务

智能搜索引擎是结合了人工智能技术的新一代搜索引擎。它可以通过自然语言与用户进行交互,实现交互性搜索,除了提供传统的快速检索、相关度排序等功能外,还能以逻辑判断实现对搜索主题的快速分析,根据用户的查询内容,展开多组相关的主题,帮助用户快速获得结果,提供用户角色登记、用户兴趣自动识别、内容的语义理解、智能信息化过滤和推送等功能。

智能搜索引擎设计追求的目标是:观察用户的行为,根据用户的请求,同时通过用户对返回信息的评价,调整自己的行为,进而从可以获得的网络资源中检索出对用户最有价值的信息。

智能搜索引擎具有信息服务的智能化、人性化特征,搜索器可以针对特定站点或者遍历互联网自动完成在线信息的索引,选择最佳时机获取从互联网上自动收集、整理的信息,为用户提供更方便、更确切的搜索服务。搜索引擎的国内代表有百度、搜狗、搜索等;国外代表有谷歌、维基等。

智能搜索代理技术是智能搜索引擎的核心部件,从设备特点看,它根据预定的策略和用户的查询需求主动地完成信息检索、筛选和管理,用户只要一次性输入搜索关键词就可以通过单击迅速切换到不同的分类或者引擎,免去了被动搜索的困扰,减少了手工输入网址打开搜索引擎,选择分类,再输入关键词搜索的环节。一方面,智能搜索代理为收集到的信息建立索引,并将查询结果反馈给用户;另一方面,根据搜索环境的变化,对用户的查询计划、意图进行推理和预测,为用户提供有效的结果。

智能全搜索能一站式搜索网页、音乐、游戏、图片、电影、购物等互联网上所能查询到的所有多媒体信息。多媒体信息检索是一种基于内容特征的检索,是对媒体对象的内容及语义环境进行的检索。它与普通搜索引擎所不同的是:直接对图像、视频、音频内容进行分析,利用这些内容特征建立索引,从而满足用户多层次的需求。

8.1.3 以移动应用商店为主要服务对象的数字服务平台

1. 移动应用商店的概念

移动互联网应用具有以用户为中心、海量化、长尾化、个性化等特点,终端预置等传统的应用提供渠道已经不适应移动互联网应用的发展。因此移动应用商店的经营方式随之形成。

移动应用商店是以移动互联网为依托,将移动智能终端应用产品及服务集中在一个相对开放的电子商务交易平台上,从而为用户提供最为便捷的移动终端应用程序及服务的获取渠道,让用户以更低的成本得到更人性化、个性化的服务。

在移动应用商店的商业方式下,应用商店运营者将取得面向用户的关键界面,操控应用的营销渠道,并能够在此基础上提高在产业链中的地位。这是行业企业推动应用商店发展的主要动因。同时,通过运营移动应用商店,运营者能够扩大收益,还能够提高原有商品的增加值,并利用各类应用加强用户黏性。

2. 角色构成

1) 运营商

在产业链、供应链中,运营商位居主导地位。作为移动应用商店的负责方和管理方,运营商在开发者和用户之间发挥着中介作用。运营商不但提供软件开发平台和技术服务支持,还需要审核、发布、管理应用软件的内容,并给予相应的版权保护;同时,要向需求方提供浏览、搜索、下载应用程序的渠道。

实践中,起主导作用的移动应用商店主要包括操作系统开发商、电信运营商、移动终端厂商、第三方互联网企业。

2) 开发者

软件投放市场的前提是新软件的开发,因此开发者在产业链、供应链中的地位较为关键。从类别看,一类是以个体为主的开发者,另一类是团队开发者。就定价权而言,通常由开发者所有。投放市场后,应用收入和广告收入的分成普遍在应用商店与开发者之间按比例分配。因此,除了网络用户数量以外,针对开发者的利益诉求、合作关键点,设计传播策略,对加强与开发者的合作至关重要。

3）终端用户

终端用户，通常指拥有一个用户账号，并以用户名识别的服务商品使用者。从收入来源的对象看，终端用户既是产业链、供应链的终点和目标，也是应用软件的最终使用方。从应用途径看，终端用户主要通过平台搜索、浏览、免费或付费下载等方式登录移动应用商店。

专栏 8-1　App 商务

移动智能终端应用软件

移动智能终端应用软件，通常指智能手机的第三方应用程序。随着工业互联网和商业互联网的发展，App 作为一种盈利模式被更多的互联网公司重视，电子商务平台一方面可以通过 App 平台积聚各种不同类型的网络受众，另一方面可以获取定向流量和大众流量。

App 商务，涵盖移动互联网软件、内容和服务市场。根据市场上应用商店分类情况，App 可以划分为游戏、影音播放、生活服务、资讯阅读、日常工具、网络支付、互联网金融、电子商务、社交通信、系统工具、拍照摄影、主题壁纸、办公学习、运动与健康、网络支付、智慧物流、外文等领域。

移动电商成为 App 商务最大的增长动力。移动应用软件的应用内容，通常为企业基于移动互联网或以移动互联网为核心基础，以营销推广或形象展示为目的，提供相关产品和服务，包括二维码、移动定位服务、短信息互动服务、移动虚拟空间租赁服务、推广服务等。

2021 年我国国内市场上监测到的 App 数量为 252 万款。其中，本土第三方应用商店 App 数量为 117 万款，苹果商店（中国区）App 数量为 135 万款。第三方应用商店在架应用分发总量达到 21 072 亿次。其中，下载总量超过 1 400 亿次的分别是游戏类、日常工具类、音乐视频类、社交通信类、生活服务类、新闻阅读类、系统工具类和电子商务类移动应用。

移动智能终端的范围是什么？App 商务的盈利模式有哪些

《移动智能终端应用软件预置和分发管理暂行规定》（工信部信管〔2016〕407 号文件）规定，移动智能终端是指接入公众移动通信网络、具有操作系统、可由用户自行安装和卸载应用软件的移动通信终端产品。根据移动智能终端和预置 App 的监管实践和用户实际使用需求，工信部、国家互联网信息办公室联合出台《工业和信息化部 国家互联网信息办公室关于进一步规范移动智能终端应用软件预置行为的通告》指出，移动智能终端范围，主要包括接入公众移动通信网络的智能手机、平板电脑、可穿戴设备等大众消费类通信终端产品，不含工业终端、车载终端等面向特定行业和用途的数据终端，也不含未接入公众移动通信网络的智能终端产品。

作为移动营销载体，App 是企业手机推广的核心信息传播来源，有利于企业打造品牌和精准营销。通过以量制价以及精准锁定目标客户群体，App 商务活动能够帮助企业实现全球行销策略的目标。

App 商务的盈利模式主要包括授权模式、月租费模式、广告模式、单纯出售模式、收入组合模式、二次运用模式、代为开发模式、平台融合模式、持续推出更新附属功能模式等。

App 商务与企业收益

与传统的广告方式相比较，App 图文并茂的广告表现形式更形象生动；App 广告业不需要按照点击和播放次数支付费用，广告成本更低。有利于加强客户黏性，提高口碑传播度、品牌信誉度。

通过 App 开发新用户，企业能够便捷地收集客户信息反馈，也可以实现即时留言互动；App 商务通过手机向客户传递信息，不会受到时间和空间的限制，消费者可以通过企业 App 应用对企业的产品和服务进行深层次了解。

资料来源：

1. 2021 年互联网和相关服务业运行情况［EB/OL］.（2022-01-27）［2023-08-23］. https://wap. miit. gov. cn/gxsj/tjfx/hlw/art/2022/art_b0299e5b207946f9b7206e752e727e66. html.

2. 《关于进一步规范移动智能终端应用软件预置行为的通告》解读［J］. 财会学习，2022(36)：2-3.

3. app 经济效益［EB/OL］.［2023-08-23］. http://www. wwiki. cn/wiki/195034. htm.

8.2　跨境电商独立站运营与推广

8.2.1　跨境电商独立站的概念

独立站通常是指具有独立域名的网站。具有独立域名的从事跨境电商业务的网站称为跨境电商独立站。[①] 跨境电商卖家是网站的所有者，可以根据需要对网站进行设计与编辑。对于跨境电商企业来说，自建跨境独立站可以让企业不再依赖跨境电商平台，可以根据企业自身特点和现有的网络营销工具推广网站，可以销售境外市场法律允许范围的商品，可以制定商城的规则，不再受到跨境电商平台的限制。独立站对跨境电商企业而言，具有更大的自主性和更广阔的运营空间。

独立站是与第三方跨境电商平台对比而言的。第三方跨境电商平台是指出口企业向境外消费者消费商品开设互联网店铺的平台，拥有的用户基础比较广泛，有利于出口企业更便捷地获取商品订单。第三方跨境电商平台为出口商提供各类商业服务，收取一定比例的佣金。阿里巴巴国际站、亚马逊、eBay、速卖通等都属于典型的跨境电商第三方平台。

8.2.2　独立站运营与推广的意义

1. 摆脱第三方规则的限制

一方面，第三方跨境电商平台的用户群广泛，流量获得相对比较容易，运营的复杂度也比较低，因此在第三方跨境电商平台出口商品具有一定的竞争优势；另一方面，第三方跨境电商平台也会带来不利的影响。

首先，独立站的自主权比较大，能够及时地合法收集相关消费者数据，从而针对目标消费者进行详细的数据分析与客户、市场的再次开发，提高供应商对市场需求的了解。但

[①]　杭州电子商务研究院. 什么是独立站?［EB/OL］.［2023-08-09］. http://dianshang. org/article/5372092478475738. html.

第三方跨境电商平台的限制比较多,大部分平台都对店铺运营限制了相关品类,从而无法进行产品扩张运营。在平台开设店铺面临的规则限制比较严格,一旦违规,遭受的处罚也比较严厉。出口企业的用户和流量主要来自平台,如果遭遇到平台的处罚或限制,那么流量将出现下降,商品出口及企业财务状况也将陷入困境。[①]

其次,在平台开设店铺的成本比较高。企业的经营,财务控制尤为重要。就平台运营而言,在全部流程中,虽然供应商需要的经营费用主体主要体现在平台费、广告运营费等方面,与独立站相比较低,但是因为平台运营给消费者提供的相关保证,资金回笼比较缓慢,而企业流动资金的直接削减,不利于企业的运营。同时,平台都规定有缴纳佣金的比例,在一些平台,随着进驻平台企业数量的上升,各平台取得流量的费用也不断上升,由此推高了出口企业的运营成本。

最后,跨境电商企业在平台销售商品更多的是基于境外消费者对平台的信任,而不是店铺的商业信誉,因此跨境电商企业在利用平台提高客户忠诚度方面面临比较多的障碍。商业信誉主要表现在企业与供应商之间及时结算货款,经营者与消费者之间言而有信、货真价实。而且通过第三方平台取得用户数据,对于跨境电商企业而言,也存在种种制约因素。由此可见,为了规避平台的限制,对于跨境电商企业而言,建设独立站是必要的。

2. 品牌建设

在第三方平台上的商品同质化现象越来越突出的背景下,相对透明的价格导致价格竞争日趋激烈,企业的利润率也随之呈现下降趋势。为了取得竞争优势,品牌建设是必然的,而要进行品牌建设,一个有效路径就是建立独立站。[②]

首先,建立独立站,有助于企业通过这一重要途径进行品牌资产建设、渠道建设、信息化建设、客户拓展、媒介管理、品牌搜索力管理、市场活动管理、口碑管理、品牌虚拟体验管理。宣传语推广是一种信息传播活动,能够在同一时间内向众多的消费者传递信息广告。根据跨境电商企业的特点,独立站还可以在不受第三方平台限制的条件下,对企业的文化、特点和价值观进行展示。

其次,独立站有利于企业不断优化商品,增强竞争力,提高品牌知名度。建立独立站后,企业可以直接与消费者互动并获取消费者的反馈,通过收集消费者行为、掌握消费者的需求偏好,及时地了解消费端的需求,从而帮助品牌改善运作方式。此外,企业通过充分获取客户数据资料,可以了解客户需求信息,并由此制定比较精准的营销策略,开发出更符合目标客户群体的商品,有针对性地优化产品、提升服务、调整商品定价。

最后,独立站有利于扩大客户忠诚。品牌忠诚度是由消费者长期反复地购买使用品牌,并对品牌产生一定的信任、承诺、情感维系,乃至情感依赖而形成。在独立站进行注册并购买商品的客户是认可企业和产品的用户,如果企业不断拓展习惯购买者、满意购买者、忠诚购买者等各类客户群体,企业的品牌将不断形成影响力。通过会员制和其他营销方法,不断提高客户的满意度,有助于提高企业品牌的知名度,塑造企业形象,建立企业美誉度。

① 熊嘉晖.跨境电商企业独立站建设策略研究[J].焦作大学学报,2021(2):84-87.
② 蒋建华.跨境电商独立站建设探讨[J].电子商务,2022(8):145-147.

专栏 8-2　平台与独立站：跨境电商如何选择

利用平台模式和搭建自己的独立站是目前跨境电商企业出境建设品牌的两种主要形式，两种模式各有利弊。

平台模式的益处

第三方平台普遍具有较高的知名度，拥有广泛的认知度和信任度，以及比较充分的站内流量，加盟商家或品牌入驻第三方平台进行销售，可以凭借电商平台拥有大量用户与流量曝光，无须额外推广成本就能增加产品销量。

第三方平台都有其开发的交易流程与规则，可以保护买卖双方的网上交易行为与信息，其安全部门也会实时监控平台安全与漏洞，保证资金交易的安全。

平台模式的弊端

第三方平台卖家众多，卖家需要支付较高的平台费用等，很多卖家只能通过压低价格来获取客户，造成利润缩减。并且第三方平台通常收取高佣金，这也会降低商家利润。

一旦产品过了销售期，高额的仓储费会使商家将商品作为"清盘货"处理。

每个第三方平台都有诸多规则和限制，平台政策的变化将产生较大影响，可能造成额外的物流和仓储成本，甚至可能使卖家遭遇产品下架、账号被封杀等。另外，统一的标准要求，容易导致企业缺乏个性化，难以形成品牌辨识度。

平台利用算法等技术对流量进行分配，并且卖家不能完全掌握用户的行为数据，卖家难以提升复购率。

独立站的益处

能够根据电商企业需求对网站主页、产品的各种性能参数等进行自主设计优化，还可以对客户进行品牌教育，利用内容营销，提升客户黏性，扩大复购率。可以向用户全面展示与品牌相关的所有信息，这更有利于与消费者建立联系和沟通。

可以完全掌握和应用消费者数据，便于深入挖掘数据价值，开展各种营销活动，满足消费者需求，改善客户体验。

独立站不需要支付平台费用、佣金等较多的收费类目，避免规则制约，有利于降低运营成本，提高产品的利润。

独立站的弊端

初始阶段缺乏认知度，因此网站流量会较少，需要依赖长期的网站优化和高成本的付费广告逐渐为网站带来流量。

认知度较低，用户会不信任陌生的新建网站，会排斥提交自己的个人信息，甚至会拒绝付款交易。

通常缺少专门的安全人员对网站的稳定性和安全性进行维护，更容易受到网络安全的威胁和打击。

平台与独立站的选择

跨境电商平台模式的局限性、居民消费不断升级以及建站技术的发展等因素的影响，使独立站成为跨境电商拓展业务的新渠道。独立站有利于外贸企业打造品牌，促进品牌出境。然而，独立站本身具有一定的门槛，也存在一些弊端。企业应该结合自身的发展定位、发展阶段和目标市场等来建设和发展独立站。对于跨境企业来说，平台模式与独立站可以协同运作,发挥两者的优势,相辅相成,促进跨境电商品牌出境。

资料来源:

1. 张周平.跨境电商品牌出海迎来黄金时代[M]//张大卫,苗晋琦,喻新安.中国跨境电商发展报告(2023),北京:社会科学文献出版社,2023:93-105.

2. 丁硕,张永庆.我国跨境电商企业品牌出海模式研究——基于对独立站的分析[J].对外经贸实务,2023(5):59-63.

8.2.3　独立站建设与运营策略

1. 建站方式

目前,独立站建站主要有三类。

第一类是全自主开发,如使用 JAVA、PHP(超文本预处理器)等语言独立开发独立站,这类网站建设需要相关专业人员进行网页建设与代码书写,需要投入的人力、财力成本比较高,但是这类网站对于拥有独立品牌的企业而言,可以根据企业特点个性化撰写编程。

第二类是基于开源软件建设的独立站,如 Zen Cart、CS-Cart、Magento 等,这类网站充分利用了开源的特点,提供了相关代码库的开发,比较容易与第三方的应用系统连接,适合创新类的企业使用。

第三类是基于软件运营服务(software as a services, SaaS)系统建站,如 Shopify、Shopyy、店匠等,这类独立站在实践中应用比较广泛。该类独立站后台操作方便,普及率比较高,同时与部分社交平台的合作比较密切。

2. 数据化管理

在电子商务已进入数据化运营的背景下,数据化运营是电商企业持续发展的保障。数据化运营是指通过数据化的工具、技术和方法,对运营过程中的各个环节进行科学的分析,为数据使用者提供专业、准确的行业数据解决方案,从而达到优化运营效果和效率、降低运营成本、提高效益的目的。

独立站的数据化运营是指依托行业大数据,通过大数据的抓取、分析挖掘、应用,为独立站提供更专业、科学、准确的数据解决方案。

独立站需要进行数据化运营,运用各种数据分析工具,做好竞争对手分析、产品选品、营销工具优化等工作。独立站的数据化运营可以采用两种方式,分别是辅助决策式和数据驱动式,辅助决策式数据化运营和数据驱动式数据化运营是两个层次的数据应用,数据驱动相对于辅助决策的实现难度更高,数据价值更大。

专栏 8-3　独立站出境支付

以支付驱动境外业务成长将是独立站出境企业的新动向。独立站的支付方式主要包括信用卡支付、PayPal 账户支付、银行转账、支付宝支付、货到付款等。其支付流程一般包括以下几个步骤:客户在网站上选择商品和数量,并提交订单;选择支付方式;

进行支付;支付确认;完成订单,并通知商家发货。

除此之外,在完成支付环节后,商户还需要妥善处理消费者交易纠纷、消费者复购等工作。对于商户来说,考察支付服务商的资质等级、一站式的支付能力,选择好优质的支付服务商,保障支付安全,减少欺诈风险,不仅能够帮助品牌优化终端消费者的购物体验,也有利于实现订单转化和业务营收增长。

资料来源:张凡.独立站出海支付需破解三大难题[N].中国贸易报,2023-04-07(3).

3. 品牌化运营

独立站要获得成功,关键要让消费者对企业产品与品牌形成客户忠诚。独立站不仅要让消费者从站点购买商品,还要让消费者认可企业产品与品牌,促进消费者二次和多次购买。跨境电商企业要想运营独立站,一定要构建并宣传推广自己的品牌。

首先,跨境电商企业要重视对品牌理念的提炼。品牌理念是指能够吸引消费者,并且建立品牌忠诚度,进而为客户创造品牌(与市场)优势地位的观念。品牌理念包括企业使命、经营思想、行为准则三个方面,对企业的发展具有导向功能、激励功能、凝聚功能、稳定功能。

其次,独立站主要目的是展示产品、售卖产品,而产生交易的前提是让客户产生信任。独立站建立信任体系能有效提高转化率。独立站的页面设计、页面文案、产品详情等都要充分体现品牌理念,便于消费者登录独立站后对产品与品牌有一定的认知。独立站的结构一定是为引流服务的。在独立站的各个板块设计搜索关键词,能让搜索引擎收录网站,提高独立站的排名,带来自然点击率。布局独立站关键词一般以 3~5 个核心关键词为主,在主页、产品页、企业介绍页等页面植入核心关键词。而除了核心关键词,选择竞争力小的长尾词来辅助核心关键词能加速网站排名提升。

最后,跨境电商企业要善于运用境外各种媒体,推广品牌及产品。从付费推广方式看,有三种方式,包括根据展示计费、根据行动计费和按销售计费。从免费推广方式看,有四种方式:利用网络通信工具、同行扩张、网站优化、注册账号回答问题。从两种方式的利弊看,免费推广能节约成本,获得长期持续的收益,但是周期长并且前期效果基本不明显,管理维护成本和时间成本比较高。付费推广可以在短时间内获取精准客户,节约时间成本;但是付费推广也有弊端,例如,支出比较高,需要具备充足的预算等基本的前提条件;而且只要停止投放,付费广告的后续效果也将消失。

8.3　数字贸易公共服务平台

8.3.1　数字贸易公共服务平台的概念与特点

1. 概念

数字贸易公共服务平台依托区块链、大数据等技术,覆盖从数据采集处理、分析到 AI 智能化应用一站式的解决方案,以货物贸易、服务贸易的数字化新模式和数字技术、数字内容等贸易新业态为主要服务对象,以数据为驱动,将政府监测、公共服务、展示交易、跨境数据管理融为一体。它是一个开放的支持和服务系统,通过这个平台,可以为本地区的工业园区、科研机构、高等院校、科技企业、政府部门以及社会公众提供系统、全面、方便、高效的相关公共服务,从而提高效率,促进当地数字经济发展、营造和谐氛围。

数字贸易公共服务平台是为了区域数字贸易和商务的发展,针对某类用户群体一定时期的公共需求,通过组织整合、集成优化各类资源,提供可共享共用的基础设施、设备和信息资源共享的各类渠道,助力企业营业收入及用户数量同步增长,以期为此类用户群体的公共需求提供统一的辅助解决方案,达到减少重复投入、提高资源效率、加强信息共享的目的。

构建数字贸易公共服务平台,旨在通过高级数据专家和企业增长策略协同,创建自动行为数据采集和AI智能预测推荐模型,促进区域数字贸易产业的快速发展,推动区域内企业提升贸易数字化和智能化管理能力,提升区域内外贸综合服务数字化水平和监管能力,为区域制定全球数字经济和数字贸易规则提供切实支撑。

在产业集中度较高或具有一定产业优势的地区,构建数字贸易公共服务平台有利于为中小企业提供技术开发、试验、推广及产业设计、加工、检测、信息资源、公共设施和公共技术支持系统、公共服务,为公众提供就业、创业、创新等环境。

2. 特点

1) 公益性

数字贸易公共服务平台是为企业、行业商会和协会、相关组织提供高效的信息交流途径,是以公共商务信息服务项目等信息为主要服务内容,以社会公众为服务对象,以促进境内外贸易为主要目的,以服务平台为资源中心,向境内外企业提供全方位的信息产品和信息服务。数字贸易公共服务平台也是一种将整合的各种公益力量和资源更直观和更直接地服务于公益需求对象,以追求公益效率最优化、公益效能最大化、公益损耗最小化为目标的创新公益模式。

公共服务平台是区域数字贸易企业成长和发展的有效支撑,是一个开放、共享的多用户、多功能资源保障与服务系统,具有促进数字经济和科技进步的公益性特征。推进数字贸易公共服务平台建设是政府的一项社会公益性工作。

2) 专业性

平台面向数字经济与贸易等活动相关的各类人员,按照区域、行业的特点来组织资源,支持运营主体市场化运作,并根据资源和数字服务创新等活动的特点来建设服务系统,建立区域数字贸易公共服务平台分级目录,开展数字贸易公共服务平台动态考核和评估,与第三方的专业机构合作,在货源安排、渠道对接、通关物流、贸易融资、跨境结算等贸易领域带来便利,提供软件服务(如商品管理工具、促销软件等)、营销服务(如效果营销、病毒营销、精准营销等)、运营服务(如客服外包、代运营等)、仓储服务(如物流服务、电商仓储等)、支付服务等方面的各类专业性服务。

3) 综合性

数字贸易公共服务平台旨在通过数字化聚合贸易服务资源,形成产业服务方案促成贸易达成;通过数据互联、采集服务,助力企业数字化管理和控制全链条、全网络贸易过程;同时,服务用户实现数据多场景应用,实现贸易高质量发展。

平台整合集成跨行业、跨专业、跨部门的各类与产业活动相关的数据资源;平台服务涵盖了数字经济与贸易资源的共享、科技研发的协同合作、数字产业集群等活动的各个方面。

平台功能分区中,通常包括网上办事区、数字贸易区、商务专区、综合服务区、新闻公告及政策法规区、名品专区、跨境离岸贸易、大数据服务。网上办事区集合海关、外汇、税务、市场监督、公安等一站式外贸综合政务服务。数字贸易区囊括名品、全球商机、国际市场大讲堂等贸易供需平台。

各级政府联动,创新政府和运营主体双向赋能的平台建设运营合作模式,在国际供应链、专业翻译、法律咨询、技术创新、知识产权等领域开展数字贸易公共服务平台梯度培育,有利于推动数字贸易公共服务平台提档升级。

专栏 8-4　深圳跨境贸易大数据平台

2022 年 12 月 18 日,深圳跨境贸易大数据平台上线运行。该平台依托国际贸易"单一窗口",建立海关、税务、外汇等部门的数据共享及交叉验证机制,同时连接进出口企业、机场、港口等跨境贸易重要参与方,报关行、船代、理货等供应链服务提供商,以及银行、保险等金融机构,共同构建跨境贸易联盟区块链网络,面向企业、地方政府、监管单位提供跨境贸易大数据服务,推动形成跨境贸易服务生态系统。

"跨境贸易大数据平台"海运标准品分析功能模块,通过整合海关、码头等多维度数据,展现完整的通关流程,为关员提供全面的通关时效信息,提高通关效率。企业连接平台以后,在数据互联互通的基础上,能够迅速实现海运标准品时效分析、寄售贸易估价、进出口退税评估等一系列线上办理业务场景,从而使海关执法更加高效、企业更加便利。

同时,依托平台的"寄售贸易价格管理模块",将 ERP(企业资源计划)系统与海关对接,能够进一步规范企业业务运行,参与寄售贸易场景应用,享受到海关监管红利,并从申报、通关,到验估、缴税、出证等各个环节提高办理速度,降低通关成本。

资料来源:

1. 深圳市人民政府口岸办公室.深圳海关创新应用"跨境贸易大数据平台"助企业提高通关效率〔EB/OL〕.(2023-05-29).http://ka.sz.gov.cn/gkmlpt/content/10/10616/post_10616187.html#334.

2. 范宏韬.深圳跨境贸易大数据平台发布〔N〕.深圳商报,2022-12-19(A02)。

8.3.2　数字贸易公共服务平台的主要服务范围

1. 服务区域特色产业发展

运用数字化聚合的贸易服务要素资源(如分销、物流、通关、融资、保险、信息化等)及平台的服务优势,与地方产业生态合作输出可实践、可落地的产业互联模式,围绕电子信息、大宗商品保税物流、乡村特色产业全产业链、供应链管理服务等服务赛道,不断提升产业服务能力,着眼于数字乡村发展、数字农业品牌建设等方向,更好地赋能地区农业的数字生态、数字文化、数字科技、数字应用场景的发展,为区域电子信息、新材料、智能装备、生命健康等区域主导产业的境内外合作提供多元数字化服务,让境外品牌商、境内生产企业在区域内开展全球化数字运营更加便利,为构建东、中、西部地区对外开放特色产业集群贡献力量。

2. 助力企业出境

技术驱动的数字服务贸易平台,通过为出境企业提供外贸服务数字化集成和数据价值化应用服务,可以为游戏、电商、文娱、社交、金融等行业客户在安全合规、应用加速、智能本地化和企业服务四大领域提供全球一站式、一致体验的云服务,助力企业出境,实现贸易高质量发展。

全方位的平台资源政策,赋能卖家起步成长,为中小微型企业提供多元化的交易场景、海量买家流量、高效物流、安全快捷收款、推荐选品、精细化店铺运营、流量营销、关检汇税等全链路赋能,帮助制造/贸易商对接全球采购。

通过平台为出境企业集成数据,助力企业数字化管理和控制全产业链、全网贸易过程,使贸易全流程可视化、可控制、可管理、可预测,实现数字决策与管理,把贸易管好;用数字化手段聚合物流、通关、仓储、营销等贸易服务资源,对于出境企业来讲,更容易自主地组织形成贸易运营实施方案,促成贸易达成。

此外,如果企业获取全产业链、全网的贸易数据,监管、融资、保险、外汇结算等会更加便利,通过应用平台,企业更容易创新和实现数字金融、线上结算、货源与渠道的对接以及物流集约化的降本增效,企业服务能力和营销能力也实现了升级,从而助力企业把贸易做大。

8.3.3　外贸服务产品矩阵

标准成熟的数字服务贸易平台,通过供应链管理云平台等系统搭建和数据互联服务,为当地进出口企业的外贸管理和外贸实务服务,实现贸易过程的数字化管控和效能提升,助力在金融、结算、物流、货源、渠道等关键领域带来便利。

外贸数字化服务平台深入外贸领域研究,推动产业互联,依托全球溯源中心,构建数字服务场景,持续产品创新,帮助外贸各主体解决痛点,优化区域营商环境,创造增长机会。

1. 数字服务

1) 贸易数字决策服务

为货主方(品牌商/工厂/经销商/贸易商),以及从事数字产品制造、数字产品服务、数字技术应用、数字要素驱动的企业主体及其相关机构等串联贸易场景,全域数据采集、调配、增值服务,实现外贸全程可视化、可预测、可控制,达成知识产权保护和贸易数字决策管理。

2) 金融风险控制服务

在技术驱动下,为资金方聚合担保、保险、处置、外贸各环节服务商等,构建金融风险控制数字服务新场景,还原贸易真实性,助力实现全周期风险控制数字智能管理。

风险控制的四种基本方法是风险回避、风险转移、损失控制和风险保留。

总会有些事情是不能控制的,风险总是存在的。作为管理者会采取各种措施降低风险事件发生的可能性,或者把可能的损失控制在一定的范围内,以避免在风险事件发生时带来的难以承担的损失。风险控制,就是风险管理者采取各种措施和方法,消灭或降低风险事件发生的各种可能性,或风险控制者减少风险事件发生时造成的损失。

3) 数据资产融资服务

围绕业务数据化、数据资产化、场景智能化,基于"数据大脑"打造开拓市场、挖掘商机的场景解决方案,驱动业务智能。

为货主方匹配资金方,还原贸易真实性,穿透金融标的物,释放贸易数据资产价值,促成数字贸易金融直贷。

4) 跨境结算数字服务

为结算服务方(支付机构/银行)聚合外贸货主和外贸服务商,还原贸易真实性,促成数字对外贸易在线结算。

围绕外贸企业的生命周期、生意周期,用全数字化的方式来打造一站式企业跨境结算数字服务平台。助力数字贸易生态圈的形成,促进外贸高质量的发展,加快数字社会建设。

5) 供应链策划服务

为货主方或服务商提供供应链策划服务方案,通过平台仿真供应链路径,智能策划供应链服务,实现降本增效。通过强大的数据中台,帮助企业打通内外部数据,对数据进行统一处理,打破数据孤岛,实现数据的互联互通,构建企业数字大脑,赋能决策精准智能。

6) 贸易统计监测数字服务

基于国际贸易产业的统计监测需求,对贸易统计专业基层基础工作、基础统计数据质量、综合统计数据质量和抽查查询四个方面实行动态管理;为管理方提供贸易数据采集、贸易节点串联、贸易主体穿透等服务。

健全贸易监测指标体系,加大对市场运行情况的监测力度,及时反映商品消费与经济发展的关系,准确把握贸易发展情况。对市场的总量、结构等存在的主要问题进行剖析,对趋势性、苗头性的问题及时作出预判。

7) 快件追溯数字服务

串联贸易主体和物流主体,采集快件进口节点数据,实现快件进口的全流程追溯可视化,帮助监管场站满足监管创新要求,持续助力提高每天包裹处理量,以及商家在发货、跟单、派送等各环节的体验,使客户享受从自助充单、打单、轨迹查询、售后跟踪到财务结算、数据分析等一站式服务。"客户管家"的"专属客服群"功能,类似客户退件、更换地址等常见需求可以瞬时回应并解决,且用户信息安全也能受到更好的保护。

2. 技术服务

线上综合服务平台可提供针对跨境电商企业的用户注册备案、进出口业务申报、出口退税、监测统计等一站式服务。

系统授权服务,为监管部门、资金方提供系统授权服务,诸如风险控制数字管理系统、辅助管理系统等。

系统研发服务,基于平台模式,为平台入驻企业提供配套系统研发服务,诸如系统对接、系统二次开发等。

系统运维服务,基于平台模式,为平台入驻企业提供系统运维及数据运维服务,以及在软件交付之后对其所做的修改和调整的服务,从而提高信息系统的运行效率,减少执行错误等。其中,监控类服务包括异常报告及时率、异常漏报率;日常维护类服务涉及维护作业计划的及时完成率、故障隐患发现率、异常发现率、故障服务请求及时满足率、业务服务请求及时满足率、问题解决率等;维修保障类服务涉及服务响应及时率、到达现场及时率、故障修复及时率;安全管理服务包括漏洞扫描覆盖率、安全报告呈报及时率、安全漏洞遗漏数量、安全漏洞遗漏率、加固设备覆盖率、安全补丁安装及时率、安全事件次数等;网络接入服务包括平均响应时间、问题解决比率等;内容信息服务包括检索成功率、响应及时率等;综合管理服务包括平均响应时间、问题解决比率等。

服务推荐,服务商提供数字化服务展示推广场景,鼓励企业参与制定供应链的应用共性技术软件和数据协议标准,优化信息发现机制,促使需求方精准对服务方进行适配,在线签约促成服务交易,诸如检测服务、技术工具、咨询服务、物流服务等。

平台服务,数字聚合外贸服务资源,聚焦中国"走出去"企业,串联真实贸易场景,带来贸易便利化。打造"自主产权、自主品牌、独立运营"且布局全球的会展服务平台。

专栏 8-5　广州数字贸易公共服务平台

整合优质公共服务资源,搭建全方位服务平台,为企业开展数字贸易提供全链条公共服务和解决方案,构建数字贸易生态圈,推动数字贸易向高技术、高附加值、高品质和高效益发展。

平台提供的服务包括下列内容。

产业链协作平台建设,产业链及供应链供需对接。

公共服务资源与第三方交易平台对接,支持企业明辨产业方向,精准业务定位。

信息社区平台服务,可提供最新的、多维度的跨境营销服务信息。

整合法律、知识产权、国际规则、境外诉讼保险等服务资源,帮助企业合理规避风险、协调解决争端,维护合法权益。

整合数字贸易行业的人才培养、选拔、战略咨询等多维度的人才资源服务能力。

供应链服务,平台化运营,金融、泛金融、非金融资源聚合,构建多方参与者生态。

资料来源:广州数字贸易公共服务平台联盟[EB/OL].[2023-08-23].http://gzoutsourcing.cn/union.html.

专栏 8-6　离岸贸易数据平台:"离岸通""京贸兴"和"离岸达"

(1) 中国(上海)自由贸易试验区"离岸通"平台。该平台于 2021 年 10 月在上海自贸试验区外高桥保税区上线。平台通过对国际海运数据、港口装卸数据以及境外海关报关数据进行智能分析,支持判断企业离岸贸易行为的真实性,辅助银行解决好单证真实性审核问题,促进企业的离岸转手买卖业务规模进一步扩大。

(2) "京贸兴"平台。该平台于 2022 年 7 月在北京大兴国际机场临空区正式上线运行。平台一站式整合多维度的贸易相关数据,一键生成"贸易真实性核查信息报告",能够提高金融机构对企业离岸贸易的核验能力和跨境业务的办理效率。

（3）"离岸达"平台。该平台于 2022 年 7 月在中国（山东）自由贸易试验区青岛自贸片区上线。该平台以大数据和区块链技术为支撑，创新"监管＋金融＋企业"服务联动与风险管控机制，为离岸贸易真实性核验提供依据。其业务涵盖跨境电商离岸转手业务、海外仓衍生业务、船舶保税燃油供应业务等新场景应用。

资料来源：

1. 王延. 全国首个自贸区"离岸通"平台上线[N]. 浦东时报，2021-10-15(1).
2. 张景华. 新型国际贸易服务平台"京贸兴"上线运行[N]. 光明日报，2022-07-07(10).
3. 离岸达[EB/OL].[2023-08-23]. https://www.qiitcs.com/.

关键术语

数字服务平台　独立站　数字贸易公共服务平台

本章小结

本章介绍了以社交服务为主要内容的数字服务平台，以搜索引擎服务为内容的数字服务平台，以移动应用商店为主要服务对象的数字服务平台；阐述了跨境电商独立站运营与推广的概念、意义、建设和运营策略；讨论了数字贸易公共服务平台的概念与特点，主要服务范围，以及外贸服务产品矩阵。

思考与讨论

1. 数字贸易主流服务平台主要有哪些类型？
2. 独立站运营与推广具有怎样的意义？
3. 数字贸易公共服务平台的主要服务范围有哪些？

即测即练

案例 8-1　虾皮（Shopee）跨境电商平台运营实践操作

案例 8-2　TiKToK 实践操作与营销

案例 8-3　注册美国 Amazon

第 9 章

数字贸易供应链

◇◇ **学习目标**

◎ 熟悉数字化贸易方式下出口的全流程

◎ 熟悉跨境电商平台选择

◎ 熟悉跨境电商直购进口和保税仓进口的流程

◎ 掌握跨境电商仓储报关

◇◇ **学习重点、难点**

学习重点

◎ 数字化贸易方式下出口的全流程

◎ 跨境电商平台选择

◎ 跨境电商直购进口

学习难点

◎ 跨境电商平台选择

9.1 数字化贸易方式下出口的全流程与跨境电商平台选择

9.1.1 跨境电商企业对企业出口的全流程

1. 跨境电商企业对企业出口的概念

跨境电商企业对企业出口,也被称为跨境电商 B2B 出口,是指境内企业通过跨境物流将货物运送至境外企业或海外仓,并通过跨境电商平台完成交易的贸易形式,企业根据海关要求传输相关电子数据。跨境电商企业对企业出口主要包括以下两种模式,企业可根据自身业务类型,选择相应方式向海关申报。

(1)跨境电商企业对企业直接出口,简称"跨境电商 B2B 直接出口",即境内企业通过跨境电商平台与境外企业达成交易后,通过跨境物流将货物直接出口至境外企业。

(2)跨境电子商务出口海外仓,简称"跨境电商出口海外仓",即境内企业先将货物通过跨境物流出口至海外仓,通过跨境电商平台实现交易后从海外仓送达境外购买者。海外仓的建设可以让出口企业将货物批量发送至境外仓库,实现该国或地区本地销售、本地配送。这种新的跨境物流形式有利于解决发展跨境电商的种种痛点,鼓励电商企业"走出去"。客户下单后,出口企业通过海外仓直接本地发货,大大缩短配送时间,也降低了清关障碍;货物批量运输,降低了运输成本;客户收到货物后能轻松实现退换货,也改善了购物体验。

"9710"和"9810"分别对应跨境电商企业对企业直接出口及跨境电商出口海外仓的两种海关监管方式代码。[①]

2. 企业的资质条件

一方面是办理企业注册登记。跨境电商企业、跨境电商平台企业、物流企业等参与跨境电商企业对企业直接出口业务的境内企业,应当依据海关报关单位注册登记有关规定在海关办理注册登记,并在跨境电商企业类型中选取相应的企业类型;已办理注册登记未选取企业类型的,可以在国际贸易"单一窗口"提交注册信息变更申请。

另一方面是办理出口海外仓业务模式备案。海外仓是由物流企业、跨境电商平台或大型跨境电商卖家等专业化主体在境外通过自建或租用,运营的数字化智能化仓储设施。海外仓是跨境电商的重要境外节点,是新型外贸基础设施,是外贸新业态、新模式的重要组成部分。

开展出口海外仓业务的企业,还应在海关办理出口海外仓业务模式备案。首先是企业资质条件,开展出口海外仓业务的境内企业应已在海关办理注册登记,且企业信用等级为一般信用及以上。其次是备案资料要求。

3. 企业申报流程

对于单票金额超过人民币5 000元,或涉证、涉检、涉税的跨境电商企业对企业直接出口货物,企业应通过H2018通关管理系统办理通关手续;对于单票金额在人民币5 000元(含)以内,且不涉及与进口货物有关的商检的通关单、进口许可证等,也不涉及进口关税、进口增值税和进口消费税等的,企业可以通过H2018通关管理系统办理通关手续。H2018系统将综合业务作业系统、现场验估作业系统、新一代"货物申报-拟证出证"证书申请子系统等通关作业过程中的核心功能进行整合迁移,集约、高效办理通关业务。H2018涵盖规则引擎平台交互、关税配额证联网交互、提发货凭证检查、低值快速货物报关单检查,优化两步申报通关作业检查等内容,通过扩充新一代通关管理系统支持业务范围,提升业务类型和业务模式的信息化支持覆盖度等。

H2018通关系统梳理整合海关和原检验检疫接审单职责功能,统一接审单业务操作系统,实现报关和报检业务融合统一作业。系统已优化整合报关单处置、税费及保金保函处置、现场验估作业、证件管理、出口申报前监管、通关状态查询服务、理单归档管理、业务及贸易统计、核批管理9个业务模块、33个子模块、65项功能,可实现报关和报检综合业务后台统一办理,进一步提高通关效率。[②]

企业应通过"国际贸易'单一窗口'标准版"或"互联网+海关"的跨境电商通关服务系统和货物申报系统向海关提交申报数据、传输电子信息。其中,跨境电商企业对企业直接出口有关电子信息报文,沿用跨境服务系统现有的直接面向消费者零售的接入通道模式,新增支持企业对企业直接出口报关单报文导入;货物申报系统支持企业对企业直接出口

① 海关总署公告2020年第75号(关于开展跨境电子商务企业对企业出口监管试点的公告)[EB/OL]. (2020-10-13). http://tianjin.customs.gov.cn/tianjin_customs/zfxxgkzl/2956245/3311655/3311656/3315479/index.html.

② 黄埔海关H2018新一代海关通关管理系统3.0版切换通知[EB/OL]. (2021-06-23). http://www.zgsoft.com.cn/index.php/news/218.html.

报关单按现有模式录入和导入。

4. 企业的通关便利

报关全程信息化。企业通过"单一窗口"或"互联网＋海关"网上传输交易订单、海外仓订仓单等电子信息,且全部以标准报文格式自动导入,报关单和申报清单均采用无纸化,简化企业申报手续。

新增便捷申报通道。对单票金额在人民币 5 000 元(含)以内且不涉及与进口货物有关的商检的通关单、进口许可证等,也不涉及进口关税、进口增值税和进口消费税等的货物,可通过跨境电商的出口统一版系统以申报清单的方式进行通关,相应的申报要素会少于报关单,清单无须汇总报关单,让中小微型出口企业申报更为便捷、通关成本进一步降低。

跨境电商综合试验区简化申报。参照综合试验区所在地海关开展跨境电商零售出口(9610)简化申报的处理方法,在综合试验区所在地海关申报符合条件的跨境电商企业对企业直接出口清单、出口海外仓清单,可申请按照 6 位 HS(协调制度)编码简化申报。跨境电商企业对企业直接出口货物可按照"跨境电商"类型办理转关,通过 H2018 通关管理系统通关的,同样适用全国通关一体化。企业可根据自身实际选择时效更强、组合更优的方式运送货物,同时可享受优先查验的便利。[1]

专栏 9-1　单一窗口

单一窗口,指贸易或运输企业可以通过一个统一的平台,向多个相关政府机构提交货物进出口或转运所需要的单证或电子数据,办理涉及海关、检验检疫、海事、出入境边检、港务等多个监管部门的事务,提高监管效率,降低通关成本。

2005 年,联合国贸易便利化与电子业务中心(UN/CEFACT)发布了 UN/CEFACT建议书 33 号"建立国际贸易单一窗口",向世界各国和各经济体推荐使用贸易单一窗口,并给出建立贸易单一窗口的实施指南。

国际贸易单一窗口是国际通行的贸易便利化措施,是改善跨境贸易营商环境的重要举措,是国际贸易领域的"一网通办"。

资料来源:什么是国际贸易单一窗口?[EB/OL].(2020-01-10)[2023-08-23]. https://www.hnftp. gov. cn/zcfg/rdwd/202001/t20200110_3024134. html.

9.1.2　跨境电商零售出口

1. 行为主体

跨境出口零售企业,是指自建跨境电商平台或利用第三方跨境电商平台开展跨境零售出口业务的企业。

跨境电商的出口代理企业,是指接受出口企业委托,双方依法签订代理出口服务合同(协议),并以本企业名义办理出口申报,且可追溯真实出口企业的企业。

---

① 张莹. 跨境电商 B2B 出口政策深度解读[J]. 中国海关,2020(7):32-33.

跨境电商的外贸综合服务平台企业，是指接受境内外客户委托，双方依法签订综合服务合同（协议），并依托自身综合服务信息系统，代理出口企业办理包括报关、物流、退税、结算、保险、融资等综合服务业务的企业。外贸综合服务企业是涌现出的外贸服务新业态，主要向中小型生产企业提供代办报关报检、物流、退税、结算、信用保险等外贸相关服务。

其他业务经营者，是指为跨境电商企业提供金融、支付、通关、仓储、物流等相关服务的企业。

跨境电商的线上综合服务平台，是指由主管部门指导建设、运营的线上综合服务平台。平台是支撑跨境电商综合试验区建设的"一站式"公益性公共信息服务平台。

2. 洽谈合同

跨境电商零售出口的链条，具体是指企业对境外消费者开展的在线购置商品和服务业务活动。如果企业计划进行跨境商务零售出口业务，需要去当地的海关办理处登记信息，如果还有其他业务，也需要到当地的海关办理注册登记。

跨境出口零售，即商品由境内生产商通过跨境电商平台直接销售给境外消费者，这一新型贸易方式明显减少了对外贸易过程中涉及的贸易主体数量。

从交易流程看，跨境电商企业通过跨境电商交易平台实现零售出口商品交易，根据海关要求传输相关电子数据，并通过跨境电商方式申报出口，将商品送达境外消费者，全过程电子化、网络化代替了传统合同制定形式，极大地简化了传统出口贸易的交易流程。境内卖家通过亚马逊、eBay、兰亭集势等 B2C 电子商务平台上架产品，展示商品细节，境外消费者根据需求自行下单，在线订单即相当于传统外贸合同。从技术角度来看，未来跨境电商零售平台出口发展将更加注重安全、智能化和透明化。

相较于跨境电商企业对企业直接出口模式，跨境电商零售出口模式更加契合中小卖家频次高、批量小、多品种、短周期的业务需求，已经发展成为境内中小卖家连接境外市场的新桥梁。

3. 支付结算和物流运输

跨境出口零售采用跨境支付模式，支付工具主要有 PayPal、Payoneer、Alipay 以及信用卡、借记卡等。境外消费者在跨境电商平台上注册账户并绑定支付账号，下单时直接输入支付账号和密码即可。

就物流运输而言，通过零售出口模式，境内卖家在跨境电商平台收到境外消费者的订单后，会将包裹交给物流公司统一集货、分拣、打包，再通过货运航班运往等境外市场。跨境电商零售出口的运营模式要求物流更快地响应并且具有更强的柔性。跨境出口零售物流主要依靠第三方物流和海外仓模式。

跨境出口零售卖家与 UPS（美国联合包裹运送服务公司）、FedEx（联邦快递）等国际物流企业合作，将商品寄往国际物流公司在境内的仓储物流中心，由其根据货物性质和去向统一订购航空舱位并集中运送到出口目的地，将货物投递给最终消费者；也可直接通过跨境电商平台的自建物流投递货物。

在跨境交易中产生的物流方式，大致可以分为两类：一是头程，二是尾程。"头程"是相对于零售出口企业选择何种方式将商品从出口地运到境外目的地。"尾程"是跨境零售出口企业选择何种目的地本土的快递方式将商品送到境外消费者的手上。就"尾程"的选择来说,自建物流供应链可以说是海外仓模式。在跨境出口电商有条件的基础上,在境外消费者所在地建立自己的海外仓,用于储存商品以及处理商品下架、打包等事宜,等消费者在店铺上下单之后,跨境出口电商可直接同步海外仓,将商品下架、打包,然后选择境外本土的快递派送到消费者手上。

4. 货物通关

跨境电商货物通关流程包括申报、审单及查验、征税、放行四个环节。当跨境出口零售商品通过"一般出口"(9610 出口)模式出口时,海关将采用"清单核放、汇总申报"的方式进行通关监管。"一般出口"模式解决了跨境出口零售订单批量少、批次多的问题,不仅提高了通关效率,而且降低了通关成本。跨境出口零售商品采用"特殊区域出口"(1210出口)模式出口时,货物整批进、分包裹出的特点加快了跨境出口零售企业的发货速度,降低了海外库存风险,退税流程更简便、周期更短、效率更高,也可以及时响应消费者的售后服务需求,用户体验较好。[①]

9.1.3　跨境电商零售出口退货

1. 可办理出口退货的方式

跨境电商零售出口及特殊区域包裹零售出口模式下,出口商品可单独运回也可批量运回。跨境电商的出口海外仓及特殊区域出口海外仓零售模式仅适用因品质或规格原因向海关办理出口商品退货申请。

2. 申请办理退货的企业应具备的条件

申请开展退货业务的跨境电商出口企业、特殊区域内跨境电商相关企业应当建立退货商品流程监控体系,应保证退货商品为原出口商品,并承担相关法律责任。

3. 退货管理规则

退货企业可以对原《中华人民共和国海关出口货物报关单》《中华人民共和国海关跨境电子商务零售出口商品申报清单》《中华人民共和国海关出境货物备案清单》所列全部或部分商品申请退货。

开展"一般出口"出口退货的商品应具有可验核的标识,可以使海关抽检核验退货商品是否为原出口商品。对国家禁止进出境货物、物品不予办理退货手续。

4. 退货时间和途径

跨境电商出口退货商品可单独运回,也可批量运回,退货商品应在出口放行之日起 1 年内退运进境。

企业通过中国国际贸易"单一窗口"或跨境电商通关服务相关平台向海关提出退货申请。

9.1.4　跨境电商平台选择

1. 流程设计的动因

企业设计跨境电商平台选择流程主要是因为跨境电商平台的选择与管理直接关系到

---

① 王淑翠,王丹丹.跨境电商背景下跨境出口零售规则的完善[J].国际商务研究,2022,43(1):37-45.

企业商品的出口状况,选择一个符合企业发展路径的跨境电商平台,更有利于出口和零售,是提升企业出口利益的关键因素。

提升跨境电商平台的选择与管理层次,有利于扩大市场占有率,实现经营目标。

对跨境电商平台的有效评估有利于企业充分利用市场机遇,促进企业绩效的提高。

2. 跨境电商平台选择的程序和标准

从跨境电商平台市场调查看,企业应首先传达跨境电商运营发展规划,下达跨境电商平台挑选任务,相关部门对跨境电商平台的市场分割状况进行调查,了解跨境电商平台市场现状;然后相关部门对市场上的主流跨境电商平台信息进行汇总整理,确定其市场定位和分类。值得注意的是,相关部门调查跨境电商平台市场分割状况时,要分别整理全国性和区域性的调查结果,跨境电商平台市场定位分类调查的内容应包括各大平台的 B2B、B2C、C2C 和 O2O 业务的份额。

从筛选标准看,企业应首先对各大电商平台的市场覆盖率进行调查,确定各大平台的强势区域,并对各个跨境电商平台的每天和每月活跃用户数据进行调查研究,了解各大平台的指标;然后收集各大跨境电商平台的月度、季度和年度营收数据,对比分析。活跃用户数、市场覆盖率、营业收入数据是评价跨境电商平台的关键指标,企业应对数据和指标的正确率予以审核。

从制订挑选方案看,企业首先根据对各跨境电商平台的调查研究结果,结合企业的经营业绩,评估入驻的匹配度和适合度,以及企业入驻平台的成本支出;然后根据对各平台的调查和评估结果,制订挑选方案,最终确定跨境电商平台的选择结果。跨境电商平台的业务规范性不同,发展潜力、竞争优势和劣势不同,流量和体量不同,竞争压力也不同,因此企业应根据实际选择平台。①

3. 速卖通、Amazon、eBay、Wish、Lazada 入驻流程设计与执行

从制订计划并准备资料看,首先由运营部门下达管理层制定的企业跨境电商平台入驻安排,并根据入驻安排制订速卖通、Amazon、eBay、Wish、Lazada 入驻计划;然后根据跨境电商平台的注册要求准备常用的注册证明资料和相关文件电子档。入驻计划包含入驻时间、入驻形式、管理运营团队介绍、商品销售类别等内容。

从入驻资质验证和信息填写看,首先,企业登录跨境电商网站,在页面合作招商处按照指引注册店铺账号,填写企业资质信息,所有资质证照的相关文件都需要加盖企业红章;按照企业入驻计划选择店铺类型,填写经营品牌,选择店铺商品主营类目,完成后提交审核。

从入驻完成看,店铺注册审核提交后,跨境电商平台进行资质初审、招商复审、店铺授权。资质初审、招商复审、店铺授权全部通过后,跨境电商平台入驻成功,企业开始运营店铺。店铺授权完成后,企业应根据跨境电商平台要求完善店铺信息、缴纳相关费用、装修店铺、上传商品图片等。②

---

① 孙宗虎,孙兆刚.电商运营管理流程设计与工作标准[M].北京:人民邮电出版社,2021.

② 易传识网络科技,丁晖,赵岑岑.跨境电商:多平台运营实战基础[M].3 版.北京:电子工业出版社,2020.

9.2　跨境电商的直购进口和保税仓进口

9.2.1　跨境电商的直购进口流程

1. 直购进口的内涵

跨境电商的直购进口,是指符合条件的电商平台与海关联网,境内消费者跨境网购后,电子订单、支付凭证、电子运单等由企业实时传输给海关,商品通过海关跨境电商专门监管场所入境,以行邮物品性质、快递运输方式直接由境外卖家发给境内消费者,通关环节按照个人邮递物品征行邮税。

根据跨境电商的直购进口模式,电商平台可直接从境外供应商或海外仓发运。该模式库存占用少,且依托离岸货源优势,商品种类更加齐全,已成为跨境电商"海淘"购物的重要渠道之一。在海关支持下,机场协同相关企业,定制通关方案,充分发挥机场快件中心作为跨境电商进口空中快车道的平台优势,有助于电商企业等市场主体降本增效。

直购进口的通关模式通常采用"清单核放、汇总申报"方式,货物直接从境外供应商或海外仓发运,具有货源更丰富、库存占用少、成本更节约等优势。直购进口有利于加快跨境电商扁平化、普惠化、多元化发展,能够实现贸易全链条的货物流、信息流、资金流、关务流互联互通。

2. 跨境电商的直购进口监管流程[①]

订单验证,由电商、物流、支付企业对消费者下的订单进行备案。

跨境电商的个人购物交易判定,由跨境电商的服务平台负责。

订单＋税费支付,按要求应完成"四单"申报,"四单"分别是电商的订单、物流的运单、支付凭证以及物流清单。

物流信息验证,物流信息应在运抵时申报。

报关报检,海关将进行检验检疫。

实货验放,海关检验检疫完成后放行。

3. 跨境电商、物流、支付企业接入流程

政策:电商、物流、支付企业应了解政策、监管要求。

备案:向主管海关、检验检疫进行纸面备案申请(企业备案、商品备案)。

技术辅导:与服务平台签约、对接进行相关接入的技术辅导。

技术准备:根据技术规范进行企业对接开发;接入的网络、硬件准备。

联调测试:与服务平台进行接入的联调测试。

上线申请:向主管海关、检验检疫进行上线申请;服务平台进行开户、授权。

上线:企业电子备案、商品备案、三单申报、清单申报。

---

① 跨境电商直购进口和一般出口监管流程[EB/OL].[2018-12-10]. http://www.hhqfu.com/content-22-53049-1.html.

9.2.2 跨境电商保税仓库进口流程

1. 什么是跨境电商保税仓库进口

保税仓库模式,指跨境电商平台可以将尚未销售的货物整批发至境内保税物流中心,采用跨境电商模式报关报检,再进行网上的零售,消费者在电商平台上下单付款后,电商平台将相应生成的订单、支付单、物流单等数据发送到海关系统进行申报,海关放行后,保税仓库根据订单将商品打包并由境内快递送达收件人。

在保税进口模式下,商家通过大数据分析,提前将热卖商品仓储于境内的一些自贸区或者保税区的保税仓库里,境内的消费者在进口跨境电商平台上下单后,商家能够采用直接从境内的保税仓库将订单商品发送给境内消费者的物流模式。再者,卖一件,清关一件,没卖掉的就不能出保税中心,无须报关,卖不掉的还可直接退回境外,但不允许即买即取(部分试点区域除外)和买家转手再次进行二次销售。

2. 跨境电商保税仓库进口优势

从企业角度看,保税备货模式能够大幅降低商品的采购成本和物流成本,保税仓交割方式可以加快通关速度,减少资金占用,降低贸易成本,增强企业竞争力。同时,保税进口模式大幅降低了进口环节税。集中采购又能够大幅降低商品的采购成本和物流成本。成本的降低能够为进口产品带来更高的利润和更具竞争力的价格。

从消费者的角度看,保税仓库模式在进口通关方面全程接受严格监控,各流程信息阳光透明,能够更好地保证商品本身的质量以及消费者的利益。同时,所购商品经海关商检部门检查,货物安全,交货快,而且由于节省了所购商品的国际运费,价格实惠。另外,货物暂存在保税仓,消费者承担费用低、退货和换货方便;产品入境有法定检验程序,质量有保障;保税进口模式采用的是试点货物暂存模式,消费者在平台下单之后,货物直接从保税仓发出,节省了境外段的运输时间,消费者能够更快地收到货,对消费者而言有较好的消费体验。

保税仓库可提供跨境电商平台搭建、境外物流、境内保税仓储备货、分拣打包并通关发货一体化服务。库存同步,精细化管理,48小时出库清关发货。

3. 跨境电商保税仓库进口清关参与主体

1) 电商企业

保税备货模式中的电商企业,通常也叫商家。商家的电子商务不仅是基于互联网上的交易活动,而且是指利用电子信息技术来解决问题、降低成本、增加价值与创造商业和贸易机会的商业活动,包括通过网络实现从原材料查询、采购、产品展示、订购到出品、储运、电子支付等一系列的贸易活动。

商家分为两类:一类是商品货物所有权的所有人,指的是向境内消费者销售商品的境外企业;另一类是境内代理人,指的是接受此境外企业(依照跨境电商政策和监管要求)委托在海关进行企业备案等手续的境内企业,其并不局限于品牌给予销售授权的代理商,也可以是商品销售的境内运营者。

2) 电商平台

电商平台是一个为企业或个人提供网上交易洽谈的平台。电商平台(第三方平台)是为消费者和电商企业提供网页空间、虚拟经营场所、交易规则、交易撮合、信息发布等服务，设立供交易双方独立开展交易活动的信息网络系统的经营平台。

企业电商平台是建立在互联网上进行商务活动的虚拟网络空间和保障商务顺利运营的管理环境；是协调、整合信息流、货物流、资金流有序、关联、高效流动的重要场所。企业、商家可充分利用电商平台提供的网络基础设施、支付平台、安全平台、管理平台等共享资源有效、低成本地开展自己的商业活动。

3）支付企业

依据海关总署《关于跨境电子商务零售进出口商品有关监管事宜的公告》（海关总署公告 2018 年第 194 号），跨境电商支付企业是指在境内取得市场主体资格，接受跨境电商平台企业或跨境电商企业境内代理人委托为其提供跨境电商零售进口支付服务的银行、非银行支付机构以及银联等。

实践中，支付企业为消费者提供的付款工具，主要有支付宝、银联商务、银联在线、快钱、壹钱包、拉卡拉、汇付天下、易宝支付、京东支付等。跨境电商模式中，支付企业需生成支付单并推送到海关系统申报，对接相应的应用程序接口。消费者下单付款后，会由电商平台的后台系统向支付企业发送指令，支付企业生成支付单并推送到海关系统。

4）保税仓

保税仓，是指由海关批准设立的供进口货物储存而不受关税法和进口管制条例管理的仓库。储存于保税仓库内的进口货物经批准可在仓库内进行改装、分级、抽样、混合和再加工等，这些货物如再出口则免缴关税，如进入境内市场则须缴关税。

与一般仓库不同的是，跨境电商中的仓储企业位于保税区围网内（境内关外），受海关监管，有专门的账册。货物的跨账册移动、跨仓库移动、跨保税区移动、入区出区、数目增减等，都需向海关申请，得到批准后方能操作。各个保税仓库的仓储报关管理系统，通常都能够与各电商平台应用程序编程接口（API）对接，满足预打包、库内调拨、组包、贴标签、精准发货、效期管理、残次品管理、库存共享等需求。

5）海关和进出口商检

海关和进出口商检在跨境电商清关过程中进行监管。海关的基本职责包括：保障货物、物品合法进出境，征收关税和其他税费，对逃避监管、商业瞒骗偷逃关税行为进行查缉等。进出口商检，指由国家设立的检验机构或向政府注册的独立机构，对进出口货物的质量、规格、卫生、数量等检验、鉴定，并出具证书。其目的是经过第三者证明，保障各方的合法权益。国家规定，重要进出口商品，非经检验发给证件的，不准输入或输出。

6）境内快递

快递公司主要为个人服务。有邮递功能的"门对门"物流活动所衍生出的服务类公司称为快递公司，快递公司通过铁路，公路和空运等交通工具，对客户货物进行快速投递。快递业者可以不同的规模运作，小至服务特定市镇，大至区域、跨境甚至是全球服务。中国境内主要的快递公司包括京东物流、顺丰速运、跨越速运、百世汇通、宅急送、中通快递、申通快递、圆通快递、国通快递等。

境内快递企业通常与保税仓或电商平台签约并进行应用程序接口对接，接到订单信息后反馈物流单号给保税仓库或电商平台，同时也会生成物流单并推送到海关系统。在出保税区清关和保税仓分拣打包完成后,快递企业会到保税仓库收货,然后经由配送中心和各快递站点派送给收件人。

7) 消费者

网络消费者是指通过互联网在电子商务市场中进行消费和购物等活动的消费者人群,消费者以互联网络为工具手段而实现其自身需要的满足过程。按照消费者需求的个性化程度,可以将网上消费者的购买行为划分为简单型、复杂型和定制型。

在跨境电商保税进口中,消费者指的是订购人,既是电商企业和平台的境内终端消费者(不允许以二次销售为目的购买),也是跨境电商的消费额度的扣减主体,还是跨境电商的综合税的纳税义务人(通常由电商企业或电商平台为消费者担保并代缴)。电商平台会要求订购人在平台进行注册,并校验其身份。而在跨境电商中,身份信息未经国家主管部门或其授权的机构认证的,订购人与支付人应当为同一人。

8) 第三方清关平台

第三方清关是指企业委托具有资质的清关公司代表企业办理出口、进口商品的海关手续。第三方清关平台指的是通过开发出特定的技术系统和流程,为跨境电商进口商、出口商提供商品清关业务服务的平台,能够为电商卖家提供海关关税咨询、商品最小存货单位(stock keeping unit,SKU)备案、税费支付、关税退税等服务,从而提高了电商企业的运营效率和管理水平。其中,SKU 为库存进出计量的基本单元,可以是以件、盒、托盘等为单位。最小存货单位是对于大型连锁超市 DC(配送中心)物流管理的一个必要的方法。现在已经被引申为产品统一编号的简称,每种产品均对应有唯一的 SKU 号。

第三方清关平台,也指"海关单一窗口",即整合各管理部门内部系统,形成一套统一的申报接口系统。海关单一窗口集齐"三单"信息后,自动生成清单供有报关报检资质的企业进行申报。清单经海关、检验检疫审核后,若无异常,则放行进入终端配送环节。

第三方清关平台必须具备相关资质认证,包括海关特殊监管区域资质、高新技术企业认定、社会信用评级等。第三方清关公司还需要拥有丰富的通关经验和实力,能够在复杂的清关环境下妥善处理各种问题,避免因通关出现问题而影响企业经营。第三方清关公司的服务网络覆盖范围要广,从而为企业提供全方位的服务支持和保障。

4. 跨境电商保税仓库进口零售业务合作流程

1) 海关备案

进口商品备案审核确认是否在跨境进口白名单,境内代理企业海关电商企业备案《海关进出口货物收发货人备案回执》《对外贸易经营者备案登记表》等。

电商企业/电商平台进行企业备案和商品备案,办理税前保证金,由海关/商检进行审批;审批通过后,备案完成。

电商企业选定支付公司签约,完成电商企业、保税仓、海关、支付公司、境内快递系统对接联调。

电商企业/电商平台邮寄样品送检(第一次进保税区的法检商品),海关/商检出具检测报告。

2) 协议签订

跨境进口流程细节问题对接、费用评估、确认合作费用,签订跨境电商进口保税仓库仓储物流合作协议。

3）备货入仓

进口货物境外装箱"打托"（从散货变成托盘货的过程，Palletization）并填写装箱单发票报关资料文档，安排境外物流到境内港口（机场、码头），提单、舱单向海关申报，放行提货入仓。

跨境电商企业/电商平台提供报关单给报关行，境外发货至境内口岸。

保税仓提货转关，进入保税区申报，海关/商检查验放行。

4）订单对接

预存保证金、分拣打包要求对接、电商平台跨境商品上架，跨境 ERP 获取订单信息。

消费者在网络上将商品加入购物车并支付后，电商企业根据订单为商品办理海关、检验检疫等通关手续，并通过跨境贸易电子商务平台与海关监管系统进行订单信息、支付信息、物流信息的数据交换，以个人物品形式申报出区并代为缴纳行邮税。

5）单据申报和海关放行

向海关推送申报电商平台订单、支付单、运单、清单信息。

电商平台通知第三方支付公司，将支付单报送至各关区清关服务平台。

电商平台将消费者订单报送至各关区清关服务平台。

电商平台通知第三方代理清关公司（保税仓）待清关订单信息。

清关服务平台对支付单、订单、物流单、清单进行初步校验，通过后报送关、检、税、汇各管理部门业务系统。

清关服务平台获取海关校验结果后（通过/不通过），回传清关结果至代理清关公司；若通过，代理清关公司进行后续打包、清关等操作。

6）快递运输

快件处理包括快件分拣、封发环节，是快递流程中贯通上下环节的枢纽，在整个快件传递过程中发挥着重要的作用。这个环节主要是按客户运单填写的地址和收寄信息，将不同流向的快件整理、集中、再分拣并封成总包发往目的地。

快件的分拣封发是将快件由分散到集中，再由集中到分散的处理过程，它不仅包括组织快件的集中和分散，还涉及控制快件质量、设计快件传递频次、明确快件运输线路和经转关系等工作内容。

7）买家签收

消费者收到跨境保税仓库发货包裹。

8）售后服务

进口跨境电商需要提供售后服务。在提供售后服务时，需要考虑到不同国家和地区的消费者权益保护法律与法规。同时，还需要了解平台的售后服务政策和规定，确保自己的售后服务符合平台的规定。

9.3 跨境进口仓储报关

跨境电商保税仓在仓储报关方面，通常采用高标准化、高智能化的仓库管理系统。系统能够有效进行店铺管理、口岸管理、订单处理、库存处理、残次品处理、差异处理、快递处理、海关异常反馈处理等,并能够实现自动化跨境报关。

9.3.1　仓库管理

1. 入仓管理

根据到货通知单生成入库单,打印管理到货单;通过电子数据交换(electronic data interchange,EDI)实现到货、卸货、理货、上架操作,理货确认报关单的维护;可以支持导出、打印计划申报单(打印样式,导出样式)。

其中,EDI是指按照同一规定的一套通用标准格式,将标准的经济信息通过通信网络传输,在交易商的电子计算机系统之间进行数据交换和自动处理。它是一种利用计算机进行商务处理的方法。EDI是将贸易、运输、保险、银行和海关等行业的信息,用一种国际公认的标准格式,通过计算机通信网络,使各有关部门、公司与企业之间进行数据交换与处理,并完成以贸易为中心的全部业务过程。

产品入仓可以将待销售或者等待上架的商品,设置特定的时间后,自动上架。卖完、自动下架,或者是手动下架、违规被下架的商品都会展示在仓库中,想要寻找店铺商品信息,就不需要重新编辑内容,直接在仓库中编辑上架就可以了。

2. 拣货/出库管理

仓库管理中,最重要的一项任务是管理货品的进出库,货品进出管理关系到企业资产,一旦出现纰漏便会造成损失。从整个仓储物流的管理环节看,出库环节是极为核心的部分,出库准确率、库存成本、客户满意度、服务供应链的效率等都是出口环节的关键。

从定义看,商品出库是商品离开仓库时所进行的验证、配货、点交、复核、登账等工作的总称,是仓库业务活动的最终环节。

理货员是指运用仓储管理、财务、物流等综合知识对出入库物资进行验收、整理、堆码,在合理安排仓储的同时,对物资进行有序整理、拣选、配货、包装、设置运输标志和复核的工作员。理货员应选择适宜的拣货方式,按照拣货命令快速、准确地拣选物资。物资拣选后,理货员需及时将拣选物资放在理货区。此外,理货员还需要核对物资的品种、数量、规格、等级、型号和重量,拣选物资所有信息应与"拣货单"所注信息一致。

从流程看,首先要根据订单要求,开好出库单;然后按照出库单的要求,由理货员拣取好货品;紧接着将拣好的货品送到复核区、打包区;等车辆到来后,再将打包好的商品装车发货,记录物流信息;最后,更新好出库后的库存信息,并做好出库记录,方便后续进行追溯。

实践中,出库中容易遇到一些问题。例如,需要经常在多个区之间来回走动才能找齐货品;不清楚具体库位,需要依靠人工经验才能找到;不按先进先出出库,货品积压;为了快速出库,出现随意找一个相同货品出库的情况,造成损失;人工复核时间长,肉眼辨认容易出错;员工不按照出库流程进行出库,随意性大;出库完后,库存数据不能实时更新,且缺乏记录,难以追溯。

面对这些出库问题,可以引入一些现代化的仓储管理系统进行解决,以做到规范员工出库作业流程,禁止员工随意作业情况;系统地优化路径,只需按顺序走完一次即可拣完所有货品;同时,由系统自动推荐库位,并通过扫描货品条码,验证货品的准确性,以及是否符合先进先出；复核时，员工只需扫描货品的条码，即可快速完成复核，保证准确性；出库完成后，系统自动更新库存数量，无须人工录入；系统自动记录出库信息，形成出库记录，出现问题可以快速追溯；系统自动记录员工作业量，形成绩效报表，实现多劳多得。

拣货策略主要包括分区、订单分割、订单分批和分类四种，应根据订单特点选择不同的策略。

分区，即对作业场地进行区域划分。根据不同情况，可采用以下三种方法进行分区：按单位分区，如将拣货单位划分为装箱拣货区、单件拣货区、具有特殊性的冷冻品的拣货；按方式分区；按工作分区。

订单分割，即当所订购的物资种类较多时，可利用订单分割策略将订单切分为若干的子订单，交由不同人员同时处理，以加速作业的完成。

订单分批，即为了提高作业效率而把多张订单集合成批进行批次拣取的作业。订单分批包括总合计量分批、固定订单量分批、智慧型分批等。

分类，即在采取订单分批策略后再配合拣取，同时将货物分类到各订单中，按合计总量拣取后集中分类。

3. 库内管理

库内管理中应用最普遍的技术是条形码等自动识别技术，不论货物流向哪里，条形码都可以记录下货物的流动状况。

条形码解决方案可对仓库中的每一种货物、每一个库位形成书面报告，可定期对库区进行周期性盘存，并在最大限度地减少手工录入的基础上，高速采集大量数据，将差错率降至最低。仓管人员用手持式条形码终端对货位进行扫描，扫入货位号后，再对其上货物相应的物品编号进行扫描，然后，条形码终端采集到的数据通过通信端口传给计算机，从而实现对仓库中货物的清点。系统中如果配置了条形码打印机，即可打印各种标签，如货位、货架用的标签，物品标示用的标签，并在标签上标明物品的批号、数量。

库内管理是一个工程项目，需要有自己的一整套运营程序，其中包括挑选、收货、反复核对计数、包装、订购、采购、加工返回等，这一切都受到仓库管理系统程序或者仓库管理系统工程项目的制约。其具体部署包括：制定程序总规划，凡是必不可少的程序都必须详细周到；分析各项程序，通过核查、对照，确保程序符合仓库管理系统的每一个环节，然后把各项程序写成文件，以便在日常工作中遵照执行；对过去的管理程序进行改进，或者全面贯彻执行新的管理程序。

4. 合理优化仓库货位

从货位区划的方法看，企业一般是根据库房（区）的建筑形式、面积大小、库房楼层或固定通道的分布及设施设备状况，结合储存物品所需要的条件，将储存场所划分为若干货库（区），每一货库（区）再划分为若干货位，每一货位固定存放一类或几类数量不多、保管条件相同的物品。货库（区）的具体划分，通常以库房为单位，即以每一座独立的仓库建筑为一个货库（区）。

从货位区划的注意事项看，货位的区分要结合实际、随时调整。在各类物品货位基本固定的情况下，当分区范围划定的品种在数量上有较大的变化时，尽量在同一大类其他分类货区内调剂储存，必要时还可调整分区分类。这样使分类储存的物品既有相对的稳定性又有调剂的灵活性。此外,为应付特殊情况,库房还要预留一定的机动货位,能够随时接收计划外入库,还可作为物品待点、整理等场地之用,从而避免固定货区因超额储存不能安排而到处乱放的问题。

从货位的规划看,货位的区划只是确定各个储货区存放物品的大类或品种,而货位规划则确定物品的存放方法和排列位置。货位的规划,是指根据物品的外形、包装及合理的堆、码、苫、垫的方法与操作要求,结合仓储场地的地形,规划各货位的分布或货架的位置。

从货位规划的原则看,规划货位的原则要求有以下几点:货位布置要紧凑,提高仓容利用率;便于收货、发货、检查、包装及装卸车;堆场稳固,操作安全;通道流畅便利,叉车行走距离短。[①]

专栏 9-2   集运仓和转运仓

1. 集运仓和转运仓的定义及其作用

集运仓是指货物由不同物流运输企业运输而来,在集运仓中进行集中整理、分拣、分配以满足各商家的需求,并按照商家所设定的不同物流业务进行发运。集运仓归属于物流配送中心类别,其主要作用是提高物流配送效率,优化物流配送路线,保证物流运输的快捷和准确。

转运仓是指货物在运输过程中需要暂时停留的地方,以便根据货物的数量、价值和去向进行分类、检验和加工。转运仓的主要作用是将货物从一个车辆或运输方式转移到另一个车辆或运输方式,以保证货物在运输过程中的安全和准确。

2. 集运仓和转运仓的作用对比

从集运仓和转运仓的功能以及作用看,两者都是为了物流行业的顺利发展而服务的。集运仓的服务较为广泛,遇到各种规模的商家都可以提供服务。

转运仓则更侧重于航空、铁路、公路等专业物流行业,为其提供安全、准确的转运服务。

资料来源:集运仓转运 集运仓转运什么意思[EB/OL].[2023-08-23]. http://yjgn.com.cn/News/55486.html.

9.3.2   跨境电商进口报关

1. 开设账册

进境备案清单是依据海关法设立的对货物跨境运输业务的管理规范,根据相关规定,一般是指进口货物至保税区、保税库、物流园区等特殊监管区域的海关申报备案的单据,主要用于海关申报。跨境运输货物进境后,经营企业或其代理人应填制进境备案清单。进境地海关接受申报时,将收取《进境备案清单》、货物提(运)单、海关需要的其他单证。

海关对跨境电商网购保税进口商品实行账册管理,以仓储企业为单元,开设海关网购保税进口专用电子账册。

---

① 邦越智慧工厂解决方案[EB/OL].[2024-01-23]. http://www.bytiaoma.com/tmsoftware/4427.html;什么是仓库管理系统(WMS)?[EB/OL].[2024-01-23]. https://www.oracle.com/cn/scm/logistics/warehouse-management/what-is-warehouse-management/.

2．税收担保和保税备货

在海关备案的电商企业、电商平台企业、物流企业或申报企业等,作为税款的代收代缴义务人,依法向海关提交足额有效的税款担保。

企业以跨境电商网购保税进口模式申报进境跨境电商进口商品,批量存入海关特殊监管区域或保税物流中心保税仓。

3．清单申报

网购保税进口商品从境外进入区域(中心),应按现行规定办理进境申报手续,一线进境通关环节应按照《跨境电子商务零售进口商品清单》要求对报关单(备案清单)对应的《核注清单》进行校验。对跨境电商网购保税进口的商品,按照个人自用进境物品监管,不执行有关商品首次进口许可批件、注册或备案要求,但对相关部门明令暂停进口的疫区商品和出现重大质量安全风险的商品启动风险应急处置时除外。海关对跨境电商零售进出口商品及其装载容器、包装物按照相关法律法规实施检疫,并根据相关规定实施必要的监管措施。针对高风险动植物产品,需要在进境前获得检疫准入。

消费者在跨境电商平台下单购买商品后,跨境电商平台企业或跨境电商企业境内代理人、支付企业、物流企业分别通过国际贸易"单一窗口"或跨境电商通关服务平台向海关传输订单、支付单、物流单。"三单"比对验核通过后,企业提交《中华人民共和国海关跨境电子商务零售进出口商品申报清单》(以下简称《申报清单》),采取清单核放方式办理报关手续。

4．包裹出区

在实施集中报关条件下,除了法定检验商品外,货物先行查验,放行并按期将全部送货记录打印报关单向海关申报,以精简企业报关手续,并为通关提供便利。这些每次送货的记录就是核放单。核放单是车辆进出特殊区域(场所)卡口的唯一单证,核注清单、出入库单审核通过后,货物进出区前,企业需要在关务系统录入核放单。核注清单主要被企业用于管理货物库存,通过核注清单向海关证明货物进、销、存、商品名称、型号等。

企业对放行后的《申报清单》汇总生成核注清单及核放单,办理出区手续,将包裹派送出区寄递给消费者。包裹实货出区后,电子账册上的商品数量相应核减。[①]

关键术语

跨境电商零售出口　直购进口　保税进口

本章小结

本章介绍了数字化贸易方式下的出口全流程,阐释了跨境电商的直购进口和保税仓进口,分析了跨境进口仓储报关的流程。

思考与讨论

1．什么是跨境电商企业对企业出口?企业可以选择的海关申报方式有哪些?

---

① 吴琼.跨境电商网购保税进口商品通关指南[J].中国海关,2022(7):27.

2. 跨境电商零售出口的链条是什么?

3. 简述跨境电商的直购进口监管流程。

4. 简述跨境电商保税仓库进口零售业务合作流程。

5. 如何进行跨境进口仓储管理?

6. 张经理是一家生产机器设备公司的市场营销总监。以前公司主要通过跨境电商平台网站进行营销推广,没有做过其他的推广活动。随着行业竞争日益激烈,平台的营销成本增加,公司收入开始下滑。在这种情况下,张经理所在公司决定开拓营销渠道,自建网站进行营销推广,并利用社会化媒体(如 Facebook)来宣传其品牌。根据以上内容,回答以下问题:

(1) 跨境电商平台的站内推广方式主要有哪些?

(2) 张经理在进行境外社交媒体营销时应注意哪些事项?

即测即练

案例 9-1　跨境电商企业结汇分析与避险策略

案例 9-2　航运公司数字供应链能力建设

案例 9-3　电子商务公司的数字供应链能力建设行动

音频 9-1　粤港澳大湾区的"数字强贸"

第 10 章

数字贸易运营

◇◇ **学习目标**
 ◎ 熟悉产品运营思维
 ◎ 熟悉数字贸易运营目标
 ◎ 熟悉数字贸易运营操作流程
 ◎ 掌握数字贸易店铺的流量转化管理
 ◎ 掌握数字贸易规划
◇◇ **学习重点、难点**
 学习重点
 ◎ 数字贸易运营目标
 ◎ 数字贸易店铺的流量转化管理
 学习难点
 ◎ 数字贸易规划

10.1 数字贸易运营基础

10.1.1 产品运营思维

1. 流程化思维

流程化思维,指运营者在思考问题时,首先要从宏观层面确定主要问题,再明确微观层面的细节问题,同时进行流程的不断创新,保持运营的活力。一些运营商之所以取得良好的业绩,主要就是因为它们都实行的是比较高效的业务流程。流程思维是数字贸易运营商必须具备的一项核心能力。运营商在解决问题前应首先整理业务流程,将复杂问题拆解成为各个节点,清晰、流畅地规划出每个节点需要投入哪些类型的资源和展开什么形式的沟通,然后投入匹配的资源,从而实现每个节点的目标。

2. 精细化思维

精细化思维,指极小化地分解一个面临的问题。运营的精细化思维,具体而言,就是指对一个运营手段(如内容运营、用户运营、活动运营等)的极小化拆解执行。精细化思维的目的是将运营转变成为可以控制的。

运营要做推广活动,就要使商业行为的目的具象化,也就是将商业行为拆分,极小化到商业活动中参与的每个人、每个流程、每个场景,由此实现精准运营的目的,将商业推广转变成为可以推动和调整的。

3．数据化思维

数据化思维，指运营商应建立运营数据体系，了解数据之间的共同特征和差异，熟练运用数据对数字贸易进行研究。此外，运营商在解析、阐释数据的过程中，能够更深入地了解店铺运营，并掌握客户需求的信息。

数据分析是数字贸易运营的基本要求，数字贸易运营离不开数据驱动运营，数字贸易运营不是要求运营商利用运营驱动数据，而是要求运营商利用数据驱动运营。数字贸易运营必须建立在客观数据基础上。如果数字店铺的销售量出现下滑，就需要运营商从数据层面进行逐级拆分，用数据化思维分析究竟是何种原因导致的，是流量、转化率还是单价出现变化引起的，进而根据数据分析得出的结论，施行相应的优化对策。[①]

10.1.2　数字贸易运营目标

1．吸引新客户

商品离不开用户，因此，在初期的起步阶段，运营商生存、发展的重要前提是源源不断地扩大新客户群体的数量。通过商业策划的线上、线下活动，在短时间内实现吸引新客户的目的。

吸引新客户的手段和途径比较广泛。例如，可以利用广告或站内外开展活动，也可以通过移动互联网自媒体渠道传播。就 App 而言，新用户下载注册就属于吸引新客户；对于社交媒体整合营销来说，吸引新的粉丝关注就是吸引新客户。

吸引新客户的目标应是可以量化的，例如，"新增注册/关注用户×××人"。目标量化有利于商业资源利用的精准投放。

2．用户留存

新增用户中能够长期留存下来的群体就是用户留存。在移动互联网经济背景下，专精特新产品层出不穷，因此用户留存的难度也随之不断上升。

用户留存率，表示留存下来的用户数量在某时段内新增总用户数量中的占比。

从用户留存的量化管理看，运营商可以采用目标化管理方式，例如，制定"用户（月/周/日）留存率不低于××％"等目标。

3．提升用户活跃度

经常登录平台、购买商品、留言的活跃用户是真正的用户。促使不活跃的用户变得活跃，以及使活跃的用户变得更活跃，有利于为产品、平台、网站创造价值。

实现提升用户活跃度的目标，需要确定评价标准。活跃用户可以根据使用的频率进行定义。例如，以每星期或每月度登录/使用一定的次数作为衡量标准。

此外，通过区分活跃与不活跃的用户，分析、判断活跃用户行为属性，了解用户活跃度的激励因素，也有利于提高用户的活跃度。

针对"不活跃用户变得活跃"的目标，运营商可以设计相应的促销活动，刺激市场活跃度。

---

① 腾宝红，徐梅.电商运营经理实战工作手册[M].北京：人民邮电出版社，2022：86-129.

10.1.3　数字贸易运营操作流程

1. 搭建平台

运营商在开展数字贸易前需要建设平台,缺少平台就无法进行后续的商业活动。平台既可以是自建网站,也可以是具有网络营销功能的第三方网站。缺乏自建平台资源的企业可以选择知名的数字贸易平台,然后在平台开设店铺。

运营商选择平台时应考虑两个基本因素:一个是品类契合度,另一个是平台的成交规模或用户规模及潜力,重点选择品类或目标群体相一致的平台,以及拥有一定用户基数和成交规模的平台。

2. 定位商品

运营商在开展电子商务等数字贸易前应充分规划本企业的经营商品品类,只有对运营的商品进行较科学的定位,才能推动后续的运营计划。

3. 网络营销和推广

在明确平台、商品及商品定位以后,运营商需要制订计划,如何使用户知悉本企业在哪个平台出售能够为客户创造价值的商品,这就属于网络营销和推广的问题了。对数字贸易运营而言,网络营销是数字贸易运营的关键环节。

4. 建立、提升品牌信誉

建立品牌信誉主要通过网络营销实现。值得注意的是,运营商在筹建网站、开设店铺时应充分规划,使店铺的诚信和品牌不出现冲突。品牌信誉的提升需要长期、持续地维护,连续地向客户施加影响。此外,也不能忽视口碑宣传的积极作用。

5. 维护客户关系

在店铺运营到一定时期、一定阶段后,新客户和老客户会累积到一定数量级,这时候运营商就需要加强对客户关系的维护,以提高客户的忠诚度,并促使客户多次购买。

对于曾经在店铺中买进商品的老客户,运营商不应遗忘,因为这些老客户属于对本企业商品认可度较高的消费群体,再次消费的可能性是存在的。在节庆时期,为客户发送祝福、问候,是必要的。

6. 售后服务

售后服务的优劣将影响客户的再次消费意愿。因此,为了保持客户黏性,运营商就需要履行承诺、保持诚信,不断改善售后服务。

7. 物流配送

物流配送是否快捷、准确是影响客户再次消费的因素。运营商和物流公司的洽谈合作,物流配送的品质和效率,既可能成为销售流程和环节的制约因素,也可能成为构建竞争优势的途径。

10.1.4　评价指标体系

1. 总体运营状况

运营商从店铺的流量、订单、总体销售业绩、整体指标的角度分析,可以了解店铺的运营状况和业绩。

从流量类指标看,可以观测独立访客数量、页面访客数量、人均页面访问数。

从订单产生效率指标看,可以依据总订单数量、从访问到下单转化率这两项指标进行评价。

从总体销售业绩指标看,客单价、成交金额、销售金额可以作为评价的参考标准。

在整体指标方面,可以将毛利润率、毛利润作为参考指标。

2. 网站流量

网站流量,指页面浏览数、独立访问者数量、每位访问者的页面浏览数、重复访问者数量和某些具体文件或页面的统计指标等,通常被用作网站营销效果的评价指标。通过分析访客数据,运营商可以基于分析结果,对网页及店铺进行优化。

从分类看,流量规模类指标主要包括独立访客数量和页面访客数量;流量质量类指标,包括人均页面访问数、页面访问时间长度和跳出率;流量成本类指标指访客获取成本;会员类指标涵盖注册会员数量、活跃会员数量及比例,会员的重复购买率、平均购买次数、回购率和留存率。

3. 销售转化

潜在的顾客转化为成交的客户,被称为销售转化。运营商分析这一指标有关的数据,应涵盖从下单一直到支付货款的全过程。

从类别看,销售转化可以区分为交易类、购物车类、下单类和支付类共四类指标。

交易类,可以从下列方面进行分析,包括:交易成功和交易失败的订单数量,交易成功和失败的买家数量,交易成功和失败的金额,交易成功和失败的商品数量,退款总订单数量、退款金额和退款比率。

购物车类,指标主要包括:加入购物车的次数,加入购物车买家数,加入购物车的商品数量,购物车的支付货款转化比率。

下单类,指标主要涉及下单笔数、金额、买家数量,以及浏览下单转化率。

支付类,指标涵盖支付金额、买家数量、商品数量,买家的浏览与支付转换率,下单与支付的转化率,买家下单和支付的转换率,下单和支付的时间长度。

4. 客户价值

通过分析客户的价值,运营商能够在众多客户中区分出有价值的客户,并向其展开精准营销及提供精准服务。

从分类看,客户价值指标主要包括客户指标、新客户指标和老客户指标。

客户指标,包括累计购买客户数量、客单价或平均单价。

新客户指标,涉及新客户的数量、新客户的获取成本、新客户单价。

老客户指标,涵盖其消费频率、消费金额,最近一次购买的时间以及重复购买次数。

5. 商品类的相关指标

分析商品类指标,能够帮助运营商了解商品的销路及库存状况。通过建立关联模型,运营商可以分析哪些种类的商品可以进行捆绑销售、成功的概率有多大等问题。

商品类指标主要包括五类,分别是产品总数、产品优势、品牌存量、上架和首发。

在产品总数指标方面,包括库存量单位数、标准化产品单元数、在线的标准化产品单元数。

产品优势性指标主要用独家产品收入比重衡量。

品牌存量可以分别采用品牌数和在线品牌数表示。

上架指标可以采用下列指标衡量,如上架商品的库存量单位数、标准化产品单元数、上架在线的标准化产品单元数,以及上架商品数和上架在线商品数。

首发通常采用首次上架商品数和首次上架在线商品数。

6. 市场营销活动

运营商基于市场营销活动类指标可以监控、评估某次商业推广活动的销路促进效应,以及广告投放的效果。

市场营销活动指标分为销售促进效应指标和广告投放效果指标。

销售促进效应指标包括:投资回报率,新增访问人数、新增注册人数和总访问人数,下单转化率、订单数量。

广告投放效果指标包括:新增访客和新增注册人数,总访问次数,订单数量,独立访客数的订单转化率,广告投资的回报率。

7. 风险控制类

风险控制类指标有助于运营商分析、发现、评价潜在的运营风险。分析买家评论和投诉数据,有助于运营商发现问题、提出对策。

风险控制类指标通常分为买家评价指标和投诉类指标。

买家评价指标包括:买家评价数和评价率,买家评价卖家数和上传的图片数,买家的好评率和差评比率。

投诉类指标包括:发起投诉和申诉的数量、投诉率,撤销投诉和申诉数量。

8. 市场竞争

运营商利用市场竞争指标能够判断网店在市场竞争中的占比和排名,从而采取应对措施。

市场竞争指标主要包括与市场份额相关的指标和网站排名。前者可以采用市场占有率、市场扩大率和用户份额表示,后者可以采用交易额排名和流量排名表示。①

10.2　数字贸易店铺的流量转化管理

10.2.1　流量转化的影响因素

转化率是数字贸易的关键指标。转化率表示流量转化为订单,高转化率表示销量在扩大,利润也将随之上升。

1. 商品

商品对流量转化的影响主要涉及类别、品牌、商品信息和定价四个方面。从类别看,商品类别存在差异,购买群体也会有差异,转化率也会由此出现不同。从品牌看,品牌往往与商品附加值有关,同等品质、价格的商品,品牌知名度的高低将影响消费者的决定。

---

① 腾宝红,徐梅.电商运营经理实战手册[M].北京:人民邮电出版社,2022.

从商品信息看,商品的参数、外观、用途等,也会造成不同的影响;同等价格条件下,商品的参数越高、外观越容易让消费者接纳、用途越广,转化率也会越高。从价格看,在同等品质条件下,购买价越低,转化率会越高。

2. 市场

如果商品的受众并不是全部消费者,那么市场容量的大小、消费者的特征、竞争对手状况、是否符合消费者需求的专属商品,都将影响转化率。

3. 信息描述和传递

网店的详情页,即卖家所出售商品的主图页面,所提供商品的信息是否翔实,会使买家的下单决策受到相应的影响。网店首页的主图应依据客户的不同需求区别对待,在详情页,应结合商品特征、网店定位、市场环境等,为客户提供优质的内容。

4. 季节、时间和客户服务人员

在商品的销售旺季和淡季,转化率会出现高、低不同的情况。

时间不同,客户下单的决心也有所不同,9—10 点,14—15 点,20—22 点,这些时间段被认为是转化率较高。

客户服务人员的专业知识、沟通方式和方法将影响咨询者的判断,咨询转化率的高低会受到客户服务人员专业素质的影响。

专栏 10-1　卖场智能化

通过智慧新零售系统自动化增强零售流程,有利于卖场在竞争中保持领先地位。

移动设备、对话式商务、社交网络和其他技术改变了互联客户的行为——零售商需要作出相应调整。客户可通过多种渠道快速搜索产品,对比价格,零售商必须随时提供相关优惠、有竞争力的价格和满足需求的商品。这意味着超越电子表格,利用一切可以想象来源的数据了解客户与品牌的关系,从而产生实时影响力。同时,企业供应侧也面临挑战。为支持统一购物体验,供应链网络变得越来越复杂且速度越来越快,几乎不可能跟踪或优化。

人工智能技术可通过不断学习自动执行复杂的任务,因此零售商可以突破部门局限,将全渠道分析应用于顾客购物的每一步,改善运营和客户体验。了解顾客购物进程中所处位置—优化每一次交互—将数据转化为行动促进保有量、忠诚度和利润增长。反过来,随着收集和了解的数据增多,可以实现以下功能。

用对话式商务取代搜索。对话式商务是一种通过聊天机器人、通信应用和虚拟助手进行业务交易的新方式。它涉及使用自然语言处理和人工智能来创建模拟客户和销售人员之间对话的交互式体验。对话式商务允许企业与客户联系,并在更个性化的层面上进行聊天销售,为客户提供实时帮助和个性化推荐。自然语言处理和认知计算产生了对话式计算机接口和聊天机器人,顾客可以随时随地购物——卖场可以更好地了解客户,实现统一购物体验。

满足特定客户的需求。了解客户利用各种渠道和设备在何处、以何种价格购物,准确掌握消费者需求。基于规则的系统无法实时处理大量产品、客户和接触点。利用机器学习,卖场的定价、分类和营销可以始终针对微观市场。

预测顾客的下一步行动。对于每位顾客,人工智能利用数千个文本和数字数据开发下一步最佳行动并提出建议。卖场可以利用这种洞察预测未来购买行为,培养需求,把握机遇,最大限度提高利润水平。

优化库存,满足在线或店内购物者需求。规划调整商品物流工作量非常大。人工智能技术可以学习并纠正供应链问题,同时减少人为干预。此外,添加机器对机器物联网分析和射频标识数据流,可以实现实时库存透明。

控制欺诈,减少损失。随着顾客和供应商的数字交易量不断增长,分析异常检测成为掌握发生情况的唯一途径。深度学习算法可以发现并适应新的欺诈手段,从而解决洗钱、供应商采购欺诈、收银员欺诈和滥用退货等问题。

利用边缘分析支持店铺未来发展。边缘分析是一种分散式数据分析,其中数据在其源头——信息网络的"边缘"进行分析。通过在原始数据的源头进行分析,边缘分析避免了将数据传输回中央系统的需要,同时仍然将所有的见解集中在一起进行决策。这大大加快了分析的速度,而不影响结果的质量。实体商店具备深化客户关系的潜力。Wi-Fi(一种短距离高速无线数据传输技术,主要用于无线上网)客流传感器、摄像机、电子货架标签、仓库和通道机器人可改变每平方米店面的使用方式。利用深度学习算法、计算机视觉技术和实时决策,可将零售艺术与科学融入客户体验。

资料来源:智能零售解决方案_基于 AI 的智慧新零售系统|SAS[EB/OL].[2023-08-23]. https://www.sas.com/zh_cn/solutions/ai/retail.html.

10.2.2 流量管理设计及执行

数字贸易店铺流量实施流程管理的目的主要是促使店铺流量管理的全过程可控。可控是一种原则和框架,是指事物的发展在我们能够预期和把握的范围内。流量管理的其他目标还包括规范操作流程,使各项管理事项效能最优化,提升店铺获取更多流量的能力,提高流量的转化率,增强竞争优势。

从结构看,店铺流量管理流程设计目的的实现,应主要包括下列几个方面,分别是流量获取、流量提升、流量变现、流量来源分析和流量引入。

1. 流量获取

在流量获取方面,应从分析流量渠道、了解流量画像、拆解流量需求开始,进而根据店铺的运营要求制订流量获取方案,对店铺内容进行优化,包括:完善主图和详情页,分析店铺排名数据和流量获取数据,编制流量获取报告,并提出改进方案。在执行程序方面,应通过对店铺页面进行优化,提高店铺的曝光度,提升店铺对流量的吸引力,扩大可获取的流量。

2. 流量提升

在流量提升方面,应明确店铺定位,传递定位信息,加深对店铺的印象;了解流量需求,并针对流量需求制定引流的策略;根据店铺定位和流量需求分析结论,优化店铺页面;根据流量分析确定流量类型,分析各类型流量占比信息,选择对应的提升流量方式。在选择流量提升方式时,通常可以从流量周期增长率和转化率,以及投入成本、平台等多方面考察。

3. 流量变现

在流量变现方面,首先应对现有流量进行分析,了解现有流量的基本信息、消费习惯和消费者偏好等,制定推广策略,吸引新流量关注,提升流量数量,扩大流量池容量,同时,还需要对流量进行维护管理,增强流量黏性。其次,应根据店铺运营情况,选择恰当的变现形式,并进行可行性分析;还应根据流量变现的要求和变现方式的选择,制订对应的流量变现方案。此外,在实施过程中,也需要通过搭建场景,触发流量情绪和流量需求,将流量导入具体的商品中;根据流量及网店的实际情况,选择符合条件的商品,改善变现效率;此外,在确定好场景和产品品类后,还应将转化流程细化,通过促销举措提高流量的转化率;再者,应根据实施情况,优化变现方案,提高流量变现活动的吸引力,使已有流量不断裂变,扩大流量数据,形成变现循环,其中,就流量裂变的方式而言,可以采用邀请裂变、奖励裂变、口碑裂变等。[①]

4. 流量来源分析

在流量来源分析方面,首先应做好准备,包括根据店铺流量现状,建立流量来源分析系统,制订分析方案。在建立流量来源分析系统时,可以从流量渠道、各渠道所占比例、分布情况等方面策划。然后,进行来源分析。具体而言,应对来自不同渠道的流量信息进行分类整理,针对免费和付费的区别,对各渠道流量的消费转化率进行统计推断,了解转化的实际情况,并制定相应的转化率提升策略。

5. 流量引入

在流量引入方面,可以从准备和实施两方面展开。就准备而言,应对店铺现有流量进行分析,掌握流量现状和基本信息,同时要加强现有流量维护;此外,还应调查竞争对手流量,了解竞争对手的流量概况及其策略,进而根据现有流量分析结论,结合对手的分析结果,制订流量引入方案,提高流量引入。就实施而言,首先,应选择引流产品、引流渠道,为后续引流奠定基础;其次,应根据流量需求和偏好,优化店铺的页面、主图及详情页,提高吸引力,扩大曝光度;最后,应分析优化后的流量信息,了解店铺展示优化后的流量分布概况,与网店话题相关人员互动,高效完成潜在客户的吸引任务。[②]

10.2.3　提高流量转化率的策略

1. 选择精准关键词

运营商在选择关键词的时候,如果忽视相关性的问题,也就是推出的关键词和产品的属性和产品的特征弱相关,甚至负相关,那么就应重新选择强相关的关键词。

对于高转化流量词,运营商应重点监控,因为这些关键词引流能力强并可以达到平均水平以上的标准。如果运营商保持其排名,就会有利于稳定引流,如果位置优质,如移动首条,点击付费广告在合理范围内,可以竞争优质位置。

对于竞争激烈的引流关键词,点击付费广告的成本会较高,这时运营商应利用强相关

---

① 单凯. 抖音电商 2.0 运营全攻略[M]. 北京:人民邮电出版社,2022.
② 孙宗虎,孙兆刚. 电商运营管理流程设计与工作标准[M]. 北京:人民邮电出版社,2021.

的优质精准词培育质量得分,获取竞争优势。

2. 引导客户好评

客户好评是来自客户的支持。如果准备下单的客户看到以往客户给出大量的中差评,那么流量的转化率就会下降。

中评、差评,不仅会降低商品的转化率,而且会直接影响单品的转化率,甚至会影响全部商品的转化率。

3. 有效引导询单人群

询单指询问商品的报价、交货方式、付款方式等详细信息,但最后没有决定是否采购。售前的咨询与交流,只有达到了有效的询单,才有比较充分的机会提升转化率。当然,只有提升询单率,才有机会提升转化率。

作为客服团队人员,在一定程度上会对消费者行为产生诱导作用,规范客户人员的售前咨询和交流,有利于提高客单价、转化率和复购率,降低退款率。[①]

专栏 10-2　电子商城的主要类型及特点

单商户商城,单商户零售企业、批发企业,以及供应商、经销商、零售商等企业构建自己的品牌商城,打通从供应商到消费者的供应链通路,提升供应链效率。

多商户商城,采用平台自营＋商家入驻的经营方式,实现多种商圈以及线上、线下联营模式。

多门店零售,以门店配送与定位相结合的方式,打通线上、线下数据,实现门店平台化管理的新零售模式。

全终端,通过涵盖微信、支付宝、头条、抖音、百度等渠道的小程序,抢占全网流量。

批发订货,企业整合自身渠道业务和多方渠道供应商,建立线上订货商城,提高订货效率;通过社交分销、企业内购、积分商城、直播电商、跨境电商等途径,实现各种业务场景的商务活动。

小程序品牌电商平台,发挥微信的营销流量优势,快速拓展销售渠道,低成本裂变,降低运营成本。

B2B2C 平台型跨境电商平台,将线上、线下平台对接,开启自助终端机＋移动互联网＋云数据(cloud data)＋智能物联网的新模式。B2B2C 平台型跨境电商平台,与海关全部系统进行对接,涵盖保税、直邮、一般贸易等各种进口模式。其中,B 为 business,C 为 consumer,第一个 B 和第二个 B 分别指商品或服务的供应商、从事电子商务的企业,C 指消费者。

连锁 O2O 平台,将线下门店整合到线上,门店 POS 机(销售点终端机)和线上商城全面打通,完成 PC 端、移动端的渠道零售布局。其中,O2O 表示 online to offline,指线上到线下/在线离线。

资料来源:Kstore 商城系统[EB/OL].[2023-08-23].https://www.kstore.shop/.

---

① 腾宝红,徐梅.电商运营经理实战手册[M].北京:人民邮电出版社,2022.

10.3 数字贸易店铺规划

10.3.1 数字贸易店铺筹备

企业对数字贸易店铺筹备实施流程管理的目的在于保证筹备的全流程可控,规范运营的操作流程,使筹备的功能实现效用极大化。同时,还应控制成本,提高店铺的曝光率,提高询价的转换率,扩大营业额。

1. 投入产出预算流程

在前期准备阶段,应对市场上同类型店铺的投入和产出状况进行调查研究,并根据结果制定预算;再根据预算的目标要求,确认预算内容,并将预算内容拆解,作为控制依据,对各部门进行约束。

在执行阶段,各部门应依据店铺的总体预算约束确定本部门的预算目标、预算内容、完成时间等,制定部门预算草案;再根据草案召开会议,对预算内容进行现场核算与分析。

在实施阶段,应结合市场调查情况和预算目标对预算进行优化,使投入产出预算符合预算目标和市场实际;再根据审批通过的预算制订实施方案,并下发执行。

2. 执行程序和执行规范

在分析店铺现状基础上,发现运营中存在的问题,并进行挖掘和分析,为制订运营计划明确方向。

再者,还需要对直接竞争对手和潜在竞争对手进行调查。竞争对手调研的根本目标是通过可获得的信息查清竞争对手的状况,包括产品及价格策略、渠道策略、营销(销售)策略、竞争策略、研发策略、财务状况及人力资源等,发现其竞争弱势点,帮助企业制定恰如其分的进攻战略,扩大自己的市场份额;另外,对竞争对手的优势领域,需要制定回避策略,以免发生对企业的损害事件。

同时,应对店铺的目标客户进行调查,了解目标客户的需求和购买心理特征,根据调查分析结果,进行精细化管理。其中,目标客户调查研究的内容应涵盖:需求动机调查,消费者的购买意向,影响消费者购买动机的因素,消费者购买动机的类型等;购买行为调查,不同消费者的不同购买行为,消费者的购买模式,影响消费者购买行为的社会因素及心理因素等。

在执行程序方面,首先,应根据店铺现状分析、竞争对手和目标客户调查分析的结果,制订店铺运营目标,提交审核、审批,并根据反馈意见整改。其次,结合运营目标和市场情况制定运营策略,确定店铺运营的产品策略和价格策略。最后,根据运营目标和运营策略,制订运营计划。在制订运营计划时,通常可以从基础工作、运营费用、管理制度、促销方式等方面分析。

在制订运营目标和计划方面,首先根据店铺的现状分析、竞争对手和目标客户调查分析的结果,制订运营目标,提交审核和审批,并根据审批意见修改。然后在运营计划审批通过后,根据计划开展店铺运营、推广运营和产品运营,并根据实际情况优化、调整计划。

10.3.2　数字贸易店铺开业规划

1. 开业和试营业

运营商对店铺开业进行流程管理的目的主要是：提高店铺开业期间的销售量，扩大知名度，打开市场；控制开业期间的费用支出，降低成本，提高资源利用率。

开业普遍用于取得市场监督管理部门许可，经过一番筹备，具备经营活动场所等必备条件后，开始从事生产、经营的第一个工作日。或者把择日举行开业典礼的那一天，定为正式开业。之前的生产经营活动，或叫试营业。试营业也是企业的一种经营方式，主要是经营者向消费者告知该营业场所刚开张，管理可能不周密、服务可能有欠缺、正在完善，但绝不是指不用交税或在没有办理相关证照的情况下尝试营业。从现代企业管理来看，开业和试营业还是有一定的差异的。开业是一种传统叫法，它具有直接的含义。这种直接存在弊端，那就是准备工作及未来规划还不充分。

2. 开业活动策划

在前期规划阶段，运营商可以依据开业计划书，确定开业期间的活动策划主题；对当前市场行情进行调查，分析现阶段的热点和流行元素，并对竞争对手进行分析，了解竞争对手的活动内容。

在时机选择方面，运营商可以选择节假日或商品季节周期进行活动策划。在确定活动力度时，应测算商品成本，制订好预算计划。在选择参加活动的商品时，应权衡商品的质量、口碑、货源、热销潜力、利润空间以及是否应季等。在制订方案时，还应力求在同行业态中留下知名度，且易传播，最终提升美誉度。

10.3.3　数字贸易店铺美化建设

1. 店铺产品结构布局

1）主推款

数字贸易店铺都需要确定一款主推产品。主推产品，通常也称为"爆款产品"。主推产品的意义在于其能够在运营良好的状态下转化为利润款产品。如果一家数字贸易店铺推出一定数量的"爆款产品"，那么店铺的营业额和利润就会得到足够的保障。

2）引流款

"引流款"商品，通常指能够为店铺带来比较充分流量的商品。也就是说，如果客户由于受到"引流款"商品的吸引，到店铺进行浏览，这就表明引流的目的实现了。至于是否能够产生利润，实际上是次要的。

从特征看，"引流款"商品的访客数量比较大，曝光率比较高，引流效果明显，但利润率并不会高。再者，其也具有客单价低、利润低，高风险的缺点。即使形成了高转化率，也会导致差评的结果。然而，如果运营商有效维护引流款商品，那么它也会转化为"活动款"商品。

3）活动款

活动款类别的商品主要是用来参加数字贸易平台活动的商品，活动款类别的商品利润率是不确定的，一些活动款类别商品属于热销商品，目的是引流，另一些则主要是控制利润率的商品，目的是参加促销活动。活动款类别的商品特点是会带来高流量、大量订单。

4）利润款

利润款类别的商品特点是商品品质优良，备货压力比较低，退货、换货量低，利润率高。其缺点是较低的转化率，推出利润款类别商品的意义在于为客户预留打折空间，预留打折空间的目的是参加数字贸易平台的年度或季度、月度促销类活动。

2. 优化店铺页面

1）店铺招牌

除了展示店铺的徽标（logo）和标语外，通常可以附加一些优惠券，或者畅销类商品、新上市商品等，目的是吸引顾客。同时，也可以利用第三方软件，推出赠送优惠券活动，以引导客户进行收藏。

2）详情页

对于一些冲动消费型客户，如果运营商在详情页满足客户的情感需求，造成共鸣，那么就有利于促进成交。

完整的详情页内容必须涵盖商品信息、尺码图、细节图、场景图、服务和物流说明等项目。对于页面，运营商还应差异化设计和执行，从而挖掘客户需求点。

3）场景图

如果商品场景图的特征鲜明，信息传递有效、充分，那么即使不阅读详情页内容，客户也会下订单。因此，应观察竞争对手的特色主图，设计有竞争优势的场景图，增进场景图的特色。

3. 商品详情内容

1）商品卖点

只有了解客户的痛点，才能掌握市场需求的本质，各种类型的成交行为，基本都是建立在解决客户痛点和满足市场需求基础上的。

倾听和整理客户的投诉与抱怨，对结果分析提炼总结出来的缺陷进行改善，使客户远离困扰，带来的自然是客户的信任。因此，在这个环节，店铺可以展示商品的卖点，或者能够为客户解决的各个痛点，具体可以采用逐条分析的方法。

2）物流信息、购物须知与无理由退换货

清楚地展示物流信息、默认的快递信息、货物送达的时间、包邮、不包邮地区的补充邮费价格、退换货的业务流程等，有助于客户预先了解可能出现的问题及解决途径，也有助于避免因此而产生的差评。

包邮，通常是指对方（卖家）包运费/快递费的意思，也指这类商品的价格包含邮费，拍下后不用补邮费差价。尤其是在现在的数字贸易平台都会以包邮来吸引客户前来购买。商家承担运费，有可能是先出运费，也有可能是报销。

根据新消费者权益保护法的规定，除特殊商品外，消费者网上购物的"后悔权"在法律和部门规章层面都获得支持。

3）厂家实拍图和品牌资质

厂家可以通过图片来展示定制实力，包括工厂的实景图片、客户案例的实景图片等，如果有合作连锁品牌，那么相对来说就更有助于增强潜在客户的信赖感。

随着虚拟现实技术向制造业领域的不断渗透，通过 VR 全景技术拍摄现实车间，融合web3D 开发建模技术在虚拟世界进行三维立体重建，对工厂生产车间的环境、设备、流程及工艺进行三维可视化实景复原。以场景化的形式结合漫游技术为客户提供全景式的手动/自动/路线漫游,犹如在真实生产车间中参观。

通过在生产车间 VR 全景展示系统中添加语音讲解、一键导航、工艺流程动态演示、公告通知、一键转发和在线留言等交互功能,参观者能切换到厂房区间,多方位探寻细节,满足跨地域、跨越时间和空间考察工厂的需求。

工厂生产车间 VR 全景展示能嵌入企业官网、商城、公众号、App 和采购信息平台,促进运营商的品牌传播和宣传,展示生产的真实感和交互性,吸引客户洽谈合作。

关键术语

数据化思维　转化率　主推产品

本章小结

本章阐述了数字贸易运营的产品运营思维、运营目标、操作流程和评价指标体系;分析了数字贸易店铺的流量转化的影响因素,流量管理设计及执行,提高流量转化的策略;介绍了数字贸易店铺筹备、开业规划、店铺美化建设。

思考与讨论

1. 数字贸易运营的主要目标是什么?
2. 简述数字贸易运营操作流程。
3. 数字贸易运营的评价指标体系包括哪些内容?
4. 提高流量转化率的策略有哪些?
5. 如果消费者在接受服务中没有达到预想的效果,那么通常会对为消费者提供服务的人员作出不满意评价或是提出合理的建议。买家的评论对数字平台商家非常重要,根据对数字贸易店铺的了解,谈一谈出现"差评"的主要原因及获得好评的技巧。

即测即练

案例 10-1　丝路电商拓展行动的实践

案例 10-2 实现中信保跨境电商项下出口信用保险保单融资功能

音频 10-1 贸易融资数字化

参 考 文 献

[1] 马述忠,潘方清,潘钢健,等.数字贸易学[M].北京:高等教育出版社,2022.

[2] 李晓忠.数字贸易:理论与应用[M].西安:西安电子科技大学出版社,2023.

[3] 邵宏华.贸易数字化:打造贸易新动能新业态新模式[M].北京:机械工业出版社,2022.

[4] 周广澜,苏为华.中国方案:数字贸易命运共同体的探索之路[M].杭州:浙江工商大学出版社,2021.

[5] 沈玉良,彭羽,陈历幸,等.全球数字贸易促进指数报告(2020)[M].上海:复旦大学出版社,2021.

[6] 中国社会科学院国家全球战略智库,中国社会科学院世界经济与政治研究所.数字贸易研究报告(2022)[M].北京:中国社会科学出版社,2023.

[7] 李晶.数字贸易国际规则的新进展[M].北京:北京大学出版社,2022.

[8] 中国信息通信研究院,石中金,刘高峰.数字贸易与新发展格局[M].北京:人民出版社,2022.

[9] 戴龙.数字贸易法通论[M].北京:中国政法大学出版社,2022.

[10] 梅雪峰.数字贸易师能力等级认证培训教程[M].北京:清华大学出版社,2021.

[11] 国家发展和改革委员会.“十四五”数字经济发展规划[EB/OL].(2022-03-25). https://www.ndrc.gov.cn/fggz/fzzlgh/gjjzxgh/202203/t20220325_1320207.html.

[12] 特班,奥特兰德,金,等.电子商务:管理与社交网络视角[M].占丽,孙相云,时启亮,等译.9版.北京:机械工业出版社,2020.

[13] 夏皮罗,瓦里安.信息规则:网络经济的策略指导[M].北京:中国人民大学出版社,2017.

[14] 徐晋.平台经济学[M].上海:上海交通大学出版社,2007.

[15] 徐晋,张祥建.平台经济初探[J].中国工业经济,2006(5):40-47.

[16] 黄健雄,崔军.数字服务税现状与中国应对[J].税务与经济,2020(2):85-90.

[17] 蔡斯.共享经济:重构未来商业新模式[M].王芮,译.杭州:浙江人民出版社,2015.

[18] 王如玉,梁琦,李广乾.虚拟集聚:新一代信息技术与实体经济深度融合的空间组织新形态[J].管理世界,2008(2):13-21.

[19] 李墨丝.WTO电子商务规则谈判:进展、分歧与进路[J].武大国际法评论,2020(6):55-77.

[20] 杰克逊.世界贸易体制——国际经济关系的法律和政策[M].张乃根,译.上海:复旦大学出版社,2001.

[21] 科尔巴奇.政策(西方社会科学基本知识读本)[M].张毅,韩志明,译.长春:吉林人民出版社,2005.

[22] 马述忠,房超,梁银峰.数字贸易及其时代价值与研究展望[J].国际贸易问题,2018(10):16-30.

[23] 海闻,林德特,王新奎.国际贸易[M].上海:上海人民出版社,2012.

[24] 彭福永.国际贸易[M].上海:上海财经大学出版社,2002.

[25] PORTER M E. The competitive advantage of nations[J]. Harvard business review, 1990(3):72-91.

[26] 黄毅祥,蒲勇健.新能源汽车分时租赁市场竞争的进化博弈模型研究[J].中国管理科学,2018(2):79-85.

[27] 张翔,谭德庆.基于消费者类型的耐用品租赁定价研究[J].世界科技研究与发展,2011(2):347-349.

[28] 李长英.存在非耐用品时耐用品的出租或销售问题[J].财经研究,2004(12):5-14,27.

[29] 余航,田林,蒋国银,等.共享经济:理论建构与研究进展[J].南开管理评论,2018(6):37-52.

[30] 汪颖栋,郑月明,肖书怡.时空经济视域下资本侵入式共享经济模式研究[J].商业经济研究,2020(14):190-192.

[31] 刘奕,夏杰长.共享经济理论与政策研究动态[J].经济学动态,2016(4):116-125.

[32] 吴晓隽,方越.分享经济的挑战与政府管制变革的思考[J].上海经济研究,2016(9):9-16.

[33] 顾雪芹.中国生产性服务业开放与制造业价值链升级[J].世界经济研究,2020(3):121-134,137.

[34] 马淑琴,谢杰.网络基础设施与制造业出口产品技术含量——跨国数据的动态面板系统GMM检验[J].中国工业经济,2013(2):70-82.

[35] 盛斌,高疆.超越传统贸易:数字贸易的内涵、特征与影响[J].国外社会科学,2022(4):18-32.

[36] 陈寰琦,周念利.从USMCA看美国数字贸易规则核心诉求及与中国的分歧[J].国际经贸探索,2019(6):104-114.

[37] 孙杰.从数字经济到数字贸易:内涵、特征、规则与影响[J].国际经贸探索,2020(5):87-98.

[38] 徐清源,单志广,马潮江.国内外数字经济测度指标体系研究综述[J].调研世界,2018(11):52-58.

[39] 逄健,朱欣民.国外数字经济发展趋势与数字经济国家发展战略[J].科技进步与对策,2013(8):124-128.

[40] 陈晓红,李杨扬,宋丽洁,等.数字经济理论体系与研究展望[J].管理世界,2022(2):208-224.

[41] 李鸿阶.《区域全面经济伙伴关系协定》签署及中国的策略选择[J].东北亚论坛,2020(3):115-126,128.

[42] 李晓华.数字经济新特征与数字经济新动能的形成机制[J].改革,2019(11):40-51.

[43] 夏杰长.数字贸易的缘起、国际经验与发展策略[J].北京工商大学学报(社会科学版),2018(5):1-10.

[44] 郑伟,钊阳.数字贸易:国际趋势及我国发展路径研究[J].国际贸易,2020(4):56-63.

[45] 盛斌,高疆.数字贸易:一个分析框架[J].国际贸易问题,2021(8):1-18.

[46] 韩剑,蔡继伟,许亚云.数字贸易谈判与规则竞争——基于区域贸易协定文本量化的研究[J].中国工业经济,2019(11):117-135.

[47] 张茉楠,周念利.数字贸易对全球多边贸易规则体系的挑战、趋势及中国对策[J].全球化,2019(6):32-46,135.

[48] 盛斌.中国、CPTPP和国际经贸新规则[J].中国经济评论,2021(4):92-96.

[49] 崔岩,杜明威."东亚模板"数字贸易规则相关问题探析——基于中日韩合作的视角[J].日本学刊,2021(4):62-82,145-146,149-150.

[50] 白洁,苏庆义.CPTPP的规则、影响及中国对策:基于和TPP对比的分析[J].国际经济评论,2019(1):6,58-76.

[51] 余淼杰,蒋海威.从RCEP到CPTPP:差异、挑战及对策[J].国际经济评论,2021(2):129-144.

[52] 李墨丝.CPTPP+数字贸易规则、影响及对策[J].国际经贸探索,2020,36(12):20-32.

[53] 洪俊杰,陈明.巨型自由贸易协定框架下数字贸易规则对中国的挑战及对策[J].国际贸易,2021(5):4-11.

[54] 彭德雷,张子琳.RCEP核心数字贸易规则及其影响[J].中国流通经济,2021,35(8):18-29.

[55] 贺小勇,黄琳琳.WTO电子商务规则提案比较及中国之应对[J].上海政法学院学报(法治论丛),2020(1):105-114.

[56] 岳云嵩,霍鹏.WTO电子商务谈判与数字贸易规则博弈[J].国际商务研究,2021(1):73-85.

[57] 周念利,李玉昊,刘东.多边数字贸易规制的发展趋向探究——基于WTO主要成员的最新提案[J].亚太经济,2018(2):46-54,150.

[58] 周念利,吴希贤.美式数字贸易规则的发展演进研究——基于《美日数字贸易协定》的视角[J].亚太经济,2020(2):44-51,150.

[59] 陈寰琦.签订"跨境数据自由流动"能否有效促进数字贸易——基于OECD服务贸易数据的实证研究[J].国际经贸探索,2020(10):4-21.

[60] 王中美.跨境数据流动的全球治理框架：分歧与妥协[J].国际经贸探索,2021(4)：98-112.

[61] 石静霞.数字经济背景下的 WTO 电子商务诸边谈判：最新发展及焦点问题[J].东方法学,2020(2)：170-184.

[62] 林发勤,刘梦珣,吕雨桐.双循环新发展格局下区域经济一体化策略——兼论 RCEP 潜在影响[J].长安大学学报(社会科学版),2021(1)：80-92.

[63] 周念利,陈寰琦.数字贸易规则"欧式模板"的典型特征及发展趋向[J].国际经贸探索,2018(3)：96-106.

[64] 周念利,陈寰琦.RTAs 框架下美式数字贸易规则的数字贸易效应研究[J].世界经济,2020(10)：28-51.

[65] 于鹏,廖向临,杜国臣.RCEP 和 CPTPP 的比较研究与政策建议[J].国际贸易,2021(8)：27-36.

[66] 叶进芬.WTO 法框架下数字产品跨境交易规则研究[D].武汉：中南财经政法大学,2012.

[67] 刘佳奥.WTO 规则下数字产品的法律属性研究[J].国际法学刊,2022(1)：98-118.

[68] 庞弗雷特.国际贸易理论[M].殷德生,译.殷德生,毕玉江,白肖,校.上海：格致出版社,2017.

[69] 许宪春,张美慧.中国数字经济规模测算研究——基于国际比较的视角[J].中国工业经济,2020(5)：23-41.

[70] 孙丹.全球数字税立法挑战及我国的对策研究[D].昆明：昆明理工大学,2022.

[71] 于晓,叶申南.欧日韩数字经济政策、发展趋势及中国策略[J].财政科学,2021(6)：135-141.

[72] WUNSCH-VINCENT S. The digital trade agenda of the U. S.：parallel tracks of bilateral, regional and multilateral liberalization[J]. Aussenwirtschaft,2003,58(3)：33-34.

[73] TAPSCOTT D. The digital economy：promise and peril in the age of networked intelligence[M]. New York：McGraw-Hill,1996.

[74] 中国信通院发布《中国数字经济发展白皮书(2020 年)》全文[EB/OL].(2020-07-06). https://m. thepaper. cn/newsDetail_forward_8151951.

[75] 中国城市数字经济发展报告[EB/OL].(2022-08-27). https://www. renrendoc. com/paper/218808329. html.

[76] 陈颖,高宇宁.数字贸易开放的战略选择——基于美欧中印的比较分析[J].国际贸易,2022(5)：49-55.

[77] 谢卓君,杨署东.全球治理中的跨境数据流动规制与中国参与——基于 WTO、CPTPP 和 RCEP 的比较分析[J].国际观察,2021(5)：98-126.

[78] 王炬鹏.商务部：中国已提交首轮 WTO 电子商务谈判提案[EB/OL].(2019-05-09)[2022-02-10]. http://www. ce. cn/xwzx/gnsz/gdxw/201905/09/t20190509_32040784. shtml.

[79] RINEHART W . How the USMCA affects digital trade[EB/OL].(2018-10-24). https://www. americanactionforum. org/insight/how-the-usmca-affects-digital-trade/.

[80] 张宇燕.《跨太平洋伙伴关系协定》文本解读[M].北京：中国社会科学出版社,2016.

[81] 韩立余.《跨太平洋伙伴关系协定》全译本导读[M].北京：北京大学出版社,2018.

[82] EU. General data protection regulation[EB/OL].[2020-01-10]. https://gdpr-info. eu/.

[83] 中国信息通信研究院安全所,对外经济贸易大学数字经济与法律创新研究中心,奋迅律师事务所,等.欧盟 GDPR 合规指引[EB/OL].(2019-05-29). https://www. cebnet. com. cn/upload/resources/file/2019/05/29/39038. pdf.

[84] APEC. APEC Cross-border privacy enforcement arrangement(CPEA)[EB/OL].[2020-01-10]. https://www. apec. org/About-Us/About-APEC/Fact-Sheets/APEC-Cross-border-Privacy-Enforcement-Arrangement. aspx.

[85] U. S. Department of Justice. Promoting public safety, privacy, and the rule of law around the world：the purpose and impact of the CLOUD Act[EB/OL]. https://www. justice. gov/opa/

press-release/file/1153446/download.

[86] UNCTAD. Digital economy report 2019[R/OL].(2019-09-04)[2020-01-05].https://unctad.org/en/PublicationsLibrary/der2019_en.pdf.

[87] WTO. Declaration on global electronic commerce：WT/MIN(98)/DEC/2[R].1998.

[88] WTO. Work programme on electronic commerce：WT/L/274[R].1998.

[89] WTO. Joint statement on electronic commerce：WT/MIN(17)/60[R].2017.

[90] General Agreement on Trade in Services[EB/OL].https://www.wto.org/english/docs_e/legal_e/26-gats_01_e.htm.

[91] WTO. Ministerial declaration on trade in information technology products：WT/MIN(96)/16[R].1996.

[92] 沈玉良,李墨丝,李海英,等.全球数字贸易规则研究[M].上海：复旦大学出版社,2018.

[93] ITIF. Cross-border data flows：where are the barriers,and what do they cost? [EB/OL].http://www2.itif.org/2017-cross-border-data-flows.pdf.

[94] 夏燕,沈天月.美国 CLOUD 法案的实践及其启示[J].中国社会科学院研究生院学报,2019(5)：105-114.

[95] 张金平.跨境数据转移的国际规制及中国法律的应对——兼评我国《网络安全法》上的跨境数据转移限制规则[J].政治与法律,2016(12)：136-154.

[96] 王光华.国家安全审查：政治法律化与法律政治化[J].中外法学,2016(5)：1289-1313.

[97] 田晓萍.贸易壁垒视角下的欧盟《一般数据保护条例》[J].政法论丛,2019(4)：123-135.

[98] 刘斌,陈晓斐.制造业投入服务化、服务贸易壁垒与全球价值链分工[J].经济研究,2020(7)：159-174.

[99] 孙益武.数字贸易与壁垒：文本解读与规则评析——以 USMCA 为对象[J].上海对外经贸大学学报,2019(6)：85-96.

[100] 田云华,周燕萍,蔡孟君,等.RCEP 的开放规则体系评价：基于 CPTPP 的进步与差距[J].国际贸易,2021(6)：65-72.

[101] 沈伟,方荔.比较视阈下 RCEP 对东道国规制权的表达[J].武大国际法评论,2021(3)：1-18.

[102] 全毅.CPTPP 与 RCEP 服务贸易规则比较及中国服务业开放策略[J].世界经济研究,2021(12)：30-41,85,132.

[103] 杨国华.论 RCEP 与 WTO 规则的关系[J].国际商务研究,2021(5)：3-10.

[104] 赵海乐.RCEP 争端解决机制对数据跨境流动问题的适用与中国因应[J].武大国际法评论,2021(6)：39-55.

[105] 周念利,陈寰琦.基于《美墨加协定》分析数字贸易规则"美式模板"的深化及扩展[J].国际贸易问题,2019(9)：1-11.

[106] 赵海乐.TIK TOK 争议中的美欧数据治理路径差异研究[J].情报杂志,2021(5)：104-110,131.

[107] 金晶.欧盟一般数据保护条例：演进、要点与疑义[J].欧洲研究,2018(4)：1-26.

[108] 课题组.RCEP 核心数字贸易规则及其影响[J].中国流通经济,2021(8)：18-29.

[109] 单文华,邓娜.欧美跨境数据流动规制：冲突、协调与借鉴——基于欧盟法院"隐私盾"无效案的考察[J].西安交通大学学报(社会科学版),2021(5)：94-103.

[110] 马其家,李晓楠.国际数字贸易背景下数据跨境流动监管规则研究[J].国际贸易,2021(3)：74-81.

[111] 柯静.WTO 电子商务谈判与全球数字贸易规则走向[J].国际展望,2020(3)：43-62,154-155.

[112] 彭岳.数据本地化措施的贸易规制问题研究[J].环球法律评论,2018(2)：178-192.

[113] 黄秋红,李雅颖.对接 CPTPP 数据跨境流动规则研究[J].南海法学,2022(1)：115-124.

[114] 张倩雯.数据跨境流动之国际投资协定例外条款的规制[J].法学,2021(5)：90-102.

[115] 我国已与 26 个国家和地区签署 19 个自贸协定[EB/OL].(2021-12-23). http://www.ce.cn/xwzx/gnsz/gdxw/202112/23/t20211223_37197460.shtml.

[116] 陈颖.数字服务贸易国际规则研究——基于 CPTPP、EU-JAPAN EPA、USMCA 和 RCEP 的比较分析[J].全球化,2021(6):90-101.

[117] 中华人民共和国商务部.中国服务贸易发展报告 2020[EB/OL].(2021-09-09). http://images.mofcom.gov.cn/lczx/202109/20210915150900488.pdf.

[118] ECPPE. Digital trade restrictiveness index[EB/OL].[2022-03-15]. https://ecipe.org/wp-content/uploads/2018/05/DTRI_FINAL.pdf.

[119] OECD. Digital services trade restrictiveness index[EB/OL].[2022-03-15]. https://stats.oecd.org/? datasetcode=STRI_DIGITAL♯,l.

[120] AARONSON S A, LEBLOND P. Another digital divide: the rise of data realms and its implications for the WTO[J]. Journal of international economic law, 2018,21: 245-272.

[121] UNCTAD. 2019 年数字经济报告[EB/OL]. https://unctad.org/en/PublicationsLibrary/der2019_overview_ch.pdf.

[122] G20 Digital Economy Ministerial Declaration: G20 Digital Economy[R]. 2018.

[123] G20 Ministerial Statement on Trade and Digital Economy[EB/OL].(2019-06-09). http://www.g20.utoronto.ca/2019/2019-g20-trade.html.

[124] The General Agreement on Trade in Services (GATS): objectives, coverage and disciplines[EB/OL]. https://www.wto.org/english/tratop_e/serv_e/gatsqa_e.htm.

[125] Organization for Economic Co-operation and Development. Measuring digital trade: towards a conceptual frame-work[R]. OECD Headquarters,2017.

[126] 麦肯锡全球研究院.数字时代的中国:打造具有全球竞争力的新经济[EB/OL]. https://www.mckinsey.com.cn/wp-content/uploads/2018/03/20180314-MGI-Digital-China_CN_Full-Report_Digital-View_small.pdf.

[127] A Free and Fair Digital Economy: Protecting Privacy, Empowering Indian. Committee of Experts under the Chairmanship of Justice B. N. Srikrishna[EB/OL]. http://meity.gov.in/writereaddata/files/Data_Protection_Committee_Report.pdf.

[128] WEISS M A, ARCHICK K. U.S.-EU Data Privacy: From Safe Harbor to Privacy Shield[EB/OL].(2016-05-19). https://sgp.fas.org/crs/misc/R44257.pdf.

[129] UNCTAD Project on Measuring Exports of ICT-enabled Services (Digitally-delivered Services)[EB/OL]. (2018-04-16). https://unctad.org/system/files/non-official-document/dtl_eWeek2018p06_DianaKorka_en.pdf.

[130] United States International Trade Commission. Digital trade in the US and global economies[R]. Washington, DC: USITC Publication,2013.

[131] USITC. Digital trade in the U.S. and global economies[R]. Washington: United States International Trade Commission,2014.

[132] GRIMM A N. Trends in U.S. trade in information and communications technology (ICT) services and in ICT-enabled services[EB/OL].[2020-05-05]. https://apps.bea.gov/scb/pdf/2016/05%20May/0516_trends_%20in_us_trade_in_ict_serivces2.pdf.

[133] European Centre for International Political Economy. Digital trade restrictiveness index[EB/OL].[2020-06-20]. https://ecipe.org/wp-content/uploads/2018/05/DTRI_FINAL.pdf.

[134] U.S.-Japan digital trade agreement text[EB/OL].[2020-05-20]. https://ustr.gov/countries-regions/japan-korea-apec/japan/us-japan-trade-agreement-negotiations/us-japan-digital-trade-agreement-text.

［135］ UNCTAD project on measuring exports of ICT-enabled services（digitally-delivered services）［EB/OL］.［2020-06-20］. https：//unctad. org/system/files/non-official-document/dtl＿eWeek2018p06＿DianaKorka_en. pdf.

［136］ UNCTAD. Digital Economy Report 2019［R］. New York：United Nations Publications，2019.

［137］ IMF，OECD，UNCTAD，et al. Digital trade for development 2023［EB/OL］. https：//unctad. org/system/files/official-document/dtd2023_e. pdf.

［138］ IMF，OECD，UNCTAD et al. Handbook on measuring digital trade［EB/OL］. https：//unctad. org/system/files/non-official-document/06-07-08＿WG＿ECDE＿2023＿Thursday＿AM＿Handbook. pdf.

［139］ Federal Law Of The Russian Federation［EB/OL］.（2003-07-07）. https：//cis-legislation. com/document. fwx？rgn＝5060.

［140］ DIGITAL Economy report 2021 cross-border data flows and development：for whom the data flow［EB/OL］. https：//unctad. org/system/files/official-document/der2021_en. pdf.

［141］ WTO，OECD，United Nation. Handbook on measuring digital trade second edition［EB/OL］. https：//unctad. org/system/files/official-document/dtlecdc2023d8_en. pdf.

［142］《欧盟-加勒比海地区自由贸易协定》.［EB/OL］.［2019-12-10］. http：//eur-lex. europa. eu/LexUriServ/LexUriServ. do？uri＝OJ：L：2008：289：0003：1955：EN：PDF.

［143］《美国-约旦自由贸易协定》［EB/OL］.［2019-12-10］. https：//ustr. gov/trade-agreements/free-trade-agreements/jordan-fta/final-text.

［144］《美国-新加坡自由贸易协定》［EB/OL］.［2019-12-10］. https：//ustr. gov/sites/default/files/uploads/agreements/fta/singapore/asset_upload_file708_4036. pdf.

［145］《美国-澳大利亚自由贸易协定》［EB/OL］.［2019-12-10］. https：//ustr. gov/trade-agreements/free-trade-agreements/australian-fta/final-text.

［146］《美国-韩国自由贸易协定》［EB/OL］.［2019-12-10］. https：//ustr. gov/trade-agreements/free-trade-agreements/korus-fta/final-text.

［147］ USMCA［EB/OL］.［2019-12-10］. https：//usmca. com/.

［148］ 2019 年《美日数字贸易协定》［EB/OL］.［2019-12-10］. https：//ustr. gov/countries-regions/japan-korea-apec/japan/us-japan-trade-agreement-negotiations/us-japan-digital-trade-agreement-text.

［149］ 中国-澳大利亚自由贸易协定［EB/OL］. http：//fta. mofcom. gov. cn/Australia/australia＿agreementText. shtml.

［150］ 中国-韩国自由贸易协定［EB/OL］. http：//fta. mofcom. gov. cn/korea/korea＿agreementText. shtml.

附录：本书常用简称对照表

《2018 年加州消费者隐私保护法案》 *The California Consumer Privacy Act of 2018*

《综合性经济贸易协议》 *Comprehensive Economic and Trade Agreement*（CETA）

联合国一般产品分类 General Product Classification（CPC）

《全面与进步跨太平洋伙伴关系协定》 *Comprehensive and Progressive Agreement for trans-Pacific Partnership*（CPTPP）

数字伙伴关系协定 Digital Economy Partnership Agreement（DEPA）

电子世界贸易平台 Electronic World Trade Platform（EWTP）

《服务贸易总协定》 *General Agreement on Trade in Services*（GATS）

《关税及贸易总协定》 *General Agreement on Tariffs and Trade*（GATT）

《通用数据保护条例》 *General Data Protection Regulation*（GDPR）

《信息技术协定》 *Information Technology Agreement*（ITA）

经济合作与发展组织 Organization for Economic Co-operation and Development（OECD）

区域全面经济伙伴关系协定 Regional Comprehensive Economic Partnership（RCEP）

《服务贸易协定》 *Trade in Service Agreement*（TISA）

《跨太平洋伙伴关系协定》 *Trans-Pacific Partnership Agreement*（TPP）

《与贸易有关的知识产权协定》 *Agreement on Trade-Related Aspects of Intellectual Property Rights*（TIPRA）

《跨大西洋贸易与投资伙伴关系协定》 *Transatlantic Trade and Investment Partnership*（TTIP）

美国国际贸易委员会 United States International Trade Commission（USITC）

美国贸易代表办公室 United States Trade Representative（USTR）

世界海关组织 World Customs Organization（WCO）

世界贸易组织 World Trade Organization（WTO）

教师服务

感谢您选用清华大学出版社的教材！为了更好地服务教学，我们为授课教师提供本书的教学辅助资源，以及本学科重点教材信息。请您扫码获取。

▶▶ 教辅获取

本书教辅资源，授课教师扫码获取

▶▶ 样书赠送

国际经济与贸易类重点教材，教师扫码获取样书

 清华大学出版社

E-mail: tupfuwu@163.com

电话：010-83470332 / 83470142

地址：北京市海淀区双清路学研大厦 B 座 509

网址：https://www.tup.com.cn/

传真：8610-83470107

邮编：100084